서양철학의 수용과 변용

-동아시아의 서양철학 수용의 문제-

서양철학의 수용과 변용

-동아시아의 서양철학 수용의 문제-

이광래·후지타 마사카쓰 편

경인문화사

차 례

■ 부록(日本語部)

머 리 말

1.

이 책은 19세기 중반 무렵 서양의 philosophia(철학)가 처음으로 일본에, 그리고 한국에 소개된 이래 150여년의 세월이 지나면서 어떻게 수용되고 변용되어왔는지를 살펴보기 위해 양국의 학자 20여명이 지난해 5월 한국의 강원대학교 철학과가 개최한 '한일국제 심포지움'에서 발표한 내용을 출판한 것이다. 하지만 그 모임은 본래 2010년 12월에 이미 결정된 것이었다. 그것은 당시 일본에서 서양철학을 수용하여 변용과 창발의 단계로 발전시키는데 결정적인 역할을 한 교토학파(京都學派)의 개조(開祖) 니시다 기타로의 처녀작인 『선의 연구』(善の研究) 100주년을 기념하는 국제심포지움에서 본인과 교토대학 철학과의 후지타 마사가츠(藤田正勝)교수와의 제안에 따른 것이다.

2.

서양철학이 수용되기 시작한 지 100여년 이상의 세월이 흐른 이즈음에 양국의 학자들은 그 수용의 궤적들을 되짚으며 인접한 두 나라에서 그것이 저마다 어떻게 변용되어왔는지 궁금해 했다. 나아가 우리는 '동아시아의 서양철학 수용의 문제'에도 관심을 같이 하면서 우선 지금까지 일본과 한국의 사정을 공동으로 알아보기로 했다. 또한 우리는 앞으로 가능하다면 중국과 타이완, 베트남과 북한 등으로 관심과 연구를 확장함으로써 동아시아에서 서양철학의 수용과 변용의 사정도 살펴볼 수 있기를 기대하고 있다. philosophia는 고대 그리스에서 발원되었지만 동아시아 각국에 수용된 이래 지금까지 나름대로의 지맥(知脈)을 형성하면서 동아시아의 문화 속에서 독자적인 창발을 도모해왔을 것이기 때문이다.

3.

문화에는 순종이 있을 수 없다. 문화는 중간숙주(인간과 매체)의 경로와 역할에 따라 변형된다(metamorphosed). 그러므로 문화의 수용과 변용은 자연스런 현상이다. 그것은 저마다의 문화소(文化素)를 지닌 채 상호작용을 통해 서로 통섭(通攝)하게 마련이다. 수용된 타자가 더 이상 타자일 수 없는 이유도 거기에 있다. 그것은 이미 타자 자체일 수 없고, 다양하게 전화(轉化)되며 변용되고 있기 때문이다.

이러한 사정은 철학에서도 마찬가지다. 오히려 언제, 어디서나 지(知)를 수용하고 변용하려는 노력과 활동이 philosophia(愛知)의 본모습일 수 있다. 나라마다 철학의 역사가 그렇게 해서 생겨나고 이어지지 않는가. 메를로-퐁티가 '철학의 중심은 어디에도 있고 어디에도 없다'고 주장하는 것도 그 때문이다. 다시 말해 철학의 중심이란 어디에나 있을 수 있지만 그 주변은 어디에도 있을 수 없다고 하여 그는 서양철학의 독단을 경계하려 한다. 또한 '서양적 지성의 위기'를 부르짖으며 서양철학의 특권의식을 지적하는 후설의 생각도 그와 다르지 않다. 오늘날 서양의 지성과 철학이 우리에게 다가서려는 이유, 그리고 우리가 그것들과 조화해야 하는 까닭 역시 매한가지다.

4.

끝으로, 두 차례에 걸친 양국의 심포지움에 참여한 토론자들의 관심과 참여에 지면을 빌려 다시 한번 감사를 전합니다. 또한 번역과 통역을 자원한 교토포럼의 야규 마코토(柳生眞)선생, 고려대 일본연구센터의 송완범(宋浣範), 전성곤(全成坤)교수, 고려대 아세아문제 연구소의 신현숭(辛炫承)교수, 한국외국어대학의 김금향 (金錦香)선생, 강원대 철학과의 유성선(兪成善)교수, 김선희(金善姬)교수와 이기원(李基原)박사의 노고에도 감사할 따름입니다.

또한 오랜 동학지우(同學之友)인 오사카 시립대학의 고사카 시로(高坂史朗)교수의 속내 깊은 도움에도 감사를 빼놓을 수 없습니다. 국제회의의 파트너가 되어준 강원대학교 인문과학연구소와 이대범(李大範)소장님에게도 이 자리를 빌어 감사드립니다.

여의치 않은 사정에도 출판을 기꺼이 맡아준 경인문화사 한정희(韓政熙)사장님의 애정어린 결단이 아니었으면 우리들의 발표는 소수자들의 향연만으로 끝나버렸을지도 모릅니다. 그래서 더욱 고맙게 생각합니다. 아울러 수고를 아끼지 않으신 출판사의 여러분과 독자들에게도 진심으로 고마움을 전합니다.

2012년 2월 9일
春川에서

서 문

일본에서 현재까지 철학의 역사중에서 가장 커다른 흔적을 남긴 것은 교토학파의 개조인 니시다 기타로(西田幾多郞, 1870~1945)인데 그 최초의 저작 『선의 연구』가 출판된 것이 1911년이다. 메이지 시대의 초기, 유럽의 다양한 학문과 함께 철학이 소개된 지 40년 정도가 지난후의 일이다. 이 『선의 연구』라는 저작은 지금까지의 서양철학의 수용 기간을 거쳐 일본에서 철학이라는 학문이 자립하는 걸음을 시작한 것을 보여주는 기념비적인 저작이다. 그 책의 출판 100주년을 기념하여 2010년 12월 교토대학에서 국제심포지엄을 개최했다. 그때에 강원대학교의 이광래 교수님을 초빙하여 「서양철학과 동양철학의 대화」라는 테마로 특별 강연이 있었다.

이 국제 심포지엄에는 한국과 타이완, 홍콩, 미국, 이탈리아 등 많은 나라에서 참가했는데 심포지엄을 통해 특히 강하게 느꼈던 것은 동아시아의 연구자가 『선의 연구』를 비롯하여 니시다 기타로의 철학에 강한 관심을 보였다는 점이다. 『선의 연구』는 한편에서는 서양의 철학을 정면에서 수용함과 동시에 동양의 사상적인 전통아래 이른바 동양과 서양과의 사이에 끼여 철학의 세계에 그때까지는 없었던 새로운 전망을 개척한 책이다. 각 나라의 동일한 과제를 떠맡은 사상가들, 즉 한편에서는 서양의 '근대'에 직면하여 그것을 수용하면서 다른 한편에서는 자신의 전통을 돌아보고는 그 사이에서 독자의 사상을 생성한 사람들의 사상과, 니시다 사상을 중첩시킴으로써 그것으로부터 동아시아에서의 철학의 새로운 양태를 모색할 수 있는가라는 의도가 그 배후에서 느껴졌다.

그러나 동시에 그것을 실현하기 위해서는 보다 한층 깊은 상호 이해와 충분한 대화가 필요한 것은 아닌가 하는 점도 강하게 느꼈다. 그러한

대화를 통해 각 철학의 특징도 분명해질 것이며, 새로운 발전의 가능성
을 이끌어 낼 수 있지 않을까하고 생각했다. 이것을 꼭 실현하고 싶은데
일본과 한국의 철학자들 사이에서의 국제 대화를 이광래 선생님이 제안
하셨다. 마음속으로 깊은 감사를 드린다.

　이번의 심포지엄에서는 「동아시아에서의 서양철학 수용의 문제」를
축으로 대화가 이루어졌다. 일본과 한국에서 어떻게 서양의 철학을 수용
했으며 서양 철학에서 어떻게 하여 독자적인 사상이 형성되었는가가 중
심의 테마였다. 물론 수용의 방법은 동일하지 않다. 그러나 그것은 대화
를 저지하는 것이 아니다. 다른 사상과의 사이에서야말로 내실 있는 유
의미한 대화가 이루어질 것이라고 생각한다. 작년 교토대학에서 심포지
엄을 개최할 때 이광래 교수님의 『한국의 서양철학 수용』이 일본어로
번역되어 출판되었다. 그중에서도 이광래 교수님이 강조하신 것도 「철
학적 오케스트라의 실현」이라는 것이었다. 「철학적 오케스트라」라는 말
은 지금 말한 서로 다른 사상 사이에서 성립하는 창조적인 대화라는 의
미로 해석할 수 있다. 이러한 대화가 올해 강원대학교에서 실현된 것을
아주 기쁘게 생각한다.

　물론 그것은 그 첫걸음에 지나지 않는다. 이번에는 서양철학의 수용이
라는 점에 역점을 두고 그 기반이 되는 각각의 전통에 대해서는 충분한
눈을 돌리지 못했다. 또한 각각의 철학의 과제가 어디에 있는가, 우리의
대화가 그 과제 해결에 얼마나 기여한 것일까, 이러한 점에서는 충분히
들어갈 수 없었다. 이러한 점에서도 이번의 인문학 대화가 일회성으로
끝나는 것이 아니라 심포지엄을 계속 개최하여 상호 인식과 상호 이해로
의 커다란 흐름이 생겨나기를 기대한다.

2011年 11月

藤田正勝

서장 : 한국과 일본의 philosophia 지맥(知脈) 찾기

1. 수용지로서 philosophia

16세기 이전까지만 해도 서양문화에 대한 처녀인구집단(virgin population; 어떤 세균에도 감염된 적이 없어서 면역력이 없는 집단)이었던 동아시아에 서양의 종교와 과학 등을 앞세운 다양한 문화기생체가 침입하여 문화의 감염을 일으키기 시작했다. 그 이후 17세기 초에 이르면 서양의 학문과 문물의 감염은 삼국에서 유행성 징후를 일으키며 공생하거나 습합하면서 토착화하는 양상으로 변모한다. 더구나 19세기는 서구열강으로부터 군사력 못지않게 밀려오는 문화의 물결로 인해 이 시기를 이른바 질풍노도기라고 해도 과언이 아니다. 어느 때보다 두드러졌던 당시의 서세동점 현상 때문이다.

결국 지배권력의 수구이념적 대응과는 달리 지식인들은 적과 더불어 같은 식탁에서 식사할 수 있는, 심지어 동침도 할 수 있는 상리공생(commensalism)이 소리없이 진행되고 있었다. 동아시아 삼국은 동도서기(東道西器, 조선), 화혼양재(和魂洋才, 일본), 중체서용(中体西用, 중국)이라는 문화 헤게모니적 용어가 대변하듯 서양문화에 대한 면역체계를 갖추게 되었다. 한국과 일본, 그리고 중국은 비자발적이지만 서양문화에 대한 나름대로의 수용자세이자 입장을 마련한 것이다. 이러한 자기방어적 결정은 지구적 권력의 거대구조 속에 타율적으로 편입되어야 했던 19세기 동아시아 지식인들이 서구문화와의 차별화를 위해 선택한 지적

대안이자 역사적 스트레스에 대한 자구적 대응방식이기도 하다.

그러면 서구문화 가운데서도 서양의 철학, 즉 philosophia의 경우는 어떠했을까? 주지하다시피 philosophia는 문화유입의 과정상 19세기에 들어와서야 일본에 소개되기 시작했다.

아소우 요시테루(痲生義輝)는 서양철학도래전사(西洋哲學渡來前史)에서 "우리나라에 서양의 사상이 전래된 것은 기독교의 도래(1594)와 동시라고 말하지 않으면 안된다"[1]고 하지만 philosophie라는 단어를 '철학'이라고 번역한 것은 니시 아마네(西周)에 이르러서였다. 1861년 츠다 마미치(津田眞道)의 「性理論」 말미에 부기된 평언에서 니시 아마네는 처음으로 philosophie를 ヒロソヒ라는 방훈까지 붙여 '희철학(希哲學)'이라고 번역한 바 있다.

더구나 그는 일본인으로서 처음으로 서양철학을 강의한 사람이기도 하다. 적어도 네델란드로 유학(1862년 6월 18일)가기 이전에 그는 번서조소(藩書調所)에서 강의할 목적으로 철학강의안을 작성했다. 이 강의안은 philosophia의 어원을 비롯하여 피타고라스, 소크라테스, 플라톤, 아리스토텔레스 등의 철학을 간략하게 소개하고 있다. 그가 philosophia를 '희철학(希哲學)'이라고 번역한 것도 그 때문일 것이다. 어쨌든 이것만으로도 그가 일본에서 서양철학 수용의 선구자였다는 점은 높이 평가받아 마땅하다. 후나야마 신이치(船山信一)가 『일본의 관념론자(日本の觀念論者)』 제1장에서 니시 아마네를 일본근대철학, 아니 일본철학 자체의 父라고 단언하는 이유도 거기에 있다.[2]

한편 한국인 가운데 서양철학을 가장 먼저 소개한 사람은 이정직(李定稷, 1841-1910)이다. 1868년 연행사(燕行使)를 수행하고 북경에 간 그는 그곳에서 1년간 서양철학을 섭렵하고 돌아온 뒤 30책에 달하는 『연

---

1) 痲生義輝, 『近世日本哲學史』, 宗搞書房, 1942, p.15.
2) 船山信一, 『日本の觀念論者』, 英宝社, 1956, p.35.

석산방고(燕石山房稿)』의 「미정문별집(未定文別集)」에다 128쪽 분량으로 「강씨철학설대략(康氏哲學說大略)」이라는 제목으로 Kant철학을 소개하는 글을 쓴 바 있다. 이정직은 칸트의 자유사상을 天理에 따르는 것이 진정한 자유, 즉 '순천리지자연사상'(循天理之自然思想)이라고 해석하고, 그것을 본질의 세계로 간주하여 유학의 본연지성(本然之性)에 비유하기도 했다. 또한 그는 서양철학이 실리주의와 공리주의에만 치우쳐 동양철학과는 어울릴 수 없는 것 같지만 칸트의 경우를 보면 그렇지만은 않으므로 장차 서로를 잘 연구한다면 상호조화를 실현시킬 수 있을 것이라고 결론지었다.[3]

그 이후 한국에서 최초로 서양철학서를 저술한 사람은 성와(省窩) 이인재(李寅梓, 1870~1929)다. 그는 평생동안 주리론으로 일관해온 유학자였지만 서양의 제도와 문물이 밀려오던 당시에 서양의 그것들이 그토록 흥성하게 된 근본적인 이유가 무엇인지를 알아야 한다고 생각한 나머지 남형우(南亨祐)에게 요청하여 보성전문학교(現, 고려대학교)에서 간행하는 신학문 교과서들을 구독하였다. 그러나 그러한 신학문들이 궁극적으로는 철학에서 비롯된 것임을 깨달은 그는 서양철학의 연원이라고 생각한 고대 그리스철학에 대한 학습에 몰두한 뒤 1912년 마침내 자신의 철학저서 『고대희랍철학고변(古代希臘哲學攷辨)』을 저술한다. 116쪽으로 된 이 책에서 그는 다이쇼(大正)시대의 윤리학자 나카지마 리키조(中島力造)의 『서양상고철학사론(西洋上古哲學史論)』을 중국의 진붕(陳鵬)이 번역한 『희랍삼대철학가학설(希臘三大哲學家學說)』을 48회, 이노우에 엔료(井上圓了)의 저서를 중국인 나백야(羅伯耶)가 번역한 『철학요령(哲學要領)』을 14회, 그리고 프랑스인 이기약(李奇若)의 저서를 진붕이 번역한 『철학논강(哲學論綱)』에서 1회씩 인용한다.

19세기말 20세기초 무렵 한국의 엘리트 지식인 사회에서 회자되던 철

---

3) 朴鍾鴻, 『全集』, 제V권, 民音社, 1998, pp.283~285.

학적 화두는 당연히 일본과 중국이 그렇듯이 개화와 진보를 위한 사회진
화론이었지만 서양철학의 연원으로서 고대희랍철학에 대한 관심도 적지
않았다. 그러나 당시 한국에서 이러한 분위기를 주도하던 것은 대학(대
학설립의 태동기였으므로)이라기보다 주로 신문의 社說들이었다. 예컨
대 「대한매일신보(大韓每日新報)」는 1908년 2월 8일자에 「진화와 강쇠
(降衰)」를, 1909년 8월 1일자에 「경쟁진화론의 대개」를 사설의 제목으
로 달았다. 1909년 8월 4일자에는 「노성(奴性)을 去한 연후에 학술이 進
함」이라는 제목으로 아리스토텔레스의 철학을 소개한 바 있다. 국가와
사회가 진정으로 진보를 원한다면 구학문을 철저히 파괴하고 하루라도
늦추면 그만큼 더 害를 입게 된다고 하여 서양철학의 연원에 대한 이해
를 촉구하고 있다.

또한 『황성신문(皇城新聞)』 사장이었던 장지연(張志淵)도 「철학가의
안력(眼力)」이라는 제목의 1909년 11월 24일자 사설에서 "무릇 철학이
란 궁리의 학이자 각종 과학 공부의 소불급처(所不及處)를 연구하여 '명
천리숙인심'(明天理淑人心)하는 고등학문이니 … 우리도 세계의 서적을
박람하며 세계의 학리를 광구하여 세계철학가의 일부분을 차지한다면
代의 國光을 발표하는 가격이 有한 줄로 사유하노라"고 하여 근대화된
선진문물을 공유하기 위해서는 무엇보다도 서양철학의 공부를 게을리
하지 말 것을 당부했다. 그는 이를 직접 실천하듯 「만국사물기원역사(萬
國事物紀元歷史)」에서 데카르트, 칸트, 피히테, 셸링, 헤겔 등의 철학을
소개할 정도였다. 이것은 당시 지식인 사회의 관심사가 무엇이었는지,
그리고 개화와 진보에 대한 그들의 스트레스가 얼마나 컸는지를 짐작할
수 있게 하는 것이었다.

그러나 한국근대사에서 가장 위기의 시기에 소수의 엘리트 지식인들
에 의해 자발적으로 일어난 이러한 시대정신은 개화(開花)되지도 못한
채 1910년 한일병합으로 인해 더욱 수그러들 수밖에 없었고 그들의 삶

의 방식도 죽림칠현의 시대처럼 현실도피적이 되었다. 그 이후 사회진화론에 대한 관심은 계속 이어질 수 없었고, 서양철학도 그나마 非이데올로기적이고 형이상학적인 고대희랍철학으로 명맥을 유지할 수밖에 없었다. 1912년에 발표된 이인재의 저서도 바로 그 시대의 반영물이나 다름없다.

2. 변용지로서 philosophia

문화에서 수용은 곧 변용을 의미한다. 수용된 他者는 이미 그 자체일 수만은 없고 수용되면서 전화되어 변용될 수밖에 없기 때문이다. 그러므로 문화융합은 시작부터 자연스런 현상이 아닐 수 없다. 철학의 수용에서도 마찬가지다. 본래 타자의 철학을 '수용한다'는 것은 이해하고 해석한다는 것이므로 누구라도 지평융합(Horizontsverschmelzung)이라는 해석학적 변용이 불가피하기 때문이다. 게다가 수용의 조건이 자발적인지 아니면 비(非)자발적인지에 따라 변용의 정도와 양태도 달라진다. 지난 100년간의 한국지성사에 나타난 서양철학의 흔적들, 즉 그 지맥(知脈)과 지형(知形)을 보면 유난히도 굴곡이 많았던 역사만큼이나 접힌 주름이 많다. 다시 말해 시련많았던 지난 100년간의 역사와 더불어 철학지층(知層)의 변형(metamorphosis)과 변성작용(metamorphism)도 평범할 수 없었다. 그 변형과 변성을 유형화해보면 다음과 같다.

1) 자각적 수용형

philosophia의 수용과 변용의 흔적들 가운데 첫 번째로 지목할 수 있는 것은 이인재(李寅梓)의 『고대희랍철학고변』이다. 이 책은 희랍철학의 역

사를 소개하는데 그친 것이 아니라 지문으로 미리 제시한 64개의 인용
문에 대해 자신의 유학의 입장에서 논변하는 형식으로 서술했기 때문이
다. 특히 그는 시종일관 주요 철학자들에 대하여 자신의 역사관과 철학
사론의 관점에서 논술을 전개해갔다.

성리학자인 그가 희랍삼대철학자 가운데 가장 비판한 인물은 플라톤
이다. 플라톤의 이데아론에 대한 그의 비판은 이데아, 즉 形相이라는 實
相이 제성(諸性)의 밖에 있다고 봄으로써 진정한 본질이 각 개인에게 있
지 않다는 플라톤의 주장으로부터 시작한다. 그에 의하면 이치란 본래
氣로 규정되는 것이 아니고 物에 국한된 것도 아니므로 天에 있거나 人
에 있거나 다를 이유가 없는데도 플라톤은 본체를 제성 위에 따로 세우
는 오류를 범했다는 것이다. 다시 말해 리일분수설(理一分殊說)을 주장
해온 이인재의 입장에서 보면 이데아가 개체적인 것을 떠나 초재(超在)
하여 있다는 플라톤의 견해는 전혀 받아들일 수 없다는 것이다.[4]

이에 비해 아리스토텔레스 철학에 대한 그의 평가는 매우 호의적이다.
우선 아리스토텔레스는 플라톤처럼 이상에만 치우치지 않았고, 그렇다
고 하여 감각에 경도되지도 않았다는 것이다. 그는 知와 行을 같이 닦고
병진하며 道와 法이 서로 어울려 用이 되었다는 아리스토텔레스의 견해
가 탁월할 뿐만 아니라 학문도 정확하여 순정(純整)하다고 평할 만하다
고 생각했다. 그렇게 해서 학문을 집대성하였으므로 아리스토텔레스야
말로 '태서(泰西) 고대의 제일가는 위인'이라는 것이다.

또한 이인재는 이 책의 보론(補論)에서 '철학'에 대한 간단한 사전식
설명으로 끝맺기도 한다. 예를 들어 '飛龍少飛阿'(philosophia)라는 용어
는 원래 희랍어이며 예지를 좋아하거나 좋아하는 사람을 의미한다는 정
의가, 그리고 거기에는 논리학, 형이상학, 윤리학 등 세분과가 있다는 설
명이 그것이다.[5]

---

4) 이광래, 『한국의 서양사상 수용사』, 열린책들, 2003, p.242.

한편 이인재 이후(1905년 을사조약 이후) 일제의 피지배하에서 지식인들은 대개 세 가지 양상으로 자신의 지적 태도를 나타냈다. 첫째는 현실도피적인 입장을 갖는 경우, 둘째는 적극적인 저항정신을 발휘하는 경우, 셋째는 현실을 감내하며 적자생존하려는 경우이다. 20세기 전반을 차지한 그 기간 동안의 철학도들도 이러한 입장과 태도들을 각각 보여주었다고 말해도 과언이 아니다. 또한 이것이 당시 서양철학의 수용 통로를 결정했을 뿐만 아니라 철학지도를 형성하기도 했다. 예를 들어 첫째, 둘째의 입장과 동기에서, 즉 대부분의 철학도들이 구국이념으로 구미 유학길에 올랐는가 하면, 셋째 입장에서 일본유학이나 국내(경성제대철학과)에서의 서양철학 수업을 선택했다.

2) 탈일본적 (직접)수용형

젊은 엘리트들은 시련의 시대상황 속에서 좌절하거나 체념하기 보다는 인고하며 극복의 지적 대안을 찾아야 한다는 '언론의 계몽에 자극받아' 서양으로의 유학을 결심했고, 무엇보다도 서양의 철학을 배우기 위해 고국을 떠나기 시작했다.

서양철학을 배우기 위해 가장 먼저 유럽으로 떠난 이는 본래 불교철학도였던 김중세(金重世)였다. 그는 1909년부터 독일 Berlin대학에서 주로 고대희랍철학을 공부한 뒤 1923년 Leipzig대학에서 박사학위를 받았다. 이관용(李灌鎔)은 1912년부터 영국, 프랑스, 독일을 거쳐 1921년 스위스 Zürich대학에서 박사학위를 받았다. 1917년 와세다(早稻田)대학 철학과를 졸업한 최두선(崔斗善)도 귀국 후 중앙학교 교사를 지내다 1922년 독일로 유학을 떠나 Marburg대학에서 Hartmann에 이어 Heidegger의 제자가 되었다. 이어서 1929년 안호상(安浩相)이 독일 Jena대학에서, 그

---

5) 앞의 책, p.245.

리고 백성욱(白性郁)이 Würzburg대학에서 철학박사를 받는가 하면 1920년대에는 프랑스 Paris대학에서도 정석해(鄭錫海), 김법린(金法麟), 이정섭(李晶燮) 등이 유학했다. 한편 당시엔 영국과 미국에서도 장택상(張澤相, Edinburgh대학), 민규식(閔奎植, Cambridge대학), 백상규(白象圭, Brown대학), 한치진(韓稚振, South Califonia대학), 박희성(朴希聖, Michigan대학) 등이 서양철학을 배웠다. 특히 이들 가운데 김중세와 백성욱은 서양철학을 불교철학의 토대 위에서 배우고 수용하려고 노력한 인물들이다.

3) 적자생존적 (간접)수용형

1910년 한일병합을 전후로 하여 소수 엘리트들이 조국의 위기극복을 위해 내린 결단은 주로 서양의 근대화를 이룬 서양적 사유의 원천을 배워야 한다는 것이었다. 이를 위해 그들(20여명)은 서양철학을 배우려고 1910~20년대에 걸쳐 구미의 각국으로 유학을 떠났다. 그러나 황민화(皇民化)를 위한 조선총독부의 식민통치가 강화되던 1930년대의 엘리트들에게는 서구로의 유학마저도 순탄치 않았다. 이때부터 일본유학생이 급증한 것도 그 때문이다.

그러나 일본유학은 서구와 교육제도의 차이로 인해 대학을 졸업한 뒤 바로 귀국하는 실정이었다. 1926년 동경제대 철학과의 채필근(蔡弼近)과 윤태동(尹泰東)을 시작으로 1929년 이재훈(李載薰, 立敎大)과 김두헌(金斗憲, 東京帝大), 1931년 이종우(李鍾雨, 京都帝大), 33년 이인기(李寅基, 東京帝大), 현상윤(玄相允, 早稻田大), 34년 전원배(田元培, 京都帝大), 37년 손명현(孫明鉉, 早稻田大) 등이 귀국하여 각 대학에서 서양철학의 강의를 담당했다.

한편 1925년 조선총독부는 민립대학의 설립을 막기 위해 급기야 경성

제대를 설치함으로써 처음으로 일본인 교수들에 의해 국내에도 철학과가 탄생하게 되었다. 당시 교수로는 아베 요시시게(安倍能成), 미야모토 와키치(宮本和吉), 시라이 시게노부(白井成允), 우에노 나오테라(上野直昭), 카토 죠오겐(加藤常賢), 타나베 쥬죠(田辺重三), 하야미 히로시(速水滉) 등이 있었다. 이들에게 배운 첫 졸업생으로는 김계숙(金桂淑), 권세원(權世元), 박동일(朴東一), 조용욱(趙容郁) 등이 있으며 신남철(申南澈, 3회), 박종홍(朴鍾鴻, 5회), 고형곤(高亨坤, 5회) 등도 이어서 졸업했다.

당시 이들에 의해 국내에서 형성된 서양철학의 지형도(知形圖)는 일본학계의 영향 하에 헤겔과 反헤겔 운동으로 양분되었다. 특히 헤겔부흥 운동을 비판해온 소철인(蘇哲仁)의 Feuerbach 연구와 신남철의 Marxism 은 민족주의 이론과 연계하여 파시즘을 비판한 점에서 주목할만하다. 또한 당시는 양분되어 있던 두 철학논문집들, 즉 경제제대 철학과에서 발간하는『철학논집(哲學論集)』과 보성전문학교(현, 고려대)에서 발간하는『보전학회논집(普專學會論集)』의 성격에 따라 철학자들의 입장과 성향도 나누어지는 편이었다.

4) 대리이념적 수용형

1945년 서울에는 봄이 왔다. 그러나 그 봄은 이념의 분열과 동시에 찾아왔다. 한반도의 독립은 독자적이고 自力에 의한 것이 아니었기 때문이다. 처음부터 보이지 않는 손들의 힘이 더 크게 작용했던 것이다. 결국 한국은 반세기도 안되는 짧은 기간에 식민→내전→분단으로 이어지는 불행한 역사를 경험해야 했다. 1953년 미소대리전의 휴전에 이르기까지 3년동안 수많은 지식인과 철학자들이 강제로 납북되었는가 하면 박치우, 신남철, 정진석 같은 마르크스주의자들은 스스로 월북하기도 했다. 이때부터 철학자의 소신과 이념도 국토의 분단으로 인해 극심한 갈등과 대립의 시기로 접어든 것이다. 남쪽에서는 독일철학과 더불어 전쟁의 기억과 상흔 속에서 실존철학에 대하여 공감하며 수용하는 현상이 뚜렷했지만 북쪽에서는 마르크스주의자들에 의한 한국사상의 극단적인 유물론화 작업이 빠르게 진행되었다.

5) 독자생존적 수용형

1960년대 이후 소련, 중공과도 이념적 노선을 달리한 북한의 정치적 고립은 이데올로기의 고립을 낳았고, 그로 인해 통치자(金日成)도 독자생존을 위한 강력한 통치수단으로서 유물론의 변종화를 서둘렀다. 다시 말해 소수 지배엘리트에 의한 이른바 '변종의 철학'으로서 주체사상이 탄생하게 된 것이다. 여기서 '主體'란 혁명과 건설의 주인이 인민 대중이며 그것을 추동하는 힘도 인민에게 있다는 사상을 표현하는 개념이다. 따라서 그것은 서양철학에서 통용되어온 자아, 주관, 주체 등의 개념과는 근본적으로 다르다. 북한의 주체철학자 조성박이 "주체철학이야말로 우리 당의 독창적인 철학이며 정치철학"6)이라고 주장하는 이유도 거기에 있다.

그러나 철학독서나 논문발표의 自由가 있을 수 없는 유폐사회의 독자생존을 위한 정치구호나 다름없는 주체철학을 가리켜 신일철(申一澈)은 마르크스, 레닌주의의 북한적 변종이라고 규정한다. 그것도 기본적으로는 마르크스의 고전적 주장에 여전히 신세지고 있기 때문이다. 하지만 세계지성사에 유례가 없는 이러한 변종의 출현은 35년간의 식민지 경험과 3년간의 대리전쟁, 그로 인해 지금까지 60년간의 분단을 겪고 있는 한국의 서양철학 수용사에서만 볼 수 있는 병리현상이자 차별적 특징이기도 하다.

---

6) 조성박, 『主體思想』, 平壤出版社, 1999, p.21.

3. 창발지(創發知)로서 philosophia

그러나 일본인이나 한국인에게 philosophia는 더 이상 서양철학의 대명사가 아닌지 오래다. 양복이 이미 우리뿐만 아니라 세계인의 외모를 꾸미는 자연스런 패션이 되었듯이 philosophia도 150년간 수용에서 다양한 변용의 세월을 거치면서 내면의 사유를 창출하는 수단이 되었다. 기본적으로 보편적 가치를 추구하는 애지활동은 동서양인을 막론하고 고도의 지적 향유를 당연시하는 현대인의 삶에서는 필요조건이나 다름없기 때문이다. 더구나 존재, 지식, 가치의 문제에 대한 근원적 사유활동로서의 philosophia가 근대화에 앞장선 서양인의 전유적(專有的) 특성으로 규정할 수 없을 만큼 일본과 한국도 이를 통해 근대화에 성공해왔기 때문이기도 하다. 이미 Merleau-Ponty가 철학에는 더 이상 中心이 있을 수 없다고 단언하는 까닭도 그와 다르지 않다.

그러므로 이제는 오로지 內的 차별화만이 philosophia의 충분조건이 될 수 있다면 그것은 저마다 창발지로서의 philosophia를 위해 시간, 공간적으로 어떻게 다양화할 수 있는지가 중요한 문제이다. 오늘날 세계의 철학은 무엇보다도 다름과 차이의 인정, 즉 다양성의 가치에 대한 존중을 통해서만 전체적 조화를 기대할 수 있기 때문이다.

예컨대 空間的으로 철학에서의 동아시아적 과제는 유학이나 불교에 못하지 않는 동아시아의 철학을 형성하면서도 전지구적 哲學으로서 동아시아의 사유체계가 필요할 따름이다.

또한 時間的으로도 21세기 철학의 과제는 가공할 첨단과학 기술시대의 종합인간학으로서 철학을 창발하는 것이다.

더구나 지금보다 더욱더 현실과 가상의 융합공간을 이동하며 삶을 영위해야 할 新노마드들(New Nomads)을 위해서, 즉 미래의 디지털 원주민들(digital natives)을 위해서는 지금까지의 philosophia와 전혀 다른 창

발적 未來知로서 philosophia의 출현을 지금 이 시대가 요청하고 있는지
도 모른다.

제1부

한국에서의
서양철학 수용의 문제

제1장 한국의 영국경험론 수용과 그 평가

1. 기존 연구 분석

한국에서 서양철학이 수용되어온 과정에 대한 연구가 학계 차원에서 대대적으로 이루어진 것은 서울대학교 철학사상연구소에서 발행하는 『철학사상』 5~8호를 '서구 철학사상의 유입과 그 평가'라는 주제로 특집호로 낸 것이 아니었나 생각한다. 당시 연구는 개화기에서 해방(5호), 해방 이후 1970년대(6호), 1980년부터 1995년까지(7호) 세 시기로 나누고 크게 독일철학과 영미철학의 수용을 중심으로 이루어졌으며, 영국경험론은 영미철학의 한 사조로 포함되어 고찰되었다. 『철학사상』의 6호와 7호에서 영국경험론에 관해서 서술된 내용을 간추려보면 다음과 같다.

첫째, 해방 이후 1979년까지의 영미철학 수용에 관해 연구한 김효명 (1945~2011)[1]에 따르면 1959년에 이르기까지 영국경험론에 관한 석·박사학위 논문은 전혀 없고 흄에 관한 논문이 1편 있으며, 1960년대에 흄에 관한 논문 3편이 전부로서 영국경험론은 1970년대에 이르기까지도 한국의 철학자들의 관심 영역에서 제외되어 있었다. 그는 독일철학으로 진행되었던 1950년대의 철학 강의에서 영국경험론은 강의 목록에조차 들지 않았던 상황이 1970년대까지 영국경험론에 대한 연구가 미미했던 이유라고 분석한다.

---

1) 김효명, 「영미철학의 수용과 그 평가」, 『철학사상』 제6호, 79~103쪽, 서울대 철학사상연구소, 1996.

그러나 필자의 통계 자료에 의하면 이 시기에 로크에 관한 연구도 있었는데 설령 『철학사상』의 연구 방침대로 정치사상과 교육사상에 관한 것을 배제한다 해도 문정복(1964)의 「J. Locke철학의 연구(其一): 이론철학」(대구대학교 『논문집』 제4집)과 조병일(1973)의 「J. 로크의 인간오성론에 관한 연구」(고려대학교 『인문논집』 제18집), 그리고 신종섭(1977)의 「로크에 있어서의 "idea" 연구」(동국대학교 석사학위 논문)가 있다. 휘문출판사에서 1976년에 나온 『세계의 대사상』5권 「로크·루쏘」 편의 『인간오성론』(조병일 옮김)은 1·2권 발췌역이고 3·4권 요약이기는 하지만 비교적 정확한 번역으로 학술적 가치가 있다.

그리고 해방 이전의 발표물로는 이강열(1927)의 「칸트와 흄」(『동광』 11호)과 박동일(1929)의 「칸트로부터 흄까지 인과문제의 발전」(『불교』 61호)이 있다. 전자는 Paul Carus의 *Kant's Philosophy*의 내용 가운데 칸트와 흄의 인과문제를 번역한 글로서 번역 동기가 흄이 아닌 칸트의 이해에 있다. 후자 또한 칸트에 의해 흄을 비판하는 관점을 취하고 있으며 전반적인 내용은 주로 칸트 철학 이해에 초점이 맞추어져 있다.[2] 이 시기의 국내 발표물은 아니지만 1937년 2월에 귀국하여 보성전문의 철학 교수가 된 박희성이 미시간 대학에서 받은 박사학위 논문인 Subjectivism and Intuition: A Theory of The Given은 흄의 회의주의를 막아내는 방편으로서 직관주의를 연구한 것이다.[3]

해방 이후 70년대까지 흄에 관한 일반 논문은 한단석(1964), 「Hume의 Probability와 Kant의 Priori에 관한 고찰」, 전북대학교 논문집 6권. 송수학(1969), 「선악판단의 근거에 대한 경험론적 고찰 – David Hume의 학설을 중심으로」 『경대문학』 4권, 경기대학교국어국문학회. 김기순

---

2) 황필홍·이병수(2003), 「50년대까지 영미철학의 수용과 용어의 번역」 『시대와 철학』 4집 2호, 149~150쪽 참조.
3) 이광래(2003), 『한국의 서양사상 수용사』, 열린책들, 268쪽 참조.

(1972), 「선악 개념의 분석적 고찰 – D. Hume과 G. E. Moore의 설을 중심으로」『사색』 3집, 숭실대학교 철학과. 문정복(1972), 「D. Hume의 인성론: 인식 비판의 문제」(영남대학교 논문집 제5집). 박동환(1975), 「가치판단에 있어서의 이성의 역할: 흄과 듀이의 견해」『홍대논총』 7권, 홍익대학교. 정종(1975), 「David Hume의 사상과 그 형성과정」『동국사상』 8집, 동국대학교 불교대학. 오해숙(1976), 「David Hume에 있어서 사실판단과 가치판단의 관계」『연구논집』, 이화여자대학교 대학원. 천옥환(1979), 「Hume의 '동물의 이성'에 관한 비판」『건국대학교 논문집』 23권. 김홍우(1979), 「David Hume on Moral and Social Life」『철학연구』 14집, 철학연구회 등 9편이 있다.

석사학위 논문은 김윤희(1976), 「D. Hume에 있어 경험적 제약과 지식의 한계」, 성균관대학교 대학원 철학과. 김청(1976), 「D. Hume 철학에 있어서 Belief 연구」, 건국대학교 대학원 철학과. 오성환(1977), 「David Hume에 있어서의 '인과율'에 관한 연구」, 동국대학교 대학원 철학과. 박용배(1979), 「D. Hume의 연구: 그의 인식론에 있어서 관념에 대한 소고」, 전북대학교 대학원 철학 등 4편이 있다. 영국경험론 일반에 관한 연구로는 문정복(1970), 「영국경험론의 전통과 전개」(서정덕교수 화갑논문집)가 있다.

둘째, 김영정(1955~2009)[4]에 따르면 1980년대 들어 영국경험론의 발표물이 급증하기 시작한다. 1980~95년 영미철학 연구 발표물 가운데

---

4) 김영정, 「영미철학의 수용(1980~1995)」『철학사상』 제7호, 87~183쪽, 서울대 철학사상연구소, 1997. 앞에서 보았듯이 김효명이 제시한 통계 수치는 상당히 불충분하다. 그러나 김영정은 김효명의 주장을 그대로 받아들인다. 배상식은 이런 현상이 대부분 서울에서 활동한 연구자들을 중심으로 전국의 통계자료를 작성한 데서 비롯한 것으로 보고, 잘못된 통계자료를 제시한 논문을 근거로 다시 여러 논문들이 발표되는 오류를 막기 위해서는 먼저 지역적 현황이 잘 반영된 통계자료가 필요함을 역설한다. 배상식(2005), 「대구, 경북 지역에 있어서 서양철학의 수용과 전개(Ⅲ): 현대영미철학 연구 현황과 평가」『철학연구』 93(대한철학회), 211~235쪽.

흄 연구는 21편으로 5위, 로크 연구는 6편으로 14위, 버클리 연구는 5편으로 16위를 차지하고 있고, 5년 간격으로 나누어 본 편수가 각각 10, 12, 20편으로 계속 증가 추세를 보이고 있다.

흄에 관한 저서는 없고, 번역서는 서정선의 『흄의 철학』(에이어 지음, 서광사, 1987) 1권, 박사학위 논문도 정병훈의 「흄의 귀납적 추론의 문제와 뉴턴의 실험적 방법에 관한 연구」(1992) 1편만 나와 있다. 석사학위 논문과 일반 논문은 각각 10편씩이다. 가장 많이 연구 발표된 주제는 인과론으로 10편이 발표되었으며, 자연주의 3편, 귀납 2편, 경험론 일반 2편, 지각과 상상력, 자아 동일성에 관한 논문이 1편씩 발표되었다.

로크에 관한 저서, 번역서, 박사학위 논문은 없으며, 석사학위 논문 3편, 일반 논문 4편이 나왔다. 주제는 영국 경험론 일반, 자아동일성, 관념과 지각, 보편, 인과적 힘, 실체 등이 1편씩으로 다양하게 다루어졌다.

버클리에 관한 저서와 박사학위 논문은 없고 번역서는 김기현의 『버클리』(엄슨 지음, 문경출판, 1986) 1권이 있다. 석사학위 논문은 1편, 일반 논문은 3편이 있다. 주제는 마음, 추상관념, 과학철학, 과학과 형이상학의 구획설정이 1편씩 다루어졌다.

〈표 1〉

	80~95년 총계	80~84년	85~89년	90~95년
흄	21(2)	4(1)	6(1)	11
로크	6	2	1	3
버클리	5	1	1	3
베이컨	1			1
합계	42	10	12	20

김영정의 주장을 담은 「표 1」에 따르면 1980~95년에 발표된 42편 가운데 33편이 제목에 철학자 이름이나 저서를 명시적으로 넣어 철학자를

중심으로 한 연구라는 것을 밝히고 있다. 괄호 속에 들어있는 논문에는 2명 이상의 이름이 들어가 있는 경우이므로, 총 35편이 철학자 중심의 연구임을 알 수 있다. 영국 경험론 자체에 관한 발표물은 7편으로 영국 경험론의 존재론적 근거, 경험의 개념, 추상 관념, 경험론적 세계관, 경험론의 방법과 그 성과 등을 다루고 있다. 80년대에는 총 22편 중 17편, 90년대에는 총 20편 중 18편으로서 철학자 중심의 연구가 주제 중심의 연구보다 압도적으로 많았음을 알 수 있다. 주제별로는 자연주의, 경험, 지각, 인과, 귀납 등 인식론에 속한 것이 대부분이며, 방법, 구획 설정 등 과학철학에 속한 것이 그 뒤를 잇고 있는데 이는 영국경험론이 현대 인식론과 과학 철학의 연구와 관련지어서 연구되고 있음을 보여 준다.

　필자가 1980년부터 1995년까지 영국경험론에 관한 발표물을 정리한 것은 「표 2」와 같다.

〈표 2〉

	80~95년 총계	80~84년	85~89년	90~95년
흄	61(4)	11(1)	23(1)	27(2)
로크	57(14)	19(1)	13(6)	25(7)
버클리	5(1)	1	2	2(1)
베이컨	5(1)		3	2(1)
합계	128(20)	31(2)	41(7)	56(11)

　「표 1」과 「표 2」를 비교해보면 통계 수치가 많이 차이가 나는 것을 알 수 있다. 「표 2」는 김영정과 달리 로크의 통계 자료에 정치 사상(34)과 교육 사상(12)에 관한 발표물을 포함시켰지만, 영국 경험론 전체에 관한 발표물을 포함시키지 않았다. 이와 같은 차이점을 감안한다 해도 「표 2」의 합계는 「표 1」의 합계의 두 배가 넘는다는 것을 알 수 있다. 그러나 김영정의 말대로 전반적인 흐름을 파악하는 데는 지장이 없다.

셋째, 김영정은 발표물의 내용을 일일이 살펴보지 못하고 제목만으로 분류한 불충분한 통계 자료를 토대로 연구가 이루어져서 전반적인 흐름을 파악하는 데 그쳤다고 한계를 지적하고, 논문 요약을 함께 실은 학술잡지의 필요성을 강조하였다.

『철학사상』의 연구보다 15년이 지난 2011년 현재 자료의 축적은 더 많이 이루어졌지만, 김영정이 지적한 통계 자료의 불충분함이라는 한계는 여전히 벗어날 수 없다. 발표물의 내용을 일일이 살펴보지 못하고 제목만으로 분류하기는 마찬가지인데다 통계에 잡히지 않은 자료가 얼마만큼 더 있는지 확인할 수 없기 때문이다. 필자는 기존의 연구 결과와 한국연구정보서비스의 자료를 바탕으로 하고 국내 주요 연구자들의 도움을 받아 보충한 것을 통계 자료로 삼았다. 연구는 다루어진 철학자별 분석과 주제별 분석, 국내 학자별 분석을 하고, 저서, 역서, 석사와 박사 학위 논문, 그리고 학술잡지에 실린 일반 논문을 분석 대상으로 삼았다.5) 연구의 범위는 김영정이 분석한 베이컨, 로크, 버클리, 흄 이외에 홉스를 추가하고, 철학계에서 주목하지 않은 맨드빌, 리드, 스미스와 같은 철학자들에 관해서도 간략히 언급할 것이다.

---

5) 그러나 예를 들어 '회갑기념논문집'에 실린 논문이라 하더라도 기존의 연구 결과로 인정된 경우, 또는 최근의 일반적인 경향에 따라 해당 분야 전문가들이 주제별 논문 모음집에 실은 논문이라 하더라도 통계 자료에 들어 있거나 연구자들이 연구 성과로 제시한 경우에는 포함시켰다. 그리고 연구자들에게 참고가 되도록 영미 철학을 중심으로 한 서양 철학 수용 과정에 관한 연구 목록과 전국 규모의 철학회(한국철학회, 대한철학회, 철학연구회, 한국동서철학회, 새한철학회, 범한철학회, 한국철학사상연구회, 대동철학회)에서 발간하는 학술지에 실린 논문 목록을 첨부하였다.

2. 철학자별 분석

〈표 3〉

	총계	1970까지	1971~80	1981~90	1991~2000	2001~10
베이컨	13(1)		1	3	1	8(1)
홉스	80(20)	1(1)	3(1)	20(1)	19(6)	37(11)
로크	140(31)	7(1)	15(5)	31(8)	43(9)	44(8)
버클리	17(7)			4	5(4)	8(3)
흄	177(23)	3(2)	9(2)	37(2)	66(8)	62(9)
맨드빌	5				4	1
리드	2				1	1
영국경험론 일반	26	1		6	7	12
합계	460(82)	12(4)	28(8)	101(11)	146(27)	173(32)

베이컨에 관한 13(1)편의 발표물은 70년대 번역서 1, 80년대 석사학위 논문 1, 일반 논문 2, 90년대 박사학위 논문 1, 2000년대 석사학위 논문 (1), 일반 논문 1, 저서 3, 번역서 4편이다. 전체 발표물 중 저서와 번역서의 비중이 높으며 1권을 제외하고 모두 2000년대에 나왔다. 수상록 번역 13편과 그에 관한 발표물은 제외하였다.

홉스에 관한 80(20)편의 발표물은 70년 이전 석사학위 논문 1(1), 70년대 박사학위 논문 (1), 석사학위 논문 1, 번역서 2, 80년대 석사학위 논문 15, 일반 논문 3(1), 저서 1, 번역서 1, 90년대 박사학위 논문 3(1), 석사학위 논문 9(5), 일반 논문 5, 번역서 2, 2000년대 박사학위 논문 2, 석사학위 논문 6(1), 일반 논문 16(8), 저서 10(1), 번역서 4편이다. 80년대 들어 급증하기 시작한 석사학위 논문이 일반 논문보다 더 많이 나왔고, 일반 논문은 2000년대에 급증하였으며, 저서도 2000년대에 집중되었다.

로크에 관한 140(31)편의 발표물은 70년 이전까지 석사학위 논문 1, 해외석사학위 논문 (1), 일반 논문 6, 70년대 박사학위 논문 2, 석사학위 논문 6(1), 일반 논문 6(2), 번역서 1(2), 80년대 박사학위 논문 1, 석사학위 논문 14(5), 일반 논문 13(2), 저서 2, 번역서 (1), 해외석사학위 논문 1, 90년대 박사학위 논문 5, 석사학위 논문 17(3), 일반 논문 12(2), 저서 1(1), 번역서 7, 해외박사학위 논문 1(3), 2000년대 석사학위 논문 7, 일반 논문 21(7), 저서 11, 번역서 4, 해외박사학위 논문 2편이다. 전체 발표물의 3분의 1이 넘는 석사학위 논문은 80년대와 90년대에 집중되었고, 일반 논문은 꾸준히 증가하다가 2000년대에 두 배로 증가하였다. 저서는 2000년대, 번역서는 90년대에 많이 나왔고, 해외석박사학위 논문이 모두 4(4)편이 나왔다.

버클리에 관한 17(7)편의 발표물은 80년대 석사학위 논문 1, 일반 논문 2, 번역서 1, 90년대 석사학위 논문 2(1), 일반 논문 2(2), 번역서 1, 해외박사학위 논문 (1), 2000년대 석사학위 논문 1, 일반 논문 2(2), 저서 1(1), 번역서 4편이다. 발표물이 적지만 4, 5(4), 8(2)로 꾸준히 증가 추세를 보이고 있고 번역서의 비중이 높다.

흄에 관한 177(23)편의 발표물은 70년 이전까지 석사학위 논문 2, 일반 논문 (2), 70년대 석사학위 논문 4, 일반 논문 5(2), 80년대 석사학위 논문 21, 일반 논문 15(2), 번역서 1, 90년대 박사학위 논문 7, 석사학위 논문 10(1), 일반 논문 39(5), 저서 1, 번역서 7(1), 해외박사학위 논문 2(1), 2000년대 석사학위 논문 11(2), 일반 논문 43(6), 저서 3(1), 번역서 5편이다. 80년대부터 영국경험론 발표물이 급증한 주요 원인이 될 만큼 발표물이 증가 추세에 있는데 반해 저서의 비율이 가장 낮다.

맨드빌에 관한 5편의 발표물은 90년대 석사학위 논문 1, 일반 논문 3, 2000년대 번역서 1편이다. 발표물이 모두 경제학과 역사학 분야에서 나왔으며, 『꿀벌의 우화 – 개인의 악덕, 사회의 이익』(문예출판사, 2010)

이 스미스의 『도덕감정론』(비봉출판사, 1996, 개역판은 2009)[6]과 마찬가지로 철학자들의 주목을 받지 못한 것은 영국경험론 연구가 인식론 일변도로 연구된 결과가 아닌가 생각한다.

리드에 관한 2편의 발표물은 90년대와 2000년대 일반 논문 1편씩이다. 영국경험론에 대한 비판으로서 리드 철학에 대한 연구가 지나치게 부족하다. 주요 저서가 번역되어야 함은 물론이고, 리드를 중심으로 한 스코틀랜드 상식 철학이 미국 철학에 미친 영향에 관한 연구가 필요하다.

케임브리지 플라톤주의에 관해서는 'Cambridge Platonism과 영국 낭만주의 문학', 'Ralph Cudworth와 Henry More'라는 두 편의 글이 있는데 그나마 철학이 아니라 문학과 사학 분야에서 이루어진 연구다. 케임브리지 플라톤주의는 근대 영국 철학의 폭넓은 이해를 위해서 반드시 연구해야 할 필요가 있는 분야다.

그밖에 최근 미학 분야에서 허치슨과 새프츠베리에 관해서 연구가 이루어지기 시작한 것은 고무적인 현상이다.

영국경험론 일반에 관한 26편의 발표물은 1970년까지 일반 논문 1, 80년대 일반 논문 6, 90년대 박사학위 논문 1, 일반 논문 4, 저서 1, 번역서 1, 2000년대 일반 논문 11, 저서 1편이다.

3. 주제별 분석

베이컨에 관한 논문 5(1)편의 주제는 운동 개념 3, 과학방법론 1, 물질

<hr>

6) 『국부론』의 번역본은 4종류가 나와 있으며, 스미스에 관한 출판물은 16종에 이른다. 본격적인 연구서보다는 대중을 위한 것이 많으며, 스미스의 법학에 관한 책을 제외하고는 거의 전부 경제학에 관한 것이다. 스미스의 도덕감정론이나 자유주의와 관련해서 철학자들의 연구가 전혀 이루어지지 않고 있다는 것이 아쉬운 점이라고 할 수 있다.

주의 1, 생태계 위기 1이다. 『학문의 진보』는 세 차례(이종구, 동서문화
사, 1976/ 이종흡, 아카넷, 2002/ 이종구, 신원문화사, 2003) 번역되었으
며, 『신기관』(진석용, 한길사, 2001)[7], 『새로운 아틀란티스』(김종갑, 에
코리브르, 2002)도 번역되었다. 2000년대에 나온 저서들은 대중을 위해
쉽게 서술된 것들로 보인다.

홉스에 관한 논문 61(18)편의 주제는 국가론 15, 정치 사상 9, 사회계
약론 8, 의무 5, (자연)법 6, 주권 3, 인간학 3, 평화사상 2, 정부론 2,
공공재 1, 공포 1 등 정치 사상에 관한 것이 55편이다. 이것은 철학 이외
에도 정치(외교)학, (국민)윤리(교육)학, 철학교육학, 법학 전공자들의 발
표물이 많았기 때문이다. 그러나 주로 2000년대에 들어서서 스피노자나
헤겔과의 비교 3, 물체론 3, 합리성 2, 코나투스 1, 정념과 이성 1, 언어
와 이성국가 1, 변증론 1, 고전정치철학 붕괴 1, 당위 기원 1, 서간문 논
쟁 1, 과학적 기초 1, 심신 관계 1 등 기계적 유물론으로서 홉스 철학의
진면목을 볼 수 있는 발표물이 많아졌다. 『리바이어던』은 적어도 네 차
례(이정식, 박영사, 1988/ 임명방, 삼성출판사, 1998/ 진석용, 나남,
2008/ 최공웅, 동서문화사, 2009) 번역되었고, 진석용은 『신기관』(2001)
도 번역함으로써 정치학자로서 철학계에 지대한 공헌을 하였다. 김용환
의 해설서 『리바이어던-국가라는 이름의 괴물』(살림, 2005)[8], 황경식·강
유원이 번역한 맥퍼슨의 『홉스와 로크의 사회철학』(박영사, 2002)을 제
외한 2000년대의 저서들은 대체로 대중들을 위한 해설서로 보인다. 이
준호는 『인간론』(지만지고전천줄, 2009)을 처음으로 소개하였다.

로크에 관한 논문 115(26)편의 주제는 정치사상 21, 재산(소유)권 21,
자유 8, 정치적 의무 5, 정부론 4, 자연법 3, 시민사회 3, 사회계약 2,
자연권 2, 법 2, 국가 2, 권력 2, 노동 이론 2, 명예혁명 2, 자연 상태

---

7) 서평: 정병훈, 『철학』 69집(2001년 겨울), 307~315쪽.
8) 서평: 이재영, 『철학』 84집(2005년 가을), 259~264쪽.

1 등 84, 교육사상 21[9]), 자아동일성 4, 물질적 실체 4, 관념 2, 인식론 2, 라이프니츠와 비교 2, 허치슨과의 비교 1, 인과적 힘 1, 제1성질과 제2성질 1, 언어 1, 보편 1, 경험 1, 회의주의 1 등 이론철학적 주제가 26, 관용론 및 종교와 윤리 10이다. 『통치론』은 적어도 네 차례(이극찬, 연세대 출판부, 1974/ 이극찬, 삼성출판사, 1985/ 강정인·문지영, 까치글방, 1996/ 김현욱, 동서문화사, 2008: 1974년에는 『시민정부론』이라는 제목으로 출판) 번역되었고, 『관용에 관한 편지』도 두 차례(공진성, 책세상, 2008/ 최유신, 철학과현실사, 2009) 번역되었다. 정달현은 번역서 노다 마타오의 『로크의 삶과 철학』(이문출판사, 1998)과 저서 『로크의 정치철학』(영남대출판부, 2007)을 펴내는 등 정치학자로서 지속적으로 로크 철학을 연구하였다. 김성우는 박사학위 논문을 보완한 『로크의 지성과 윤리』(한국학술정보, 2006)에서 로크 철학을 정치 사상과 인식론으로 분리해서 연구하는 풍토를 극복할 것을 주장했다. 『인간지성론』은 정병훈, 양선숙, 이재영의 공동 번역으로 금년 중 한길사에서 출간될 예정이다. 대부분의 저서는 대중을 위한 해설서이며, 몇 권의 간단한 번역서 이외에 학술적인 저서가 거의 없는 실정이다.

버클리에 관한 논문 10(5)편의 주제는 칸트의 비판 3, 시각 2, 과학 3, 신 1, 윤리 1, 마음 1, 물체 1, 추상관념 1, 관념과 정신 1, 헤겔과 비교 2이다. 『인간지식의 원리론』(문정복, 울산대 출판부, 1999/ 문성화, 계명대 출판부, 2010), 『하일라스와 필로누스가 나눈 대화 세 마당』(한

---

9) 여기에는 1979년부터 2005년까지 체육(교육)학 분야에서 나온 10편(석사학위논문 2편, 박사학위논문 1편 포함)은 포함시키지 않았다. 로크 교육론이 체육 분야에서 이토록 주목을 많이 받았으며 그 제목이 주로 '단련'이었다는 사실이 흥미롭다. 로크는 건강한 몸에 건강한 정신이 깃든다는 말로 교육론을 정의하였고, 아이를 자연 상태 그대로 튼튼하게 키우라고 주장하였다. 의사였던 그는 아이의 건강에 대해 식사, 수면, 야외 운동까지 세심한 주의를 기울였고, 어릴 때부터 추위와 더위를 이길 수 있는 건강한 몸을 만들어야 한다고 주장하였는데 이 점이 체육학 연구자들의 눈길을 끈 것으로 생각된다.

석환, 철학과현실사, 1997/ 한석환, 숭실대 출판부, 2001)[10], 『새로운 시각 이론에 관한 시론』(이재영, 아카넷, 2009), 엄슨의 『버클리』(김기현, 문경출판, 1986)가 번역되었다. 2000년대에 나온 저서들은 대중을 위해 쉽게 해설한 것들로 보인다.

흄에 관한 논문 160(21)편의 주제는 인과 30, 자연주의 및 회의주의 17, 귀납 9, 상상력 5, 지식(인식) 4, (추상)관념 5, 신념 3, 외부 세계 2, 실재론 1. 지각 1, 기억 1, 경험 2, 과학 1, 개연성과 선천성 1, 논증적 확실성 1, 암묵적 정의 1 등 인식론적 주제가 84, 도덕 15, 도덕감 5, 정념 4, 책임 4, 가치판단 3, 의무 2, 공리주의 1, 동기 1, 자살 1 등 윤리학적 주제가 36, 정의 6, 사회계약 4, 정치(사) 2, 정치철학 1, 평화 1, 저항권 1, 법 1 등 정치철학적 주제가 16, 종교철학적 주제가 15, 자아 7, 영혼 불멸 1, 동물의 이성 1 등 형이상학적 주제가 9, 취미 5, 미(학) 3, 공감 2, 비극 1 등 미학적 주제가 11, 역사철학적 주제 2, 현상학 1, 연구 동향 2, 흄 철학 일반 5이다. 『인간 본성에 관한 논고』[11]는 이준호가 『오성에 관하여』(서광사, 1994), 『정념에 관하여』(서광사, 1996), 『도덕에 관하여』(서광사, 1998)로 나누어 번역하였고, 김성숙은 『인간이란 무엇인가』(동서문화사, 1994)라는 제목으로 번역하였다. 『자연종교에 관한 대화』[12]는 두 차례(탁석산, 울산대 출판부, 1998/ 이태하, 나남, 2008) 번역되었고, 이태하는 『기적에 관하여』(책세상, 2003)와 『종교의 자연사』(아카넷, 2004)도 번역하였다. 김혜숙은 『탐구』를 『인간오성의 탐구』(고려원, 1996), 『인간의 이해력에 관한 탐구』(커뮤니케이션북스, 2010)로 두 차례 번역하였다. 최희봉의 『흄의 철학』(자작아카데미, 1996), 『흄』(이룸, 2004), 이준호의 『데이비드 흄』(살림, 2005)은 이제까지의 연구 성과를

---

10) 서평: 이재영, 『철학』 53집(1997년 겨울), 341~350쪽.
11) 서평: 최희봉, 『철학과 현실』 44집(2000년 봄), 288~294쪽.
12) 서평: 이준호, 『철학비평』 2호(1999), 261~273쪽.

보여주는 저서들이다. 영국경험론에서 가장 연구자가 많은 분야로서 앞으로 더 활발한 저술 활동이 기대된다.

영국경험론 일반에 관한 논문 23편의 주제는 경험(론) 3, 자연종교 2, (추상)관념 2, 실재론 2, 취미론 2, 수학의 필연성 1, 방법론 1, 몰리누의 문제 1, 심리철학 1, 과학철학 1, 관념연합론 1, 본유 원리 1, 연구 동향 2, 전통과 전개, 허치슨과 새프츠베리, 버크의 숭고다. 코플스톤 철학사 제5권이 『영국경험론』(이재영, 서광사, 1991)으로 번역되었고, 『영국경험론 연구: 데카르트에서 리드까지』(이재영, 서광사, 1999)[13]와 『영국경험론』(김효명, 아카넷, 2001)[14]이 나왔다.

4. 국내 학자별 분석

김효명은 인과개념의 철학적 분석, 흄의 인과론, Kant의 Hume 인과론 비판, 로크에 있어서의 인과적 힘의 개념, 흄의 필연성론에 대한 비판적 고찰, 흄 철학에서의 자연적 필연성, 데이빗 흄의 인간학, 흄의 자연주의-상상력을 중심으로, 고전경험론에서의 실재론 논쟁, 영국경험론에서의 관념의 문제라는 논문들과 저서 『영국경험론』(아카넷, 2001)을 남겼다. 이 책은 한국의 영국경험론 연구 수준을 한 단계 높여 놓았다는 평가를 받고 있다. 주로 인과와 필연성 문제로 발표물을 냈고 현대 인식론에도 깊은 관심을 가졌으며, 양선숙, 이석재, 양선이 같은 연구자들을 길러 냈다.

김용환은 Hobbes철학을 위한 변증론, J. Locke의 인간론과 정치론에 대한 한 해석, 흄의 규약론에서 본 정의론과 정부론, 홉스의 학문 세계에

---

13) 서평: 양선숙, 『철학비평』 6호(2001), 243~255쪽.
14) 서평: 이재영, 『철학』 73집(2002년 겨울), 235~240쪽.

서 과학과 형이상학은 양립 가능한가, Hume의 철학에서의 독단주의와 회의주의, 홉스의 힘의 정치철학: 폭력과 통제, 홉스의 서간문에 나타난 철학적 논쟁들-홉스와 데카르트라는 논문들과『홉스의 사회, 정치 철학』(철학과 현실사, 2004),『리바이어던-국가라는 이름의 괴물』(살림, 2005)이라는 저서를 냈다. 관용에 관한 논문 6편과『관용과 열린 사회』(철학과 현실사, 1997)[15]에서 로크의 관용론을 다루고 있다. 홉스 연구자로서 주로 윤리학, 사회 철학, 정치 철학적인 주제의 발표물을 냈다.

정병훈은 흄의 귀납적 추론의 문제와 뉴턴의 실험적 방법에 관한 연구(박사학위 논문), 죠오지 버클리의 과학과 형이상학에 대한 구획 설정, 고전적 경험론의 방법과 성과, 뉴턴과 버클리: 실재론 대 도구주의, 흄의 귀납문제에 대한 칸트의 답변이라는 논문들을 냈고 과학철학에 관심을 갖고 많은 번역서와 발표물을 내놓고 있다.

이재영은 G. Berkeley에 있어서의 마음의 문제(석사학위 논문), 영국경험론의 추상관념 문제(박사학위 논문), 버클리의 윤리설, 로크의 언어 이론, 로크에서 보편의 문제, 버클리의 추상관념 이론, 흄의 추상관념 이론, 버클리의 과학철학, 영국경험론에서 수학의 필연성 문제, 토마스 리드의 추상관념 이론, 흄의 종교론, 토마스 리드의 지각 이론, 버클리의 시각 이론, 몰리누의 문제, 로크의 인격 동일성이라는 논문들과 저서『영국경험론 연구』(서광사, 1999), 번역서『영국경험론』(서광사, 1991),『새로운 시각 이론에 관한 시론』(아카넷, 2009)을 냈다. 추상관념과 지각이라는 주제를 중심으로 영국경험론 전반에 걸친 발표물을 냈다.

탁석산은 흄의 인과론: 새로운 상례성 해석 옹호(박사학위 논문), 흄의 두 원인 정의의 완전성과 양립가능성, 흄의 초기 단편과「대화」에서의 악의 문제, 인과와 인과 이론, 흄의 지각: 존재론적 개입, 흄의 인과: 자유와 필연이라는 논문들과 역서『자연종교에 관한 대화』(울산대 출판부,

---

15) 서평: 한승완,『철학과 현실』44집(2000년 봄), 282~287쪽.

1998)를 냈다. 현재는 대중을 위해 문화 전반에 걸친 저술 활동을 하고 있다.

이태하는 귀납의 정당화에 대한 고찰 – 비연역적 규준을 중심으로(석사학위 논문), Hume on Religion: A Critical Exposition(박사학위 논문), 흄과 종교, 기적에 대한 흄의 비판, 흄의 창조적 회의주의, 흄의 종교철학과 헤겔의 계몽주의 비판, 17~18세기 영국의 이신론과 자연종교, 17~18세기 영국의 종교철학: 자연종교와 기독교, 참된 종교와 미신에 대한 흄의 견해, 흄의 자살론, 흄은 영혼의 불멸을 부인하였는가, 흄의 인간학은 반역사적인가: 철학과 역사의 상보성, 종교에 대한 흄과 칸트의 견해: 상이한 중용 찾기, 역사기술에 있어서 역사가의 도덕 판단에 대한 흄의 입장이라는 논문들과 번역서『기적에 관하여』(책세상, 2003), 『종교의 자연사』(아카넷, 2004), 『자연종교에 관한 대화』(나남, 2008)를 냈다. 흄의 자연주의 인식론을 종교철학에 확장하여 적용하는 작업을 일관되게 하고 있다.

이준호는 D. Hume의 인식론에서 지각과 상상력(석사학위 논문), 흄의 자연주의와 자아(박사학위 논문), 흄의 전략적 회의주의와 철학적 유신론, 자연과 인간: 칸트에서 흄으로, 홉스의 인간론에서 정념과 이성이라는 논문들과 저서『데이비드 흄 – 인간본성에 관한 논고』(살림, 2005), 그리고 역서『오성에 관하여』(서광사, 1994), 『정념에 관하여』(서광사, 1996), 『도덕에 관하여』(서광사, 1998)를 냈다.

최희봉은 D. Hume에 있어서 외부 세계의 존재 문제(석사학위 논문), Hume's Naturalism and Scepticism(박사학위 논문), Hume의 회의주의와 자연주의, 흄의 도덕론, 흄의 자연주의: 흄과 '자연화된 인식론', 흄과 의미회의론, 종교에 관한 흄의 논의, 흄의 자연주의적 프로그램: 도덕론의 경우, 흄의 자연주의 프로그램: 종교적 신념의 경우, 흄의 회의와 확신: 지식의 정당화 문제를 중심으로, 흄의 철학과 근대과학- 과학의 확장과 그 인식론적 기초, 감성과 취미에 관한 흄의 견해, 근대 유럽의 도덕론과 흄, 흄의 자연주의와 도덕론: 스코틀랜드 자연주의와의 관련을 중심으로 라는 논문들과 저서『흄의 철학』(자작아카데미, 1996),『흄』(이룸, 2004), 역서『흄』(플류 지음, 지성의 샘, 1996)을 냈다. 흄의 인식론과 도덕론 전반에 걸쳐 발표물을 냈다.

양선숙은 흄의 회의주의 연구(박사학위 논문), 흄의 인과추론과 실재 자들, 홉스에서 숙고와 의무, 흄은 실재론자였는가, 흄의 까베아트, 흄의 정의론 연구라는 논문들을 냈고, 최근에는 법학과 관련된 발표물을 많이 내고 있다.

양선이는 흄에 있어서 자아의 동일성 문제(석사학위 논문), 도덕적 가 치와 책임: 흄의 이론을 중심으로, Hume on Emotion and the Unity of a Person's Life, 흄의 믿음 이론에 있어 '힘'과 '활력'의 본성에 관하여, 원초적 감정과 흄의 자연주의: 진화심리학과 사회구성주의의 화해, 영국 철학계의 동향, The Appropriateness of Moral Emotion and Humean Sentimentalism, 새로운 흄 논쟁: 인과관계의 필연성 문제를 중심으로, 흄에 있어서 정념과 자아, 도덕운과 도덕적 책임이라는 논문을 냈고, 관 심을 윤리학 전반에 걸쳐 확장하고 있다.

김성우는 로크의 과학 인식론 및 도덕 인식론에 관한 연구(박사학위 논문), 로크·자유주의·신자유주의, 로크의 윤리학의 딜레마, 로크의 계 몽적 이성주의의 종교적 콘텍스트에 대한 고찰이라는 논문들과 저서 『로크의 지성과 윤리』(한국학술정보, 2006)를 냈다. 로크 철학 전반에 관한 체계적 고찰에 관심이 있다.

이석재는 기회원인론에 관한 연구로 박사학위를 받고 미국 대학에 재 직하면서 미국철학회 태평양 지부학회에서 Liberty in Leviathan에 대한 논평, 국제버클리학회에서 Berkeley on the Activity of Spirits를 발표하는 등 활동을 하다가 김효명의 후임이 되었고 버클리에 관한 발표물들을 내놓고 있다.

김한결은 취미론의 유명론적 토대, 관념으로서의 미 - 허치슨 취미론의 로크적 토대에 관한 고찰, 취미론의 성립 배경과 근대적 의의, 새프츠베리와 허치슨, 관념연합론: 제라드와 알리슨 등 미학 분야에서 두드러진 연구 성과를 내놓았다. John Locke agnostic essentialist, nominal dualist, symmetric monist: a new interpretation of his metaphysics of mind and matter로 박사학위를 받았으며, 현재는 What kind of Philosopher was Locke on Mind and Body, Locke and the Mind-Body Problem: An Interpretation of his Agnosticism 같은 발표물들을 내며 미국에서 활동하고 있다.

5. 결 론

다른 분야와 마찬가지로 영국경험론에 관한 모든 종류의 발표물이 양적으로 증가하는 추세에 있는 것은 90년대 후반 이후 모든 대학에서 교수 채용이나 현직 교수 평가에서 정량적인 연구업적을 우선적으로 반영하기 때문이며, 연구업적과 관련하여 연구비를 받을 수 있는 기회가 과거에 비해 대폭적으로 늘어난 것도 한 가지 이유라고 할 수 있다. 그러나 1980년대에 들어서서 영국경험론 분야의 연구 성과가 눈에 띌 만큼 늘어난 것은 1970년대에 분석철학이나 과학철학을 비롯한 현대영미철학 전공자들이 대학에 자리를 잡으면서 영미철학 관련 강좌가 늘어났고, 왕성한 연구 활동을 했던 이들이 길러낸 후학들이 본격적으로 학자의 길에 들어섰기 때문이 아닌가 생각한다. 연구자들이 처음에는 논리경험주의자들이 치켜세웠던 흄의 철학을 필두로 해서 현대영미철학과 연관되는 측면에 주목했겠지만 시간이 지나면서 현대영미철학의 근원으로서 고전적인 영국경험론 자체에 대해 관심을 가지게 되었던 것으로 판단된다.

번역의 경우 아직까지 만족할 만한 연구 성과를 내놓았다고 볼 수는 없다. 번역을 학술적 업적으로 인정하기를 꺼려하는 학계의 풍토는 많이 개선되었지만 대학의 연구 업적 제도가 학술 잡지에 실린 논문 위주로 되어 있어서 연구자들이 생산성이 없는 번역 작업에 쉽사리 뛰어들지 못하는 게 일차적 이유다. 그러나 논문에 비해 연구 업적으로 인정 받는 것이 불리한 상황이기는 하지만 연구자 개개인이 자기 전공 분야의 주요 저서들을 번역하는 것을 일차적 임무로 여기는 사명 의식을 갖고 있을 뿐만 아니라 한국연구재단이나 대우학술재단16)의 지속적인 후원이 고전 번역에 커다란 활력소가 되고 있어서 앞날은 밝은 편이다. 만약 로크의 『인간지성론』이 예정대로 금년 안에 나올 경우 영국 경험론 분야에서는 아쉬운 대로 주요 저서는 거의 번역이 되는 셈이다.

문제는 아직도 주석이 거의 붙어 있지 않은 채 원문 번역만 이루어지는 경우가 대부분이며, 번역전문가라는 미명 아래 해당 분야와 전혀 관계가 없는 사람이 번역하거나 심지어 일본 번역본의 중역인 일부 고전번역 총서가 있다는 점이다. 어쩌면 이런 현상도 전문가들이 표준이 될 만한 번역서를 일찌감치 내놓지 못한 데서 생긴 것일 수 있다. 번역 용어에 관해서 전문가들끼리 합의를 하지 못한 대표적인 예는 understanding을 지성, 오성, 이해력, 지적 능력으로 번역하고 있는 경우다. 일본 학자들의 번역 용어에서 한 걸음도 더 나아가지 못했을 뿐만 아니라, 그마저도 용어 통일을 이루지 못한 상황은 영국 경험론의 경우도 예외가 아니다.

최근에 이르기까지 우리 학계에서는 논문을 쓸 때 원전을 인용하면서

---

16) 진석용의 『신기관』과 『리바이어던』, 이종흡의 『학문의 진보』, 이태하의 『자연종교에 관한 대화』, 양선숙·정병훈·이재영의 『인간지성론』은 한국연구재단의 지원으로 번역되었으며, 김효명의 저서 『영국경험론』과 이재영의 『새로운 시각 이론에 관한 시론』 번역, 이태하의 『종교의 자연사』 번역은 대우학술재단의 지원에 의해 이루어졌다.

번역서를 참고하지 않거나, 설령 참고했다 하더라도 번역문을 그대로 인용하지 않고 연구자가 스스로 번역해서 인용하는 경우가 많았다. 제대로 된 번역서가 없어서 번역을 신뢰할 수가 없었기 때문이었을 것이다. 그러나 어떤 원전이 두 차례 이상 번역이 된 경우에도 앞선 사람의 번역을 참고하거나 또는 냉정하게 비판하고 그것을 넘어서려는 노력을 하는 경우가 거의 없었다. 연구자들이 번역에 대한 노력과 그 결과물을 공유하지 않았던 것이다. 필자가 역서나 저서가 서평을 받은 경우를 일일이 드러낸 것은 영국경험론의 경우에는 비교적 최근에 원전이 번역되었고 저서들이 나오기 시작했으며 전공자들 간에 비평 문화가 상당히 정착되었음을 강조하기 위해서였다. 대표적인 예를 들어보면, 한석환은 1997년 버클리의 『하일라스와 필로누스가 나눈 대화 세 마당』(철학과현실사)을 번역하였고, 이재영은 『철학』 53집(1997년 겨울)에 서평을 실었다. 한석환은 2001년 숭실대 출판부에서 낸 개정판의 옮긴이의 말에서 "서평을 통해 따뜻한 격려와 애정 어린 비평을 해준 이재영 교수에게 감사한다. 그의 지적과 제안은 개정판 작업에 큰 도움이 되었다."고 밝힘으로써 이재영의 비평을 수용하였음을 공식적으로 밝혔다. 한석환의 예에 나타난 바람직한 비평 문화의 모습이 우리 학계의 일상적인 모습이 될 수 있을 것으로 기대한다.

저서의 경우 김효명의 『영국경험론』과 같은 본격적인 연구서가 아직은 많이 나오지 않았다. 연구 수준은 상당하지만 박사학위논문을 보완해서 출판한 경우가 아니면 특정한 철학자의 사상을 전반적으로 해설하는 데 치중한 저서가 대부분이라고 할 수 있다. 그러나 연구자의 수가 증가하였고, 연구 수준도 날이 갈수록 향상되고 있으며, 단기적인 논문 생산보다 저서가 중시되는 풍토가 조성되어 연구자들이 연구력을 집중하기만 한다면 머지않아 학술적으로 깊이 있는 저서들이 탄생하리라고 믿는다.

연구자들이 국제학술지에 발표하고 외국 학자들과 토론회도 가지며 활발한 연구 활동을 하고 있지만 통계 자료에서 볼 수 있듯이 한국에서 영국경험론의 연구 성과는 다른 분야에 비해 아직 미약하다고 할 수 있다. 그리고 연구자의 수와 발표물이 흄에게 집중되어 있는 것도 개선해야 할 점이라고 생각한다. 필자가 홉스의 정치 사상, 로크의 정치 사상과 교육 사상에 관한 발표물을 통계에 포함시키고 맨드빌과 리드에 관해서 언급한 것도 영국경험론 전공자들의 관심 영역을 넓히려는 의도에서 나온 것이다. 그러나 최근 들어 인식론적 관점에서만 아니라 종교와 윤리, 미학의 관점에서 영국 경험론을 바라보는 수준 높은 논문들이 많이 발표되고 있어서 주제의 다양화라는 해묵은 숙제도 어느 정도 해결되어 가고 있는 실정이다.

무엇보다도 오늘날 한국의 영국경험론 연구의 활성화에는 1998년에 결성된 서양근대철학회가 결정적인 역할을 했다고 할 수 있다. 한국의 학회는 칸트학회, 헤겔학회처럼 특정 철학자 중심의 학회가 많고, 특히 르네상스 시기부터 칸트 이전의 철학을 전공한 소수의 사람들이 참여할 학회가 거의 없었던 상황이어서 학회가 결성되자마자 연구역량이 집약되기 시작했다. 『서양근대철학』(창비, 2001)[17], 『서양근대철학의 열 가지 쟁점』(창비, 2005)[18], 『서양근대윤리학』(창비, 2010)이 이미 나왔고, 곧이어 『서양근대미학』과 『서양근대종교철학』이 출간될 예정이다. 앞에 언급한 전공자들은 김성우를 제외하고 모두 이 학회 소속이다. 『인간지성론』의 공동 번역은 한국에서 이 학회가 갖는 의의를 단적으로 드러내주는 예다.

---

17) 서평: 최인숙, 『철학』 67집(2001년 여름), 241~246쪽.
18) 서평: 신중섭, 『철학』 83집(2005년 여름), 347~352쪽.

참고문헌

1. 서양철학의 수용(영미철학을 중심으로)에 관한 연구 목록

정 종, 1967, 「한국철학계에 있어서의 미국철학의 수용과 영향」『아세아연구』 10, 고려대학교 아세아문제연구소.

박영식, 1972, 「인문과학으로서 철학의 수용 및 그 전개과정(1900~1965)」『인문 과학』 26집, 연세대학교 인문과학연구소, 105~132쪽.

조요한, 1972, 「한국에 있어서의 서양철학 연구의 어제와 오늘」『사색』3집, 숭 실대학교 철학과, 16~40쪽.

조희영, 1974, 「한국의 현대 사상에 미친 서양철학의 영향─한국에 있어서의 서 양철학연구의 제경향(1931~1968)」『철학연구』 19집, 대한철학회.

조희영, 1975, 「현대 한국의 전기 철학사상 연구─일제하의 철학 사상을 중심으 로」『용봉논총』 4집, 전남대학교 인문과학연구소, 1~49쪽.

조희영, 1977, 「한국과 일본에 있어서의 서양철학의 수용형태에 관한 비교 연구」 『용봉논총』 7집, 전남대학교 인문과학연구소, 169~195쪽.

진교훈, 1987, 「서양철학의 수용과 전개」『한국철학사』(하), 동명사, 347~409쪽.

조요한, 1988, 「서양철학의 도입과 그 연구의 정착」『서의필선생 회갑기념논문 집』, 439~457쪽.

조희영, 1993, 「서구 사조의 도입과 전개─철학 사조를 중심으로」『한국사상사 대계』 6권, 한국정신문화연구원, 177~198쪽.

김위성, 2000, 「서양철학의 파악과 연구에 있어서의 일본의 영향」『한국민족문 화』 16, 부산대학교 한국민족문화연구소.

신귀현, 2000, 「서양 철학의 전래와 수용」『한국문화사상대계』 2권, 영남대학교 민족문화연구소.

이좌용, 2000, 「한국에서의 영미철학 수용의 특징과 과제」『한국철학의 쟁점』, 철학과현실사.

윤사순·이광래, 2001, 『우리사상 100년』, 현암사.

강영안, 2002, 『우리에게 철학은 무엇인가』, 궁리.

이기상, 2002, 『서양철학의 수용과 한국철학의 모색』, 지식산업사.

이광래, 2003, 『한국의 서양사상 수용사』, 열린책들.

김재현, 2007, 「한국에서 근대적 학문으로서 철학의 형성과 그 특징」『시대와 철학』 18집 3호, 179~217쪽.

2. 한국철학회의 『철학』(1955년 창간)에 실린 영국경험론 관련 논문

신오현, 1982, 「영국경험론의 존재론적 근거」 18집, 17~37쪽.
서정자, 1983, 「Locke의 경험 개념에 대한 존재론적 접근」 20집, 133~149쪽.
김용환, 1989, 「John Locke의 인간론과 정치론에 대한 한 해석」 32집, 105~123쪽.
한자경, 1991, 「홉스의 인간 이해와 국가」 36집, 59~80쪽.
이현복, 1993, 「근대 철학에 있어 본유 원리에 대한 논쟁」 40집, 169~197쪽.
윤용택, 1994, 「흄의 '인과 관계' 분석에 대한 비판적 고찰」 41집, 37~65쪽.
박찬구, 1995, 「흄과 칸트에 있어서의 도덕감」 44집, 85~110쪽.
탁석산, 1995, 「흄의 두 원인 정의의 양립가능성과 완전성」 45집, 75~110쪽.
최희봉, 1996, 「흄과 의미 회의론」 48집, 95~115쪽.
김용환, 1997, 「Hume철학에서의 독단주의와 회의주의」 50집, 65~92쪽.
탁석산, 1997, 「흄의 초기 단편과 『대화』에서의 악의 문제」 52집, 185~212쪽.
탁석산, 2001, 「흄의 인과: 자유와 필연」 67집, 103~122쪽.
윤선구, 2002, 「라이프니츠의 로크 비판에 관한 연구」 73집, 101~126쪽.
황설중, 2005, 「흄의 회의주의와 퓌론주의」 82집, 99~136쪽.
조병희, 2006, 「로크 인식론의 토대로서 가쌍디의 감각론」 88집, 121~142쪽.

3. 대한철학회의 『철학연구』(1964년 창간)에 실린 영국경험론 관련 논문

이성환, 1985, 「영국경험론에 있어서 '경험'의 개념」 41집, 157~178쪽.
박진숙, 1996, 「흄의 자연주의 윤리론에 대한 고찰」 57집, 131~162쪽.
유 철, 1996, 「칸트의 버클리 비판」 57집, 185~206쪽.
박진숙, 1997, 「흄의 자연주의 미론―'인성론'과 '도덕원리탐구'에서의 미론을 중심으로」 62집, 195~212쪽.
안세권, 2000, 「인격동일성과 실체―로크 이론에 대한 분석」 76집, 207~228쪽.
양선숙, 2004, 「흄의 까베아트」 89집, 267~293쪽.
최준호, 2006, 「홉스와 루소의 인간관―심신관계에 대한 가치론적 고찰」 98집, 319~345쪽.
이준호, 2007, 「홉스의 인간론에서 정념과 이성」 101집, 253~272쪽.
문성화, 2008, 「버클리 인식론에서 감성적 관념과 정신」 105집, 215~242쪽.
이태하, 2010, 「종교에 대한 흄과 칸트의 견해」 115집, 281~305쪽.

4. 철학연구회의 『철학연구』(1966년 창간)에 실린 영국경험론 관련 논문

김홍우, 1979, 「David Hume on Moral and Social Life」 14집, 119~136쪽.

조인래, 1991, 「뉴튼의 물질 개념과 방법적 도구론」 28집, 79~109쪽.

정병훈, 1993, 「고전적 경험론의 방법과 그 성과」 32집, 77~106쪽.

최희봉, 1995, 「흄의 자연주의」 37집, 147~169쪽.

이태하, 1996, 「흄과 종교」 39집, 85~99쪽.

양선이, 2001, 「흄에 있어서 정념과 자아」 55집, 109~138쪽.

이태하, 2003, 「17~8세기 영국의 이신론과 자연종교」 63집, 89~114쪽.

양선숙, 2004, 「흄은 실재론자였는가?」 64집, 161~180쪽.

이태하, 2004, 「참된 종교와 미신에 대한 흄의 견해」 67집, 73~92쪽.

김재호, 2005, 「칸트에 전해진 버클리의 유산」 70집, 19~42쪽.

이태하, 2007, 「흄의 자살론」 78집, 31~50쪽.

김용환, 2008, 「홉스의 서간문에 나타난 철학적 논쟁들」 81집, 21~44쪽.

양선이, 2010, 「새로운 흄 논쟁: 인과관계의 필연성 문제를 중심으로」 88집, 163~201쪽.

5. 한국동서철학회의 『동서철학연구』(1984년 창간)에 실린 영국경험론 관련 논문

김준연, 1993, 「흄 철학의 현상학적 이해」 10집, 165~183쪽.

김용환, 2003, 「홉스의 힘의 정치철학: 폭력과 통제」 29집, 113~137쪽.

최희봉, 2006, 「감성과 취미에 관한 흄의 견해」 42집, 205~225쪽.

남경희, 2008, 「리바이어던의 正名: 홉스와 순자에서 국가권력과 언어 주체」 47집, 5~32쪽.

6. 새한철학회의 『철학논총』(1984년 창간)에 실린 영국경험론 관련 논문

박진숙, 1996, 「Hume의 '인식론적 자연주의'에 대한 고찰」 12집, 557~587쪽.

안형관, 2000, 「흄·데이빗슨·화이트헤드 인과론에 관한 소고」 20집, 233~249쪽.

박승배, 2002, *The Influence of Science on Locke's Distinction between primary and Secondary*

Qualities 30집, 240~251쪽.
문성화, 2007, 「버클리와 헤겔에 있어서 인식론적 단초와 철학의 분과들」 49집, 95~114쪽.
박경자, 2007, 「홉스의 무신론과 폼포나치의 자연주의」 49집, 135~156쪽.
배용준, 2008, 「D. Hume의 미학에 관한 연구」 52집, 187~214쪽.

7. 범한철학회의 『범한철학』(1987년 창간)에 실린 영국경험론 관련 논문

김영례, 1990, 「D. Hume의 인과론」 5집, 247~281쪽.
김영례, 1991, 「칸트의 흄 인과율 비판에 관한 고찰」 6집, 143~172쪽.
이재영, 1991, 「버클리의 추상관념 이론」 6집, 121~142쪽.
박채옥, 1995, 「인과성에 대한 흄과 칸트의 견해」 10집, 317~339쪽.
이재영, 1996, 「영국경험론에서 수학의 필연성 문제」 12집, 289~318쪽.
이재영, 1997, 「토마스 리드의 추상관념 이론」 15집, 205~230쪽.
이재영, 1999, 「흄의 종교론」 19집, 129~149쪽.
최희봉, 1999, 「흄의 자연주의 프로그램」 20집, 335~354쪽.
이재영, 2001, 「토마스 리드의 지각 이론」 24집, 291~311쪽.
안세권, 2004, 「흄의 자아동일성 개념」 33집, 129~151쪽.
최희봉, 2004, 「흄의 철학과 근대 과학」 34집, 125~150쪽.
이재영, 2005, 「버클리의 시각 이론」 38집, 239~265쪽.
이태하, 2008, 「흄은 영혼의 불멸을 부인하였는가?」 51집, 219~238쪽.
이태하, 2009, 「흄의 인간학은 반역사적인가? 철학과 역사의 상보성」 53집, 107~132쪽.
이태하, 2010, 「역사 기술에 있어서 역사가의 도덕판단에 대한 흄의 입장」 59집, 129~154쪽.

8. 한국철학사상연구회의 『시대와 철학』(1990년 창간)에 실린 영국경험론 관련 논문

김성우, 2001, 「로크, 자유주의, 신자유주의」 12집 2호, 301~325쪽.
김성우, 2002, 「로크의 계몽적 이성주의의 종교적 콘텍스트에 대한 고찰」 13집 2호, 263~292쪽.

9. 대동철학회의 『대동철학』(1998년 창간)에 실린 영국경험론 관련 논문

최유신, 2000, 「존 로크의 종교적 관용론 – 보수주의적 관용에서 자유주의적 관용에로」 8집, 141~159쪽.

전영갑, 2008, 「도덕적 이상주의에 대한 흄의 논박」 44집, 243~266쪽.

제2장 20세기 한국지성사에서 니체사상의 수용*

-1920년대와 30년대를 중심으로-

1. 들어가는 말

"니체가 朝鮮에도 알려졌습니까? 당신이 朝鮮으로 돌아가거든 니체를 紹介해 줄 것으로 믿습니다."[1] 1928년 독일 예나(Jena) 대학의 철학과 박사과정에 있던 안호상(安浩相)이 철학자 오이켄의 미망인과 함께 바이마르(Weimar)에 있는 니체문서보관소(Nietzsche-Archiv)를 방문해서 니체의 여동생 엘리자베트(Elisabeth-Förster Nietzsche)를 만났을 때 엘리자베트가 했던 말이다. 안호상은 그녀의 안내로 니체가 남겨놓은 유고 대부분을 구경하고 존경심과 그의 위대성을 가슴으로 느꼈다고 기술하고 있다. 조선에도 니체가 수용되었는가를 묻는 니체의 여동생 엘리자베트의 질문은 단순히 호기심 어린 물음이 아니라 당시 한국에서의 니체 소개에 대한 적극적인 의지를 반영한 것이었다. 니체가 죽은 지 28년이 지난 이후 그의 여동생과 그의 마지막 거처였던 바이마르에서 있었던 한 조선 유학생의 만남과 대화는 우리에게 중요한 의미를 갖는다. 안호상은 귀국한 이후 1935년에, 즉 그녀와의 만남이 있은 이후 7년 뒤에 신문

---

* 이 논문은 "동아시아의 서양철학 수용의 문제-한일 인문학의 심도있는 대화"라는 주제로 열린 『한일 인문학 국제 심포지움』(2011.05.21~22. 강원대학교)에서 발표된 글을 부분적으로 수정하여 재작성하였으며, 그 일부가 『범한철학』 제63집에 게재되었다.
1) 안호상, 「니-최 復興의 現代的 意義」(完), 『朝鮮中央日報』, 1935.6.30.

『조선중앙일보(朝鮮中央日報)』에 7차례 연재형식으로 「니-최 부흥(復興)의 현대적 의의(現代的 意義)」라는 글2)을 발표함으로써 힘닿는 데까지 니체를 소개해 보겠다는 그녀와의 약속을 지켰다.

안호상이 이 글을 쓰고 있을 때 독일에서의 니체해석은 나치의 국가사회주의와 연관해 정치적 해석이나 니체 전설을 만들고자 하는 시도(보이믈러A. Baeumler, 로젠베르크A. Rosenberg, 욀러R. Oehler 등)와 비정치적 해석(야스퍼스K. Jaspers, 하이데거M. Heidegger, 뢰비트K. Löwith 등)이 거대한 소용돌이 속에 함께 있었는데,3) 1930년대 중반의 한국에서의 니체 소개와 그 영향도 이미 이러한 경향을 반영하거나 문화적 습윤(濕潤)의 과정을 거치고 있었다. 안호상이 '니체 부흥'이라고 표현하고 있듯이 이 당시 한국에서의 니체는 그의 생애나 사상에 대한 단순한 입문적 소개차원을 넘어 이미 문학영역에서는 '네오휴머니즘 - 제3휴머니즘'이라는 이념논쟁과 '생명파(生命派)' 시인의 유파 형성에 기여하는 데까지 나가게 되었다. 그렇다면 니체는 언제 처음으로 한국에 소개된 것일까? 니체는 어떻게 한국의 정신사에 들어오고 어떤 의미를 지니고 있던 것일까? 니체의 수용과 한국에서의 만남은 어떤 문화적 의미를 지니는 것이었을까? 20세기 초 니체와의 만남은 한국의 시대적 상황과 정신사의 흐름에서 매우 중요한 의미를 지니며, 20세기 초 한국의 지성사를 이해하는데도 중요한 단서를 제공한다.

니체의 소개는 한편으로는 전통과 서구문명의 충돌, 가족주의와 개인주의, 사회주의와 자유주의의 갈등, 민족주의와 인도주의의 투쟁 속에서, 그리고 다른 한편으로는 약육강식의 경쟁적 세계정세 속에서 투쟁에

---

2) 안호상, 「니-최 復興의 現代的 意義」(一~完), 『朝鮮中央日報』, 1935.6.23~6.30.
3) 니체해석의 역사에 대해서는, 김정현, 『니체의 몸 철학』, 지성의 샘, 1995, 25~34쪽을, 특히 1930년대 초반부터 1960년대까지의 수용사에 대해서는 29~33쪽을 참조할 것; 니체의 정치철학과 파시즘의 연관성에 대해서는, Bernhard H. Taureck, *Nietzsche und der Faschismus*, Hamburg 1989를 참조할 것.

살아남으려는 '힘의 철학'의 형태를 띤 것이었다. 니체의 소개는 이러한 시대적 '난조(亂潮)'의 분위기 속에서 이루어지는데, 1920년에서 1922년 사이에 김기전(金起纏), 박달성(朴達成), 김억(金億), 이돈화(李敦化) 등에 의해 천도교 잡지인 『개벽(開闢)』을 중심으로, 그리고 이대위(李大偉)에 의해 기독교 잡지인 『청년(靑年)』을 중심으로 이루어진다. 이들의 활동은 세계문명의 소개, 신문화운동, 민족자결주의, 사회개조, 항일운동 등을 지향하고 있었는데, 니체의 소개는 이러한 사회적 시대적 맥락 속에서 이루어졌다. 그러나 1930년대에 들어가면 세계정세가 급변하며 파시즘이나 나치즘이 등장하면서 니체철학은 이에 대한 예민한 반응 속에서 주목을 받게 된다. 그러나 다른 한편으로는 니체사상에 기반해 실천적 능동성을 통해 인간타입을 발견해 시대와 역사를 새롭게 이끌어나갈 수 있다는 네오휴머니즘의 철학적 문예비평의 해석이 나오게 되고, 의지, 생명, 운명, 저항 등을 추구하는 시인그룹 '생명파'가 탄생하게 된다. 이러한 일련의 이념적 문학적 활동은 이후 한국문학에서 순수문학논쟁을 불러일으키며 한국문학사를 풍요롭게 만드는데 기여한다.

이 글은 1920년에 니체가 처음 소개될 때부터 1930년대까지를 중심으로 논의하고자 한다. 1920년대는 입문적 소개가 나오지만 동시에 시대적 상황에 대한 고뇌를 담고 있는 사회철학적 성격을 지니고 있었고, 1930년대는 철학적 내용과 깊이를 지닌 언급과 세계정세와 독일에서의 해석에 영향을 받은 비판적 논의가 있었으며 또 동시에 문학에서의 새로운 이념이 창출되는 성과를 낳게 되었다. 20세기 한국에서의 니체의 영향은 매우 다양하고 복잡하며 1940년대 이후의 수용 및 영향에 대해서는 별도의 논의를 필요로 하기에 이 글에서는 주로 1920년대와 30년대에 국한하여 논의를 한정하고자 한다.

2. 1920년대의 니체 수용과 해석: 힘의 사상과 의지의 철학4)

1920년대 니체의 소개 및 해석에서는 주로 개인과 사회, 자율성과 공동체주의, 자아해방과 가족중심주의라는, 즉 개인의 해방과 유교적 전통사회의 위계질서 사이의 갈등이라는 근대성의 이념이 그 기저에 놓여있었다. 이러한 문제의식은 1870년대 이후 이정직(李定稷)이나 이인재(李寅梓) 등에 의해 유가의 정신적 기반 위에서 비교연구를 통해 서양철학이 소개되기 시작한 이후5) 1920년대에 대중에게 다양한 서양철학자들과 그 철학적 내용이 본격적으로 소개되기까지 그 수용과정에서 우리 지성계가 풀어야 할 거대한 철학적 과제 가운데 하나였다. 니체의 소개는 일부 일본 지성계의 영향을 받은 것으로 보인다. 톨스토이와 니체, 사회주의와 개인주의, 무정부주의적 평화주의와 힘의 철학 등에 관한 논의는 이미 1910년대 일본 지성계에서 형성된 담론이었다. 그러나 초기『개벽』이나『청년』을 중심으로 한 니체에 관한 소개나 주제설정, 해석에서는 분명 일본의 지성계와 어느 정도 거리를 취하고 있으며, 그 문제의식이나 해석이 달리 나타난다. 피지배적 식민지 상황이라는 역사적 시대적 상황이 일본과는 매우 달랐기 때문이다.

첫 번째 수용에서는 민족자강의 힘의 철학이 문제가 되었다. 20세기 한국에서의 니체에 관한 첫 소개는『개벽』의 창간호(1920.06.25.)에 실린 소춘(小春)의「역만능주의(力萬能主義)의 급선봉(急先鋒) - 푸리드리히, 니체선생(先生)을 소개(紹介)함」이란 글을 통해 이루어졌다. 소춘은

---

4) 1920년대 니체사상이 한국에서 수용되는 과정에 대해서는, 김정현,「니체사상의 한국적 수용 -1920년대를 중심으로」,『니체연구』제12집(한국니체학회, 2007 가을), 33~68쪽을 중심으로 재정리하여 기술하였다.
5) 19세기 후반기에 서양사상의 전래과정과 그 내용에 대한 소개로, 이광래,『한국의 서양 사상 수용사』, 열린책들, 2003, 218~245쪽 참조할 것.

김기전(1894~?)의 필명으로 그는 또한 묘향산인(妙香山人)이라는 필명도 사용하고 있었다. 그는 민족주의와 사회주의, 근대 개화사상, 세계문명의 흐름을 포괄적으로 소개하는 천도교의 잡지『개벽』의 주필이자 농민, 여성, 어린이의 계몽운동과 세계의 정치·사회적 문제들에 관심을 가졌던 사회주의 계열의 지성인이었다. 소춘은 이 글에서 적과 전쟁, 승리, 평화에 관한 니체의『차라투스트라는 이렇게 말했다』의 한 구절을 인용하고 있는데, 그 분위기가 상당히 전투적이다. 그는 니체의 생애, 즉 출생, 이름 명명과정, 어머니와의 관계, 목사가 되고자 한 유년기의 꿈, 본대학의 생활, 라이프치히 대학으로의 이전, 쇼펜하우어(A. Schopenhauer)와 바그너(R. Wagner)로부터의 영향, 질병 등을 소개하며 니체철학과 그의 삶을 밀접하게 연관시켰고, 니체사상을 전통적 가치의 전복, 신의 죽음과 새로운 휴머니즘, 힘중심의 이론, 의지의 철학으로 이해하였다.[6] 그는 묘향산인(妙香山人)이라는 또 다른 필명으로 「신-인생표(新-人生標)의 수립자(樹立者) – 푸리드리쮀, 니체선생(先生)을 소개(紹介)함」이라는 글을 발표하는데, 여기에서는 영원윤회(영원회귀), 초인사상, 선악의 도덕과 기독교 도덕 등을 중심으로 니체사상을 소개하고 있다. 그는 니체뿐만 아니라 루소, 제임스 등의 사상가와 1919~1920년에 베이징과 도쿄에서 강연했던 러셀을 소개하는데 주도적인 역할을 했는데, 그의 니체 소개는 서양 근대성을 이해하려는 노력 가운데 나온 것이었다. 그는 영원윤회(영원회귀)가 운명애 사상과 연결되어 있다고 보며 영원히 반복되는 이 삶의 무의미 속에서 새로운 생명의 영역(新生面), 즉 삶에 의미를 부여하며 새로운 삶을 찾아야 한다고 보았다. 그는 또한 니체의 초인사상을 진화론적 입장에서 자신의 현실과 환경을 넘어설 수 있는 강자의 도덕으로 해석했다. 그가 읽은 니체는 역만능주의(力萬能主義), 즉 '힘의 사상'이었고, 환경을 극복하는 '의지의 철학'이었으며, 기존의 전통적 가

---

6) 김정현, 「니체사상의 한국적 수용 -1920년대를 중심으로」, 42~43쪽

치관을 전복하고 새 문명에 적합하도록 가치를 전도시키는 '가치전도의 사상'이었다. 그의 니체해석에는 동서문명의 충돌 속에서 한국 민족의 정체성을 찾고, 약육강식의 국제정세 속에서 강한 민족, 강한 인간을 찾으려는 개화기 지식인의 시대적 고뇌가 묻어 있었다.[7]

둘째, 니체 수용은 동서문명의 충돌과 인도주의와 강력주의라는 이념적 대립 속에서 이루어졌다. 약육강식의 세계적 제국주의 속에서 평화와 박애를 주창하는 톨스토이의 기독교적 무저항주의와 강함과 힘을 강조하는 니체주의는 사회진화론과 자유사상의 논리적 충돌만큼 커다란 이론적 대립을 만들었고, 이러한 문제는 서양문명을 수용하며 자강구국(自强救國)해야 한다는 절박한 문제의식을 가진 조선의 지성인에게는 검토해야할 절박한 역사적 철학적 과제였다.[8] 천도교에서 중심적으로 활동했던 박달성(1895~?)은 톨스토이주의보다는 사회진화론의 입장에서 니체를 수용하며 이를 '강력주의(强力主義)'로 읽는다. 그에게 살아남는다는 것은 생존에서 분투하고 승리한다는 것, 곧 강하다는 것을 의미하기에 일제 식민지시대에 니체는 그에게 강함과 힘, 생존의 이념을 제공하는 사회철학으로 읽힌 것이다.[9] 그의 니체해석은 20세기 초 개화기 지식인이 가지고 있었던 사회진화론적 자강사상(自强思想)의 변주적 해석 가운데 하나로 보인다.[10] 김억(1896~?) 역시 톨스토이의 박애주의를 니체와 더불어 문제시하며 자아와 의지를 강조하는 니체적인 아욕주장의 개인주의가 근대문예에 많은 영향을 미치고 있다고 해석한다. 그러나 이와는 달리 천도교 사상가이자 『개벽』의 주간이었던 백두산인(白頭山人) 이돈화(1884~?)는 사회주의와 개인주의, 동서문명과 윤리의 갈등이라는 주제를 톨스토이와 니체라는 두 사상가의 이름 위에 대립시켜 놓고 해명

---

7) 같은 논문, 51쪽
8) 같은 논문, 53~54쪽
9) 같은 논문, 54쪽
10) 같은 논문, 55쪽

한다. 그에게 톨스토이주의는 비저항주의, 이타주의, 사회주의적 성격을 지닌 것으로, 니체주의는 자아발현주의, 개성만능주의를 주창하는 것으로 이해되었으며 이 양자가 모두 극단의 세계관을 지니고 있는 것으로 보였다. 따라서 그는 동양사상과 서양사상을 조화시키고 개인주의와 사회주의, 톨스토이주의와 니체주의를 융합시킴으로써 새로운 시대에 맞는 신윤리의 가능성을 모색하였다.

셋째는 현대문명론과 연관한 니체의 해석이다. 기독교 사회주의 언론인이었던 이대위(1896~1982)는 잡지 『청년』에 「니취의 철학과 현대문명론」(1922)을 발표하는데, 여기에서 그는 니체를 현대문명과 연관시켜 진화론, 도덕과 계급, 인도주의, 인류사회개선 등의 개념에 의존해 논의한다. 그는 니체철학이 개인의 '구능지원(求能志願 will to power)'과 '자신발전(自身發展 self expansion)'의 특징을 지니고 있지만, 계급투쟁을 부추기기에 현대문명의 현 상황에서 받아들이기 어려운 철학이라고 비판적으로 평가한다.

1920년대 초 니체의 수용과 해석은 정신사적인 맥락에서 중요한 의미를 갖는다. 김기전, 박달성, 김억, 이돈화, 이대위 등 당시 지식인들이 니체를 소개하고 해석하는 것은 소박한 차원의 입문적 소개 이상의 의미를 지닌 것이었다. 왜냐하면 이들 지식인들은 그 당시 제2차 개화운동이나 계몽운동의 일환으로 서양사상가들을 소개하기 시작했으며, 서양을 이해하고 세계문명의 흐름과 그 정신적 정수(精髓)를 따라가기 위해 사회진화론이나 개인주의, 사회주의, 자유와 평등, 새로운 도덕과 윤리질서 등 서양철학적 물음을 민족주의적 시각에서 물었기 때문이다.[11] 초기 지식인들이 받아들인 니체는 분명 민족주의적 사회주의적 의상을 입은 한국적 니체였고, 식민지 시대의 시대적 고민을 넘어서려는 강력한 힘의 철학, 의지의 철학을 표명하는 사회철학자로서 니체였다.[12] 즉 초기 수

---

11) 같은 논문, 61쪽

용된 한국적 니체는 사회진화론적인 입장에서 자신과 시대를 극복하는 강력한 힘의 주창자이자 사회철학자였던 것이다. 이러한 초기 니체수용은 이후 1930년대 들어서 김형준(金亨俊, 필명은 金午星), 안호상에 의해 더욱 체계적인 니체철학의 소개로 이어졌으며, 서정주(徐廷柱), 김동리(金東里), 유치환(柳致環), 오장환(吳章煥), 이육사(李陸史) 등 한국 근대문학의 발아에도 많은 영향을 주었다. 초기의 니체수용은 개화사상이나 신문화운동의 맥락에서 소개되었고 이는 민족주의나 사회주의의 영향을 받았는데, 1930년대 들어서도 한편으로는 민족주의적 사회주의 경향이, 다른 한편으로는 근대 한국문학의 맥 속으로 이어지게 된 것이다.

3. 1930년대 니체해석의 경향

1) 철학: 파시즘의 권력철학과 초인의 문화철학

1930년대 들어와서는 니체사상이 여러 가지 다양한 형태로 수용된다. 유럽에서 나치즘과 파시즘이 등장하고 일본에서는 군국주의가 나타나는 등 세계정세도 변화하고 그에 따라 시대적 문제의식도 변하게 되었고, 우리에게도 니체를 바라보는 시의성이나 문제의식, 철학적 해석이 바뀌게 된 것이다. 1914년 일어난 제1차 세계대전이 독일의 패전으로 끝나고 1919년에는 미국의 윌슨대통령이 파리강화협약에서 '민족자결원칙'을 천명하게 되었고, 다른 한편 1919년 1월 21일 고종이 급작스레 승하하자 1919년 3·1운동이 일어났는데, 이는 이후 1936년까지의 시기에 일제의 정치가 무단정치에서 문화정치체제로 바뀌고 언론에 대한 정책도 완화되는 계기가 되었다. 이후 1937년부터 1945년까지는 일제강점기 말

---

12) 같은 곳.

기로서 민족문화 말살정책이 수행되었는데, 1930년대는 이러한 시대적 전환기에 해당된다. 특히 유럽에서 나치즘과 파시즘의 등장은 일제의 군국주의적 전체주의를 경험하고 있던 식민지의 현실에서 무엇보다 민감하고 시의적인 문제였는데, 그 당시 니체의 수용과 해석은 이러한 시대적 배경과도 결코 무관하지 않았다.

1930년대의 니체해석은 파시즘이나 나치즘에 대한 예민한 반응 속에 나오거나 시나 편지 등의 소개나 네오휴머니즘과 같은 문학 논쟁을 통해 이루어졌다. 여기에는 니체사상을 파시즘의 실천적 행동철학의 원유(原由)로 해석하는 박종홍의 시류적 사회철학적 해석과 문화나 가치개념으로 시대를 읽는 안호상이나 전원배의 문화철학적 해석도 있었고, 초인의 창조적 생산성을 대중의 입장에서 재해석하고 실천적 능동성을 통해 인간타입을 발견해 시대와 역사를 새롭게 하는 네오휴머니즘의 이념적 토대로 해석하는 김형준(金亨俊, 필명으로는 金午星) 같은 철학적 문예비평의 해석도 있으며, 김진섭, 서항석, 조희순 등 해외문학파에 의한 문예운동 차원의 소개 그리고 생명파 시인들의 문학운동도 있었다.

여기에서는 철학과 문학의 영역에서 수용되고 해석된 니체사상을 중심으로 언급할 것이다. 경성제대 철학과를 졸업한 박종홍(朴種鴻)은 「현대철학의 동향」이라는 제하의 글을 『매일신보(每日新報)』(1934.1.1~1.12)에 다섯 번 연재하면서 니체철학과 파시즘이 연관되어 있다고 비판한다. 이는 나치즘, 파시즘, 군국주의 등 그 당시 세계정세에 기반한 철학적 우려에서 비롯된 해석인데, 이미 독일에서는 보이믈러(A. Baeumler), 로젠베르크(A. Rosenberg), 윌러(R. Oehler) 등에 의해 니체철학을 나치즘의 이데올로기로 만들거나 니체전설을 조성하려는 조야한 정치적 시도가 이루어지고 있었다. 그가 이러한 그 당시 해석을 구체적으로 알고 있었는지는 확인되지 않는다. 그는 헤겔부흥, 존재론적 경향(현상학, 하이데거(M. Heidegger)의 기초존재론, 하르트만(N. Hartmann)의 존재론), 유물론의 발전(기계적 유물론으로부터 변증법적 유물론으로의 발전) 등을 소개하며 그 가운데 니체의 초인사상을 다루었다. 그는 파시즘운동이 역사적 현실 속에서 실천을 매개로 한 실행철학임을 강조하며 이를 니체철학과 연계시켰다. 그에 따르면 행동주의 철학은 필연적으로 주의주의(主意主義) 철학과 상통하며 따라서 니체의 '권력에의 의지' 사상과 접근 가능성이 있다고 본 것이다. 즉 무솔리니(B. Mussolini)의 군국주의적인 영웅지배의 사상 가운데는 모든 가치의 전환을 시도하며 고귀성의 도덕 이념 아래서 평등적 개인주의를 배격하고 철저하게 초인의 이념을 설파한 니체의 초인사상을 엿볼 수 있다는 것이었다.[13] 그는 생명의 폭발, 권력에의 의지, 타산적 평화주의에 대한 조소, 근대적 평범주의에 대한 니체적 초인의 도전을 파시즘과 연결시켰다. 파시즘은 어떤 희생을 각오하고라도 현실의 혼돈을 극복하려 하며 투쟁을 회피하지 않고 승리에 대한 초인다운 부동의 신념을 가지는데, 그 비타협성이나 불관용의 태도는 그 철학적 이유가 있다는 것이었다.

그에 따르면 니체는 인간을 비굴하게 군중심리에 추종하여 움직이는 인간과 스스로 지도자적 태도를 취하는 초인으로 구분하고 있는데, 여기에서 초인에게 삶은 지배함이며 자기 자신을 주장하는 것이다. 니체의 초인사상은 비록 정신주의나 노력주의의 성격을 지니고 있으나, 나를 억압하는 방해를 배격하고 끊임없이 지배하여 마침내 세계의 패자가 되고자 하는 욕구를 버리지 않는 것이었다. 니체의 초인사상에 대한 그의 관심은 그 당시 등장한 나치즘에 대한 관심과 연관되어 있었다. 그는 독일의 나치즘이 등장하는 사상적 배경에 관심이 있었던 것이다. 그는 하이데거가 나치스에 입당하고 프라이부르크대학교 총장이 되었다는 것을 소개한 이후, 하이데거 철학이 어떤 점에서 나치스사상과 공통점이 있는지를 물으며, 하이데거의 기초존재론의 어떤 부분에 니체의 초인사상이

---

13) 朴鍾鴻, 「現代哲學의 動向」, 『每日申報』, 1934.1.11.

잠재하고 있는지를 검토해 보아야 한다고 제안하기도 했다.14) 현대철학
의 경향을 일별하며 그는 변증법적 유물론이 국제주의적이고 계급주의
적이며, 초인사상은 국민주의적이고 계급부정주의적이지만 그러나 실천
을 중시한다는데 그 궤를 같이 하고 있다고 보았다.15) 그에게 니체철학
은 나치즘이나 파시즘과 연관된 사상이었다. 그는 세계의 현실을 통찰하
며 현실의 지반 위에서 이러한 사상을 비판하며 '신생의 철학', '우리의
철학'을 건설해야 한다고 주장했다. 그의 이러한 조야한 정치적 니체해
석은 당시 세계정세와 관련된 것이었고, 이후 나오는 루카치의 니체해석
을 닮은 것이었다.

　　1930년대 철학에서 또 하나의 주목할 만한 니체 수용과 소개는 안호
상에 의해 이루어졌다. 1928년 니체의 여동생 엘리자베트를 만났던 그
는 귀국 후에 대한민국 초대 문교부장관을 지냈고 홍익인간을 이념으로
하는 한국교육의 방향을 잡는데 기여했으며, 1992년에는 대종교의 최고
지도자인 총전교에 오르기도 했다. 그는 1935년 6월 23일부터 30일까지
『조선중앙일보(朝鮮中央日報)』에 「니-최 부흥(復興)의 현대적 의의(現
代的 意義)」라는 글을 일곱 번 연재하며 니체의 생애를 비교적 자세히
소개하고, 니체사상의 특징을 문화관, 가치관, 생에 대한 해석을 중심으
로 논의했다. 특히 그는 니체의 문화관을 언급하며 이를 "현대과학은
참된 문화를 조장하지 못하며, 예술적 향상을 통해 존립할 수 있다"고
정리했고, 『비극의 탄생(Die Geburt der Tragödie)』과 『반시대적 고찰
(Unzeitgemäße Betrachtungen)』을 언급하면서 무력적 승리와 대독일의
건립에서는 문화적 통일이 이루어지지 못했다는 니체의 말을 소개함으
로써 자연과학적 문명에 기반한 무력주의로는 문화적 성취를 이룰 수 없
다고 주장했다. 이는 니체를 소개하며 간접적으로 일본의 무력주의에 대

---

14) 같은 곳.
15) 朴鍾鴻, 「現代哲學의 動向」, 『每日申報』, 1934.1.12.

해 비판한 것이었다. 니체의 문화관을 언급하며 그는 문화발전의 운행자
는 천재적 정치가나 박식자가 아니라 예술가와 철학자, 성도(聖徒)에 있
다고 설명하면서, 문화의 최후목표는 위대한 예술가와 위대한 철학가,
위대한 성도의 출산을 필요로 하지 않을 수 없다는 니체의 말을 그대로
소개한다. 그는 『차라투스트라』의 한 구절 "국가(國家)가 종언(終焉)을
고하는 날 비로소 사람이 시초(始初)한다. 제왕(帝王)들의 시대(時代)는
임의 과거에 속(屬)하얏다"를 인용하며, 이를 니체의 문화관에서 함께
언급함으로써 무력적 군사주의의 종말을 희망했던 것이다.16) 더 나아가
그는 니체의 가치관을 소개하며, 니체에서 가치란 언제나 의지로 의욕한
가치('원가치Urwerte)'로 이것을 추구하는 것이 의지의 목적이요 생의
긍정이라고 해석한다. 생은 무한히 지속되며 필연적으로 투쟁을 그 근본
으로 삼기에, 삶은 그 자체로 투쟁의 과정이라고 본 것이다.17) 그는 니
체에게서 의지와 삶의 긍정, 투쟁을 읽으며 이를 초인사상과 연결시킨
다. 다윈의 진화론과 달리 니체에게는 생을 극복하며 이루어내는 초인이
라는 목적이 있다는 것이다. 니체에게서 극복이란 "오직 인생자체(人生
自體)의 열(熱)에서 발(發)하는 건전(健全)한 투쟁(鬪爭)으로서만 가능(可
能)"18)하다고 해석함으로써 그는 니체에게서 '투쟁의 철학'을 읽어낸다.
그러나 이때 초인에 도달하려는 투쟁의 과정, 즉 우리 인생이 바라보고
나가는 목적은 일정한 시간 내에 존재하는 것이 아니라 구원(久遠)한 시
간, 즉 영원으로부터 영원으로 향해 전진하는 가운데 도달될 수 있다고
해석함으로써 현실의 극복 의지가 지향해야 할 지점이 아직은 어둡고 멀
다는 것을 시사하고 있다. 즉 그는 니체에게서 의지의 철학과 투쟁의 철

---

16) 안호상, 「니-최 復興의 現代的 意義」(四), 『朝鮮中央日報』, 1935.6.27.
17) "生이 不定될 때에 鬪爭이 업슬 것이며, 鬪爭이 업슬 때는 發達의 現象이 存立할
    수 업슬 것이다. 生은 즉 鬪爭이요. 鬪爭은 항상 生으로부터 出來하는 것이다."
    (안호상, 「니-최 復興의 現代的 意義」(六), 『朝鮮中央日報』, 1935.6.29.)
18) 안호상, 「니-최 復興의 現代的 意義」(完), 『朝鮮中央日報』, 1935.6.30.

학을 읽어내지만 다른 한편 우리가 투쟁을 통해 얻어내야 할 목표지점이 현실적으로 여전히 멀리 있다는 어두운 전망을 내놓고 있다.

안호상과 마찬가지로 전원배(田元培)도 문화철학의 궤도 위에서 니체철학을 해석하고 있다. 그는 1934년 12월 2일부터 16일까지 모두 10회에 걸쳐 「철학의 위기에서 위기의 철학으로 – 현대철학의 주류를 논함 – 」이라는 제목으로 현대철학의 경향과 주제들, 문제의식을 소개하며, 우리는 '실증주의시대', '만인의 자유 시대', '자본주의 시대'에 서 있다고 진단한다. 그는 그 가운데 현재 우리는 세계경제의 위기뿐만 아니라 도덕, 종교, 과학, 예술, 철학 등 인간 문화에까지 파급되어 있는 현대의 위기에 직면해 있다고 보았고 이를 '철학의 위기' 혹은 '위기의 철학'이라고 표현하였다. 그는 현대의 가치상대화 현상과 생활조직상의 위기, 즉 현대의 위기를 극복할 수 있는 단서를 찾기 위해 니체의 가치전도의 사상에 주목한다. 그가 보기에 니체는 포이에르바흐보다도 훨씬 전면적으로 시대의 상대화 경향을 이해하고 있었다.[19] 그는 니체의 생명의 긍정이 "외부조건에의 부응이 아니라 내부로부터 외부로 뻗치는 권력의지"[20]에 다름이 아니기에 오로지 내부본성의 자율에 의존할 뿐이며 가치 있는 것을 결정하는 것은 이성이 아니라 권력의지라고 해석한다. 그는 니체가 유리주의(唯理主義, 합리주의)사상과 이성체계를 공격하였고, 생명을 모든 현상의 근거로 보는 생명세계의 절대화를 시도했다고 보았다. 그러나 니체의 권력의지로서의 생명세계는 결국 역사적 사회적 현실로 귀결되기에 딜타이의 역사철학이나 니콜라이 하르트만의 가치상대주의적 관점에서 세계관을 재검토해야 한다고 보았다. 안호상이 니체의 가치철학에 주목하며 초인사상에서 삶의 긍정과 투쟁의 이념을 이끌어낸 것과는 달

---

19) 전원배, 「哲學의 危期에서 危期의 哲學으로(六) - 現代哲學의 主潮를 論함-」, 『朝鮮中央日報』 1934.12.11.
20) 같은 곳.

리, 전원배는 현대의 위기와 철학의 위기라는 주제로 현대철학의 다양한 경향을 검토하는 가운데 니체사상을 생명 절대주의라고 보며 가치전도의 사상과 연관해 이를 검토하고 그 한계를 지적한 것이다.

30년대에는 니체철학을 나치즘, 파시즘과 연관해 비판적으로 읽는 박종홍의 해석이나 문화철학, 가치철학의 맥락에서 읽는 안호상, 전원배의 해석 등이 철학에서 주로 있었다. 박종홍류의 시류적 해석은 곧 해석사에서 자취를 감추게 되었고, 이 가운데 니체의 생애를 소개하고 그의 문화관, 가치관, 초인 등 핵심개념을 통한 문화철학이나 투쟁철학의 논의가 이후 정신사에 영향을 미친 것으로 보인다. 특히 박종홍이나 안호상, 전원배 등에 이미 앞서 나온 김오성의 해석은 니체사상의 논의를 풍요롭게 했고, 이는 30년대 한국 문단의 세계관 형성에 일정하게 기여한 것으로 보인다.

2) 문학: 네오휴머니즘 – 제3휴머니즘 논쟁과 생명파의 탄생

1930년대 니체가 한국 문학에 준 영향은 네오휴머니즘-제3휴머니즘 (순수문학) 논쟁과 생명파의 탄생 등으로 귀결될 수 있다. 이때 문학비평가 김오성은 「니-체철학(哲學)에서 본 초인관(超人觀)」, 「니-체의 역사관(歷史觀)」, 「니-체의 역사관(歷史觀)과 그 비판(批判) (三)」, 「니-체와 현대문화(現代文化) – 그의 탄생일(誕生日)을 기념(記念)하야 – 」 등의 글을 통해 니체를 논의하면서,[21] 니체사상에 기반해 네오휴머니즘론을

---

21) 이 글에서 김형준(김오성)의 니체해석과 네오휴머니즘에 관한 논의로는, 김정현, 「1930년대 니체사상의 한국적 수용-김형준의 니체해석을 중심으로」『니체연구』 제14집(한국니체학회, 2008년 가을), 245~279쪽을 참조하여 재구성한 것이다. 김형준(김오성)의 니체해석의 자료로는 다음의 글이 있다: 金亨俊, 「니-체哲學에서 본 超人觀」『農民』제3권 제1호(1932.01.), 7~13쪽; ― 「니-체의 歷史觀」 『農民』제3권 제3호(1932.03.), 25~30쪽; ―, 「니-체의 歷史觀과 그 批判 (三)」『農

전개한 것이다.[22] 그는 세계가 파시즘의 폭력과 삶의 불안 및 가치의 혼란, 즉 문화의 위기 속에 있다고 보며, 이러한 현대문화의 위기를 극복하는 방법을 인간 탐구의 문제에서 찾았다. 능동적 실천적 창조적 인간만이 현실적 불안을 초극할 수 있기에 그는 인간타입의 탐구를 통해 현실의 위기와 문화적 불안을 극복할 수 있다고 생각한 것이다.[23] 그는 네오휴머니즘의 근본목표가 종래의 관상적이며 수동적이고 무력하던 인간적 현실을 초극하고 인류의 내일을 새롭게 생산하며 발전시키려는 생명과 의욕과 용기와 저력이 있는 새로운 능동적인 인간타입을 창조하는데 있다고 말하며, 아직 원시림으로 남아있는 인간성의 가능적 측면을 개척해야 한다고 주장한다.[24] 그는 문학에서 위대한 인간 유형을 창조하여 보여줌으로써 현실을 변혁할 수 있다고 본 것이다. 그는 인간이 역사적 사회적 제약이 있음에도 불구하고 이를 극복하고 자신의 삶을 능동적이고 창조적으로 창조해 나가는 실천적 존재라고 보는 점에서 니체의 창조성의 철학과 역사관을 자신의 네오휴머니즘의 중심축으로 삼았던 것이다.[25] 니체사상과 행동주의의 영향에서 나온 김오성의 네오휴머니즘은 이후 김동리의 제3휴머니즘과 순수문학론에 영향을 미치며 한국문학사의 뜨거운 논쟁을 야기시켰다.

김오성의 네오휴머니즘은 이후 1939년 유진오(兪鎭午), 김동리, 김환

民』제3권 제4호(1932.04.), 28~32쪽; —, 「니·체와 現代文化 - 그의 誕生日을 記念하야 -」(2-9), 『朝鮮日報』, 1936.10.19.-25. 참조
22) 金午星, 「能動的 人間의 探求」(1-6), 『朝鮮日報』, 1936.2.23.-29.; —, 「問題의 時代性」(1-9), 『朝鮮日報』, 1936.05.01.-09.; —, 「"네오·휴마니즘"論」(1-6), 『朝鮮日報』, 1936.10.01.-09.; —, 「네오·휴맨이즘問題」『朝光』제14호(1936.12.), 188~197쪽; —, 「휴맨이즘 文學의 正常的 發展을 爲하야」『朝光』제20호(1937. 06.), 318~328쪽
23) 김정현, 「1930년대 니체사상의 한국적 수용-김형준의 니체해석을 중심으로」, 260쪽
24) 같은 논문, 263~64쪽
25) 같은 논문, 265쪽

태(金煥泰), 이원조(李源朝) 사이에서 문학정신, 문학양식, 인간성의 탐구, 문학의 정체성에 대한 논쟁을 일으키는데, 이것은 순수문학론에 관한 논쟁이었다. 특히 그 논쟁의 중심에 김동리가 서 있는데, 그는 순수문학론으로서의 제3휴머니즘(신인간주의) 논쟁을 불러일으켰다. 20대 초반 철학에서 플라톤, 아리스토텔레스, 데카르트, 스피노자, 칸트, 피히테, 셸링, 헤겔, 쇼펜하우어, 니체, 베르그송 등을 공부했고,26) 스물세 살의 나이에 "근대문학의 독서 과정에서 얻어진 니힐리즘의 독소와 죽어가는 민족의 설움"27)을 체험했던 김동리는 『조선일보』에 시 「백로(白鷺)」(1934), 『조선중앙일보』에 소설 「화랑(花郞)의 후예(後裔)」(1935), 『동아일보』에 소설 「산화(山火)」(1936)를 발표함으로써 시인과 소설가가 되었고, 이때 김오성의 네오휴머니즘과 연관해 문학계에 불어온 비평과 논쟁, 즉 임화 등 경향문학파와 유진오의 문학세대론에 참여하게 된 것이다. 김동리는 "자본주의적 기구의 결함과 유물변증법적 세계관의 획일주의적 공식성을 함께 지양하여 새로운 보다 더 고차원적 제3세계관을 지향하는 것이 현대 문학 정신의 세계사적 본령(本領)이며, 이것을 가장 정계적(正系的)으로 실천하려는 것"이 소위 '순수문학' 혹은 '본격 문학'이라고 불렀으며,28) 임화 등 경향문학파를 염두에 두고 이를 '제3휴머니즘'이라는 용어로 사용하기도 했다. 1939년에 시작된 김동리의 순수문학 혹은 제3휴머니즘론은 40년대 말과 50년대를 이어가며 '인간주의 민족문학', '민족주의 순수문학'론으로 이어지게 된다. 이는 모든 문학적 창조란 우리가 어떻게 보다 더 참되게 높게 아름답게 깊게 살 수 있느냐 하는데, 즉 인간성의 발견과 옹호(제3휴머니즘)에 집중되어야 한다는 것으로 40년대 말 이후 인간성의 보편적 가치를 민족정신에 의해 신장하려는 문학론으

---

26) 김동리, 『나를 찾아서』, 민음사, 1997, 113쪽
27) 같은 책, 131쪽
28) 같은 책, 194쪽; 김동리, 『문학과 인간』, 민음사, 1997, 94쪽

로 귀결된다. 투쟁, 초인, 가치전환, 창조 등 니체사상은 문학에서 40년
대 이후 한국문학계의 대부이자 권력자였던 조연현(趙演鉉)의 비극적 비
합리주의 문학관에도 영향을 미치지만, 이는 니체적 창조의 의미를 약자
가 시대에 적응하고 권력을 취득하며 강자가 되는 수단으로 정치화한 것
이었고 본질적으로 한계를 지닌 것이었다.[29]

　　니체가 30년대 한국 문학계에 끼친 영향 가운데 가장 큰 것으로는 시
인그룹 생명파의 탄생이었다. 해방 후 서정주는 『생리(生理)』를 중심으
로 활동한 유치환과 『시인부락(詩人部落)』의 오장환, 그리고 자신을 묶
어 생명파라고 명명했는데,[30] 특히 이들에게 끼친 니체의 영향은 매우
지대한 것이었다. 서정주는 이들의 성격을 "상실되어 가는 인간 원형을
돌이키려는 의욕"[31]에서 찾고 있으며, 이들은 정지용(鄭芝溶)류의 감각
적 기교에도 경향파(傾向派)의 이데올로기에도 안착할 수 없으면서 인간
성을 진지하게 탐구했던 시인들로, 이후 김동리의 견해를 참조하여 생명
파의 지향을 '휴머니즘'에서 찾았다. 이러한 생명파의 이념은 니체 – 김
오성의 네오휴머니즘 – 김동리의 제3휴머니즘의 계보를 잇는 궤도 위에
서 있는 것이었다.

　　서정주는 18세 무렵 『차라투스트라는 이렇게 말했다(Also sprach
Zarathustra)』의 일본어 번역본을 읽었고,[32] 19세 때(1933)는 톨스토이와
니체 사이에서 갈등했다고 고백한다. 일본인 하마다 류오(濱田龍雄)는
서울 마포 도화동에서 빈민구제사업을 했는데, 그때 그는 이 사업에 넝
마주이로 참여한 적이 있었다. 그러나 그는 사람들의 고난에 대한 번민

---

29) 조연현의 문예비평과 니체의 관계에 대해서는, 정은경, 「조연현 비평과 니체」, 『니
　　체연구』 제20집(한국니체학회, 2011년 가을), 63~95쪽 참조할 것.
30) 서정주의 구분과는 달리 김동리는 생명파 시인으로 오장환(吳章煥), 유치환(柳致
　　環), 윤곤강(尹崑崗), 이찬(李燦), 여상현(呂尙玄), 김달진(金達鎭), 서정주(徐廷柱),
　　박두진(朴斗鎭) 등을 들고 있다.(김동리, 「신세대의 정신」, 『문장』 1940.05.)
31) 서정주, 『現代朝鮮名詩選』, 溫文舍, 1949, 266쪽
32) 서정주, 『서정주문학전집 3』, 일지사, 1972, 169쪽

을 강조하던 톨스토이주의를 마음에 담고 갈등하면서도 톨스토이주의를
포기하고 니체에게로 기운다. 이때 그는 후에 불교(조계종) 종정에 오른
석전(石顚) 박한영(朴漢永)을 만나며 서울 개운사(開運寺) 대원암(大圓
庵)에 거주하게 되는데, 여기에서 불교보다는 신화에 더 관심을 기울였
고 니체와 그리스 신화의 신성의 분위기와 육감의 세계에 젖어 들어갔
다.33) 그의 시「대낮」,「화사(花蛇)」등은 이러한 니체적 그리스 신화적
육감의 세계를 반영한 것이었다.34) 그는 자신의 문학세계 형성에서 보
들레르, 도스토예프스키뿐만 아니라 니체의 강력철학에 영향을 많이 받
았다고 말한 바 있었다.35) 그는 특히 니체사상에서 고대 그리스적 육체
성과 디오니소스적 생명의 긍정을 시적 세계로 길어 올렸다.

> 기독교(基督敎) 신본주의와는 영 대립하는 그런 의미의 르네쌍스 휴머니즘. 여
> 기에서 전개해서 저절로 도달한 니체의 짜라투스트라의 영원회귀자(永劫回歸者)
> - 초인(超人), 온갖 염세(厭世)와 회의와 균일품적 저가치의 극복과 아포로적 디오
> 니서스적 신성(神聖)에의 회귀는 그 당시에 내 가장 큰 지향(指向)이기도 했던 것
> 이다.36)

> 니체는 첫째 내 허약한 육체(肉體)를 대화(對話) 속의 높이로 인상(引上)시켜
> 준 공덕(功德)이 크다. 특히 디오니소스적(的) 생(生)의 열락(悅樂)과 긍정(肯定)을
> 내 다잡(多雜)한 청년(靑年) 시절에 권고해 주어서 고마웠다.37)

인간의 육체, 관능, 욕망, 죄의식, 원형, 형벌 등의 시적 문제의식을
표현한 그의 첫 시집『화사집(花蛇集)』(1941)에는 니체철학과 기독교
세계관이 반영되어 있다. 특히 니체의『비극의 탄생』에 나타난 그리

---

33) 서정주,『미당 자서전 2』, 민음사, 1994, 9~13쪽
34) 같은 책, 53~57쪽
35) 서정주,「나의 詩人生活自敍」『白民』1948.1, 90쪽
36) 서정주,「古代 그리스的 肉體性」『서정주문학전집』5, 264~267쪽
37) 서정주,「내 詩와 精神에-」(1967.08.),『서정주문학전집』5, 268~270쪽

스 비극의 전개양상과 『차라투스트라는 이렇게 말했다』에서의 초인 (Übermensch), 영원회귀, 몸 사상이 그에게 많은 영향을 미친 것으로 보인다.[38] 니체는 1932년 여름부터 1943년까지 10여년 동안 서정주에게 지속적으로 영향을 미쳤다. 이는 첫 시집 『화사집』이 출간되고, 『귀촉도 (歸蜀道)』의 일부가 쓰여지던 시절이기도 하다.[39] 인신(人神)이라는 초인격, 비극의 극복 의지, 민주주의와 기독교의 나약화에 대한 니체의 경고에 공명하며 그는 그리스 신화와 니체의 몸 사상의 영향을 받았고, 인간의 관능적 욕망을 탐구하며 「대낮」, 「맥하(麥夏)」 같은 시를 썼으며, 니체적 초극 의지를 「화사」, 「대낮」, 「정오의 언덕에서」 등과 같은 시로 표현했다.[40] 서정주는 니체철학을 수용하여 이를 『화사집』 시대의 자신의 문학 방법론과 사상으로 삼음으로써 한국 문학사에서 비로소 사상가-시인으로 등장했다는 평가를 받고 있다.[41]

1930년대 니체사상의 부흥은 서정주뿐만 아니라 오장환, 유치환, 함형수(咸亨洙), 윤곤강(尹崑崗) 등 일군의 생명파 시인들에게도 영향을 미쳤다. 오장환의 경우 그의 산문 「제7의 고독」, 「팔등잡문(八等雜文)」 등에서 니체사상을 확인할 수 있고, 그의 시세계 역시 니체사상의 주요개념에 해당하는 '생명의지', '가치', '초극' 등을 근거로 하고 있다.[42] 오장환은 니체의 가치전도사상에 주목하고 전통과 유교이념이 가지고 있던 시대착오적 가치의 허위성을 「성씨보(姓氏譜)」, 「종가(宗家)」, 「정문 (旌門)」, 「성벽(城壁)」 등 일련의 시를 통해 비판하며 미래를 창조할 의

---

38) 허윤희, 「서정주 초기시의 극적 성격 - 니체와의 관련을 중심으로」, 『상허학보』 제21집(상허학회, 2007.10.), 233쪽

39) 박노균, 「니이체와 한국 문학」, 『니이체연구』 제3집(한국니이체학회, 1997/98), 164쪽

40) 박노균, 같은 논문, 169~170쪽

41) 박노균, 같은 논문, 174쪽

42) 민미숙, 「오장환의 시세계에 나타난 니체 사상의 영향」, 『반교어문연구』 제24집 (반교어문학회, 2008, 315쪽

지를 표현했다. 「불길한 노래」, 「할렐루야」, 「성탄제」, 「마리아」 등의 시를 통해 그는 니체의 반(反)기독교 정신에 공명하며 기독교 정신의 전복과 동시에 새로운 가치관을 시도했고 의지, 본능, 생명의 세계를 추구한 것이다. 그의 시집 『나 사는 곳』(1947)의 '노래 시편', 「종소리」, 「FINALE」 등은 영원회귀, 자기초극, 영원한 자유의 경지에 있는 초인 등을 묘사하며, 자기초극을 통한 새로운 초인의 이상세계를 지향하고 있다. 또한 그의 시에는 양, 소, 뱀, 새 등과 같은 동물적 이미지와 바다, 방랑의 이미지가 니체의 철학적 비유들과 동일하게 쓰이고 있다.[43] 오장환은 니체의 영향을 받으며 인간에 대한 본질적 탐구와 생에의 초극을 시도하여 인간실존의 의의와 문학의 가치를 확보하고자 한 것이다.[44]

유치환(柳致環) 역시 허무에의 의지, 기독교 비판, 신의 개념, 운명애 등에서 니체의 영향을 받은 것으로 보인다.[45] 유치환의 허무는 니체의 영원회귀사상과 연관된 것이었다. 그에게 우주란 단순한 소멸과 죽음의 길이 아니라 영원한 생성과 소멸을 반복하는 과정으로 인식되었다. 즉 그는 무이면서도 동시에 사물의 소멸과 생성의 과정을 통해 우주가 존재한다는 것을 반복하는 우주적 참여로서의 있음을 되풀이하는 것을 허무로 인식했다. 그의 허무주의에 대한 인식은 니체의 적극적 허무주의와도 상통하는 것이었다. 그는 허무주의를 통해 절대자와 구원의 문제로 접근하고자 했다.[46] 그는 「신의 자세」, 「나는 고독하지 않다」 등의 글을 통해 기독교 종교관을 비판하며, "신이 죽었다"는 것에서 종교적 질곡과 인간의 우매에서 벗어나는 새로운 휴머니즘의 가능성을 찾았다. 그는 절대신을 부정하며 인간의 문제는 인간 자신에게서 해결될 수밖에 없다고

---

43) 같은 논문, 340쪽
44) 같은 논문, 341쪽
45) 오세영, 『유치환-휴머니즘과 실존 그리고 허무의 의지』, 건국대출판부, 2000, 157쪽
46) 유치환, 「허무의 방향」, 『구름에 그린다』, 경남, 2007(재판), 121~142쪽; 유치환, 「구원의 모색」, 같은 책, 143~156쪽

생각했으며, 「생명(生命)의 서(書)」, 「산상(山上)에서」 등의 시에서는 허무 앞에서 자신을 최고로 실현시키는 존재, 즉 니체적 초인을 그려냈다. 「내 너를 내세우노니」, 「너에게」 등의 시에서 그는 운명을 있는 그대로 받아들이고 삶을 긍정하며 이를 초극하는 니체적 운명애를 그려낸다. 타인에 의해 강제된 운명이나 섭리를 거부하고 그는 자신이 스스로 자신의 삶을 선택하고 책임지려는 의지와 운명에 대한 사랑을 그려낸 것이다.

생명파가 그려내는 다양한 시적 세계에는 니체적 언어가 담겨있다. 서정주에서 나타나는 육체, 관능, 욕망, 디오니소스적 생명이 그것이고, 오장환에서 드러나는 가치전환, 초극, 의지, 초인이 또한 니체적인 것이며, 유치환에게서 보이는 허무주의, 초인, 초극에의 의지, 운명애, 휴머니즘이 바로 그것이다. 생명, 의지, 목숨, 초극, 휴머니즘이라는 생명파의 공용어는 니체철학의 한국적 시적 변주였던 것이다. 시적 언어로 세계를 그려낸 니체가 1930년대 한국에서 생산적 문학적 변용을 거치며 새로이 시의 세계에서 탄생한 것이다. 문학에서 니체의 영향은 그 외에도 초극의지와 초인사상을 그려낸 이육사와 6·25전쟁의 체험을 바탕으로 한 허무주의, 운명, 죄의식, 초극의지(초인사상) 등을 그려낸 손창섭(孫昌涉)이나 장용학(張龍鶴), 그리고 현대에서 『차라투스트라』를 패러디하며 『神을 죽인 자의 행로는 쓸쓸했도다』(2003)를 쓴 박상륭에 이르기까지 지속되고 있다.

5. 맺는 말

한국에서 1920년대가 니체를 수용하며 소개하는 단계라면, 1930년대는 니체사상의 부흥 시대라고 할 수 있다. 1920년대의 초기 수용은 원전적 지식이나 학문적 담론 위에서 이루어진 것이라기보다는 니체의 생애와 더불어 그의 사상의 중심개념을 간략하게 소개하고 식민지 시대의 문제를 침윤시켜 우리가 힘을 갖고 자강불식함으로써 세계문명사에서 살아남을 수 있는 방법을 찾고자 하는 역사철학적 사회철학적 시각을 반영한 것이었다. 이 시기의 니체 소개는 원전 자체에 대한 이해나 다양한 니체 저서들에 대한 분석을 토대로 하는 것은 아니어서 비교적 조야하지만, 이를 소개하는 지성인들의 문제의식은 시대와 역사적 상황을 반영하고 있는 것이어서 매우 절박하고 진지한 것이었다. 초기 수용의 과정에서 니체철학은 근대성의 문제와 연관되어 기존의 전통적 가치를 전복하고 새로운 문명을 개척하는 가치전도와 민족의 자강의식에 의해 해석된 사회철학적 성격을 지닌 것이었다. 소춘/묘향산인 김기전의 역만능주의, 박달성의 강력주의 등으로 표출된 니체의 '힘의 철학'은 약육강식의 세계 문명이나 사회진화론, 개인주의와 사회주의, 자유와 평등, 새로운 도덕과 윤리질서의 정립 등과 연관해 해석되었다. 그들에게 니체는 민족주의적 사회주의적 의상을 입은 한국적 니체였고, 식민지 시대의 시대적 고민을 넘어서려는 강력한 힘의 철학, 의지의 철학을 표명하는 사회철학자로서의 니체였다. 안서 김억의 아욕주장의 도덕, 이돈화의 자아발현주의, 이대위의 현대문명론 역시 동서윤리나 세계관의 충돌 속에서 니체철학의 특징과 한계를 규정하려는 노력이었다.

그러나 1930년대 들어서 니체해석은 달라진다. 나치즘과 파시즘, 군국주의가 등장하던 당시의 세계정세와 연관해 박종홍에 의해 니체는 파시즘의 원류로, 안호상에 의해 문화철학과 투쟁의 철학으로, 전원배에 의해 현대의 위기를 극복하기 위해 생명을 절대화하는 문화철학으로 해석되는 등 철학에서 체계적으로 논의되기 시작했고, 문학의 영역에서는 한편으로는 니체사상에 기반해 김오성의 네오휴머니즘과 김동리의 제3 휴머니즘의 문예비평론이 나왔으며, 다른 한편으로 니체철학은 또한 서정주, 오장환, 유치환 등 생명파가 등장하는데도 크게 기여했다. 이는 니체철학이 문학이념의 논쟁뿐만 아니라 문예창작의 영역에서 생명파를 탄생시키는 등 한국 근대문학의 발아에도 지대한 영향을 주었다는 것을 의미한다. 니체는 철학이나 사상에서도 영향을 주며 그의 철학에 대한 다양한 해석이 시도되었지만, 1930년대에는 특히 문학, 즉 문예비평이나 시문학에 크게 영향을 미쳐 '생명파'라는 한국 근대문학의 주요한 시파가 형성되는 문학적 성과를 낳기도 했다.

20년대의 니체 수용이 절박한 시대의 의상을 입고 시대를 극복하기 위한 성격을 가진 것이라면, 30년대의 니체 수용은 세계정세 위에서 이루어진 해석이었으며 그 영향이 문학의 영역으로 확장됨으로써 문예비평의 이념논쟁을 야기하고 시인그룹을 만드는 생산적인 수용이었다. 니체 여동생 엘리자베트와 조선에서 니체를 소개하겠다는 약속을 지킨 안호상이 이해하던 '니체 부흥'이란 이러한 1930년대의 생산적인 니체사상에 대한 이해와 관심을 반영한 것이었다. 오늘날처럼 니체전집을 원전으로 완전히 읽으며 해석한 것도, 그 당시까지 진행된 니체철학의 담론사 전체를 배경으로 하며 니체에 대한 논의를 진행한 것도 아니었지만, 30년대의 한국에서의 니체에 관한 논의는 식민지 시대와 나치즘이나 파시즘, 군국주의와 같은 세계문명의 경향에 관한 문제의식을 담고 있었고, 카프문학과의 대결적 문제의식 속에 문학의 본령이 무엇인가, 문학과 휴머니즘의 역할이 무엇인가에 대한 물음을 지니고 이를 하나의 문예비평의 담론으로 전환시키는데 결정적인 역할을 했다. 물론 니체는 40년대를 넘어 지속적으로 순수문학논쟁을 일으켰고, 50년대 이후 전후(戰後)문학의 탄생에도 기여했으며 현재에 이르기까지 한국의 철학과 문학, 그리고 예술 등 다양한 영역에 그 영향을 미치고 있다.

1920년대와 30년대의 한국에서의 니체 수용사는 니체가 당시 한국의 시대적 역사적 문제를 푸는 지성적 열쇄 가운데 하나였다는 사실을 보여준다. 또 다른 열쇄 가운데 하나는 니체를 수용하고 해석한 일본과 중국

지성사와의 만남이다. 국가주의를 버리고 극단적 주관주의 혹은 본능주의적 낭만주의로 돌아선 타카야마 초규(高山樗牛)의 문명비판과 미적 생활론, 톨스토이와 니체로부터 인류의 의지와 개인의 완성을 찾는 무샤노코지 사네아쓰(武者小路實篤)의 인도주의, 슈티르너(R.Stirner), 니체, 톨스토이, 입센 등을 개인적 무정부주의의 계보에 넣으며 일본의 무정부주의를 이끌었던 오스기 사카에(大杉榮)의 생디칼리즘(Syndicalism) 등은 니체와 일본의 만남에서 간과할 수 없는 출발선에 해당할 것이다.[47]

일본의 영향을 받으며 1902년 중국에서 니체를 처음 소개한 양치차오(梁啓超)의 개인주의적 역사진화론, 니체를 교육철학자로 규정하며 그의 초인사상과 미학에 관심을 보이는 왕궈웨이(王國維)의 신문화주의, 전통의 파괴와 새로운 문화의 건설에 주목하며 비극과 초인의 개념을 문학에 접목하는 루쉰(魯迅)의 비극문학, 니체를 노예도덕과 귀족도덕을 타파하는 혁명가로 해석하는 천두슈(陳獨秀)와 차이웬페이(蔡元培)의 도덕론, 니체를 모든 가치의 새로운 평가의 시대를 개막한 사상가로 읽으면서도 니체정치사상의 모순에 주목하는 후스(胡適)의 신사조론, 중국 전통사상과 니체를 비교하며 중국인의 고정관념을 타파하려는 리스잔(李石岑)의 초인론, 그리고 니체사상을 가장 전진적이고 혁명적인 이상에 넘치는 것으로 읽는 1940년대 '전국책파(全國策派)'의 정치사상 등 니체와 중국과의 만남 역시 앞으로 더욱 구체적으로 논의해야할 새로운 연구영토에 해당한다.[48]

1920년대 이전 일본과 중국의 지성사에 자리한 니체수용사는 한국의 니체 수용의 출발선을 정리하는데도 좋은 참조가 될 수 있을 것이다. 일

---

47) 김정현, 「니체사상의 한국적 수용-1920년대를 중심으로」, 39쪽 참조할 것.
48) 현대 중국에서 니체의 수용에 관해서는, 이상욱, 「니체와 근대 중국의 사상-왕국유와 노신에 미친 영향을 중심으로」 『니체연구』 제15집(한국니체학회, 2009년 봄), 249~181쪽; 이상욱, 「니체 중국 수용의 이중성-현대 중국 사상의 표상을 중심으로」 『니체연구』 제18집(한국니체학회, 2010년 가을), 153~183쪽 참조할 것.

본과 중국, 한국은 그 역사적 환경이나 문화적 조건이 다른 만큼 니체를 읽고 수용하는 방식이나 문제의식이 근본적으로 달랐다. 특히 일본의 식민지 상황에 있던 그 당시 한국은 그러한 역사적 조건을 극복하기 위해 니체를 힘과 의지의 철학으로 읽으며, 네오휴머니즘이라는 문학논쟁과 생명파의 문학조류를 만들어 냈다. 일본과 중국, 한국에서의 니체 수용의 역사와 20세기 지성사의 영향관계를 추적하는 일은 별도의 많은 논의를 필요로 하는 작업이다. 이러한 지성사의 발굴 작업은 우리가 이해해야 할 지성사의 공간이 열려있으며, 과거의 정신사적 궤적이 딱딱하게 굳은 화석이 아니라 현재도 살아 움직이며 미래를 창조하는 정신자원으로 활용될 수 있다는 사실을 일깨워준다. 우리가 새로 써야할 미래의 텍스트는 이러한 지성사의 발굴과 해석에서 시작될 수 있을 것이다.

제3장 한국의 미국철학 수용

1. 문화연구로서의 철학

다른 나라의 철학을 연구한다는 것의 의미를 어떻게 규정하는 것이 옳을까? 이런 물음은 '철학'이라는 학문의 특수성 때문에 아마도 모든 철학 연구자에게 언제나 제기되는 근본적인 물음 가운데 하나일 것이다. 역사학이나 문학을 연구하는 경우라면 그것은 당연히 하나의 문화연구로 간주될 것이다. 그러나 철학은 초역사적인 보편적 진리를 탐구하는 학문이라는 관점에서 보면 하나의 문화연구로 간주하기에는 무언가 미흡한 점이 있다고 주장할 수도 있을 것이다. 철학이 보편적인 진리에 관한 학문인 한, 문화적 차이는 부차적인 것이며, 역사적인 특수성 역시 극복되어야 할 장애에 불과하기 때문이다. 철학을 초역사적이며, 초문화적인 보편적 진리에 관한 탐구로 간주하는 관점과 철학을 하나의 문화적 현상이며 일종의 문화정치적 담론의 하나로 간주하는 관점을 구분할 수 있다면, 두 입장에서 다른 나라의 철학을 연구한다는 것의 의미를 규정하는 방식은 사뭇 다를 수밖에 없을 것이다.

이광래 교수는 문화에는 순종(純種)이 있을 수 없으며, 문화의 본질이 잡종화에 있다고 지적하면서 철학에서도 순종이란 있을 수 없다고 말한다.

"모든 철학은 시대정신의 산물이다. 철학은 어느 시대이건 그 시대의 정신문화를 상징적으로 대변하기 때문이다. 모든 철학이 문화 철학일 수밖에 없는 이유도 거기에 있다. 더구나 문화에는 순종이 있을 수 없는 문화의 습합성이나 융합성을 감안한다면 철학에도 순종을 기대하기란 어리석은 짓일 것이다."[1]

이광래 교수는 역사성을 넘어서는 철학은 있을 수 없다고 주장하며 철학과 한 시대의 정신문화를 떼어서 생각하는 것은 불가능하다고 말한다. 여기서 제기되는 물음은 철학을 잡종의 문화현상으로 간주할 경우 철학적 탐구의 결과를 어떻게 보아야 하는가 하는 것이다. 그것은 뒤섞인 문화들의 특수성을 초월하는 어떤 보편적인 진리를 담아내는 것인가 아니면 그 잡종의 문화현상은 또 하나의 특수한 문화철학적 입장을 만들어내는 것인가? 미국의 네오프래그머티스트인 리처드 로티와 김우창 교수 사이에 벌어졌던 문화적 변용과 철학의 역할에 대한 논쟁은 이 물음에 대한 두 가지 관점을 대변한다고 할 수 있다.

김우창 교수는 세계화 시대의 문화적 갈등을 해결할 지적인 방법을 모색해야 할 필요성과 그 가능성에 대해 논하고 있다. 김우창 교수는 로티에게 보내는 서신에서 다음과 같이 말하고 있다.

"새로운 인간 공동체를 위해서는 새로운 보편성이 필요하고 그것을 위해서는 많은 전통의 문화적 이상이 된 성찰적 태도를, 다른 문화에 있어서의 문화적 이상으로 나아가는 길로서 활용하여야 할 것입니다. 새로운 보편성을 향하여 나아가는 데 필요한 이 성찰적 태도의 일부로서 이성 또는 과학적 이성을 배제할 수는 없습니다. 그러나 동시에 과학적 이성을 초월하여 진정한 인간 공동체를 실현할 수 있는 다른 보편성의 가능성을 생각해볼 수도 있어야 할 것입니다."[2]

김우창 교수는 철학 혹은 보편적 진리에 관한 담론이 오늘날의 현실적인 문화갈등의 문제를 해결할 실마리를 제공할 수 있다는 믿음을 버리

---

1) 이광래, 『한국의 서양사상 수용사』, 열린책들, 2003. p.93.
2) 김우창, 「로티-김우창 대화1; 예비적 서신교환-인류의 미래와 보편성과 성찰의 미래」 『지식의 지평2』, 한국학술협의회 편, 아카넷, 2007, p.206.

지 않고 있으며, 동양의 전통적인 지혜가 서구 사상과 만나는 접점에서 문화적 갈등을 봉합할 어떤 보편적인 토대를 마련할 수 있다는 희망을 가지고 있는 것으로 보인다.

반면 리처드 로티는 김우창 교수의 관점을 플라톤주의의 한 형태로 간주하면서 문화 간 갈등의 문제는 수많은 미시적 교류와 시행착오를 통해서만 해결될 수 있으며, 철학이 문화적 혼성화의 과정에서 할 수 있는 역할이 있다고 생각하지 않는다. 로티는 김우창 교수에게 답하면서 다음과 같이 말한다.

> "우리는 보편성에 대해 우려해서도, '문명충돌을 해결할 어떤 기구'를 희망해서도 안 된다는 것이다. 충돌하는 문명들이 시행착오를 거쳐 잠정적인 협정을 이끌어낸 후 — 즉 우리가 평화적으로 공존하는 방법을 발견하는 데 성공한 후 — 모든 사람이 동의할 수 있는 공통의 원칙에 대한 언명을 제시하는 일이 가능할 것이다. 그러나 그렇게 되면 실제적인 일은 이미 이루어져 있을 것이다. 공통의 원칙이란 사람의 눈을 끌기 위한 장식에 불과하게 될 것이다. 철학은 보편성을 목표로 하는 일반 기구를 제안함으로써 정치에 도움을 줄 수는 없다. 철학은 구성적이기보다는 파괴적일 때 가장 도움이 될 수 있을 것이다. 즉 철학은 관습의 외피를 깨고 사회, 정치적 실험을 할 수 있도록 길을 열어줄 때 가장 도움이 될 것이다."[3]

로티의 관점에 따르자면 철학은 이미 문제가 해결된 다음에 그 모든 과정을 정리해내는 역할을 맡을 수 있을 것이다. 그러나 이것은 그가 말하는 문화정치적 담론의 한 가지 형태가 될 것이며 철학을 보편적 진리에 관한 탐구로 간주하는 사람들이 기대하듯이 선제적으로 문제를 해결할 매뉴얼로서의 철학과는 전혀 다른 것이 될 것이다.

처음에 던졌던 질문은 좀 더 구체적으로 제기될 수 있을 것이다. 예컨대 이 글에서 다루고자 하는 주제인 "한국에서 미국철학을 연구한다는

---

3) 리처드 로티, 「문화정치로서의 철학」 『지식의 지평5』, 한국학술협의회 편, 아카넷, 2008, p.247.

것은 어떤 의미인가?"라는 물음이 가능할 것이다. 한국의 철학자들은 미국철학을 연구함으로써 한국적인 시대상황을 반영하고 있는 철학적 관점과 미국철학의 공통성을 발견함으로써 어떤 보편적인 진리에 관한 연구를 하고자 하는 것인가? 아니면 하나의 이질적인 문화로서의 미국철학을 연구함으로써 잡종적인 특수한 문화적 담론을 생산해내고자 하는 것인가? 이것은 국내 철학연구자들의 자기의식에 대한 물음이 될 수도 있을 것이다. 필자가 보기에 국내의 미국철학 연구자들은 전자의 의식을 가지고 있으면서 사실은 후자의 역할을 수행하고 있다고 생각한다.

이 글에서는 우선 미국철학이 20세기에 어떤 식으로 전개되어 왔는지를 간단히 살핀 후, 한국에서 그것을 어떤 식으로 수용해 왔는지 고찰하고자 한다. 한국은 미국문화의 영향을 강하게 받고 있는 나라이면서도 미국의 철학에 대해서는 상대적으로 깊이 있는 연구가 이루어졌다고 말하기 어렵다. 일단 잡종의 문화가 형성되려면 다른 문화를 수용하는 입장에서 어떤 문화적 토양이 마련되어 있어야 할 텐데, 미국철학을 수용하는 과정에서 그런 토양에 대한 충분한 자기의식적 성찰이 있었는지 의심스럽다. 이것은 미국철학의 변화과정이 국내에서 그것이 수용되는 과정에서 그대로 반영되어 나타난다는 점에서도 그렇다.

2. 미국철학의 전개

오늘날 미국의 철학을 영국의 철학과 떼어서 이야기하기는 곤란하다. 흔히 영어 문화권에서 이루어지는 앵글로-색슨계의 철학적 담론들을 우리는 영미철학이라고 부른다. 이것은 오늘날 영미철학의 주류가 언어분석철학이라는 공통점을 보이고 있기 때문에 가능한 분류이다. 그런데 엄밀히 따지면 미국은 영국과는 다른 역사적 문화적 특수성을 가지고 있는 나라로서 자신들 나름의 고유한 철학을 만들어낸 전력이 있다. 그러나 불행하게도 미국의 고유한 철학인 프래그머티즘[4]은 미국에서조차도 미국철학의 자리를 분석철학에 내어준 상태이며 강단철학의 변방으로 밀려나 있는 형편이다. 그나마 20세기 후반에 네오프래그머티즘을 주창한 리처드 로티에 의해서 미국의 철학은 미약한 부활의 움직임을 보였다. 필자는 프래그머티즘과 2차 대전 이후 유럽에서 건너온 분석철학이 미국의 철학 강단에서 어떤 식으로 자리다툼을 벌였는지 살펴보는 것이 문화연구로서의 미국철학 연구에 대한 이해를 도와줄 것이라고 생각한다.

『미국철학사』[5]의 저자 브루스 커클릭은 미국철학의 전개과정을 3단계로 구분하고 있다. 그에 의하면 미국의 철학은 1720년부터 1868년까지의 사변적 사상의 시대, 1859년부터 1934년까지의 프래그머티즘의 시대, 그리고 1912년부터 2000년까지의 전문적인 철학의 시대로 구분된다. 첫 번째 시기는 캘빈주의의 신학적 논쟁이 지식인들의 주요 테마였으며 칸트와 헤겔의 관념론에 관한 논의가 주로 이루어진 시기이다. 미합중국이라는 통합된 나라의 성립을 남북전쟁이후로 간주한다면, 이 시기의 논의들은 미국적인 특징을 보여주는 것이라기보다는 프로테스탄트들이 새로운 땅을 개척한 이후 자신들이 등진 유럽의 사상에 대해 어떠한 태도를 취했는가를 보여주는 것으로 간주할 수 있을 것이다. 커클릭이 이 시기의 철학자로 소개하고 있는 인물은 캘빈주의 프로테스탄티즘의 다양성을 설파한 조나단 에드워즈(Jonathan Edwards), 호레이스 부시넬(Horace Bushnell), 랠프 월도 에머슨(Ralph Waldo Emerson), 그리고 하버드, 예일, 프린스턴 신학원의 신학전문가였던 헨리 웨어(Henry Ware),

---

4) 이 용어의 번역어를 어떻게 할 것인가에 대한 논쟁은 오래 전에 있었지만 아직도 국내에서는 '프래그머티즘' 혹은 '실용주의'로 혼용되고 있다. 필자는 '프래그머티즘'이라고 쓰는 것이 더 낫다고 여기지만, 이 글에서 다른 자료를 인용할 때에는 그 자료에 표기된 대로 '실용주의'라는 용어를 사용하였다.

5) 브루스 커클릭, 『미국철학사』, 박병철 옮김, 서광사, 2004.

나다니엘 윌리엄 테일러, 찰스 하지(Charles Hodge) 등이다.[6]

커클릭에 의하면 이러한 신학중심의 논의는 찰스 다윈의 저작이 소개되면서 미국에서 막을 내린다.[7] 남북전쟁이후 미국대학이 국제적으로 인정받는 교육 중심지로 변모하는 과정에서 첫 번째 시기의 아마추어 신학자들이 설 땅이 없어지게 되었다. 프래그머티즘은 남북전쟁이 끝나고 미국이 한편에서는 전통적인 프로테스탄트적인 세계관과 다른 한편에서는 산업사회의 바탕이 되는 과학기술적 가치관을 중재하고 봉합하면서 새로운 나라를 만들어가야 할 임무를 부여받게 되는 19세기말 탄생한 미국 고유의 철학사상이다. 프래그머티즘은 프로테스탄트들의 근면함, 검소함, 이웃에 대한 사랑 등과 같은 전통적인 가치와 산업시대가 요구하는 개척정신 및 실험정신 등을 담아냈다는 점에서 당시 미국인들의 시대정신을 반영한 철학이라고 할 수 있다. 무엇보다도 프래그머티즘은 남부와 북부의 갈등, 백인과 흑인의 인종갈등, 과학기술과 종교 간의 갈등을 중재할 필요성이 간절했던 시대적 상황에서 탄생한 철학이다.

프래그머티즘은 1870년대 초 미국의 메사추세츠주 북동부의 케임브리지에서 퍼스, 제임스, 변호사인 올리버 웬델 홈즈(O. W. Holmes), 니콜라스 존 그린(N. H. Green), 과학자이자 철학자인 존 피스크(J. Fisk), 프란시스 엘링우드 에버트(F. E. Abbott) 등이 형이상학 클럽이라는 모임에서 정기적인 토론을 하면서 탄생하게 된다. 이 가운데 프래그머티즘을 하나의 철학적인 사상으로 만들어내는 데 크게 기여한 철학자는 제임스라고 할 수 있다. 프래그머티즘이 미국의 지성사에서 정점에 도달한 것은 20세기 초중반 활발한 활동을 했던 듀이를 통해서이다. 듀이는 단순히 철학가로서의 역할을 했을 뿐 아니라 실험학교를 만들고 자신의 민주주의에 대한 생각을 실천에 옮기는 등 강한 실천가의 면모를 보임으로써

---

6) 같은 책, pp.21~22.
7) 같은 책, p.165.

미국의 지성계에서 큰 족적을 남겼다. 아마도 듀이가 활발히 활동했던 시기를 미국적인 철학의 전성기라고 볼 수 있을 것이다.

커클릭은 1912년부터 미국철학의 전문화시대가 도래한다고 분류하고 있지만 필자는 2차 대전이후 분석철학이 미국강단 철학의 주류가 되는 시기를 그 이전의 시기와 나누는 것이 합당하다고 생각한다. 주지하다시피 프레게의 논리주의, 러셀의 논리적 원자론, 비트겐슈타인의 언어철학 등에 영향을 받은 카르납과 같은 논리실증주의자들이 나치를 피해 미국으로 건너오면서 미국철학은 급속하게 분석철학을 중심으로 재편된다. 다소 미스테리하게 보이는 이 과정을 디긴스는 다음의 두 가지로 설명한다.[8] 첫째는 2차대전 당시 프래그머티즘은 파시즘의 본질을 이해하지 못함으로써 적절한 대응책을 제시하지 못했다는 것이고 두 번째로는 시드니 혹 등이 베트남전의 불가피성을 피력함으로써 프래그머티즘은 미국 대학을 휩쓸었던 60년대 반전운동의 공적이 되었기 때문이라는 것이다.[9] 디긴스의 설명이 얼마나 설득력이 있는가의 여부와 상관없이 프래그머티즘이 20세기 중반부터 미국의 강단철학에서 밀려났다는 것은 확실하다. 커클릭이 세 번째 시기를 그렇게 잡은 것은 아마도 프래그머티즘적인 사고의 전통이 지속되고 있다는 것을 말하고 싶어서라고 생각된다. 커클릭은 그러한 전통을 잇는 철학자로서 루이스, 굿먼, 콰인, 셀라스, 쿤, 퍼트넘, 로티 등을 언급하고 있다.

필자는 미국철학의 전개를 두 가지로 분류할 수 있다고 생각한다. 하나는 철학적 담론의 역사성을 인정하는 프래그머티즘적 경향이고, 다른 하나는 철학적 진리의 보편성을 탐구한다고 하는 인식론 중심의 전문화된 철학의 경향이다. 전자의 경향에 위치시킬 수 있는 철학자로서 퍼스,

---

8) John Patrick Diggins, *The Promise of Pragmatism*, The University of Chicago Press, 1994, pp.386~403 참조.
9) 이유선, 『실용주의』, 살림, 2008, pp.23~24 참조.

제임스, 듀이 등과 같은 고전적 프래그머티스트들을 위시해서 셀라스, 콰인, 데이빗슨, 퍼트넘, 로티, 브랜덤, 쿤 등과 같은 철학자들을 꼽을 수 있을 것이다. 후자의 경우에는 카르납, 러셀, 프레게의 논의를 계승하는 치좀, 크립키, 포더, 등등의 다양한 분석철학자들을 위치시킬 수 있을 것이다.

어떤 철학자를 연구하느냐 하는 것이 철학적 담론을 어떻게 보느냐하는 태도와 필연적인 연관성을 갖는 것은 아니겠지만, 필자는 문화연구로서의 철학연구를 살펴보는 틀로서 이런 구분이 유용할 것으로 생각한다. 한국에서 진행된 미국철학 연구는 문화연구로서의 연구와 보편적인 철학적 문제에 대한 탐구로서의 연구로 나누어 볼 수 있을 것이다. 그러나 이런 그림은 2차 대전이후 분석철학이 주류가 되면서 분석철학이냐 아니냐의 이분법적인 구도로 재편되었다고 생각한다. 이런 구도에서는 미국의 역사성과 사회성을 반영하는 프래그머티스트와 그 밖의 분석 철학자를 구별하는 것이 합당할 것으로 생각된다.

3. 한국에서의 미국철학 연구

커클릭이 미국철학사의 1기로 분류하는 시기는 사실상 아마추어 철학자의 시기였으므로 논의에서 제외한다면, 대략 1945년을 전후해서 프래그머티즘의 시기와 분석철학의 시기를 구분해 볼 수 있을 것이다. 미국철학의 주류의 흐름에 따라서 한국에서의 미국철학 연구의 변화과정을 추적한다면 좋겠지만, 한국에서의 미국철학 연구는 양적인 측면에서 보면 70~80년대부터 본격적으로 시작해서 90년대 이후 점차 활발해지면서 2000년 이후 크게 성장하는 것으로 보인다. 그래서 유감스럽게도 미국적인 철학인 프래그머티즘의 전성기에 한국에서 미국철학 연구 자료를 찾기는 쉽지 않다.

'한국철학사상연구회'에서 기획연구의 결과물로 내놓은 자료10)를 통해 분석철학이 미국에서 뿌리내리기 이전에 미국철학을 국내에 소개했던 한치진의 활동을 엿볼 수 있다. 이 연구논문에 의하면 한치진은 "당시 미국철학으로부터 영향을 받은 과학주의적 경향에도 불구하고 철학의 궁극적 목표를 인생관적 문제의 해결에 두면서 유심론적 입장을 적극적으로 옹호"11)하는 것이었다. 이 논문은 한치진의 관심이 영미철학이 경험론적 전통과 거리가 있다는 것을 특이 사항으로 지적하고 있지만, 당시 미국철학은 헤겔의 영향을 받은 듀이를 위시해서 여전히 칸트, 베르그송 등과 같은 대륙철학의 영향이 컸을 때였으므로 한치진의 그러한 경향은 어쩌면 당연한 것이라고 볼 수 있다. 한국에서 처음으로 미국에 유학을 간 철학자는 1931년 남캘리포니아대학에서 학위를 받은 한치진, 1934년 시카고대학에서 학위를 받은 갈홍기, 1937년 미시간대학에서 학위를 받은 박희성 세 사람이다.12) 이 연구논문에 의하면 해방직후부터 영미철학은 대륙철학과 분리되어 인식되기 시작한다. 1940년대에 미국의 프래그머티즘이 하나의 철학 분야로 소개되기 시작한 것으로 보인다. 이 논문은 김준섭의 『철학개론』(세계 서림, 1946), 『서양철학사』(정음사, 조선교학사, 1948)에서 프래그머티즘이 소개되고 있으며, 이재훈의 『신고철학개론』(동방문화사, 1948)에 듀이의 도구주의가 설명되고 있고, 이종우의 『철학개론』(대성출판사, 1948)에서도 프래그머티즘이 인식론의 한 분야로 소개되고 있다고 보고한다.13) 1950년대 미국철학은 듀이의 프래그머티즘을 중심으로 국내에 소개되었다. 김준섭, 김형석, 안병욱,

---

10) 황필홍, 이병수, 「50년대까지 영미철학의 수용과 용어의 번역」, 『시대와철학』14권 2호, 한국철학사상연구회 편, 2003.
11) 같은 책, p.150.
12) 같은 책, p.151.
13) 같은 책, p.158.

한치진, 신일철, 민동근, 최재희 등이 저서와 논문을 통해 프래그머티즘
을 소개했으며, 김영철, 김하태 등은 논리실증주의에 관한 논문을 썼
다.14) 특히 한치진은 『미국실용주의』(조선문화연구사, 1948)라는 국내
최초의 프래그머티즘 해설서를 통해 미국의 철학을 적극적으로 소개했
으며, 김준섭과 박종홍 등이 프래그머티즘을 중요한 철학으로 소개하는
데 기여했다.

　필자의 관심사는 1950년대 이후 미국철학이 국내에서 어떤 식으로 연
구되었는가 하는 점이다. 제2차 세계 대전이후 나치를 피해 미국으로 온
카르납 등에 의해서 논리실증주의 철학이 자리 잡기 시작하고 프래그머
티즘이 강단에서 밀려나게 되었다는 점을 고려하면 적어도 국내에서 미
국의 철학으로 적극 소개되었던 프래그머티즘 연구가 어떻게 되었을 지
를 생각해 보는 것은 흥미 있는 일이다. 다만 국내의 연구동향에 대한
충분한 연구시간이 부족하여 한국철학회의 『철학』에 실린 연구논문과
철학연구회 및 대한철학회의 『철학연구』만을 살펴 볼 수밖에 없었다는
것이 이 글이 가진 한계라고 고백하지 않을 수 없다.

　이 글에서는 위에서 언급한 학회지에 실린 논문들을 연대순으로 분류
하여, 미국철학의 연구 동향을 살펴보고자 한다. 먼저 50년대부터 2000
년대까지 연대별로 몇 편씩의 논문이 실렸는지 살펴보고, 그 중 몇 편의
논문이 프래그머티즘의 전통에 속하는지를 따져 보고자 한다. 동시에 연
도별 논문의 편수를 살펴봄으로써 연구 동향을 짐작해 보고자 한다.

　이러한 분석에 앞서, 그들 학술지를 포함하여 서울대의 『철학논구』,
그리고 해방이전의 『철학』지를 분석하여 통계자료를 내놓은 선행연구
자료를 통해 국내에서 미국철학 연구의 위상이 상대적으로 어떠한지 살
펴보는 것이 도움이 될 것이다. 1994년 서울대 철학사상연구소에서는
'서구철학사상의 유입과 그 평가'라는 제목의 연구를 수행하면서 「연구

---

14) 같은 책, p.161 참조.

를 위한 자료의 통계적 분석」[15]을 정리해 낸 바 있다. 이 자료는 사조별, 시기별 분류를 8분류할 때는 미국철학을 별도로 구분하지 않고 있으나 24분류에는 '실용주의, 기타 미국철학 일반'과 '분석철학', 그리고 '프레게, 러셀, 무어, 비트겐슈타인'을 구분하고 있다. 그리고 철학사를 14부분으로 나누는 항목에서는 '실용주의, 미국철학'과 '분석철학'을 구분하고 있다. 사실 국내에서 발표된 논문 제목을 통해서 영미철학으로부터 미국철학을 혹은 분석철학과 미국철학을 구분하는 것은 애매한 일이 아닐 수 없다. 이 글에서는 '미국철학'과 '분석철학' 연구를 구분하고자 하였으나 프래그머티즘 전통에 속한다고 간주되는 콰인, 데이빗슨, 퍼트넘 등의 철학자는 '분석철학'의 범주에 속하는 것이 더 합당한 것으로 여겨진다. 그래서 필자는 1950년대 미국철학의 주류라고 할 수 있는 분석철학 이외에, 제임스, 퍼스, 듀이, 셀라스, 로티, 브랜덤 등의 프래그머티스트를 하나의 그룹으로 묶고, 롤즈와 노직을 위시하여 미국에서 활동한 사회철학자 및 윤리학자에 관한 연구를 미국철학 일반에 포함시키고자 하였다.

위의 자료에 의하면 1915년부터 1992년까지 국내에서 연구 발표한 '영미철학' 논문의 총 편수는 924편에 이른다. 이 가운데 실용주의, 미국철학, 퍼스, 제임스, 듀이, 로티, 롤즈, 노직, 사회윤리학 등으로 소분류되어 있는 논문들의 수를 합하면 229편이다.[16] 이 가운데 듀이에 관한 연구가 82편으로 가장 많은 편인데, 96편을 기록한 비트겐슈타인에 이어 개별 철학자에 대한 연구로서는 두 번째로 많은 연구가 이루어졌음을 알 수 있다. 그러나 위의 소분류에 해당하는 나머지 논문을 넓은 의미의 분석철학 논문으로 간주한다면 '영미철학'에서 프래그머티즘 전통의 미국철학 및 기타 미국철학 연구는 대략 1/3 수준임을 짐작할 수 있다.[17]

---

15) 이훈, 「연구를 위한 자료의 통계적 분석」『철학사상』, 서울대 철학사상연구소, 1994.
16) 같은 책, pp.109~110 참조

위의 자료는 또한 일반논문의 철학사 분류를 연도별로 통계를 내고 있는데, 우리가 관심을 가지고 있는 분야는 프래그머티즘과 분석철학이므로 관련 영역만 가지고 오면 다음과 같다.

〈표 1〉 실용주의, 분석철학 및 관련 영역의 철학사 분류[18]

	1915~1929	1930~1944	1945~1949	1950~1959	1960~1969	1970~1979	1980~1992	계
실용주의	0	1	1	11	5	33	62	113
프레게, 러셀 무어, 비트겐슈타인	1	0	0	3	4	26	68	102
분석철학	0	1	0	10	15	63	223	312
계	1	2	1	24	24	162	353	527

이 표에 의하면 프래그머티즘 연구와 분석철학 연구는 1915년 이래 별로 진전이 없다가 1970년대 이후 급속한 양적 성장을 보이고 있다. 특히 분석철학 논문 수의 증가는 괄목할 만하다.

다음은 한국철학회의 『철학』지에 나타난 논문 수의 분포를 필자가 직접 분류해 본 것이다.

---

17) 듀이에 관한 연구 논문이 이렇게 많이 발표되었다는 것은 재검토의 여지가 있어 보인다. 필자가 검토한 『철학』지를 위시해서 대한철학회 및 철학연구회의 『철학연구』에서는 거의 찾아 볼 수 없었기 때문이다. 국내에 철학계에서 프래그머티즘 전공자가 한정되어 있다는 점을 고려하면 다른 학회지도 사정은 비슷할 것으로 여겨진다.

18) 같은 책, p.129에서 발췌.

〈표 2〉 『철학』지에 나타난 프래그머티즘 및 분석철학 논문의 연도별 분포

	1955~1959	1960~1969	1970~1979	1980~1989	1990~1999	2000~2009	계
프래그머티즘	0	0	2	0	3	2	7
비트겐슈타인외	0	0	0	4	11	9	24
분석철학	0	0	1	22	32	37	92
기타미국철학	0	0	1	9	5	6	21
계	0	0	4	35	51	54	144

이 표를 그래프로 나타내면 다음과 같다.

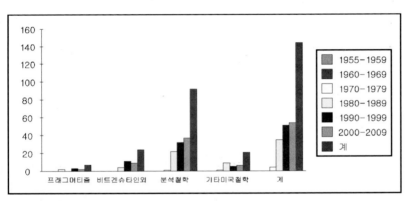

〈그림 1〉 『철학』지에 나타난 프래그머티즘 및 분석철학 논문의 연도별 분포

한국철학회의 『철학』지는 1950년대에는 1955년과 1957년 두 차례 발간되었고, 1960년대에는 1969년 한 차례 발간되었기 때문에 위의 표에서 미국철학의 자료가 표시되지 않았다. 1970년대에는 해마다 발간되기는 했지만 1971년과 1972년 박고영의 윌리엄 제임스에 관한 영어논문이 두 차례 발표되었고, 1975년 이초식의 귀납에 관한 논문, 그리고 1977년 황경식의 스티븐슨에 관한 논문이 미국철학 및 분석철학 관련 논문의 전부이다.

이런 논문 분포는 이훈(1994)의 자료와도 큰 편차를 보인다. 그 자료에서 프래그머티즘 관련 논문의 수는 분석철학 논문의 1/3 정도에 달하지만『철학』지만 놓고 보면 1/10도 되지 않는다. 이것은『철학』지에 실린 논문들이 특히 분석철학에 편향되었다고 볼 수도 있을 것이다. 그러나 2000년 이후부터 한국분석철학회의『철학적 분석』이라는 학술지가 별도로 발행되어 해마다 10여 편의 분석철학논문을 실었다는 것을 감안하면 두 분야의 논문 수가 크게 벌어진다는 것은 어렵지 않게 추측할수 있다. 이훈의 자료에서 듀이에 관한 연구 논문이 82편으로 조사되었고 프래그머티즘 연구가 70~80년대에 집중되었다는 것을 고려하면 프래그머티즘 논문은『철학』지에만 유독 적게 실렸다고 볼 수도 있을 것이다. 그러나 그런 점을 고려하더라도 프래그머티즘 전통의 미국철학에 대한 연구는 분석철학 연구에 비해 그 수가 매우 적었다는 것을 알 수있다. 이런 사실은 1950년대 이후 미국의 강단 철학이 프래그머티즘으로부터 분석철학으로 옮겨간 것이 그대로 우리나라의 연구 경향에 반영되어 나타난 것으로 해석할 수 있을 것이다.

짚고 넘어가야 할 것은 몇 가지 학회지를 직접 조사하면서 이훈(1994)의 자료에 대한 신뢰성에 의심이 생겼다는 점이다. 그 자료에 의하면 프래그머티즘에 관한 연구 논문이 70년대 이후 92년까지 95편이 발표되었다는 것인데, 필자가 한국철학회의『철학』및 대한철학회와 철학연구회의『철학연구』를 조사해 본 결과 발표된 논문의 건수가 손에 꼽을 정도로 적었다. 이훈의 자료는 아마도 한국의 철학계에서 연구 발표된 자료만이 아니라 교육학계에서 발표된 듀이에 관한 자료를 포함시켰기 때문이 아닌가 추측된다. 70년대 이후 우리 철학계에 프래그머티즘 연구자가 거의 없었다는 사실을 감안하면 그와 같은 통계자료가 어떻게 나올 수있는 것인지 의아하지 않을 수 없다. 필자가 직접 조사한 자료에 의하면 철학연구회와 대한철학회에 발표된 프래그머티즘 관련 논문의 편수는 다음과 같다.

〈표 3〉 철학연구회 및 대한철학회 학회지에 실린 프래그머티즘 관련 논문의 수

	1960~1969	1970~1979	1980~1989	1990~1999	2000~2009	계
『철학연구』 (철학연구회)	0	0	0	1	4	5
『철학연구』 (대한철학회)	0	3	2	3	2	10
계	0	3	2	4	6	15

한편 특기할 만한 것은, 국내의 미국철학 연구에 있어서 프래그머티즘
이 쇠퇴하고 분석철학이 주류가 되어 가는 상황에서도 프래그머티즘 철
학을 대변하는 인물이라고 할 수 있는 듀이에 관한 연구는 매우 활발하
게 전개되었다는 점이다. 그런데 그 연구는 유감스럽게도 한국의 철학계
에서 이루어진 것이 아니라 교육학계에서 주로 이루어졌다. 다음은
1980년 이후 한국교육철학회의 학회지인 『교육철학』에 실린 프래그머
티즘 관련 논문의 수이다.

〈표 4〉 『교육철학』에 실린 프래그머티즘 관련 논문의 수

	1980~1989	1990~1999	2000~2010	계
듀이 연구 논문	15	11	29	55
로티 연구 논문	0	1	6	7
계	15	12	35	62

『철학』지에 1980년 이후 실린 프래그머티즘 관련 논문의 수가 5편인
데 비하면 『교육철학』에 실린 프래그머티즘 관련 논문의 수는 비교할
수 없을 정도로 많은 편이다. 이것은 아마도 듀이의 교육철학이 여전히

한국의 교육학계에서 문제가 되기 때문이라고 생각된다. 특히 듀이를 계승하는 네오프래그머티스트인 리처드 로티에 관한 논문의 수가 2000년 이후 증가한 점도 특기할 만하다.

이훈(1994)의 자료를 신뢰하더라도 1950년대 이후 국내 철학계에서 프래그머티즘 관련 연구논문의 수가 소폭 증가한 데 비해 분석철학 관련 논문의 수가 현저하게 증가했다는 점은 미국 주류 강단철학계의 변화과정을 국내 학계가 그대로 반영한 것으로 볼 수 있을 것이다. 한편, 교육학계에서 프래그머티즘 관련 논문이 여전히 주류를 차지하고 있다는 사실은 미국철학의 한국적 변용의 한 사례로 간주할 수 있을 것이다.

4. 소결; 진단과 전망

한국 철학계에 국한해서 미국철학에 대한 연구의 추이를 살펴보면 미국 강단 철학계의 주류를 따라가고 있다고 생각하지 않을 수 없다. 1980년대부터 분석철학의 논문 수가 증가한 이유는 유학생의 수가 그때부터 급증했고 미국의 주류 철학을 공부하고 돌아온 학자들이 자신들의 전공 관련 논문을 국내에서 발표한 당연한 귀결이라고 할 수 있다.

그러나 이 당연하게 보이는 귀결을 당연하게 보아야 하는가에 대해서는 의문을 제기해 볼 필요가 있다. 이광래 교수를 좇아서 외국의 철학 사상에 대한 연구를 문화적 잡종화의 과정으로 간주한다면, 외래의 문화는 토종 문화와 만남으로써 다양한 변종들을 생산해 내야 옳을 것이다. 그런데 유감스럽게도 한국에서의 미국철학 연구는 마치 미국의 강단철학을 한국의 강단철학으로 고스란히 옮겨 놓고 있는 것과 같은 양상을 보이고 있다. 이런 양상은 분석철학의 철학적 전제와도 관련이 있는 것으로 여겨진다. 논리실증주의의 영향을 받은 분석철학자들은 철학을 '과학의 안전한 길' 위에 올려놓고자 했으며, 그런 관점에서 사실과 가치의 문제를 분리시키고 있다. 철학이 가치중립적인 담론의 영역으로 여겨지는 순간, 역사성과 시대정신의 문제는 고려의 대상이 되지 않는다. 이것은 미국에서 철학을 하는 것과 한국에서 철학을 하는 것의 차이를 인정하지 않는 태도로 이어진다. 철학적 진리가 보편적이라는 생각은 문화적 잡종화의 과정에 대한 반성적 고찰을 가로 막는다는 점에서 그것 자체가 하나의 이데올로기일 수가 있다.

오늘날 미국의 분석철학은 실증주의 시대를 벗어나 탈실증주의화의 길을 걷고 있다. 한국에서의 미국철학 연구 역시 그런 길을 따라갈 것이라고 예상할 수 있다. 철학을 '문화정치'의 일종으로 간주하는 로티는 오늘날 분석철학의 현상황을 다음과 같이 서술한다.

> "내가 말하려는 요점은 분석철학의 호, 불호와는 상관없이 분석철학이 여타의 「인문학」의 학과들, 즉 「엄밀하고」 「과학적인」 위상에 대한 허풍이 덜 분명한 학과들에서 찾아볼 수 있는 것과 같은 종류의 것이 되었다는 점이다. 인문학의 학과들에서 통상적인 생활양식은 예술이나 문학에서의 그것과 동일하다. 즉 어떤 천재가 새롭고도 흥미로우며 설득력 있는 무엇을 해내고 그 사람을 찬양하는 자들이 학과를 이루거나 어떤 운동을 시작한다."[19]

이런 설명은 탈실증주의의 길로 들어서는 순간 분석철학이 가지고 있는 문화정치의 특성이 확연히 드러나기 시작했다는 것으로 볼 수 있다. 이것은 철학적 진리에 관한 담론이 다른 학과에서 진행되는 담론과 비교해서 차별성을 갖는다고 말할 만한 이유가 없다는 것이다.

생물이 환경의 변화에서 살아남기 위해서는 수많은 변종을 만들어내야 한다. 어떤 변종이 변화된 환경에서 살아남을 것인지 미리 알 수가 없기 때문이다. 문화가 더 나은 방향으로 발전하기 위해서는 그 안에서

---

19) 리처드 로티, 「오늘날 미국에서의 철학」 『프래그머티즘의 결과』, 김동식 역, 민음사, 1996, p.429.

일어나는 담론들의 다양성이 보장되어야 할 것이다. 그런 다양성을 확보하기 위해서는 문화적 잡종화의 과정이 필수적이다. 잡종화의 과정에 다양한 변종들이 개입할 때 더 풍부한 담론이 생산될 수 있을 것이다.

한국에서의 미국철학 연구 동향은 그와 같은 변종들이 개입할 여지를 주고 있지 않은 것 같아 우려스럽다. 미국의 분석철학자들은 유럽의 철학자들이 철학을 하는 방식이 옳다고 생각하지 않는다. 유럽의 철학자들 역시 논증을 중심으로 하는 분석적 방법이 철학함의 올바른 길이라고 생각하지 않는다. 이런 관점들이 유럽철학과 영미철학을 전혀 다른 것으로 나누고 있을 것이다. 철학을 하나의 문화적 잡종화로 간주한다면 한국에서 철학을 하는 학자들이 이런 구분을 수용해야 하는지 의문이다. 물론 어떤 철학을 전공한다는 것은 주제와 범위를 좁혀 깊이 있게 연구하지 않으면 안 되는 측면이 있기 때문에 고유한 철학적 전통을 무시하고 경계를 넘나든다는 것은 학문을 얕게 만들 위험이 있다. 그러나 철학적 탐구의 과정을 하나의 문화연구로 간주한다면 깊이 있는 연구를 하더라도 좀 더 유연한 태도를 취할 수 있을 것이다.

한국 철학계의 제도와 관습이 쉽게 바뀌지는 않을 것이기 때문에 한국에서의 미국철학 연구는 분석철학이 앞으로도 주류를 형성할 것으로 예상할 수 있다. 분석철학의 탈실증주의 경향이 한국에서 긍정적인 귀결을 낳는다면 다양하고 창의적인 철학적 사고실험을 낳을 수도 있을 것이다. 그런 작업이 이루어지려면 로티가 말하는 '천재'가 등장해서 그를 추종하는 세력이 형성되어야 할 것이다. 이런 일은 아마도 우리 학계가 더 유연하고 더 다양해질 때 가능할 것이다.

참고문헌

김우창, 「로티-김우창 대화1; 예비적 서신교환-인류의 미래와 보편성과 성찰의
　　　미래」『지식의 지평2』, 한국학술협의회 편, 아카넷, 2007.
리처드 로티, 「문화정치로서의 철학」『지식의 지평5』, 한국학술협의회 편, 아카
　　　넷, 2008.
리처드 로티, 「오늘날 미국에서의 철학」『프래그머티즘의 결과』, 김동식 역, 민
　　　음사, 1996.
브루스 커클릭, 『미국철학사』, 박병철 옮김, 서광사, 2004.
이광래, 『한국의 서양사상 수용사』, 열린책들, 2003.
이유선, 『실용주의』, 살림, 2008.
이　훈, 「연구를 위한 자료의 통계적 분석」『철학사상』, 서울대 철학사상연구소,
　　　1994.
황필홍, 이병수, 「50년대까지 영미철학의 수용과 용어의 번역」『시대와철학』14
　　　권 2호, 한국철학사상연구회 편, 2003.
Diggins, John Patrick. *The Promise of Pragmatism*, The University of Chicago Press, 1994.

부록(별첨)

1. 한국철학회의 『철학』에 발표된 미국철학 관련 논문 목록
2. 한국교육철학회의 『교육철학』에 발표된 프래그머티즘 관련 연구 논문 목록
3. 철학연구회의 『철학연구』에 발표된 프래그머티즘 관련 연구 논문 목록
4. 대한철학회의 『철학연구』에 발표된 프래그머티즘 관련 연구 논문 목록

1. 한국철학회의 『철학』에 발표된 미국철학 관련 논문 목록

1955
김준섭, 논리학 고전논리학과 현대논리학
1957
1969
1970
1971
박고영, The Pragmatic Theory of Truth of William James on Moral and Religious
   Truths
1972
박고영, William James's View on Percept and Concept
1973
김진태, 심리철학의 현황
1974
1975
이초식, 귀납(歸納)의 부정론과 긍정론
1976
1977
황경식, 정의적 의미의 기원 - C. L. Stevenson의 의미론 시비 -
1978
1979
1980
서광선, 인권의 형이상학적 근원과 윤리적 정치적 성격 - 미국혁명사상을 중심

으로 -

조승옥, 분석철학과 심신동일론(心身同一論)

1981

황경식, 도덕적 구성주의(構成主義) - Rawls의 도덕론을 중심으로 -

1982

김태길, John Rawls 회정의론 - 윤리학의 방법에 대한 함축을 중심으로 -

엄정식, Ludwig Wittgenstein과 언어신비주의

1983

김효명, 필연성과 본질

황경식, 공이주의(公利主義)의 현대적 전개 - J. J. C. Smart 의 입장을 중심으로 -

황필호, 비트겐슈타인적 신앙형태주의 - N. 맬콤의 공헌을 중심으로 -

1984

정대현, 분석일반론을 위한 단편

황경식, 자유사회의 철학적 기초문제 : J. 롤즈의 자유주의적 평등주의

남경희, 자유사회의 철학적 기초문제 : 최소국가의 이념과 자유주의적 정의론

김재권, 심신론 : 그 쟁점과 전망

1985

김상원, 과학적 지식의 객관성에 대한 비판적 고찰 - Popper 와 Kuhn의 논쟁을
　　　중심으로

1986

김여수, 분석철학적 전통에 대한 재조명 : 분석철학의 전개에 있어서 의미와 진리

정대현, 분석철학적 전통에 대한 재조명 : 지칭 : 언어적인가 존재적인가

이초식, 분석철학적 전통에 대한 재조명 : 과학적 인식에 있어서 발견과 정당화
　　　의 맥락에 관한 고찰

이명현, 분석철학적 전통에 대한 재조명 : 분석철학과 현대철학의 좌표 - 언어·
　　　상호주관성·실재론 -

김광수, 데이빗슨(Donald Davidson)의 심신론 - 정신현상의 무법칙성을 중심으로 -

이영철, H. 퍼트남에 있어서 이해와 진리

1987

이영철, 자비의 원리 - 원초적 해석의 방법론적 원리에 관한 한 연구 -

이명현, 객관성의 토대에 관한 성찰

1988

정대현, 크립키 본질주의와 인공종

남경희, 권리 개념 소고

김영정, 크립키의 진리론
하종호, 지칭 이론으로서의 직접적 귀속 이론
이윤일, 논리학에 관한 전기 Putnam의 실재론적 입장과 Dummett의 비판
엄정식, Wittgenstein과 과학적 탐구
1989
남경희, 국가란 무엇인가 : 자연계내의 이성 질서로서의 국가
신오현, Wittgenstein과 Spinoza의 비교연구 - 성·선·미의 개념을 중심으로 -
정성호, 현시적 대상지칭론
김선희, 데이빗슨(Donald Davidson)의 의도(Intention) 이론
하종호, 종교적 믿음의 인식적 지위
이명현, 언어의 규칙과 삶의 형식
김혜숙, Quine의 경험주의와 전체주의
정성호, 콰인의 대상지칭론에 대한 비판
1990
정대현, '맞다'의 분석을 위하여
김선희, 무법칙적 일원론의 선험적 논증 - 데이빗슨(Donald Davidson)의 심신론에
　　　　대한 비판적 고찰 -
엄정식, Wittgenstein의 철학관 - 언어비판으로서의 철학과 현상학(現像學) -
정대현, 정신과 물질 : 그 존재론적·인신론적 위상 : 실재론과 넓은 지칭
1991
박우현, 비트겐슈타인의 명제 이해에 관하여
서정선, 퍼트남의 실재론적 진리 개념
1992
민병위, 퍼스의 기호론
김선희, 데이빗슨(Donald Davidson)의 행위이론과 도덕적 주체
김혜련, 미적수반이론의 가능성
1993
정대현, 한국철학 무엇이 문제인가? ; 분석철학과 한국철학
이영철, 과학과 진리 : 포퍼 대(對) 비트겐슈타인 - 데이빗슨
노양진, 퍼트남의 내재적 실재론과 상대주의의 문제
정대현, 투사적 동일화와 가족개념의 확장성
김선희, 심성적 인과의 파라독스와 새로운 문제
박우석, 허구론적 수리철학의 허구적 메타논리학

1994

정상모, 발견의 논리 : 분석과 종합의 방법에 기초한 하나의 대안

이주향, 심성상태의 인과력과 비개인주의

남기창, 비트켄슈타인은 데카르트적 의미로서의 사적 감각의 존재를 인정하는가?

이승종, 비트겐슈타인의 모순과 크립키의 역설

허라금, 덕 개념과 도덕적 실재론

김동식, 로티의 신실용주의적 과학관

조인래, 이론 미결정성의 도그마?

김선희, 내재적 자아론과 자유의지 - 내재적 자유와 인과의 양립론 -

김보현, 경험의 이론 의존성과 과학적 발견의 논리

1995

김혜련, 상호작용론적 실재론과 은유

백도형, 환원, 속성, 실재론

이영철, 비트겐슈타인의 규칙 따르기 논의와 콰인 - 데이빗슨의 의미 불확정성론

정대현, 맞음개념의 서양적 구성

1996

하종호, 외재주의적 정당화 이론의 정당성

조인래, 공약불가능성 논제의 방법론적 도전

박병철, 검증과 시간 - 중기 비트겐슈타인에 있어서의 시간의 역할 -

노양진 번역은 비결정적인가?

주동률, 수반과 윤리적 실재론

1997

1998

박병철, 비트겐슈타인의 색채관

오창희, 과학에서의 목적론

이유선, 로티의 반표상주의

박정순, 윤리학에서 감정의 위치와 역할

노양진, 지칭에서 의미로

김선희, 의식의 주관성과 객관성

황희숙, 회의론과 지식의 이념

안건훈, 아메리카 인디안의 환경 윤리

1999

남기창, 후기 비트겐슈타인 철학에서의 의미론과 인식론 사이의 관계

박우석, 김혜련, 사고실험의 논리

백도형, 사회생물학에 관한 형이상학적 분석 - 거시 과학과 미시 과학의 관계에
　　　관한 한 사례 분석 -
하종호, 지각 경험으로서의 종교적 경험의 인식적 정당성
박병철, 비트겐슈타인과 비엔나 써클의 물리주의
양은석, 후기 비트겐슈타인 자연주의 언어철학 - 의미의 자연화 방법을 중심으로 -
송하석, 이승종, 진리 수행론과 의미론적 역설
박정일, 열린 해석과 타르스키의 진리 정의
박정순, 공동체주의 정의관의 본질과 그 한계
2000
김세종, 루이스(David Lewis)의 인과론 - 인과박탈의 문제를 중심으로 -
정성호, 지향성에 대한 데넷의 탐구전략
고인석, 과학의 조각보 모델 - 통합된(integrated) 과학의 구상 -
윤보석, 지각대상의 외재성에 관하여
최세만, 철학적 물음과 화두 - 비트겐슈타인 철학과 신비주의 -
이유선, 의미론에서 화용론으로 - 브랜덤의 추론주의에 나타난 표상개념 -
이병덕, 박정일 박사의 「열린 해석과 타르스키의 진리정의」
2001
이종왕, 김재권식 기능주의와 새로운 기능주의적 환원이론의 가능성
최성호, 사건 인과에 관한 반사실적 조건문 분석과 사건 본질
선우환, 확률적 설명 모형이 설명의 기준을 제시할 수 있는가?
박정일, 과연 타르스키의 진리정의는 철학에 필수적인가? - 이병덕 박사의 논평
　　　에 대한 답변 -
노양진, 개념체계의 신체적 기반
2002
하종호, 물리주의의 독단과 오류
박병철, 비트겐슈타인의 사적언어논의
이상원, 실험의 두 역할 -사실 획득과 이론 시험-
양은석, 자연주의 두 얼굴: 과학주의 대 반과학주의 -후기 비트겐슈타인과 콰인
　　　의 철학관을 중심으로-
2003
정대현, 모호성과 맞음
이희열, 비트겐슈타인의 색깔 배타성 문제에 관한 연구
고인석, 적응주의 대 반적응주의 -공시적 통약불가능성의 한 사례-
이종왕, 한 사건동일론에 근거한 새로운 기능적 환원적 물리주의

박병철, 비트겐슈타인과 문법

김선희, 계산주의 디지털 기억과 개인동일성의 문제 - 두뇌의 다운로드를 통하
　　　여 우리는 영생할 수 있는가? -

2004

양은석, 비트겐슈타인의 무한 - 유사-유한주의 -

서원주, 실재론적 의미론의 옹호 가능성 문제

이유선, 은유와 실재

신상규, 믿음 내용의 고정에 대한 진화론적 접근

김한승, 모호성의 다양성

이병덕, 암묵적 정의와 비표상적,실재론적 의미론

김선희, 신체전송과 개인동일성의 문제 -나의 신체를 전송하여 나는 살아남을
　　　수 있는가?-

2005

여영서, 오래된 증거의 문제는 베이즈주의의 난점인가?

박병철, 비트겐슈타인과 상(相)의 문제

윤보석, 뇌 물리주의 비판

이해완, 바른 기능이 지식에 필요한가? - 플란팅가 인식론에 대한 한 비판 -

양선이, 자연화된 도덕 인식론 - 자연화된 인식론의 규제를 따르는 윤리적 자연
　　　주의 -

이병덕, 지식의 이중관점 이론

김선희, 사이보그와 개인동일성의 문제 - 컴퓨터와의 융합을 통하여 우리는 영
　　　생할 수 있는가? -

2006

선우환, 진리에 대한 최소 이론의 설명력

2007

하상필, 후기 비트겐슈타인의 치료 철학

윤보석, 배제 논변과 베넷

양은석, 비트겐슈타인과 초일관성 - 비트겐슈타인의 반실재론 -

이영의, 심슨역설과 인과 - SGS의 해결책을 중심으로 -

이병덕, 성공논증과 추론주의

신상규, 상상가능성, 우연성 그리고 동일성

2008

김성한, 에드워드 윌슨의 윤리적 입장에 대한 재구성과 비판적 검토

선우환, 양상 역설의 해결 방법들 - 모호성 역설로서의 양상 역설 -

황경식, 왜 다시 덕윤리가 문제되는가? - 의무(義務)윤리와 덕(德)의 윤리가 상포
    (相補)하는 제3윤리의 모색 -
이병덕, 필연성과 오류가능성
선우환, 필연성과 오류가능성은 어떻게 양립가능한가?
2009
이병덕, 오류가능성과 개념의 수정가능성
선우환, 욕구와 상상의 사이에서 - 커리의 이론에 대한 비판-
이풍실, 비개념주의와 세밀성 논증 - 켈리의 논증을 중심으로-
선우환, 개념의 수정가능성이 오류가능성을 해명할 수 있는가?
김준성, 인과적 설명에서 대조(contrast)의 역할과 의미
이승종, 문자, 영상, 인문학의 위기

2. 한국교육철학회의 『교육철학』에 발표된 프래그머티즘 관련 연구 논문 목록

1980
김병길, John Dewey의 도덕교육론
림태평, John Dewey 철학에서의 과학개념
1987
박봉목, John Dewey의 도덕이론과 그의 도전
박봉목, John Dewey의 예술론
박봉목, 듀이 사상이 해방후 한국교육발전에 미친 공과(功過)에 대한 비판적 연구
김태오, Dewey의 인식론과 교육
박영환, Dewey의 성장이론과 교육목적
박준영, Dewey 교육철학에 있어서 지성의 개념
송석우, Dewey의 생애와 교육사상
신득렬, Dewey의 「철학의 개조」 연구
임태평, Dewey 교육철학에 있어서 "권위" 개념
정호표, Dewey의 교육목적론과 탐구
조용태, Dewey의 자유주의적 논리사상
1989
신현태, Dewey의 충동 개념
임태평, Pragmatism의 철학과 Dewey의 유산
1990
박준영, John Dewey의 교육내용론과 지성

1994
송선희, 듀이의 사회개조사상의 형성배경
1995
김병길, 송도선, Dewey의 경험 개념
송선희, John Dewey : 학교교육은 사회개조를 분담할 수 있는가?
1996
송선희, John Dewey : 사회적 센타로서의 학교와 교사의 역할
1997
김병길, 송도선, J. Dewey의 종합적 사고의 형성 배경
송선희, John Dewey와 산업민주주의
임태평, 듀이의 "민주주의" 개념과 교육
1998
송선희, Dewey의 권위 개념과 현대적 적용
정길영, Dewey의 미적 경험과 도덕교육
1999
고영호, Rorty의 진리관과 교육
송도선, 듀이의 교육 목적으로서의 성장 개념 재고
2000
김병길, 송도선, 듀이의 습관 개념
천정미, 포스트모던 사회에 있어 Dewey의 도덕교육방법론
2002
고영호, Rorty의 교화(edification)와 교육
윤원주, 듀이의 습관 개념과 도덕교육
천정미, 박영근, John Dewey의 지성 개념과 창의성 교육
고영호, Rorty의 Kant윤리학에 대한 비판
윤은주, 듀이 도덕교육론의 유아교육에 대한 시사
2003 박준영, Richard Rorty의 "대화"와 "아이러니"에 대한 교육적 논의
2003 박균섭, 김병희, 듀이의 교사론: 교직의 전문성을 중심으로
2003 이병승, Dewey의 교육철학에 나타난 생태론적 관점 탐구
2003 천정미, Richard Rorty의 "대화"와 "아이러니"에 대한 대학교육의 목적
2003 박준영, 천정미, John Dewey의 지성적 성장에 관한 교육적 논의
2003 박철홍, 편경희, 듀이의 자유교육론에서 직업적 활동의 의미
2004 박균섭, 일제 강점기의 듀이 교육론 이해 양상에 관한 고찰
2004 송도선, Dewey에 있어 경험과 교육의 관계

2004 최석민, 듀이의 문제해결과 비판적 사고의 관계
2005 박봉목, 듀이 교육사상에 대한 비판과 재평가 - 사회철학적 측면에서 프래
　　　그마티즘을 중심으로 -
2005 김민남, 듀이 교육목적론 다시 읽기
2005 신득렬, 아리스토텔레스와 듀이의 여가개념
2005 임태평, 존 듀이와 평생교육
2005 예철해, 듀이의 학습자 중심 교육과정의 구성 원리
2006 박준영, John Dewey 철학의 경험이론에 관한 변증법적 성격
2007 한일조, 논문 : 민주사회와 교육에 대한 로티(Richard Rorty)의 비전
2008 고영호, Rorty의 교육적 인간상 "Liberal Ironist"에서 추론된 현대 예술론
　　　탐구
2008 박철홍, 총체적 지식의 함양으로서 공부 -듀이의 교변작용에 비추어 본 공
　　　부의 의미와 성격
서상문, Dewey "경험의 이론"에 대한 교육철학적 고찰 -Dewey 교육철학의 "경
　　　험" 개념에 대한 Dewey의 핵심적 개념들 간의 관계분석 연구-
고영호, Dewey 경험적 지식의 포스트모더니즘과의 정합성 연구
최영수, 강현석, 듀이의 "교과의 진보적 조직"에 비추어 본 통합교육과정의 재
　　　개념화
2009 송유진, J. Dewey의 생애에 따른 사상적 발전과정
2009 정석환, 포스트모더니즘에 근거한 Dewey 지식론의 재개념화 그리고 교육
2009 이병승, 존 듀이 의식이론의 교육적 의미 탐구
2009 이준수, 듀이의 학생의 본성에 대한 이해와 교육
2010 윤영순, 박철홍, 듀이의 "질성적 전체" 개념에서 본 교과의 의미
2010　황석하, 일반논문 : Dewey의 상상력에 따른 도덕적 학습자의 의미

3. 철학연구회의 『철학연구』에 발표된 프래그머티즘 관련 연구 논문 목록

1999 이유선, 로티의 네오프래그머티즘과 민주주의 - 그의 '리버럴 아이러니스
　　　트'의 개념을 중심으로 -
2000 황설중, 로티 Rorty의 프래그머티즘에 대한 몇몇 실천적 물음들
2006 서상복, W. Sellars의 지각 이론: 과학적 설명과 일상적 이해를 조화시키는 길
2007 박소정, 듀이와 장자의 "자연" 개념
2007 양선이, 윌리엄 제임스의 감정이론과 지향성의 문제

4. 대한철학회의 『철학연구』에 발표된 프래그머티즘 관련 연구 논문 목록

1971 박철주, Dewey의 자연과 경험의 개념에 대하여
1976 조성술, 존듀이 교육이론의 철학적 기저
1978 김수철, Some Philosophical Problems in Charles S.Peirce
1980 권선영, Pragmatism에 있어서의 결과의 중요성
1989 김병준, J.Dewey의 습관과 사회적 도덕성
1994 노양진, 로티의 듀이 해석
1996 안세권, 상대주의에 관한 로티/퍼트남 논쟁
1998 조성술, 존 듀이의 민주주의 이론
2007 박연숙, 존 듀이의 경험 개념에 근거한 미적 무관심성 비판
2010 오준영, Peirce의 귀추의 개념에 대한 문제점에 대응하기

제4장 한국에서의 프랑스철학 연구와 그 의의

1. 프랑스철학의 도입과 전개 :
프랑스철학 수용의 보편성과 특수성

한국에 소개된 서양철학의 영역들은 국가별로 크게 고대 그리스철학, 독일철학, 영미철학, 그리고 프랑스철학으로 나뉘어 분류될 수 있다. 1980년대 이전에 수용되고 논의되었던 서양철학에서 프랑스철학이 차지했던 위상은 높지가 않은 편이다. 국내에 프랑스 철학이 수용되는 초기의 과정(1960~70년대)에는 프랑스 철학 전공자가 거의 없었기 때문에 철학분야라고 하더라도 프랑스 문학 전공자들에 의해 소개되는 경우가 대부분이었는데 사르트르와 바슐라르가 그렇게 국내에 알려진다. 다만, 근대철학자 데카르트와 파스칼, 계몽주의 철학자 루소, 생명의 철학자로 알려진 베르그송 등의 사상들이 누구보다도 지적인 조명을 많이 받았던 것은 사실이다. 이 경우에도 서양철학의 역사와 흐름 속에서 그들이 차지하는 사상적 위상이 반영되었을 뿐이며 프랑스철학 그 자체가 독일의 근대철학만큼이나 체계적으로 이해되고 받아들여진 것은 아니다.[1)]

1980년대 이후에는 프랑스철학에 대한 관심이 학술계와 대중들 사이

---

1) "우리나라에서 프랑스 철학을 가장 먼저 소개한 글은 각천(覺泉)이라는 필명으로 『청춘』 제13호(1918.4.16.)에 실린 근대철학의 선도자 데카르트였다. 이후 1941년 3월 『춘추』 3월호에 실린 고형곤의 논문 베르그송의 생애와 사상이다. 이것은 1941년 1월5일에 사망한 베르그송을 소개하는 글이었다."(이광래, 『한국의 서양 사상 수용사』, 열린 책들, 2003, p.364.)

에서 서서히 일어나기 시작했다. 그 지적인 동기는 국제적으로 사상과 문화에 지대한 영향을 미치기 시작한 새로운 흐름, 즉 포스트모더니즘에 대한 관심으로부터 비롯된다. 그래서 그런 지적인 분위기에서 푸코, 들뢰즈의 철학이 먼저 소개되기 시작하는데 이광래 교수는 그런 전선(前線)에서 현대의 프랑스철학을 본격적으로 사유하며 그 토착화에 앞장선다. 그는 푸코에서 데리다의 철학에 이르기까지의 새로운 지적인 사유를 국내에 정착시키는데 지대한 공헌을 한다. 물론 이것에 앞서 1972년 국내에서 프랑스철학에 관한 주제로 최초의 학위를 받은 사람은 최명관(崔明官)으로 데카르트의 cogito ergo sum에 관한 사상을 탐구한다. 그리고 같은 해 다른 연구자에 의해 베르그송의 『창조적 진화』가 번역, 출판되면서 데카르트, 베르그송의 철학이 국내에서 자생적인 위치를 확보하기 시작한다. 그러니까 1970년대가 프랑스철학의 연구를 위한 준비 기간이었다면 1980년대는 대중적인 독자층이 차츰 형성되어 더 많은 젊은 연구자들이 배출된다.

이광래 교수는 「미셸 푸코의 구조주의 연구」(『철학』 제19집, 한국철학회, 1983)를 발표하며 1987년에 푸코의 주저 『말과 사물』을 번역하고 1992년 저서 『프랑스철학』(문예출판사)을 출판하면서 한국에서의 프랑스연구와 토착화에 있어 지대한 공헌을 한다. 특히 『말과 사물』이 번역, 출판된 이후 후학 연구자들에 의해 푸코의 저서들, 즉 『성의 역사』(1990), 『광기의 역사』(1991), 『지식의 고고학』(1992), 『담론의 질서』(1993), 『감시와 처벌』(1993), 『임상의학의 탄생』(1993) 등이 잇달아 번역, 출판됐는데 한국에서의 그런 지적인 열풍은 전례에 없던 일이다. 따라서 우리는 국내에서의 푸코의 연구만큼은 매우 각별하다는 것을 인지해야 한다.

그렇다면 1980년대 국내에서 푸코의 사상이 그토록 많은 반향을 일으켰던 이유는 무엇일까? 당시 우리의 젊은 지식인들은 시대적인 저항과 역사적인 비판정신에 새로운 눈을 뜨고 있었으며 푸코의 비판적 안목은 마치 현대의 계몽주의 철학과 같았다. 특정한 권력에 의해 훈육되고 만들어진 실존적 주체에 대한 사회적 각성은 획일화된 집단주의에 대한 반성을 가져오게 되었고 그런 권력에 저항하는 것도 인간의 권리라고 믿게 되었다. 이런 점에서 푸코는 역사와 가치를 바라보는 계보학적 인식을 통해 진리의 정당성 문제를 재검토할 수 있는 흥미로운 관점을 독자들에게 제공할 수 있었다. 그 당시의 한국 사회에서는 권력의 집중과 인권의 통제에 대한 체험적인 무감각이 만연하던 때라 한국의 젊은 지성들이 푸코로부터 배운 비판정신은 지성의 눈높이를 한층 높일 수 있었다.

국내에서의 푸코의 철학에 대한 대중적인 인기에 힘입어 보드리야르의 저서들이 봇물같이 동시에 소개되기 시작한 것도 특기할 만하다. 그래서 『소비의 사회』(1991), 『기호의 정치경제학 비판』(1991), 『시뮬라시옹』(1992), 『생산의 거울』(1994), 『유혹에 관하여』(1996) 등이 번역, 출판되었다. 1990년대는 경제적인 안정을 누리게 된 중산층이 등장하게 되면서 소비사회에 대한 비판의 목소리도 일각에서 커지기 시작했는데 푸코와 마찬가지로 보드리야르도 마치 계몽적인 지식인으로 비쳐졌다. 허구적 이미지 문화의 재생산에 관한 이해는 무작정 따라 하기 식의 세태를 비판하는 지식인들의 시선이기도 했다. 한편 우리는 프랑스의 바슐라르, 캉길렘 등의 과학철학이 국내에서도 지적인 조응을 받게 되었다는 것도 눈여겨보아야 하는데 특히 바슐라르의 현상학적 상상력은 문학, 철학에 대한 새로운 안목을 가져다 준 가르침이 되기도 했으며 『정상과 병리(病理)』의 저자 캉길렘은 푸코의 지적인 스승으로 여겨졌다.

1990년대 이후에는 낯선 사유를 지적으로 즐길 수 있게 된 젊은 세대들이 독일철학보다도 오히려 프랑스철학을 더 선호하는 분위기가 높아져서 프랑스로 유학을 떠나는 젊은 연구자들이 적지 않게 발생하기 시작한다. 그리고 2000년 이후에는 이들 젊은 학자들이 프랑스에서 박사학위를 받아 돌아오게 되면서 국내의 학계에서는 이들에 의해 베르그송 이후의 프랑스철학이 특히 주목을 받게 된다. 메를로-퐁티, 들뢰즈, 레비나스, 리쾨르, 데리다 등과 같은 대가들의 사상들이 주제별로, 저서별로 읽혀지고 대중적으로 토론되기 시작하면서 한국에서의 새로운 문화담론이 뿌리를 내리기 시작한다. 이와 함께 마르크시즘 중심의 시대적인 사유도 서서히 자취를 감추기 시작한다. 그렇다고 국내에서의 그런 지적인 분위기가 일찍이 소개되었던 독일철학의 대가들, 즉 칸트, 헤겔, 니체, 하이데거 등에 집중되었던 철학적 비평의 역사를 넘어서는 것은 결코 아니다. 그러나 분명한 것은 1990년대 이후부터 많은 사람들이 유럽철학을 이야기 할 때 독일철학과 프랑스철학으로 나누어 생각하기 시작했다는 사실에 주목해야 한다. 즉 변화가 일기 시작했다.

그리고 그런 관점은 특히 들뢰즈와 메를로-퐁티 그리고 레비나스의 사상들이 서서히 조명되기 시작하면서 바람직한 것으로 여겨졌다. 그런데 푸코 이후 들뢰즈의 사상이 국내에서 지적인 인기를 누리게 된 것은 사실 현실에 대한 저항적인 정신과는 거의 상관이 없어 보인다. 푸코에 의한 역사 및 사회비판의 정신은 1980년대 젊은 지식인들이 요청하였던 측면이 있었지만, 들뢰즈에 있어 자유로운 사유의 정신은 삶의 실체를 탐구하고 인간의 실존 너머에서 찾고자 했던 낭만적인 유희를 젊은이들에게 심어준다. 이제 젊은 지식인들은 내적인 자유와 사유의 보편성을 추구한다. 그래서 현대의 니체로 알려진 들뢰즈의 사상은 1990년대 이후 대중적인 관심을 부쩍 받게 된 문화운동과 영화비평 등에서 크게 부각된다. 푸코로부터의 담론들이 정치, 역사의 역영들로 확대된 것과는 대비되는 현상이다. 그리고 빠른 시기에 들뢰즈의 저서들 중에서 『대담』(1993), 『앙티-외디푸스』(1994), 『감각의 논리』(1995), 『칸트의 비판철학』(1995), 『니체와 철학』(1998), 『시네마』(2001), 『천(千)의 고원』(2001), 『차이와 반복』(2004) 등이 순차적으로 번역, 출판되면서 지적인 독자층에 있어 이런 지적인 확장은 메를로-퐁티나 라캉, 레비나스의 철학으로 향하고 있었다.

푸코의 철학이 국내에 소개된 이후 들뢰즈, 메를로-퐁티, 레비나스 등으로 이어지는 지적인 관심은 한국에서의 새로운 가치와 변화를 반영하는 것이다. 집단적인 사고와 논리를 구시대의 가치로 자연스럽게 받아들이면서 창의적인 개성과 개인적인 상상력을 중시하는 문화적 가치가 팽배하게 되면서, 이제 한국에서도 하이데거의 존재론 이후 새로운 존재론적 사유가 프랑스철학을 중심으로 넓은 독자층을 기반으로 해서 이해되기 시작한 것이다. 1980년대에 일부 지식인들이 프랑스철학을 이해하기 어렵다고 해서 추상적이거나 마치 사상누각의 학문인 것처럼 취급한 경우도 있었지만, 1990년에는 현대의 프랑스 철학자들이 국내에서도 상당한 인기를 누릴 수 있게 되었다. 그리고 2000년대는 학문적인 수준에서 그들 철학자들의 저서들이 여전히 어려웠지만 그럼에도 불구하고 읽혀지기 시작한다. 예를 들어 메를로-퐁티의 저서들 중에서 『지각의 현상학』(2002), 『보이는 것과 보이지 않는 것』(2004), 『눈과 마음』(2008), 『행동의 구조』(2008) 등이 더 많은 것들을 알기 원하는 독자들에게 새로운 사유의 정신을 가르쳐 주고 있다. 이때부터 프랑스철학은 두뇌로 읽혀지는 학문이 아니라 열정으로 다가서는 학문이라는 것이 체험되기 시작한다.

한국에서의 프랑스철학의 소개와 연구활동은 독일철학에 비해 역사가 오래된 것은 아니며 지금으로부터 불과 20~30년 사이에 이뤄진 것이라고 볼 수 있다. 그렇다고 우리는 이런 현상을 단순히 한국에서의 특이한 현상이라고 말할 수는 없다. 왜냐하면 프랑스 철학이 유럽은 물론 미주 지역에서도 국제적으로 큰 호응을 얻어내고 있다는 것을 발견할 수 있기 때문이다. 그렇다면 그 이유는 무엇일까? '오늘날 왜 프랑스의 철학을 읽게 되는 것인가'를 생각하면서 다음과 같은 추측들을 해 볼 수 있다.

첫째, 근대철학 이후 관념론의 철학은 '생각하는 주체'에 너무 많은 기대를 해왔으며 그 철학적 체계성이 난해해지고 추상화 하면서 그런 주체의 이해가 도리어 인식론적 권력이 되어가고 있는지도 모른다. 이점에서 베르그송의 철학 이후 현대의 프랑스 철학은 메를로-퐁티, 레비나스, 들뢰즈, 라캉, 데리다 등을 중심으로 전통적인 진리의 기준이라고 여겨졌던 것들을 버린다. 그리고 인간 이해의 지평을 넓혀 나가면서 신체, 지각, 타자, 욕망, 무의식, 언어 등에 관한 철학적 사유를 시대적인 요청으로 받아들인다.

둘째, 인간적 삶에 대한 성찰을 '나'라는 개인적 주체 이외의 다른 요소들 속에서 바라보고자 하는 관심들이 커지고 있는데, 곧 주체를 넘어서 있는 타자, 공동체, 환경 등에 관한 현대인들의 비판적 성찰이 높아지고 있다. 특히 프랑스의 사회적 지성으로 일컬어지는 사르트르, 푸코, 부르디외는 지식인의 사회참여를 적극적으로 실천하며, 인간의 삶을 한 단계 높여 나갈 수 있는 공동체의 새로운 윤리, 타인들과의 유대 등을 주장함으로써 철학의 존재의미가 행동하는 지성에게 있다는 것을 대중들에게 크게 각인시킨다.

셋째, 철학적 사유가 실증적인 과학적 사고에 밀려 자신의 영역을 좁혀가는 현대적인 추세 속에서 현대의 프랑스 철학자들은 형이상학, 존재론, 현상학 등에 관한 사유의 영역들을 독창적으로 발전시켜 왔다. 예를 들어 바슐라르, 레비나스, 리꾀르 등의 철학은 그런 사유를 바탕으로 한다. 특히 20세기의 마지막 형이상학자로 불리는 레비나스는 타자철학에서 출발하며 새로운 사유의 길을 제시하게 되는데 이것은 개인적인 윤리가 정당화되고 있는 현대사회에 큰 반향을 던져주고 있다.

2. 프랑스에서의 학위논문들에서 다뤄진
주요 주제들

이제 2000년대 이후 한국의 젊은 연구세대들이 프랑스에서 박사학위를 받아온 연구논문의 주제들을 간략하게 주시해 보도록 하자.

■ 베르그송의 철학에 관한 그 연구주제들은 전통적인 주제의 해석에서 크게 벗어나지 못하고 있는데 아직 심층적인 탐구가 진행되지 못했다는 평가가 뒤따를 수 있다. 무엇보다 젊은 연구자들이 직접 프랑스의 학계에서 부딪히면서 대가들의 주요 관념들을 체계적으로 알고자 한 것에 의미를 부여할 수 있다. 예를 들어 연구주제들은 이렇다:「베르그송에 있어 직관에 관한 해석」(부르고뉴대학, 2001),「베르그송의 물질과 기억에 나타난 지속의 세 가지 측면」(리용3대학, 2006)

■ 들뢰즈의 철학에 관한 연주논문들은, 국내에 소개된 그 역사가 일천함에도 불구하고, 나름대로 핵심적인 주제들을 다루고 있는 것을 볼 수 있다. 사유적인 유희를 무한성 가운데로 확장시키는 그의 형이상학과 미학 등은 여전히 매력적이다. 예를 들면 이렇다.「들뢰즈에 있어 익명성, 주체성, 타자성」(루뱅, 2002),「들뢰즈에 있어 윤리와 미학(2006), 들뢰즈에게 있어서 주체와 존재론 연구」(파리13대학, 2006),「들뢰즈 존재론의 내재적인 교차의 방법」(파리8대학, 2006),「들뢰즈의 사유에서 신체, 기호와 정서」(리용 ENS, 2010)

■ 메를로-퐁티의 철학의 경우에는 아직 개척할 만한 과제가 매우 많을 것이라는 평가가 뒤따른다. 학위주제에 나타난 그의 사상은 아직 존재론을 중심으로 이해되고 있다. 그리고 그의 현상학은 후설의 그것과 비교되면서 일찍이 국내에 소개된 바도 있다. 학위논문

의 주제들은 의외로 많지는 않지만 이렇다: 「메를로-퐁티와 타자질 문」(로잔대학, 2000), 「메를로-퐁티와 뒤프렌의 저서에 입각한 미적 지각 구상」(파리10대학, 2001), 「메를로-퐁티의 철학의 형성과 베르그송주의」(스트라스부르2대학, 2002)

■ 레비나스의 철학의 경우도 마찬가지로 더 많은 심층적인 연구주제들이 발표되어야 할 것이다. 일반적으로 그의 철학과 관련해서 프랑스에서 연구되고 있는 주제들은 윤리학, 현상학, 형이상학, 유다이즘 등의 조망을 통해 탐구되고 있지만 우리 연구자들의 학위주제들은 대부분 윤리학에 제한되어 있다. 예를 들면 이렇다: 「레비나스와 비(非)철학에서 동일성과 타자성에 관한 연구」(파리10대학, 2001), 「레비나스에 있어 분리와 회귀」(디종대학, 2007), 「레비나스의 사유에서 정치와 윤리」(스트라스부르2대학, 2008), 「레비나스에 있어 초월성과 사회성」(스트라스부르2대학, 2008), 「레비나스에서의 윤리적 운동」(렌느1대학, 2010)

■ 그 밖에 리꾀르, 라캉의 철학에 관한 연구주제들도 다양하지는 않지만 다음과 같다: 「리꾀르의 철학에서 주체의 물음」(파리12대학, 2002), 「라캉에 있어 욕망하는 주체개념 연구」(파리8대학, 2005), 「라캉의 정신분석학에 대한 현상학적 비판」(파리8대학, 2010)

1980년대 이후 기본적으로 베르그송과 그 이후의 철학자들의 주요 저서들이 대부분 번역, 출판됨으로써 그들 사상사들에 대한 지적인 관심들이 예비 연구가들에게 많은 철학적 문제의식을 던져주었고, 특히 이들 젊은 연구가들은 1990년대 이후 현재에 이르기까지 근현대의 프랑스철학을 나름대로 이해하고 연구논문과 저서들을 학계에 발표하게 되었다. 이에 따라 자연스럽게 한국의 철학분야에 새롭고 젊은 활기가 눈에 띠게 증폭된 결과 양적인 연구실적과 함께 질적인 연구발전도 실현되는 시기가 도래하게 되었다. 말하자면 대학교육에 제한되어 서양의 학문과 철학을 소개하는 정도에서 머물고 지적인 담론들이 철학하는 사람들 사이에서 머무는 것이 아니라, 프랑스철학을 스스로 요구하고 찾는 지적인 식자와 독자들이 자생적으로 발생하게 된 것이다. 즉 주체적 삶에 대한 성찰과 새로운 지식에 대한 욕망이 젊은 사람들을 기반으로 해서 시대적으로 등장하게 된 것을 우리는 주목해야 한다.

위와 같은 학술적인 분위기는 2000년대 이후 비평적인 수준에서 프랑스철학을 수용, 해석하고자 하는 학자들에 의해 주도될 수 있었다. 말하자면 프랑스철학의 주체적 수용이 가시적인 현상으로 나타나고 있다는 증거는 바로 비평의 수준에서 결정된다. 예를 들면 이광래 교수의 『해체주의와 그 이후』(2007)는 프랑스철학과 포스트-모더니즘을 단순히 소개하는 것으로 그치는 것이 아니라 비평적인 사유에 의해 독자들에게 심층적인 앎과 이해를 가져다준다. 결과적으로 최근의 시기와 맞물려 국내에서도 비로소 프랑스철학이 토착화되기 시작했다고 봐야 하는데 1980년대에 푸코와 프랑스철학이 본격적으로 알려지기 시작한지 거의 20년이 지나서 그 결실이 나타나게 된 것이다. 아무튼 2000년대는 수준 높은 사유와 비평의 차원에서 단행본 내지 논문들에 의해 프랑스철학이 이해되고 있다고 해도 과언이 아니다. 예를 들어, 『들뢰즈의 철학』(민음사, 2002), 『메를로-퐁티에 있어 몸의 세계, 세계의 몸』(이학사, 2004) 『타인의 얼굴, 레비나스의 철학』(2005), 『레비나스의 타자철학』(2009), 『들뢰즈의 잠재론: 소멸과 창조의 형이상학』(2010) 등이 단행본으로 출판되었다. 그리고 주요 철학자들의 사상을 예술이나 미학분야에서 재창출하려는 시도들도 다양하게 행해지게 되었는데, 예를 들면 「메를로-퐁티의 현상학적 신체주의와 세잔의 예술세계」(『미학』, 2008) 「들뢰즈에 있어 형상(形象)의 미학이란 무엇인가?」(『미학』, 2010) 등이 그런 것들이다.

우리는 한국에서의 프랑스철학 접목이라는 역사적 결실들을 목도하면서 아주 오래전 소개되었던 데카르트와 베르그송의 철학도 오늘날 비로소 새롭게 사유되고 이해될 수 있다는 것을 알게 되었다. 그만큼 프랑스의 지적 전통들이 다양하게 국내에 알려지면서 전통적인 대가들의 사상과 이것으로부터의 현대적인 파장들이 총체적으로 함께 어울릴 때 비로소 프랑스철학이 이해될 수 있다는 것이 증명된 셈이다. 그러나 무엇보다 우리에게 있어 프랑스철학이란 무엇인가에 대한 물음을 끊임없이 던지지 않으면 안 된다. 근본적으로 철학적 지식은 삶과 실존의 사유를 위한 거울이며 우리는 이것을 통해 자신을 성찰할 수 있는 기회와 가능성을 심층적으로 넓혀갈 수 있다. 결국 프랑스철학도 대자적(對自的) 관계에서 존재할 수 있으며 그것의 주체적 수용만이 가장 중요한 결실을 가져다 줄 수 있다.

3. 국내의 연구저서들에 나타난 주요 관점들

국내에서의 프랑스철학 연구 활동은 1990년대부터 서서히 시작되며 현재 그 연장선에서 주목받을 만한 연구자들에 의해 꾸준한 결실이 이뤄지고 있다. 출판된 주요 저서들을 중심으로 프랑스철학에 대한 지적인 관심과 시각을 살펴볼 수 있다.

■ 이광래, 『미셸 푸코: 광기의 역사에서 성의 역사까지』, 민음사, 1989, 461쪽.

이 책은 푸코의 철학을 체계적으로 이해하고 그 가치를 철저히 조명하면서 그의 철학적 원천과 방법론을 설명하고 있다. 비로소 프랑스 철학을 주체적으로 알고자 하고 연구를 시도한 선구적인 저서로서 이광래 교수는 한국에서의 프랑스철학 연구에 디딤돌을 놓게 되었다. 그는 프랑스의 구조주의를 지식과 권력의 이해를 위한 하나의 방법으로서 정의하고 푸코사상의 의미를 니체 이후 계보학의 전통에서 찾고자 한다. 마치 인간의 욕망과 지식의 정체가 본질적으로 불연속성에 있다는 암시일 수 있다.

"푸코는 구조주의의 영향을 가장 크게 받은 포스트-구조주의자이다. 우선은 그가 사고의 역사에 구조주의적 방법을 도입했다는 점에서 그러하다. 그러나 그의 구조주의는 일보 전진하여 지식의 고고학이라는 독자적인 방법을 고안해낸다. 이것은 니체의 계보학의 푸코적인 계승이라고 할 수 있지만 그보다는 사상의 총체에 대한 중층적 결정의 현실태를 해명하는 작업이라 해야 할 것이다. 다양한 사고의 구조가 서로 충돌하고, 상호 스며들며 때로는 서로 무너뜨리면서 무수한 불연속성을 그리고 있음을 그는 밝혀내려고 했다(...) 고전주의 시대의 언어의 분석, 자연 질서에 대한 분석, 부의 분석 등, 표상의 분석은 서로에 대해 완전히 정합적이긴 했지만 거기에는 커다란 불균형이 동시에 존재했다. 왜냐하면 언어의 존재양태와 자연의 개체들의 존재양태와 필요의 존재양태가 표상에 의해 지배되고 있기 때문이다. 그러므로 표상의 분석은 모든 경험적 영역들에 대해 결정적인 가치를 지닌다."(본문 중에서)

■ 김형효, 『메를로-퐁티와 애매성의 철학』, 철학과 현실사, 1996, 399쪽.

메를로-퐁띠의 철학은 현상학에서 출발하였지만, 그의 후기철학은 반현상학은 아니지만, 이미 포스트모더니즘적인 사유의 길을 예비하고 있기 때문에 그의 철학은 현상학의 영역에서뿐만 아니라 포스트모더니즘 계열에서도 거듭 연구되고 있는 것은 우연이 아니라고 보여 진다. 그의 생전에는 그의 철학이 사르트르의 철학보다 덜 유명하였는데, 그의 사후에 그의 철학이 지니고 있는 비옥한 풍토때문에 사르트르를 능가하여 가장 많이 철학적으로 거듭 연구, 검토되고 있는 현대 20세기 철학자들 중의 한 자리를 그가 점유하게 되었다. 이 책은 그런 메를로-뽕띠의 철학을 소개한다.

"메를로-뽕띠의 철학적 반성은 데카르트의 반성처럼 반성하는 자아에 대한 투명한 자아성(ipséité)을 정립할 수 있는 명증성과 같은 것이 아니다. 왜냐하면 메를포-퐁티의 반성은 언제나 반성적 사유가 반성되지 않은 또는 이전적인 것이 지니는 암시적 영역을 전제로 하고 있고, 그것에 대한 명시화와 다른 것이 아니기 때문이다. 그러므로 그런 반성은 의식의 절대적 투명성이나 자아성을 자신의 분신으로 내세울 수가 없다." (본문 중에서)

■ 김상환, 『해체론 시대의 철학』, 문학과 지성사, 1996, 457쪽.

니체에서 데리다까지 해체론을 중심 범주로 하여 해체론의 전개, 전략과 주제, 현대사회와의 관계를 고찰한 철학자의 저술로서 니체에서 데리다에 이르는 해체론을 서양 존재론 역사의 반복과 갱생의 문맥 안에서 쓴 책이다. 저자는 철학사 속에서 이루어졌던 모든 철학적 이동은 이미 해체론적 성격을 띠고 있다는 관점에서 해체론은 형이상학이라는 집을 형이상학적 규정 이전의 논리적 존재론적 사태 안으로 운반하는 것이라고 해석한다.

"우리가 은유와 무관하다고 알고 있는 개념들은 원초적 은유 세계에 대한 망각 그리고 인간중심주의적 자의성에 의하여 조작된 결과이다. 논리적 언어와 추상적 개념은 어떤 망각의 두께를 위장하는 허구적 표피이다. 그 표피의 배후를 파헤치고 내려가면, 가장 나중에 만나는 것은 은유적 본능이고, 그 본능으로 부터 성립하는 가상과 해석의 세계이다. 그러므로 니체에서는 은유는 단순히 언어적 표현의 차원에서만 일어나는 것이 아니라 인간이 세계와 대면하는 최초의 신체적 접촉에서부터 일어나

는 현상이다."(본문 중에서)

■ 홍준기, 『라깡과 현대철학』, 문학과 지성사, 1999, 266p.

'주체의 죽음'을 이야기했던 현대 철학의 큰 흐름 속에서 라캉의 사상을 재구성한 책이다. 초기 라캉의 프로이트 메타 심리학 수용에서부터 무의식과 현상학, 정신분석학과 마르크스주의, 주체 문제 이르기까지 라캉의 사상과 철학 사상을 명료하게 분석했다.

"프로이트 이후 '정신분석학의 제2의 혁명'을 가져왔다고 평가되는 라캉은 종횡무진하는 사유의 광대한 깊이와 넓이, 난해한 문제 때문에 접근하기가 까다로운 사상가이다. 저자가 말하듯이 라캉의 사유를 제대로 이해하기 위해서는 프로이트의 글은 물론이고, 여타 철학 서적과 문학 고전들을 두루 섭렵하지 않고는 불가능하다. 이 책은 프로이트, 후설 등 다른 현대 철학과의 연관 하에 라캉의 사상을 재구성하고 있는 책이다. 저자는 '라캉의 정신분석학은 근대 주체 철학의 비판적 발전'이라는 명제를 염두에 두고 이 책의 논지를 펼쳐나간다. 라캉과 프로이트, 라캉과 하버마스, 라캉과 후설, 라캉과 알튀세 등 초기의 라캉의 프로이트 메타 심리학 수용에서부터 무의식과 현상, 정신분석학과 마르크스주의, 주체 문체 등에 이르기까지 라캉의 사상과 그와 연관된 철학 사상들을 명료하게 분석하고 있는 이 책은 난해하기로 유명한 라캉의 사유에 접근하는 한 길을 열어 보인다."(출판사 서평 중에서)

■ 서동욱, 『들뢰즈의 철학: 사상과 원천』, 민음사, 2002, 281쪽.

그동안 여러 가지 사조와 유행들에 묻혀서 자의적으로 해석되어 온 들뢰즈 철학의 기원과 지형, 그 의의가 심도 있게 탐구된다. 들뢰즈의 철학이 변화하는 모습들을 보임으로써 들뢰즈가 칸트, 스피노자, 니체의 사상을 어떻게 수용하여 자신의 철학의 밑거름으로 삼았는지 또 들뢰즈

철학과 적대 관계에 있었다고 이야기되는 프로이트와 라캉의 정신 분석학은 어떤 측면에서 친연관계를 맺고 있는 지 등을 자세하게 소개한다. 이 책은 들뢰즈 전공자가 쓴 본격적인 들뢰즈 연구서이다. 이 책에서는 그동안 여러 가지 사조와 유행들에 묻혀서 자의적으로 해석되어 온 들뢰즈 철학의 기원과 지형, 그 의의가 깊이 탐구된다.

저자는 들뢰즈의 철학이 변화하는 모습들을 보임으로써, 들뢰즈가 칸트, 스피노자, 니체의 사상을 어떻게 수용하여 자신의 철학의 밑거름으로 삼았는지, 또 들뢰즈 철학과 적대 관계에 있었다고 이야기되는 프로이트와 라캉의 정신분석학은 어떤 측면에서 친연 관계를 맺고 있는지를 자세히 설명한다. 그리고 데리다, 레비나스와는 어떤 공통분모를 가지고 있고 어떤 점에서 차이가 나는지를 명확하게 보여주고 있다. 들뢰즈가 근대 철학자들을 독해함으로써 자신의 철학을 정립시켰듯이, 들뢰즈의 독해를 독해하는 이 책은 들뢰즈 철학으로 가는 유익한 길잡이가 될 것이다.

■ 윤성우, 『폴 리쾨르의 철학』, 철학과 현실사, 2004, 291쪽.

프랑스의 철학자 폴 리쾨르 사상의 발전과 전개를 다룬 책이다. 리쾨르의 『의지의 철학 I 』에 대한 심도 있는 통찰과 해석학을 고찰하고, 텍스트 해석학과 성서해석학, 신화와 해석학 등의 이론을 다룬다.

"리쾨르에게서 인간적 의지 활동의 첫 번째 의미인 결정(décision)이란 그 라틴어 어원이 가르쳐주듯(de-cido), 앞으로 할 바를 하지 못할 바 또는 하지 않은 바로부터 잘라 내거나 없애버리는 것이다. 앞으로 할 바란 그의 용어로 기획(projet)으로 불린다. 또한 아직 그것이 이행되거나 실행되지 않았기에 어느 정도는 그 기획은 '빈 채로' 있으며 그 현실적인 채워짐을 기다린다. 이보다 더 중요한 것은, 그 결정의 내용이자 그 결정의 지향적 대상인 기획이 그 결정을 내린 자에 의존한다는 것이다. 다시 말

해 바로 결정한 자가 그 기획을 관장해서 앞으로 실행에 옮길 자다. 그
래서 그는 말한다. 결정이란 나에게 달려 있으며 나의 능력 안에 있는
미래적인 한 행위를 빈 채로(à vide)"(본문 중에서)

■ 강영안, 『타인의 얼굴: 레비나스의 철학』, 문학과 지성사, 2005, 333쪽.

강 교수는 저서를 통해 레비나스의 철학을 초기, 중기, 말기 등으로
분류하면서 그의 주체철학이 어떻게 구체화되고 발전되고 있는 것인가
를 단계적으로 설명하고 있다. 즉 그는 레비나스의 철학을 체계적으로
소개하기 위해 시대적인 구분을 제시하고 있으며 독해의 방법론으로서
주체철학의 지평을 선택하고 있다. 따라서 『시간과 타자』(1948)와 같은
초기 작품에서 예시되고 있는 고독, 도피(evasion), 익명의 주체, 중기작
품인 『전체성과 무한』(1961)에서 강조되고 있는 향유와 분리의 주체, 후
기작품인 『존재와 다르게』(1973)에서 의미 깊게 받아들일 수 있는 대속
의 주체 개념들이 그것이다. 우린 그의 저서를 통해 레비나스의 주체이
론을 명확하게 이해할 수 있는 좋은 기회를 갖게 된 셈이다. 레비나스의
윤리학, 형이상학 등을 어떤 방식의 코드를 통해 해석할 것인가는 그에
게 관심 있는 많은 연구자들에게 지적인 호기심을 일으키는 동기가 되고
있으며 강 교수는 주체성의 코드를 다각화시켜 레비나스의 철학에 관한
이해를 돕고 있다. 그런데 어쩌면 레비나스는 '주체성에 관한 변호'를
뛰어넘어 신이 창조한 세계와 그의 계시가 실현되는 역사 속에서 인간을
보고 있는지도 모른다. 사실 그 속에선 주체 자체의 의미는 없다.

아무튼 강 교수의 작업들은 레비나스와 그의 타자철학에 관한 많은
가능성들을 시사해 주면서 주체를 넘어서서 그 진리의 지평을 찾아나가
기 위한 문제의식들에 가까이 다가서 있는 것처럼 보인다. 그의 저서는
학문적인 열정과 엄밀성이 돋보이는 보기 드문 역작들 중의 하나이다.

■ 황수영, 『물질과 기억: 시간의 지층을 탐험하는 이미지와 기억의 미학』, 그린비, 2006, 336쪽.

"오늘날 영화철학 분야의 필독서로 자리 잡은 질 들뢰즈의 『시네마』는 베르그손의 철학, 더 엄밀히 말해서 『물질과 기억』에 기반하고 있다. 들뢰즈 자신이 분명히 밝히고 있듯이 그의 영화철학의 근간을 이루는 많은 개념들이 베르그손에게서 빚진 것들이었기 때문이다. 하지만 들뢰즈에게 끼친 베르그손의 영향은 영화철학에 국한되지 않는다. 들뢰즈의 철학 곳곳에서 베르그손의 영향이 배어나는데, 이런 점에서 들뢰즈에게 가장 큰 영향을 끼친 철학자로 니체와 함께 베르그손을 꼽는 데는 이견의 여지가 없다. 그래서인지 한국에서 베르그손은 그 자체보다 오늘날 '차이의 철학'으로 각광을 받고 있는 들뢰즈를 통해 더 잘 알려져 있는 듯 보인다.

저자는 베르그손의 전 저작을 넘나들면서, 그리고 베르그손 이전과 이후의 서구 철학을 넘나들면서 『물질과 기억』에서 드러나는 베르그손의 철학을 입체적이고 알기 쉽게 조망하고 있다. 특히 난해하거나 오해의 여지가 있는 개념에 대해서 친절한 설명을 붙이고, 이해하기 어려운 과학적 내용에 대해서는 그림을 삽입하여 독자들의 이해를 돕는다."(출판사 서평 중에서)

■ 박준상, 『바깥에서: 모리스 블랑쇼의 문학과 철학』, 인간사랑, 2006, 304쪽.

모리스 블랑쇼의 문학과 철학을 살펴보는 책이다. 현대 프랑스 철학의 영감의 근원이자 미적·문학적 탈근대성의 정점인 모리스 블랑쇼에 대한 연구서이다. 그의 문학과 철학을 전체적으로 조망하고 있다. 이 책은 여러 각도에서 문학과 철학의 여러 전통적 문제들을 배경으로, 블랑쇼의 사상을 다른 사상가들·작가들의 사상들과 연관시켜 살펴본다. 동시에 저자는 타인과의 관계와 문학에서 '정치적인 것'이 무엇인가라는 물음을 시종일관 붙들고 있다. 그러한 물음을 따라가면서 정치에서의 빈 중심으로서의 중심, 그리고 문학의 근본을 이루고 있는 소통의 근거에 대해 다시 생각해볼 기회를 제공한다.

"그 동안 소문만 무성했던 은둔과 침묵의 작가, 모리스 블랑쇼에 대한 연구서가 출간되었다. 블랑쇼는 우리의 큰 관심을 불러일으킨 철학자들과 더불어 20세기 후반에 전 세계적으로 알려지기 시작했지만, 사실은 사르트르나 카뮈와 마찬가지로 20세기 초반에 태어나서 2차 세계대전이 끝나고 가장 활발하게 활동했던 작가이자 사상가이다. 이 책에서 저자는 블랑쇼의 사상을 여러 각도에서, 문학과 철학의 여러 전통적 문제들을 배경으로 다른 사상가들·작가들 (하이데거, 레비나스, 메를로-퐁티, 말라르메, 헤겔, 코제브, 플라톤, 낭시)의 사상들과 연관시켜 살펴보고 있다. 그러나 어떤 경우라도 이 책에서 저자는 타인과의 관계와 문학에서 '정치적인 것'이 무엇인가라는 물음을 시종일관 붙들고 있다. 그 물음을 따라가면서 우리는 정치에서의 빈 중심으로서의 중심, 그리고 문학의 근본을 이루고 있는 소통의 근거에 대해 다시 생각해볼 수 있게 될 것이다." (출판사 서평 중에서)

■ 이광래, 『해체주의와 그 이후』, 열린 책들, 2007, 380쪽.

20세기 철학의 종말을 고했던 해체주의, 그러한 해체주의 철학의 본질과 영향을 분석하고 앞으로 나아갈 방향을 제시하고 있는 책이다. 저자인 이광래 교수는 15년 전 프랑스 철학을 연구하며 '해체주의란 무엇인가'를 탐구하던 시기를 지나, 『해체주의와 그 이후』를 통해 자신의 철학을 '재구축'하고자 노력하고 있다. 이른바 '철학의 새물결이 밀어닥친 시대'라고 일컬어지는데 20세기, 이 커다란 파동의 이면에는 '철학의 종말'을 고하려 했던 해체주의가 있었다. 총 4부로 이루어진 이 책에서,

이광래 교수는 해체주의의 시원에서부터 논의를 시작한다. 플라톤주의에서 비롯된 로고스 중심주의에 대한 거부, 형이상학에 대한 반론, 코기토에 대한 불신과 같은 철학의 증후가 니체에서 비롯되었음을 분명히 하고 있다.

그러나 18세기 이러한 니체의 논의의 등장에도 불구하고 20세기 후반에서야 비로소 '철학의 종말'을 논하게 된 이유는 무엇일까? 이에 대해 저자는 19세기 말에서 20세기 초의 유럽의 정치 상황과 독일 및 프랑스 철학의 흐름을 분석한다. 제2부에서는 니체의 후예들이라고 할 수 있는 푸코, 데리다, 리오타르, 들뢰즈 등 해체주의자들의 논리와 쟁점들을 분석하고 정리하고, 제3부에서는 이성 본위의 억압적 형식들에 대한 비판에만 초점을 맞춤으로써 지나치게 한쪽으로 치우쳤다(푸코), 대안 없이 전통의 해체만을 고집한다(데리다), 또는 유목이나 표류처럼 오로지 무의식의 유동하는 욕망으로만 환원하려 한다(들뢰즈/리오타르) 등의 비판에도 불구하고, 철학을 비롯하여 학문과 예술과 문명 속에 남긴 해체주의의 영향과 그 결과를 면밀히 분석한다. 노마드(유목)와 스키조(정신분열) 같은 유목적 사고를 주장한 들뢰즈, 데리다와 마르크스주의 등 거미줄같이 얽힌 해체주의 철학과 미학적 논의들까지 만날 수 있다. 마지막으로 제4부에서는 20세기 후반 해체주의 논의의 폭발과 이에 따른 전 세계적인 파장에도 불구하고, 해체주의의 한계와 함께 해체주의가 나아가야 할 새로운 패러다임이 무엇인지 밝히고 있다. 이러한 해체주의의 흐름여행을 통하여 우리 사회 철학의 미래를 이야기하고 있다.

■ 박영욱, 『의미와 무의미의 경계에서』, 김영사, 2009, 210쪽.

고정되고 고착된 의식으로부터 삶의 해방을 모색한 '차이'의 철학자 데리다와 들뢰즈의 사상을 해설한 인문서이다. 이 책은 문학과 철학, 예술과 건축 등 분야를 넘나들며 의미와 무의미라는 전통적 대립 구도를 허물고자 했던 해체주의의 선구자 데리다와 들뢰즈를 만나본다. 예술론의 시선으로 바라본 두 사람의 사상을 통해 아름다움의 실체, 예술작품의 본질적 가치, 더 나아가 그들이 차이의 논리를 통해 추구했던 궁극적 목적은 무엇인지 짚어본다.

데리다와 들뢰즈는 프랑스의 철학자이다. 데리다는 형이상학적 존재의 확실성과 의미의 근원을 모색해온 서양철학을 비판하며, 언어를 분석함으로써 철학적 체계의 기본 개념에 문제를 제기했다. 들뢰즈는 1960년대 서구 근대이성의 재검토라는 사회의 풍조 속에서, 경험론·관념론이라는 서구의 지적 전통을 비판적으로 해명했다. 기존의 정신분석에 반대하며, 니체주의적 틀 안에서 프로이트와 마르크스를 통합하여 20세기의 고정관념을 깨뜨렸다.

인상주의 화가들이 '개념 없는' 시선으로 화폭에 담으려 했던 사물들의 차이, '클랭 파랑'이라는 익숙하면서도 낯선 파란색이 일깨워준 색의 차이. 동일성의 논리에 의해 억눌렸던 현실의 풍부함과 다양성을 회복시켜줄 차이의 논리란 무엇인가. 데리다와 들뢰즈는 모든 존재에 잠재된 독특한 개성을 억압하는 서구의 왜곡된 사상을 거침없이 비판하고, 다양하고 차별적인 존재의 목소리에 귀를 기울인다. 전통적인 개념을 신랄하게 뒤집는 전복적인 사고와 끊임없는 사유로 새로운 패러다임을 창조한 두 사람의 사상이 일목요연하게 펼쳐진다.

■ 윤대선, 『레비나스의 철학: 소통과 초월의 윤리를 찾아서』,
문예출판사, 2009, 382쪽.

이 책은 레비나스의 타자철학을 유다이즘의 전통과 형이상학의 측면에서 고찰한 인문서이다. '20세기의 마지막 형이상학자'로 불리는 유대인계 프랑스 철학자 레비나스, 그는 신적인 본질과 관념들을 나와 타인의 관계 속에서 발견하고자 한다. 그는 서구 관념론의 철학이 인간을 넘어서 '전체성'이라는 지식의 권력을 만들어왔다고 비판한다. 그래서 그의 타자철학은 가치가 표준화된 체계성, 폭력으로부터 빚어지는 비인간주의에 맞서 인간을 위한 제일 철학으로서의 윤리를 복원하고자 한다. 그는 타인 중심의 시대적 가치를 주장한 철학자이다.

그의 철학은 신과 타자, 감성과 신체, 에로스와 죽음, 정의와 평등과 같은 현대적인 주제들과 만나면서 정치학, 사회학, 문학, 언어학, 종교학 분야에 이르기까지 광범위한 영향력을 끼친다. 뿐만 아니라 근대 이후 수많은 철학자들이 중요하게 생각했던 자아와 사유를 위한 주체철학에 맞서 대화와 계시를 위한 '탈'주체의 철학을 주장함으로써 기존 철학과 크게 구분되기도 한다. 서양 철학의 전통에서 볼 수 있는 이론 자체의 체계성과 사유 중심적인 전체성도 인간폭력의 원인이 될 수 있음을 비판한다. 그의 타자철학은 사유 중심적인 코기토의 윤리보다도 타자 중심적인 삶의 윤리를 지향한다. 그래서 그가 믿는 메시아니즘도 유토피아와 같은 이상적인 미래사회를 인간 공동체에서 구현하는 것을 목적으로 하며 그 가능적인 근거는 신의 재림에 의한 심판에 있는 것이 아니라 인간 스스로 타자와의 이상적인 관계를 구현해 나가는 사회성에 있다.

책의 제 I 부에서는 레비나스 철학의 사상적인 기원과 유다이즘, 제 II 부에서는 욕망의 형이상학을 소개하고 있다. 제 III 부에서는 타자철학의 존재론적 평가와 새로운 소통의 가능성을 논하고, 제 IV 에서는 타인의 얼굴을 중심으로 타인에 대한 윤리와 사회성을 살펴보고 있다.

제5장 한국의 서양 윤리학의 수용과 그 특징

1. 논의 범위와 시기 구분

현대 한국에 서양 윤리학이 수용된 과정과 여기서 드러나는 특징을 고찰하려 하는 이 글에서 한국이 일본 식민지 시대를 마감한 1945년부터 현재에 이르는 약 65년 정도를 논의 범위로 삼으려 한다. 물론 한국인에 의해서 서양 철학에 관한 탐구가 이루어지기 시작한 시기는 이보다 훨씬 이전인 20세기 초까지로 거슬러 올라갈 수 있다. 하지만 1910년부터 1945년까지 이어진 일본 식민지 통치 하에서는 한국적 특성을 드러내는 철학 탐구, 특히 윤리학 분야의 탐구를 발견하기 어렵기 때문에 이 시기는 논의 범위에서 제외하였다. 그리고 1945년에서 현재에 이르는 기간을 대체로 네 시기로 구분하여 각 시기에 수용된 서양 윤리학이 한국에서 드러내었던 양상과 특징을 분석하려 한다. 논자가 생각한 네 시기는 다음과 같다.

1) 서양 윤리학을 계몽적으로 수용한 시기(1945~1970년)
2) 국민윤리의 시기(1970년대)
3) 사회철학 중심의 윤리학 시기(1980년대)
4) 서양 윤리학에 대한 다양한 탐구가 본격적으로 전개된 시기(1990년대 이후)

어떤 사상이나 조류를 시기적으로 또는 유형별로 구분할 때 항상 그렇듯이 위와 같은 구분이 절대적인 것은 아니며, 또한 어떻게 규정된 시기에도 그와 반대되는 흐름이 관찰되기도 한다. 하지만 위와 같은 대체적인 분류를 통하여 현대 한국에서 서양 윤리학이 어떤 길을 걸어왔으며 또 앞으로 어떤 길을 걸어야 하는지를 모색하는 일은 나름대로 의미를 지니리라 생각한다.

2. 서양 윤리학을 계몽적으로 수용한 시기

1945년 한국이 광복을 맞이한 일은 정치, 경제, 사회적인 측면에서뿐만 아니라 학술계에도 매우 큰 영향을 미쳤다. 가장 직접적인 영향 중 하나는 이전의 전문학교들이 종합대학교로 변모하면서 철학과가 개설되고 대학 중심을 중심으로 한 철학 연구가 본격적으로 이루어지기 시작하였다는 점이다. 이 시기에 철학 교육을 담당한 교수들은 대부분 일본의 대학에서 교육을 받은 사람들이었지만 광복을 맞이한 조국에서 자신들이 계몽적 역할을 담당해야 한다는 열정과 사명감에 차있었다. 이 점은 1945년에서 50년 사이에 철학과 관련되는 영역에서만 해도 『개론』, 『입문』 등의 제목이 붙은 저서들이 20여권이나 출판되었다는 사실에서도 잘 드러난다.[1]

이런 사정은 윤리학 분야에서도 예외가 아니었다. 김두헌, 『윤리학 개론』(1946)을 필두로 최재희, 『윤리학 원론』(1953), 김기석, 『윤리전서』(1960), 『윤리강령』(1961), 다시 김두헌, 『윤리학』(1960), 『가치론』(1961) 등이 계속 출판되었는데 이들은 서양 윤리학을 한국에 소개하는 동시에 분과로서의 윤리학을 제시한 선구적 저술들이다. 하지만 이들은 윤리학

---

1) 상세한 도서 목록은 이광래, 『한국의 서양사상 수용사』(열린책들, 2003), 309면 참조.

의 여러 문제에 대한 체계적 분석이나 비판적 연구라기보다는 지극히 입문적이고 개략적인 소개에 불과했다. 또한 논의의 차원이 기술 윤리학, 규범 윤리학, 메타 윤리학간의 구분아래 이루어지기보다는 이 모든 관점이 혼합적으로 서술된 양상을 보인다.2)

이 시기에 등장한 윤리학 저술 중 주목하지 않을 수 없는 것은 김태길, 『윤리학』(1964)이다. 김태길은 이전에 『윤리학 개설』(1956)이라는 저서를 출판하였지만 1957년 미국 존스 홉킨스 대학에서 박사과정 연구를 시작하여 "자연주의와 이모티비즘: 도덕 판단의 몇몇 측면들"(Naturalism and Emotivism : Some Aspects of Moral Judgment)이라는 논문으로 박사 학위를 받았다. 그리고 이런 연구 성과를 바탕으로 『윤리학』을 저술하였는데 이 책은 윤리학 입문서 또는 개론서로서 현재까지도 상당한 영향력을 발휘하고 있다. 이 책의 특징은 고전적 규범 윤리학보다는 메타 윤리학의 비중이 크게 높다는 점이다. 이는 김태길의 전공 분야에 비추어볼 때 어쩌면 당연한 일인지도 모른다. 그리고 당시 우리 윤리학계에 전혀 알려지지 않았던 메타 윤리학을 체계적으로 소개하고 이 분야를 전공하는 여러 후속 학자들을 낳았다는 점에서 분명 긍정적인 의미를 지닌다. 하지만 당시 우리 윤리학계의 규범 윤리학 연구가 아직 성숙하지 못한 상태에서 지나치게 메타 윤리학 중심의 접근을 강조함으로써 윤리학의 균형적인 수용과 발전을 다소 저해한 측면도 지닌다.3)

이렇게 여러 선구적인 학자들의 계몽적 연구와 저서를 통하여 서양 윤리학은 우리 학계와 사회에 본격적으로 소개되었으며 이에 관한 연구가 시작되었다. 현재의 기준에서 이들의 저서가 다소 소박하고 불충분하게 보인다 할지라도 이를 탓하기보다는 이들의 선구적 노력과 열정을 높

---

2) 이런 저서들의 목록 및 이들에 대한 평가에 관해서는 황경식, "서양 윤리학의 수용과 그 영향", 『철학사상』 6권 (서울대 철학사상연구소, 1997), 142면 참조.
3) 황경식은 이를 '메타 윤리학적 탐구의 빛과 그림자'라는 말로 표현한다. 황경식, 위의 논문, 145면.

이 평가하고 이에 감사해야 한다.

3. 국민윤리의 시기

앞 절에서 소개한 선구적 연구들이 계속 이어져 윤리학의 발전으로
이어졌다면 좋았겠지만 유감스럽게도 한국의 정치 현실은 이를 허용하
지 않았다. 1961년 군사정변을 통하여 정권을 잡은 박정희 정부는 점차
군사독재의 양상을 띠면서 국민들의 행위는 물론 사상과 철학까지도 통
제하려는 태도를 드러내게 된다. 이는 1968년 '민족중흥'과 '반공'을 기
치로 내건 이른바 '국민교육헌장'의 공포로 구체화된다. 그리고 이는 다
시 1970년 2학기부터 모든 대학에서 필수과목으로 지정된 '국민윤리'의
등장으로 이어졌다. '국민윤리'를 영어로 어떻게 번역할 것인가가 논란
이 될 정도로 그 성격이 불투명했던[4] 국민윤리는 거의 물리적이고 강압
적인 형태로 1970년 우리 윤리학계를 지배하였다. 뒤이어 1972년 10월
유신으로 제4공화국 체제가 성립하면서 이런 지배는 더욱 강화되었다.

대학의 필수과목 지정과 더불어 거의 모든 국가고시에도 국민윤리가
필수과목으로 포함되자 국민윤리에 관한 수많은 교과서, 참고서, 수험서
등이 출판되었는데 그 내용을 보면 비교적 순수 윤리학에 해당하는 윤리
학 일반에 관한 논의는 16% 내외에 지나지 않는 반면 오히려 공산주의
비판 (25%), 민주주의 우월성 교육 (16%), 역사와 민족문제 (23%), 민족
의 진로 (20%) 등이 대부분을 차지한다.[5] 이런 통계에서 잘 드러나듯이

---

4) 이와 관련하여 황경식은 "70년대 초반의 저서나 80년대 후반의 저서에서나 국민
윤리학의 학적정립을 위한 시도는 언제나 차후과제로 미루고 여러 저자들이 각론
을 기술하는 수준에 그치고 있다"고 말한다. 황경식, "한국 윤리학계의 연구현황
II (80년~현재)", 『철학사상』 7권 (서울대 철학사상연구소, 1998), 61면 참조.
5) 이 통계는 황경식, 앞의 논문, 60면 참조.

국민윤리는 규범과학으로서 윤리학과 민주시민 교육보다는 당시 한국의 정치적 현실과 결부된 이데올로기 교육에 치중하였음이 명백하다. 만일 국민윤리가 국가이데올로기, 정권이데올로기로 악용되지 않았더라면 이에 관한 논의가 좀 더 진지하고 지속적으로 이루어졌을지도 모른다. 하지만 그렇지 못했기 때문에 국민윤리를 강조하고 선도하였던 많은 철학교수, 정치학교수들은 군사독재정권이 끝나자마자 국민윤리 무용론을 강력하게 주장하는 모순적인 태도를 드러내었으며 이는 결국 1990년대 초반 국민윤리가 대학에서 퇴출되는 결과를 낳았다. 이런 측면에서 상당히 오랫동안 대학과 학계를 지배하였던 국민윤리는 어떤 긍정적인 성과나 기여도 하지 못한 채 역사의 뒤편으로 사라졌다.

사실 국민윤리를 개인과 국가 사이의 합리적 관계를 정립하고 공동체 생활의 기본 원칙을 규정하는 분야로 해석한다면 이는 현대 사회에서 매우 중요하며 필수적인 분야일 수 있다. 하지만 한 국가나 정권이 국민윤리를 자신들을 정당화하고 정권을 연장하는 수단으로 격하한다면 이는 결코 성공을 거둘 수 없다. 국민윤리의 시기로 규정되는 1970년대와 80년대 중반까지를 통하여 이런 뼈저린 교훈을 얻을 수 있다면 이 시기가 그리 무의미하지만은 않을 듯하다.

4. 사회철학 중심의 윤리학 시기

앞의 지적대로 국가가 주도한 국민윤리가 대학과 윤리학계를 지배하고 이런 지배가 더욱 강화되자 이에 대한 반동이 등장하지 않을 수 없었으며 이런 반동은 당연히 국가의 이데올로기에 정면으로 반대하고 도전하는 성격을 띠게 되었다. 이 결과 1980년대로 접어들면서 우리 윤리학계에는 헤겔과 마르크스, 유물론과 비판이론 등에 관한 연구가 주류를 이루게 된다. 이런 연구가 대두된 원인을 대체로 다음과 같이 요약할 수 있다.

1970년대 후반에 이르기까지 강단의 윤리학은 대체로 메타 윤리학 내지 순수 이론 규범적 연구에 몰두하고 있었던 까닭에 현실의 규범적 갈증을 해소하는 일과는 상당한 거리가 있었다. 또한 국민윤리는 이데올로기적 편향성 때문에 강한 의혹을 받으면서 오히려 현실비판적인 규범윤리에 대한 연구의 필요성을 절감하도록 하는 결과를 낳았다. 현실에 대한 강단 윤리학의 괴리와 제도권 윤리의 보수성은 결국 새로운 규범윤리에 대한 관심으로 이어졌다. 이 시기의 윤리학에서 특히 주목되는 바는 헤겔과 마르크스에 관한 연구인데 이는 헤겔이라는 우회로를 거쳐 마르크스를 본격적으로 연구하려는 시도가 낳은 결과로 보인다.

80년대 중반 이후 마르크스주의가 본격적으로 연구되기 시작한 배경에는 당시 집권 세력이 학문과 사상의 자유에 대해 어느 정도 유화적인 태도를 취한 점도 중요한 요인으로 작용하였다. 하지만 이보다는 현실을 변혁하고 암울한 시대 흐름을 바꾸려했던 마르크스주의에 대한 인문, 사회학자들의 규범적 관심이라고 보는 것이 더욱 합당하며 이에 대해서는 높은 평가를 내릴 수 있다. 하지만 마르크스주의에 대한 연구 성과를 윤리학의 관점에서 검토할 경우 그리 높은 평가를 내리기 어렵다는 점 또한 부정할 수 없는 사실이다. 80년대 이후 마르크스주의를 연구한 대부분의 학자들은 설령 당시의 우리 현실에 대한 강렬한 규범적 문제의식에서 마르크스주의를 연구했을지는 몰라도 윤리학적 주제들에 대한 규범적인 연구를 수행한다는 의식은 별로 가지지 않았던 듯하다. 따라서 마르크스주의를 연구한 학자들의 일차적인 관심 또한 변증법, 유물론, 역사의 합법칙성, 과학적 실천, 노동, 이데올로기 등 마르크스 철학의 핵심적 내용에 대한 원론적인 이해에 그치는 아쉬움을 보인다. 이는 어쩌면 사회 변혁에서 도덕이 차지하는 역할을 크게 평가하지 않았을 뿐만 아니

라 경우에 따라서는 반도덕주의적 관점을 표방한 마르크스 자신의 태도
가 낳은 결과일지도 모른다.[6]

5. 서양 윤리학에 대한 다양한 탐구가 본격적으로 전개된 시기

1970년대와 80년대의 우리 윤리학계는 국민윤리로 대표되는 국가 중
심의 이데올로기와 그에 대한 반동으로 등장한 마르크스주의로부터 상
당한 영향을 받았으며 이에 따라 좌우되는, 결코 바람직하지만은 않는
경험을 하였다. 긍정적이든 부정적이든 이런 외부적인 영향에서 벗어나
다양한 윤리 체계가 자유롭게, 본격적으로 탐구되기 시작한 것은 1990
대에 접어들어서라고 생각된다. 이때부터 사회계약론을 중심으로 한 영
미윤리학의 연구, 칸트를 중심으로 한 독일윤리학의 연구, 포스트모더니
즘을 중심으로 한 프랑스윤리학의 연구, 응용윤리학 또는 사회윤리학 연
구 등이 폭넓게 이루어지기 시작하는데 이는 윤리학 연구자들의 수가 증
가함과 더불어 각 연구자가 어떤 외부적인 영향도 받지 않고 자신의 선
호와 취향에 따라 자유롭게 연구 대상을 선택하였음을 반영한다. "철학
의 정신은 자유의 이념에 있다"는 헤겔의 고전적인 언급을 굳이 들지
않더라도 이는 결국 사상의 자유가 윤리학을 포함한 철학 전반의 연구에
필수 전제임을 다시금 깨닫게 한다.

이 시기의 특징적인 흐름 중 하나로 '정의론'(正義論)에 대한 관심을
들 수 있다. 롤즈(Rawls)의 『사회정의론』(A Theory of Justice, 1971)이 세
계 윤리학계에 미친 영향은 다시 말할 필요가 없지만 이 책이 출판되고
얼마 지나지 않아 황경식에 의한 한국어 번역이 이루어지면서 비교적 이

---

6) 이런 지적은 황경식, 앞의 논문, 67~68면 참조.

른 시기부터 정의론에 관한 연구가 활발히 이루어졌다. 이런 연구는 노직(Nozick)과 공동체주의에 대한 연구로 이어지면서 현재까지도 계속된다. 최근 공동체주의를 대표하는 학자 중 한 사람인 샌델(Sandel)의 저서 『정의란 무엇인가?』의 한국어 번역본이 100만부 이상 판매된 것으로 보도되었는데 이 또한 같은 연장선상에서 이해할 수 있다.

1990년대부터 현재까지 20년이라는 짧은 기간 동안 서양 윤리학에 대한 폭넓은 탐구가 균형 있게 이루어지기를 기대하는 것은 무리일지도 모른다. 하지만 한 학자나 이론에 대하여 편향적인 연구가 이루어지는 일은 결코 바람직하지 않은데 우리 윤리학계의 부정할 수 없는 사실 중 하나는 특히 칸트 윤리학에 관한 연구가 과도하다는 점이다. 황경식의 지적에 따르면[7] 80년대 이후 발표된 600여 편 되는 윤리학 관련 논문 가운데 칸트와 직접 관계된 논문이 무려 90여 편이나 되며 이밖에도 간접적으로 관련된 논문까지 합하면 100편을 넘어선다. 이는 학자 개인과 관련한 연구로서는 단연 최고일 뿐만 아니라 이에 다음가는 롤즈 관련 논문 60여 편과도 비교가 안 된다. 물론 칸트는 현대 윤리학에까지 가장 큰 영향을 미치는 가장 중요한 윤리학자 중 한 사람이지만 오직 칸트 윤리학 연구에만 편중하는 것은 결코 바람직한 현상이 아니다. 더욱 큰 문제는 칸트에 관한 연구 주제들이 대부분 중복되거나 지나치게 일반적이라는 점이다. 연구의 대부분이 칸트의 도덕형이상학, 도덕철학, 도덕철학, 윤리학, 도덕의 근본원리 연구 등이거나 아니면 도덕성, 의무론, 정언명법, 가치판단, 자유, 자율성, 도덕적 신앙, 인간관, 시민사회론, 국가이념, 실천이성, 도덕신학 평화 등에 머문다. 이 결과 칸트 연구에서 주제의 세분화를 찾기 힘들며 특히 칸트 윤리학의 문제 해결능력을 검토하거나 비판적 논의를 발견하기는 어렵다.

이보다 더욱 큰 문제는 칸트와 거의 같은 수준으로 중요성을 지니는

---

7) 황경식, 앞의 논문, 79~80면 참조.

공리주의나 아리스토텔레스의 윤리 등에 관한 연구는 몹시 부족하다는 점이다. 어쩌면 한국 윤리학자들은 공리나 유용성 혹은 실용 등의 개념은 철학적 깊이를 갖지 못한다는, 지극히 잘못된 편견에 사로잡혀 있는지도 모른다. 이런 개념들은 선험성, 자유와 자율, 근거, 예지계 등의 개념과 비교해 볼 때 다소 수준이 떨어지는 비철학적인 것으로 간주된 것이 아닌가싶다. 이는 우리의 윤리학이 현실을 진정한 연구의 대상으로 삼지 못했음을 반영하며 깊이 반성해야 할 점 중 하나이다.

이상의 논의를 바탕으로 한국 윤리학의 이후 과제를 전망해보면 이제 자유로운 연구를 위한 전제조건은 마련되었으므로 이를 바탕으로 연구의 폭을 넓히고 깊이를 심화하는 작업이 이루어져야 한다. 특히 지금까지 제대로 연구되지 않은 분야들에 관한 고전 번역, 해석과 탐구를 통하여 균형 잡힌 연구를 전개할 필요가 있다. 그리고 이런 연구를 현실에 적용하여 윤리적으로 성숙한 시민과 사회를 만드는 것이 윤리학의 목표임과 동시에 현대 사회에 기여할 수 있는 바라고 생각된다.

제2부

일본에서의
서양철학 수용의 문제

제6장 칸트철학과 일본의 교육 목적

―일본의 서양철학 수용과 이학(理學)으로부터의 탈각―

들어가는 말

일본은 유라시아대륙의 동남쪽 끝에 위치한 작은 섬나라이다. 일본열도는 지리적으로 2, 3만년 전에 형성된 후, 글로벌적인 자연환경의 대변동과 유라시아대륙의 정치적 동란의 엄습을 여러 번 겪었다. 그러는 사이, 주변 지역의 다양한 주민이 여러 번에 걸쳐 일본열도로 이주하여 거의 1,500년 전에 현재의 일본인과 일본문화의 원형이 만들어지게 되었다. 이것은 일본이 인종적으로도 문화적으로도 「잡종적」이라고 불리는 이유이다. 일본은 지리적, 역사적으로 동양의 영국이라고 불리는 경우가 있지만, 인종적, 문화적으로는 근대 미합중국에 가깝다고 할 수 있다.

그런데, 약 150년 전에 구미열강의 동점과 무력에 의해 식민지화의 위기에 직면하여 일본열도 전체에 민족의식이 발흥했다. 그리고, 일본민족의 통일과 단결과 독립을 위해서, 일본인이 순순한 단일민족이며 일본어가 통일된 공통어로써 독자의 언어체계를 갖고 있음을 강하게 요구하게 되었다. 그때까지 일본주민의 대부분에게 있어 국가란 거주하는 번(藩)이 기본 단위이며, 국가를 위해서 목숨을 바쳐, 때에 따라서 이웃 번인 인접 국가와의 전쟁도 마다하지 않는 것이 미덕이라고 여겼다.

일본인 단일민족설과 일본어 독자설은 사실적인 문제이기 보다, 구미열강에 대한 정치적 어필이며, 오히려 역사 이데올로기로써의 기능이었다고 말해야 될 것이다. 그러나 제2차 세계대전의 무조건적인 항복 이후, 일본인은 겸허와 냉정함을 되찾았고, 스스로의 문화와 역사를 과학적으로 검증해 왔다. 거기서 저는 오늘, 일본문화의 특질이 「유연한 개방성」에 있다는 것을 설명하고자 한다.

먼저, 개방성에 대하여 말한다면, 두 가지 의의가 있다. 첫 번째 의의는 이문화에 대한 개방성으로, 일본이 중국문명권의 가장 먼 주변국으로, 보다 높은 수준이며 강력한 주변 국가들의 위협에 항상 노출되어 있었다라는 지리적·역사적인 이유에 의한 것이다. 일본은 나라의 존속을 위해 항시 안테나를 높이 세우고 해외의 최신 정보를 지속적으로 탐욕스럽게 섭취하고 소화시킬 수 밖에 없었던 것이다.

개방성의 두 번째 의의는 미래로의 개방성이다. 이문화 개방성의 결과, 일본에서는 고정적으로 중심이 되는 문화가 형성되기 어렵고, 오히려 최신 최강의 이문화를 기준으로 하여 전래의 자기문화를 그때마다 유연하게 재편성하여 미래를 향해 새롭게 문화를 계속해서 창조시켜 가는 것이 불가피했다.

계속해서 「유연성」의 문제인데, 이것은 지금 진술한 미래개방성에서 바로 발생하는 성격이다. 단, 유연성은 단순히 부드러움과는 상이하다. 「부드러움」이 연약하고 몰주체적이며, 쉽게 용해되는 것에 비해 「유연성」은 외유내강이며 심지가 있고 일관된 주체성을 유지하려고 한다. 해외정세에 휘둘리기만 하는 「부드러운 개방성」이 아닌, 매우 강하게 자주성을 추구하는 것이 「유연한 개방성」인 것이다.

본 발표에서 저는 「유연한 개방성」이라는 일본문화의 특질을 현대일본어의 구체적인 분석을 통해 아래의 순서대로 명확히 하려 한다.[1]

　제1절, 일본어의 다층성(多層性) －7층성과 5층성－

　제2절, 「이학」에서의 탈각과 「철학」개념의 창출 － 니시아마네(西周)

---

1) 平田俊博「日本語の七層と現象學的優位 ―日本語で哲學する―」(前)、『京都大學大學院文學研究科日本哲學研究室紀要 第2号』、2005年、pp.1~19。

와 근대문명 –

제3절, 「인격」 개념의 창출과 근대 일본 – 현대 일본의 교육이념 –

제1절에서는 일본어의 개방성에 대하여 전반적인 고찰을 할 것이다. 제2절에서는 일본의 서양철학의 수용 경위에 착안했다. 그리고, 왜 일본인은 전통적인 이학에서 탈각하려고 했는지, 그 이유를 해명하는 것으로 일본어의 미래개방성에 대해 논하고자 한다. 제3절에서는, 「인격의 완성」이라는 일본 교육의 목적과 근대일본의 칸트철학의 도입에 있어서의 긴밀한 관계를 해명하면서, 일본어와 일본문화의 유연한 개방성에 대하여 고찰할 것이다.

1. 일본어의 다층성(多層性) – 7층성과 5층성 –

본 절에서는 일본어의 전반적인 개방성을 고찰하는데 있어서 일본어의 다층성에 대하여 명확히 하고자 한다(1).

[일본어란 무엇인가]

비교문학자인 히로카와·스케히로(平川祐弘)에 따르면, 눈에 호소하는 표의문자(表意文字)인 한자(漢字)와 귀에 호소하는 표음문자(表音文字)인 가나(仮名)를 혼합해서 사용하는 혼효어(混淆語, mixed language)가 일본어의 큰 특색이다.[2] 그러기 때문에 일본어는 외래문명을 수용하기 쉬운 것이다. 그 전형으로 퍼스널컴퓨터(PC, パソコン) 등은 가타카나 (片

---

2) 平川祐弘「漢字仮名混じり文の美しさ―理論的考察」、『文藝春秋特別版 美しい日本語』、2002年9月臨時増刊号、pp.170~171。

仮名)로 형성된 IT(정보기술) 용어이다.

또, 국어학자인 다카시마·토시오(高島俊男)에 의하면, 일본어는 대체로 아래의 네 종류의 어군으로 형성된다.[3]

1. [와어(和語)] 야마토언어. 히라가나 표기.
2. [자음어(字音語)] 한어(漢語)와 와제한어(和製漢語). 일본어의 약 85%는 1과2.
3. [외래어] 한어(漢語)를 제외한 외래어 및 와제양어(和製洋語). PC (パソコン), My Car(マイカー) 등 가타카나 표기가 많다. 증가하는 추세로 현재 일본어 어휘의 약 10%.
4. [혼종어(混種語)] 상기의 세 종류에서 두 개 이상이 섞이는 혼합어. 와한혼종어 (和漢混種語/ 부엌(台所), 기분(氣持), 장소(場所), 매춘 (買春) 등)와 와한외혼종어 (和漢外混種語/ 고무밴드 (輪ゴム), 식빵 (食パン), 수업을 빼먹다(サボる), 현대적이고 멋진(ナウい) 등) 등으로 일본어의 약5%.

게다가 서예가인 이시카와·큐요(石川九楊)는 「일본어는 서자중심언어(書字中心言語)」라고 주장한다.[4] 글자를 쓰는 행위(書字行爲)라는 관점에서 보면, 일본어는 세 종류의 언어가 복잡하게 얽힌 이중성언어(二重性言語)이다. 세 종류란, 한어의 유입 이전인 문자가 없는 시대의 각종의 잡다한 전일본어(前日本語)와, 한어의 어휘와, 한어의 유입 후에 한어에 대응하기 위해 새롭게 만들어진 와어(和語)를 말한다. 히라가나로 쓰인 와가(和歌)를 통해서, 한어의 와어화(和語化)와 와어(和語)의 한어화(漢語化)라는 복선의 훈련이 진행되어, 일본어가 세계에서 아주 드문 「음훈복선언어(音訓複線言語)」로써 형성되었던 것이다.

---

3) 高島俊男 『漢字と日本人』、文藝春秋、2001年。
4) 石川九楊 『二重言語國家·日本』、NHKブックス、1999年。

일본어를 이중언어구조로 할지, 삼중언어구조로 할지에 대하여 이시 카와 이론에서는 작은 흔들림이 내재하고 있다. 가타카나의 정서법(正書 法)이 현재 미확립된 상황이므로, 서학사관 (書字史觀)에 선다면, 한자 =한어와 히라가나=와어라는 이중언어구조라고 말할 수밖에 없는데, 그렇다고 가타카나=서구어라는 사실을 무시할 수 없기 때문이다.

그러나 이시카와도 인정하고 있듯이 일본문화의 특수성은 한자와 히 라가나, 가타카나라는 세 종류의 문자를 갖는다는 특이성이다. 그런 의 미에서 일본은 오히려 삼중언어국가라고 말해야 할 것이다. 그렇게 함으 로 인해 일본어와 일본문화의 역사적 독자성이 명백하게 된다. 이중언어 국가라고 한다면, 한글과 한자를 병용해 온 한국도 해당되기 때문이다.

[일본어와 일본문화의 다층성]

윤리학자인 와쯔지·테츠로는『속 일본정신사 연구』의 논고인 「일본 정신」에서 「일본 문화의 중층성(重層性)」을 역설하고, 「일본문화의 특 징 중 하나는 다양한 계기가 층위적 (層位的)으로 중첩되어 있다는 점에 존재한다」고 진술하고 있다.5) 게다가, 각 층은 병렬적으로 존재(並在/ Nebeneinander)한다. 어떤 층이 상위에 있고, 다른 층을 과거의 잔재에 지나지 않는다고 해서 미련없이 버리는 것이 결코 없는 것이다. 와쯔지 는 다음과 같이 말한다.

> 일본문화에 있어서는, 각 위를 달리하는 각양 각색의 것들이 결코 그 살아갈 권리를 잃어버린 것이 아니다. 고난이 극복된 것을 극복된 것으로 살려서 가는 것이 일본문화의 현저한 특징 중 하나인 것이다. 일본인만큼 민감하게 새로운 것 을 받아들이는 민족은 없을 뿐만 아니라, 또 일본인만큼 충실하게 옛 것을 보존하 는 민족도 없을 것이다.(상동)

---

5) 和辻哲郎『續日本精神史研究』、岩波書店『和辻哲郎全集 第四卷』、1962年。

이렇게 와쯔지는 일본문화의 병렬적(並在的) 중층성에 대하여 서술하는데, 그렇다고 해서 일본어의 중층성에 관해서 반드시 적극적으로 명언하고 있는 것은 아니다.『속 일본정신사 연구』의 논고「일본어와 철학의 문제」에 있어서 와쯔지가 염두에 두고 있는 일본어는 기본적 으로 그가 말하는「순수한 일본어」, 결국 와어(和語/야마토언어)만이 그 대상인 것이다.

와어 이외에, 전래된 중국 한어(유교·불교 한어)에서「일본어화한 한어」와, 명치시기에 새롭게 만들어진 구미어의 번역 한어(근대한어)인「새로운 일본어」(상동)에 대해서도 언급 하는데, 와쯔지에게 있어서 이런 한어는「특수한 종류로써 특별 구역에 둘러싸여」있는「학문적 용어」에 그치고 만다. 이것에 비해, 와어(和語)는「일상어 및 학예어」이고, 「무반성인 자연적 사유를…항상 보다 강한 정의(情意)의 표현과 뒤얽히는 것과 같은 것」이다. 이러한 와쯔지의 일본어에 대한 관점은 중층적 혹은 다층적이기 보다는 오히려 병렬적인 것에 지나지 않으며, 다음과 같이 정리할 수 있을 것이다.

[일본어]

[A]순수한 일본어 :

①와어(야마토언어). ②일상어 및 학예어. ③지식적 반성 이전의 체험을 표시하는 표현. ④직접적인 실천 행동의 입장에서의 존재의 이해 표현. ⑤「일본어」는 학문적 개념과는 연관이 멀고 예술적 표현에 가까운 언어. ⑥언어의 순수한 모습을 비교적 소박한 상태로 보전.

[B]일본어화된 한어 :

①중국 전래의 한어. ②불교와 유교에서 이미 고도로 발달한 개념적 지식. ③학문적 용어. ④논리적인 개념 내용을 표시하는 말. ⑤일본인의

사상 기관(機關).

[C]새로운 일본어 :

①근대한어(명치시대에 새롭게 만들어진 구미어의 번역 한어). ②일본어화된 한어의 새로운 조합에 의해 한어로써의 전통을 뿌리친 「언어상의 혁명」에서 성립한 「신조어」. ③유럽 학문의 전통을 그대로 수용한 학문적 용어. ④처음부터 개념 내용을 표시하는 것으로 나타난다. ⑤민족의 체험에 근거한 「의미」를 갖는 경우는 적다.

이상과 같이, 일본에 관한 와쯔지의 지적은 아직 직관적이고 추상적인 영역에서 나오지 않는다. 단, 다음과 같은 그의 언어관에는 유의할 필요가 있다. 「각 각의 특수한 언어에서 떨어져서 일반적인 언어라는 것은 어디에도 존재하지 않는다」. 「언어와 같이 구체적인 삶의 표현은 정신사적인 이해 없이 다룰 수가 없다」. 와쯔지도 실존철학자인 하이데거와 마찬가지로 「언어의 구조는 국민의 정신적 특성 그 자체」라고 한 독일의 언어철학자 빌헬름·폰·홈볼트의 언어관을 계승하고 있다.

그런데, 민족학자인 사사키·코메이(佐々木高明)에 따르면, 일본의 기층문화(基層文化) 형성 에는 크게 네 개의 시대구분을 할 수 있다. [제1시기]는, 지금으로부터 약 1만 2천년 전에 성립한 죠몬문화 (繩文文化)이고, 동북아시아의 졸참나무산림대(落葉廣葉樹林帶)의 식량 채집민의 문화와 언어(원시 동북아시아어)에 기반을 두고 있다. [제2시기]는, 지금으로부터 약 5천년 전에 서일본에서 전개된 상록활엽수림문화로, 동남아시아의 화전문화와 언어 (오스트로네시아계 원어와 티벳, 미얀마계 언어)가 전래되어, 일본열도의 일부에서 언어의 크레올화(언어혼합)이 진행되었다. [제3시기]는, 지금으로부터 약 2천4백년 전에 성립하기 시작한 야요이문화(弥生文化)이며, 조선반도에서 신몽골로이드 사람들이 도래하여, 벼농사문화와 금속기문화와 더불어 알타이계의 언어가 전해지게 되었다. 게다가, 이 무렵, 중국 남부와 남쪽 섬 계열의 언어도 전래되어, 혼합어로서 일본어의 근간이 형성되었다. 마지막으로 [제4시기]는, 지금으로부터 약 1천6백년 전에 성립된 고분문화로, 조선반도에서 지배자 문화가 도래하여 일본 민족문화의 기층이 완성되어, 고대일본어가 형성되는데 이르게 되었다.

이와 같이 일본문화는 다원적인 기원을 갖고 있다고 사사키는 말한다. 계통과 계보가 전혀 다른 여러 문화가 축적되어 다중적인 구조를 형성하면서, 일본문화의 기층을 이룬 것 이다. 이질적이고 다양한 여러 문화를 쉽게 받아들이고, 심지어 그것을 서서히 통합해 가는 과정에서 독자의 문화적 특색을 창조하는 일본문화의 특징에 대하여 사사키는 「수용·집적형」의 문화라고 명명했다. 다양한 문화에 각양각색의 형태로 대응할 수 있는 유연성을 갖는 것이 수용·집적형 문화의 특징이다. 그러므로, 다원적이고 다중구조인 일본문화는 21세기의 글로벌적인 다민족 다문명 시대에 용이하게 적응할 수 있다고 사사키는 제언한다.

그럼, 여기서 제4시기에 성립되는 일본민족의 기층문화 중에서도 일본문화의 형성에 가장 막대한 영향을 준 것이 제3시기의 벼농사문화였다고 사사키는 말한다. 죠몬시대 말기에 중국대륙에서 건너 온 수전 벼농사 경작은 금속기문화 등의 하드웨어와 더불어, 종교적 세계관과 사회적 통합원리 등의 소프트웨어를 새롭게 동해의 외로운 섬인 일본에 가져옴으로 해서, 일본문화의 형성에 중대한 영향을 끼친 것이다. 그러므로, 그 후의 일본문화 형성사는 벼농사 문화와 비벼농사문화의 대립 역사가 되었다.

사사키에 의하면, 일본문화는 표면적으로는 벼농사문화에 수렴하는 경향이 강했지만, 그렇다고 해서 간단히 흡수, 동화될 정도로 비벼농사문화가 허약했던 것은 아니다. 예를 들어, 제2시기의 상록활엽수림문화

에서 유래하는 문화요소가 오늘날에도 일본문화의 전통 속에서 넓게 인
정받게 된 것을 사사키는 지적한다. 구체적으로는 전병(餅)과 낫또(納
豆)、누룩으로 만든 술(麹酒), 그리고 차 혹은 산신령신앙(山の神信仰)과
산상타계간(山上他界観) 등이다. 이러한 비벼농사문화의 전통이야말로
「일본문화의 기층에 두껍게 퇴적하여 다중으로 유연한 구조를 가진 일
본문화의 특색을 형성하기 위해서 가장 중요한 기초조건」을 만들어 내
고 있는 것이다.

여기서, 사사키설을 정리하여 철학적으로 이론화해 보면, 다음과 같다.

[A] 일본문화의 내적 기층(裏基層) = 비벼농사문화 :
a)일본문화의 저기층(底基層) = 죠몬채집문화
b)일본문화의 하기층(下基層) = 동남아시아 화전문화(서일본)
[B] 일본문화의 외적 기층(表基層) = 벼농사문화 :
c)일본문화의 중기층(中基層) = 야요이 수전문화
d)일본문화의 상기층(上基層) = 고대일본어 고분문화

다시 말해, 일본의 기층문화는 외부의 벼농사문화와 내부의 비벼농사
문화의 2쌍(二双)으로 대별할 수 있고, 더욱이 각 각이 상하로 분리되어,
모두 4중의 층으로 구분할 수 있다다. 그러면서 이러한 이쌍사중(二双四
重)의 각 층이 예의바르고 정연하게 상하로 분리할 수 있는 것이 아니라,
각 각이 자율적 시스템을 관철하면서, 2쌍(二双)의 층 전체로 혹은 4중
(四重)의 층 전체로 마치 새끼줄을 꼬아 가면 표리관계가 알 수 없는 거
와 같이 조화되어 있다. 「화로형」과 같이, 무엇이든지 그도 원형을 남기
지 않을 때까지 용해하는 것은 아니다. 그렇다고 해서 「샐러드볼형」과
같이, 어수선하고 혼재하도록 놔두는 것도 아니다. 이쌍사중(二双四重)
이 각 각이 수미일관(首尾一貫)하면서, 때와 장소에 맞춰서 소재를 바꿔

가면서 혹은 외부가 되거나 내부가 되는, 혹은 상부가 되고, 하부가 되면서, 알갱이 모야이 되어 표면에서 자치한 위치와 양을 경쟁하는 ─ 이러한「표리관계가 알수 없는 시스템」이 수용 집적형인 일본문화의 다중구조를 특징짓는 것이라고 저는 말하고 싶다.

다원적이라고 해도, 화로형도 샐러드볼형도 아닌 이쌍사중의 유연구조가, 일본문화의 독특한「표리관계가 알수 없는 시스템」이다. 더불어, 이런 유연한 시스템은 사사키설의 사정거리를 넘을 수 있다. 다시 말해, 이쌍사중의 층구조의 상하에, 부드럽게 별도의 층을 수용하고 집적할 수 있다. 그러므로, 저는 사사키의 일본문화 다중구조론을 발전적으로 계승하여, 일본철학의 입장에서 새롭게 일본문화 다중유연구조론을 제창하고자 한다. 이렇게 함으로써 일본문화가 왜 수용·집적형문화인지, 왜 다양한 문화에 각양각색의 형태로 대응할 수 있는 유연성을 갖고 있는지, 요컨대 왜 일본문화의 특질이「유연한 개방성」인지를 철학적으로 해명해 보고자 한다.

[일본어의 7층성(層性)]

저는 일본어에는 다음의 7층이 있다고 생각한다.

(0) 근저층(根底層) : 회화체 언어 ; 모국어, 지방방언

(1) 기층층(基層層) : 히라가나문자 ; 야마토말(와어) ; 근대공통어 : 교과서 언어, TV언어

(2) 하층(下層) : 한자 ; 유교한어

(3) 중층(中層) : 한자 ; 불교한어

(4) 표층(表層) : 한자 ; 근대한어

(5) 최표층(最表層) : 가타카나문자 ; 외래어, 정보기술용어

(6) 외층(外層) : 외장문자(外裝文字) ; 알파벳, 아라비아숫자, 로마자,

그림문자 등

그럼, 사사키의 일본문화 다중구조론을 저의 일본어론에 비추어 보면, 최하층의 근저어에 대응하는 것이 제1시기의 죠몬문화와 서일본에 전개된 제2시기의 상록수활엽수림문화이다. 그리고, 제2층의 기층어인 와어(야마도말)에 대응하는 것은 제3시기의 야요이문화이다. 또한 제4시기의 고분문화는 하층어인 유교한어에 대응한다. 『고사기』와 『일본서기』에 따르면, 이 무렵에 조선반도 남서부에 번창했던 백제에서 한나라 고조의 후예라고 불리는 왕인 (와니키시/和邇吉師)이 「논어」 10권과 「천자문」 1권을 갖고 왔다. 본격적인 문자문화의 개시이다.[6] 문자와 문법의 도입과 더불어, 정치적 공동체로서의 원시적인 일본의 골격이 정해지고, 고대일본어가 형성되어 갔다. 그것에 비해 근저어는 원래부터 일본어의 근간이라고도 할 수 있는 기층어의 와어도 또한 통일적인 국가성립 이전의 전일본어(前日本語)에 그친다. 아직 일본이 실태적으로 일본으로써 성립되지 않았다는 사정과 더불어, 당시의 사용어가 구두어의 단계를 뛰어넘지 못하고, 문장어의 단계에 다다르지 못했기 때문이다.

원일본어(原日本語)는 유교한어와 전일본어로부터 형성되었다고 본다. 문장어인 한자와 구두어인 전일본어의 동시 형성이다. 그것이 음·훈이라는 독특한 문자의 읽기와 연결되어 있었던 것이다. 따라서, 일본어는 그 성립에서부터 구조적으로 이중의 어원을 갖습니다. 한어로써의 어원과 전일본어로서의 어원이다.

그 후, 일본이 불교를 국가사업으로써 아시아대륙으로부터 도입한 나라시대와 헤이안시대에는 불교한어가 중국에서 수입되었다. 근대에 이르러 막부에서 명치전기에 근대구미어가 번역 되어, 근대한어가 일본에서 성립하였다. 일본에서는 옛날부터 가타카나가 외층의 외장문자 로써

---

6) 山口明穗他 『日本語の歷史』、東京大學出版會、1997年

새로운 이문화로부터 외래어를 수용하는 장치였다. 그러한 가타카나어는 종래에는 한자의 이자숙어가 고안되어 점차로 이것으로 전환되었다. 근대한어가 그 대표적인 예입니다. 그런데 1970년대 이후, 정보과학기술의 경이적인 진보와 그것에 의한 IT용어의 폭발적인 증대에 따라 한자로의 전환이 불가능할 정도로 시간을 맞출 수 없게 되어, 가타카나어가 학술용어로써도 일상용어로써도 독자의 시민권을 획득하였다는 느낌이 든다.

[일본어의 5층성]

일본어는 기본적으로 7층 구조를 갖고 있다. 그렇지만, 이것은 일상 생활용어 수준의 것으로 학술용어 수준에서는 별도의 양상을 보인다. 학술적으로는 1970년 까지는 일본어는 4층 구조이며, 그 이후는 5층 구조라고 할 수 있다. 음역인 가타카나어가 가타카나 그 자체로 학술개념으로써 인지되었던 것이다. 그 전형적인 예가 사람 (ヒト)이다. 생물분류학에서는 사람과(ヒト科)의 사람(ヒト)은, 인류(人)와 유인원(침팬지, 고릴라, 오랑우탄)을 가르킨다.

와어, 유교한어, 불교한어, 근대한어, 가타카나어는 일본어의 내부에서 학술적으로 층을 이루어 분류되고 있고, 그 때문에 일본어는 인간 본성의 여러 가지 양상을 극히 정밀하고 보편 타당하게 분석하여 기술할 수 있다. 아래에서 간단히 해설하고 있다.

(1) [와어] 야마토 말. 히라가나 표기가 기본. 일본어의 기층어이며, 신체 생활공간을 표현하는 현상학적 용어로써 적합하다.

(2) [유교한어] 한나라시대까지 성립된 본래의 중국어로, 전근대적인 공공 생활공간을 표현하는 사회학적 용어에 적절하다.

(3) [불교한어] 주로 육조시대에 성립한 고대 이집트어와 산스크리트

의 번역어로 사변적 용어와 심리학적 용어에 적절하다.

(4) [근대한어] 명치시기 이후에 구미어의 번역어로써 일본에서 제작된 것으로 근대에 성립한 과학기술용어와 사회과학용어로써 적합하다.

(5) [가타카나어] 외래의 정보기술 등 과학기술용어로써 빈번히 사용된다.

2. 「이학」에서의 탈각과 「철학」개념의 창출
– 니시아마네와 근대문명 –

제2절에서는 일본의 근대화와 서양철학 수용의 경위와 특징을, 막부말기부터 명치시대에 걸쳐 활약했던 철학자 니시아마네에 맞추어서 명확하게 하고자 한다. 그리고, 왜 일본인은 전통적인 이학에서 탈각하려고 했는지, 그 이유를 해명하는 것으로 일본어의 미래개방성에 대하여 논하겠다.

「철학」이란 말은 막부말기부터 명치 초기에 걸쳐 구미어의 번역어로써 니시에 의해 제작된 근대한어이다. 근대에 일본에서 성립된 번역한어가 왜 과학기술용어와 사회과학용어에 적합한지 그 이유를 「철학」이라는 학술용어가 명백하게 해 준다.

현재의 일본어에는 철학이 문과계의 학문을 가르키는 것에 비해, 「이학」은 이과계의 자연과학을 의미한다. 그러나, 철학이라는 일본어의 역사는 생각보다 깊지 않고, 점차로 명치시대 초기로 거슬러 올라가는데 지나지 않다. 그것이 의미하는 것은 당시, 오히려 「이학」이라는 유서가 있는 전통적인 용어로써 이해되었다. 그 의미란, 최신의 『고지엔(廣辭苑)』(제6판2008년)을 참고하면 다음과 같다. ①사물을 근본원리로부터 통일적으로 파악·이해하려고 하는 학문. ②일반적으로 경험 등에서 구축되어 온 인생관, 세계관. 또는 전체를 관통하는 기본적인 사고·사상.

또한, 「이학」이란 ①중국, 송대(宋代)에 제창된 성리학에서 시작되어, 양명학까지를 포함한 송·명시대 유학의 총칭. ②음양가(陰陽師) 등이 방위와 별자리를 보고 길흉을 결정하는 것. ③(명치시기의 용어)철학. ④ 자연과학의 여러 기초연구분야의 칭호. 특히, 물리학→궁리학.

그럼, 왜 이학으로 교체해서 철학이라는 용어가 새롭게 필요하게 되었을까? 「철학」은 그리스어인 philosophia(愛·智)의 번역어로, 막부말기에 네덜란드로 유학을 했던 쯔와노번에서 탈퇴한 무사(津和野藩脱藩浪士)로 막부개성소(幕府開成所) 교수였던 니시아마네가, 현철의 명지를 희구하는 의미에서 제안한 것이다. 송학의 창시작인 중국의 유학자, 주돈이(周敦頤)의 「사희현 (士希賢)」이라는 말에 착안하여, 그는 먼저 「희철학(希哲學)」이라 의역했다 (1861년 초안인 쯔다·마미치(津田眞道)의 원고 『성리론(性理論)』에 첨부한 니시아마네의 축문). 이윽고 그것이 「철학」이란 두 글자 숙어로 수렴되어 정착했던 것이다.

니시는 명치3년에 『백학연환(百學連環)』에서 「철학philosophy를 이학, 혹은 궁리학이라고 명명하였음」이라고 진술하고 있다. 명치6년 6월에 탈고한 『생성발온(生性發蘊)』에서도, 「이학이론(理學理論)이라는 번역은 직역인데, 다른 의미와 혼동되므로 지금 철학이라고 번역하여 동아시아의 유학과 분리하였다」고 진술한다.

더욱이 니시는 명치7년에 불후의 명저인 『백일신론(百一新論)』에서 아래와 같이 「철학」의 독자적인 의의를 명확히 논술하고 있다. 「총론적인 학문을 특히 물리학을 기준으로 해서 생각하지 않으면 안된다. 모든 것을 참고하여 심리에 담아, 천도·인도를 분명히 밝히고, 더불어 가르침의 방법을 세우는 것을 philosophy, 번역하여 철학이라 명명 …백교(百敎)를 개론하여 동일한 취지를 논명하지 않는 것은… 철학상의 논리에

서는 물리도 심리도 겸해서 논하지 않으면 안되는데, 겸해서 논한다고
해서, 혼동하여 논해서는 안 된다.」

『철학자휘(哲學字彙)』(초판, 명치14년)은, 일본인으로 처음 철학과의
대학교수였던 이노우에·테츠지로(井上哲次郎)를 중심으로 편찬된 일본
최초의 철학용어집이다. 당시, 고액으로 채용된 외국인 교사를 대신하여
일본인 교수가 일본인 학생에게 일본어로 강의할 수 있는 체제정비의 일
환이 당시, 일본 유일의 대학이었던 도쿄대학의 여러 학과가 경쟁하여
편찬한 『…자휘(字彙)』이다.

거기서 Philosophy는 철학이지만, Ethical philosophy는 윤리학, Natural
philosophy는 물리학, Practical philosophy는 실천이학으로 번역되어 있
어, 이학도 건재하고 있는 듯하다. 그런데, 『철학자휘(哲學字彙)』(3판,
대정원년)에는 이학은 모두 철학으로 대치된다. 그리고 Philosophy는 철
리(哲理), 철학(哲學)이 되어, 철학은 유럽유학으로 동방유학과 구별하기
위해서 니시아마네가 번역했다고 설명되어 있다.

명치20년 2월에 일본 최초의 학회인 철학회의 기관지로써 창간된 『철
학회잡지(哲學會雜誌)』(명치25년 6월 『철학잡지(哲學雜誌)』로 개칭) 창
간호(제1권 제1호)에서 문부성 편집국 고용인겸 도쿄전문학교(후에 와세
다대학) 강사였던 미야케·유지로(三宅雄二郎)는 다음과 같이 진술하고
있다. 「당초 철학이란 단어는 원래는 Philosophy를 번역한 것인데, 명치
10년 4월 (구)도쿄대학 문학부에 하나의 과목명으로 사용했던 것에서 세
상에 일반적으로 유행한 것이다. 실제로는 이학이라 칭하는 것도 적절하
지만, 이미 당시 이학은 Science의 번역어로 결정되어 있으므로 그래서
무리하게 하나의 독특한 번역어를 만들어냈다」(일부 표기 변경).

요컨대 니시아마네는 당시 세계 학문의 대세를 명찰하고, 유교적 용어
의 이학을 기피하여 전혀 새롭게 철학의 단어를 창출한 것인데, 당시의
일본인에게 충분히 이해되지 않았던 것 같다.

유교의 「이학」에서는, 심리 우위에서 심리와 물리를 일원적으로 통합하려고 한다. 이것에 대하여 헤겔 사후의 반동으로 반관념론적 사조가 지배적이었던 당시의 유럽 「과학(science)」에서는 물리 우위에서 심리와 물리를 일원적으로 통합하려고 한 물활론적(物活論的/ psycophysisch) 또는 진화론적 사고가 우세하였습다.

그런데 니시는 근대물리학을 학문의 기준으로 하면서도 물리와는 별도의 심리적 학문의 필요를 통찰하여 양자의 초석을 만드는 방법적 원리론이 될 만한 전혀 새로운 근본학으로써 「철학」을 이해하고 있었던 것이다. 이것은 때마침 독일을 중심으로 하여 세계적으로 발흥하고 있었던 신칸트학파의 학문론에 정확히 대응하는 것이다.

신칸트학파의 창시자인 칸트는 고대 그리스·로마의 스콜라학파의 학문론을 재흥시켜, 철학을 논리학과 물리학, 윤리학으로 3분류 하였다. 이것들은 오늘날 말하는 인문과학과 자연과학, 사회과학에 대응한다. 니시의 시대, 일본에서도 동양에서도 「윤리학」이란 용어도 학문도 존재하지 않았다. 「윤리학」은 동양에서는 「심리적」학문인 성리학의 계보에 속하는 것이다. 또한 「논리학」은 칸트의 「초월론적 논리학」을 연원으로 하는 것으로, 후일의 현상학에 계승되어 근대유럽 철학의 원류가 되었다.

하여간, 니시아마네는 당시 구미에서 진행 중이었던 과학혁명과 사회혁명의 본질과 의의를 일본인으로써는 예외적으로 정확히 간과하고 있었다. 「이학」이라는 전통적 개념의 계보 속에서 「철학」을 서양유학으로 하여 「동양과 서양」이라는 대립 구도에서 이해하려고 했던 당시의 추세에 대항하여, 니시는 동양과 서양이라는 구도를 극복하는 「근대」로의 패러다임 변화를 「철학」이라는 용어의 창조로 완수하려고 했다. 「철학」은 일본어의 미래개방성을 상징하는 근대한어인 것이다.

3. 「인격」개념의 창출과 근대일본
- 현대일본의 교육이념 -

본 절의 과제는 「인격의 완성」이라는 일본의 교육 목적과 근대일본에 있어서 칸트철학 도입의 긴밀한 관계를 분명하게 하고, 그렇게 함으로써 일본어와 일본문화의 유연한 개방성을 실증하는 것이다.[7]

제2차 세계대전 후의 일본 교육은 1947년에 공포되었던 교육기본법과, 2006년 공포된 개정교육기본법에 입각하고 있으며, 모두 「인격의 완성」을 교육목적으로 정하고 있다. 거기서 어떻게 인격이라는 사상이 일본에 성립되었는지, 또 인격이라는 사상의 일본적 특징은 무엇인지 라는 두 가지를 간결하게 보고자 한다. 그러기 위해서 먼저, 일본의 인격개념의 성립과정을, 뒤이어 일본적인 인격의 사상이 칸트의 정언명법(定言命法)의 영어번역적인 해석에 입각했었다는 것을 밝힌다.[8]

이와 관련하여, 일본의 인격주의는 명치헌법과 교육칙어를 근간으로 하는 근대 천황제국가의 확립기에 독일류의 국가주의와 영국류의 개인주의를 지양하는 것으로써 도쿄제국대학 교수 등 양학파의 교육관료에 의해 교육이념으로써 창도된 것이다. 구미와는 달리 일본에서는 기독교적인 초월신이 배제되는 경향이 강했기 때문에 결과적으로 현세적이고 동시에 실용주의적이며 비개인주의적, 간주체적(間主体的)인 성격을 받아들일 수밖에 없었다고 할 수 있겠다. 그 의미에서 와쯔지·테츠로(和辻哲郎)의 「인간」개념과[9], 이것을 방법론적으로 순화시킨 하마구치·에슌(浜口惠俊)의 「간인(間人)」개념[10]이 일본에 있어서 하나의 인격 사상의

---

7) 田俊博 「道德と倫理」、『地球システム·倫理學會ニュースレター』No.I, 2009年。
8) 平田俊博 「日本におけるカント哲學の受容と展開」、汎韓哲學會·韓國カント哲學會共編 「カント沒後200周年記念學術大會」國際シンポジウム『東アジアのカント哲學受容と展望』、2004年。
9) 和辻哲郎 『人格と人類性』、『和辻哲郎全集』第九卷、岩波書店、1977年。

도달점을 시사하고 있는 것은 아닐까?

　우선, 일본의 인격개념의 성립과정을 살펴보도록 하자. 오늘날, 인격
이라는 일본어는 person(Person) 및 personality(Persoenlichkeit) 모두 번역
어로 사용되고 있지만, 이러한 관행이 성립된 것은 19세기말 이후의 일
이다. 그 이전에는 person은 사람, 자기자신, 신체, 신위, 유심자 등이며,
personality는 사람의 성격, 인격적인, 인품, 인물, 인성, 유심자, 영지유각
(靈知有覺), 품위, 품격, 인위, 인격 등으로 다양하게 번역되어 있었다.
사코·준이지로(佐古純一郎)에 따르면, personality의 번역어로서 인격이
라는 용어를 「선정」하여 보급시킨 것은 도쿄제국대학의 초대 윤리학 교
수인 나카지마·리키죠(中島力造)와, 나카지마의 선임 동료이며 일본인
최초의 철학 교수였던 이노우에·테츠로(井上哲次郎) 였다.[11]

　나카지마에 의하면, 윤리학의 과제는 인류 궁극의 목적을 명백히 하는
것인데, 고대 윤리학은 지나치게 사회적이었고, 또 당시의 윤리학은 지
나치게 개인적이었으므로 불충분합니다. 양자를 조화시키는 완전한 윤
리학을 수립하기 위해서 인격에 대해서 연구를 해야만 한다.

　나카지마는 평생 이러한 의견을 계속 주장하고 있었고, 일분의 윤리학
연구의 방향과 도덕교육의 올바른 모습에 결정적이라고도 할 수 있는 큰
영향을 주었다. 죽음을 앞에 둔 1918년 여름, 공개 강연인 「최근 윤리학
설 연구(最近倫理學說ノ硏究)」에서 나카지마는 당시의 윤리학연구의 동
향과 자신의 연구생활을 회고하며 다음과 같이 진술한다.

　　「요즘 4, 5년간의 새로운 문제 중 하나는 인격문제입니다. 여러 종류의 실제문
　제, 양심문제, 자유의지문제, 종교문제 등을 연구해 보면, 결국 인격문제입니다.
　이론의 방면에서 만족할 만한 결과를 얻는데도 응용의 방면에서 효과를 거두는데
　도 도덕은 다름아닌 인격활동이므로 인격의 의의가 애매해서는 의견이 일치할 수

---

10) 浜口惠俊 『「日本らしさ」の再發見』、講談社、1988年。
11) 佐古純一郎 『近代日本思想史における人格觀念の成立』、朝文社、1995年。

없고, 이렇게 해서는 어차피 만족할 만한 윤리문제의 해결을 얻을 수 없다고 생각하여, 먼저 인격은 무엇이고, 어떠한 식으로 발달하여 인생은 어떤 의미를 갖고 있는 것인지, 이런 인격문제를 충분히 연구하지 않으면 안 된다는 것을 느끼고, 이 4, 5년 동안에 인격연구에 관한 저서가 상당히 많이 발행되었습니다. 이것을 어떤 학자는 심리학적인 면에서 혹은 어떤 학자는 철학적으로 논의하고 있으며, 또 종교적인 면에서 논하는 사람도 있고, 사회학적인 면에서 논하는 사람도 있습니다. 이러한 이유로 인격문제를 제일 먼저 해결하려고 하는 것이 최근 윤리학의 경향이며 또 문제입니다. 나는 이 문제에 만족할 만한 해결이 찾아지지 않으면 다른 윤리문제에 확실한 근저가 없다고 생각해 30년 동안 그것에 최대한의 힘을 쏟아, 그 방면에 윤리의 근저를 세우려는 생각으로 인격실현설이라는 설을 제창하고 있습니다.」(나카지마·리키죠『최근 윤리학설 연구(最近倫理學說ノ硏究)』(비매품), 1919년 2월. 원문은 (구)한자).

이 문장은 짧으면서도 일본의 근대윤리학의 근본적인 경향을 정확하게 요약한 것으로, 세 가지 논점으로 정리할 수 있다. ①1910년대의 대정시대가 되고 나서 인격문제가 새롭게 하나의 커다란 테마가 되어 심리학자, 철학자, 종교학자, 사회학자 등이 경쟁하듯 연구서를 저술하는데, 인격의 의의가 명확하지 않아 의견이 일치하지 않다. ②인격의 의의를 명확히 함으로써 인격문제를 해결하려고 하는 것이 최근의 윤리학의 경향이고 따라서 윤리학의 제1 과제는, 인격이란 무엇인지, 인격은 어떻게 발달하는지, 인생의 의미란 무엇인지, 등의 세 가지를 해명하는 것다. ③도덕이란 인격활동이므로, 윤리학에 의해 인격의 의의가 원리적으로 분명해 지면, 그 응용면인 도덕의 제 문제에 대해서도 의견의 일치가 획득되어 여러 실제문제와 종교문제도 해결될 것이다.

나카지마의 인격실현설은 20세기 초두에 형태를 갖추게 되는데, 그 영향의 출현이 대정시기의 인격붐이고 인격주의였다. 물론, 당시 독일의 사상계를 석권하고 있었던, 신칸트주의자인 리케르트 등의 서남학파의 영향도 경시할 수는 없다. 그러나, 대정시기의 인격주의운동은 결코 수입된 외적인 자극이 아닌 기본적으로 내적인 자극이었던 것 같다. 1890

년에 발포된 교육칙어를 둘러싸고, 독일류의 국가적 교육인지, 영국류의
개인적 교육인지 라는 국론이 이분화되어 비등했던 한창 때에, 양자를
조정하는 교육이념으로써, 인격 연구가 나카지마에 의해 개시되었다. 인
격의 윤리학을 새롭게 확립하는 것으로 지나치게 국가적, 다시 말해 지
나치게 사회적인 윤리학과 지나치게 개인적인 윤리학의 「조화」를 이루
려고 했던 것이 나카지마에서 시작된 인격실현설이라고 할 수 있다.

그런데, 당초 personality의 번역어로써 성립된 「인격」이라는 단어가
1890년 전후부터 영어person과 독일어Person의 번역어로도 사용되었다.
Personality와 person의 차이점을 의식하고 있었지만, 나카지마가 수립하
려고 노력했던 철학적인 새로운 윤리학의 견지에서 본다면, 결국 비종교
적, 탈기독교 신학적 관점에 있어서는 굳이 구별할 정도가 아닌, 어느
쪽도 당분간은 신조의 학술용어로써의 「인격」으로 어울렸을 것이다.

또, 일본어로써의 「인격」과 「인격성」의 구별도, 현재에 이르기까지
애매한 상태이다. 그 사정에 대해서는 아래와 같이 와쯔지의 주석이 충
분히 나타내고 있다. 「Mensch를 사람, Person을 인격으로 번역하여 구별
하는 것이 적당하지 아닌지는 충분히 문제가 된다. 또한, Person도 또한
법률학의 용어로써 『사람』이라 번역되어 있다. 『인격』이란 사람을 사람
으로 결정하는 것의 규정(격/格), 정합(격/格), 정도(격/格)이므로 오히려
Persoenlichkeit에 해당된다고 생각된다. 사람, 인격, 인격성 등의 단어는
독일어의 Mensch, Person, Persoenlichkeit 등의 의미만을 나타낸 것이며,
일본어로서 충분한 활력은 일시 정지되어 있다. 현재의 일본 윤리학계의
용어법은 거의 와쯔지의 이러한 견해를 따르고 있다.

1889년에 「칸트실체론」(Kant's Doctrine of the "Thing-in-itself", 칸트
의 「본체로서의 사물 그 자체 (物自体)」론)으로 예일대학에서 박사학위
를 취득한 나카지마가 그 후 1년간 독일과 영국에서 연구하고 귀국한
것은 1890년 3월이며, 9월부터 도쿄제국대학에서 윤리학의 강의를 시작

했다. 그리고, 교육칙어가 발포되었던 10월에 「이기주의와 이타주의(利己主義ㆍ利他主義)」라는 제목으로 논문을 발표했다(『철학회잡지(哲學會雜誌)』제44호). 그 안에서 나카지마는 대략 다음과 같이 말하고 있다.

「인성」에는 자연스럽게 「인위적인 것」이 갖추어져 있고, 「인위는 신성한 것이다」라는 것이 「윤리학적 가장 커다란 원리」이며, 「우리들은 결코 타인을 자신의 마음대로 도구로써 사용할 권리가 없다」, 또 「우리들은 타인에게 도구로써 사용될 의무가 없다」는 것이다. 그런데, 이것을 이기주의론자도 이타주의론자도 통찰하지 않았다. 특히, 이타주의 약점은 「인생 최후의 목적은 타인에게 있는 듯이 논한다」는 점으로, 「내가 나이기 위해 존재하고 나의 생애는 나의 목적을 완성하는 것이다」라는 것을 통찰하지 못한 점이다.

교육칙어를 둘러싼 국가적 교육인가 개인적 교육인가라는 논의가 비등했을 당시, 10여 년 일본을 떠나있었던 나카지마는 논쟁의 소용돌이 속에 깊이 관여하지 않고, 논의를 순수 철학적으로 재정비하고, 게다가 칸트주의자답게 근본원리에 근거하여 양론을 조정하려고 했다. 시험삼아 「인위」를 「인격」 또는 「인격성」으로 전환시켜 보면, 나카지마의 주장 배후에 칸트의 인격에 관한 정언명법을 쉽게 알아 차릴 수 있을 것이다.

사실, 당초부터 나카지마는 강의 교재로 칸트의 『인륜의 형이상학의 기초마련(人倫の形而上學の基礎づけ)』을 사용하고 있었다. 그것이 영어 번역이고, 설명의 술어가 거의 영어였던 것은, 1891년 9월에 입학한 니시다ㆍ키타로(西田幾多郞)의 1학년 논문시험인 『한도윤리학 (韓圖倫理學)』[12]에서 분명합니다. 거기서 니시다는 정언명법을 다음과 같이 기술하고 있다. 「Act so as to use humanity whether in your own person or

---

12) 西田幾多郞 『韓圖倫理學』、『西田幾多郞全集』(增補改訂第四版)第13卷、岩波 書店、1989年。

in the person of another always as an end, never as merely a mean」. 이것을 번역하면, 「자기의 인격과 타인의 인격을 불문하고, 결코 단순히 방편으로 여기지 않고, 항상 목적으로써 인류를 다루도록 행동하자」이다. 독일어 원문의 이해가 영어번역본에 영향을 끼친 것이 틀림없다.

이러한 경향은 보다 원문에 충실하려고 했던 하다노·세이치(波多野精一)의 번역 「자기의 인격과 타인의 인격을 불문하고 결코 단순히 방편시하지 않고 항상 동시에 목적으로써 인류를 다루도록 행동하자」(「칸트윤리학설의 요지」)에서도, 또 오시니·하지메(大西祝)의 번역 「인간을 당신 인격에 있어서도 또 당신 이외의 사람의 인격에 있어서도 항상 목적으로써 다루고 결코 오직 방편으로 다루지 않도록 행하라」[13]에서도, 게다가 후일 와쯔지의 번역 「당신 인격 및 다른 모든 사람 인격의 인성을 항상 동시에 목적으로써 다루고, 결코 간단히 수단으로만 다루지 않도록 행동하라」(『칸트 실천이성비판』)에서도 일관하고 있다.

모두 영어 번역use의 영향으로 독일어 brauchen를 gebrauchen와 동일시 하여 「다루다(取り扱う)」로 번역하고 있다. 이와 관련하여 저는 양자를 구별하여 「자신의 인격 중에도 다른 누구의 인격 안에 있는 인간성을, 자신이 언제든지 동시에 목적으로 필요로 하고, 결코 단순히 수단으로만 필요로 하지 않도록 행동하시오」로 개역하였다.[14] 또한, 재귀적인 「자기의」와 2인칭 「당신의」 사이에서 흔들리는 독일어deiner의 번역을 키무라·빈(木村敏)[15]과 하마구치·에슌(浜口惠俊)을 이어받아 「자신의」라고 하였다.

이기 이타 논쟁에 있어서 나카지마는, 어느 쪽인가 하면 이타주의에 중점을 두고 있다. 그러므로, 그 후 영국의 신칸트주의 대표자 토마스·

---

13) 『大西博士全集』第二卷 『倫理學』、警醒社書店、1903年。
14) 『カント全集7』(平田俊博譯え解説)『人倫の形而上學の基礎づけ』、岩波書店、2000年。
15) 木村敏 『人と人との間－精神病理學的日本論』、弘文堂、1980年。

힐·그린의 자아실현설에 의거하여 자신의 논리를 전개시킬 때, 그린의 공리주의적 경향에서 거리를 두려고 독자적으로 인격실현설을 제창하였다. 개인의 자유보다도 보편적, 사회적인 의무를 존중하는 나카지마설의 특징은, 개인적 차이를 탈각하고 이상적인 인격을 실현하려고 한 점이며, 도덕교육론으로써는 데이유 논리회(丁酉倫理會)의 「인격의 수양」론에서, 또 윤리학설로써는 니시다철학과 와쯔지 윤리학이 결실을 맺은 것이다.16)

맺는 말

저는 본 발표에서 「유연한 개방성」이라는 일본문화의 특질을 「철학」과 「인격」이라는 2개의 현대일본어의 성립과정의 분석을 통해 명확히 하려고 했다.

제1절, 일본어의 다층성 – 7층성과 5층성 – 에 있어서, 일본어의 개방성에 대하여 전반적인 고찰을 하였다. 제2절, 「이학」에서의 탈각과 「철학」 개념의 창출 – 니시아마네와 근대문명 – 에 있어서는, 일본에 있어서 서양철학 수용의 경위에 착안하여 왜 일본인은 전통적인 이학에서 탈각하려고 했는지에 대하여 그 이유를 규명하였다. 그리고 일본어의 이문화에 대한 개방과 미래개방성에 대하여 고찰했다. 제3절, 「인격」 개념의 창출과 근대일본 – 현대일본의 교육이념 – 에서는, 「인격의 완성」이라는 일본의 교육목적과 근대일본에 있어서의 칸트철학 도입의 긴밀한 관계를 명백히 하였다. 그리고 일본어와 일본문화의 유연한 개방성에 대하여 고찰하였다.

「인격」 개념의 탐구에서 알 수 있듯이, 일본에서는 고정적인 중심문

---

16) 平田俊博 『增訂改訂版 柔らかなカント哲學』、晃洋書房、2001年。

화가 형성되기 어렵다. 오히려, 최신의 막강한 이문화를 기준으로 전래의 자기문화를 그때마다 유연하게 재조립하여, 미래를 향해 새롭게 문화를 계속 창조해 가는 것이 일본문화의 특징이다. 외유내강하고 심지가 있으며, 미래를 향해 일관된 주체성을 계획하고 강인하게 자주성을 추구하는 것이 유연한 일본문화인 것이다.

제7장 근대 일본의 칸트철학 수용
―와츠지 테츠로(和辻哲郞)의 칸트 비판과 현대적 의의―

1. 와츠지 테츠로의 다문화주의에서 『풍토』에로

근대 일본의 칸트 철학수용은 니시 아마네(1829~1897)에서 비롯되었다고 할 수 있다. 니시는 「philosophy」를 「철학」이라고 번역한 것으로 유명한데, 일본 최초로 칸트에 대해 관심을 가진 메이지시대의 계몽사상가이기도 하다. 니시의 관심은 칸트의 영원평화론에 있었다.[1] 니시 이후의 칸트 철학수용에 있어서 중요한 일본 철학자를 열거해 보면 다음과 같다. 토모나가 산쥬로(朝永三十郞, 1871~1951)의 칸트 영구평화론 연구, 구와키 겐요구(桑木嚴翼, 1874~1946)의 칸트 인식론 연구, 소다 키이치로(左右田喜一郞, 1881~1927)의 신칸트파 가치론 연구, 아베 요시시게(安部能成, 1883~1966)의 칸트 실천 철학연구, 아마노 테유키(天野貞祐, 1884~1980)의 『순수이성비판』의 번역과 칸트 연구, 타나베 하지메(田辺元, 1885~1962)의 칸트 목적론 연구, 쿠키 슈조(九鬼周造, 1888~1941)의 칸트 연구(후설이나 하이데거와 비교하면서, 특히 transzendental의 번역을 「초월론적」으로 확정한 것은 흥미롭다), 미키 키요시(三木清, 1897~1945)의 칸트 구상력 연구, 난바라 시게루(南原繁, 1889~1974)의 칸트 정치 철학연구, 미야케 고이치(三宅剛一, 1895~1982)의 『Opus postumum)』 연구 등이 그것이다. 이러한 칸트 철학 수용사는 단순한 수

---

1) 이것에 관해서는, 山室信一 『헌법9조의 사상수맥』(朝日新聞社, 2007년, 116쪽 이하)를 참고할 것.

용사가 아닌 비판적인 수용사이기도 하며, 동시에 근대 일본 철학사를 구성하게 되는 것이라고도 할 수 있다. 이런 속에서 와츠지 테츠로의 칸트 철학수용도 예외가 아니라, 비판적인 칸트 수용이며 나아가 거기에서 독창적인 풍토론을 전개하고 있다.

와츠지 테츠로(1889~1960)는 상기의 니시다 기타로(西田幾多郎)·타나베 하지메(田辺元)·쿠키 슈조(九鬼周造) 등과 함께 근대 일본을 대표하는 철학자이고, 윤리학의 체계는 「와츠지 윤리학」이라 불린다. 나츠메 쇼세키(夏目漱石)의 문하생으로 과거 작가를 목표로 한 적이 있어서인지, 와츠지의 문장은 쉽고 분명하여 그의 저작은 현대에도 비교적 많이 읽혀지고 있다. 그 중에서도 독자에게 가장 많이 읽혀지고 있는 것은 아마도 『풍토 – 인간학적 고찰』(1935년)일 것이다. 이 서적은 76년 전의 철학서라고 생각할 수 없을 정도로 현대의 일본 독자가 접근하기 쉬운 문장이다. 이 연구 발표에서도 논자는 특히 『풍토』에 주목하여, 그것이 형성되는 과정에서 와츠지가 어떻게 서양철학을 비판적으로 수용했는지, 더욱이 그러한 서양철학의 비판적 수용이 『풍토』의 독창적인 사상 내용에 어떻게 영향을 미쳤는지를 분명히 밝히고자 한다. 게다가 와츠지의 경우, 칸트 철학수용에서든 하이데거 철학수용에서든, 동시의 칸트 철학비판이자 하이데거 철학비판이며, 이러한 비판적 논점은 현대에도 중요한 철학적 의의를 가진다.

『풍토』는 『윤리학』과 더불어 와츠지 테츠로의 대표작이고, 후자가 현대 미국의 경영윤리에 큰 영향을 끼치고 있는 것에 비해, 전자는 주로 유럽에서 관심이 집중되고 있으며, 와츠지의 다문화주의적이고 해석학적인 분석이 평가되고 있다. 와츠지의 다문화주의적 사고는 초기의 『고사순례(古寺巡礼)』(1919년) 이후의 것으로, 예를 들면 「백제관음은 조선을 거쳐 일본에 도래한 양식 중에서 가장 뚜렷한 하나의 예이다. 근원은 육조시대의 중국이고, 더욱 거슬러올라가 보면 서역에서 간다라에 다다

른다. 상체가 거의 나체와 같이 보이는 부분을 추측해 보면, 어쩌면 중인
도까지 다다를지 모른다.」(『전집』2, 49)와 같이 「백제관음」과 「동대사
(東大寺) 계단(戒壇)의 사천왕」 등에서 「국제성」과 「잡종성」을 읽어 내
어 일본 문화를 「열린」문화로써 특징 지으려 했다. 이러한 문제 의식은
베를린 유학 후에도 「국민도덕론」에서도 인지된다.[2] 결국 「국민도덕론」
은 「국가」와 「민족」을 안으로부터 「열린 것」으로 재구축하려는 시도에
불과하며, 단지 좁은 내셔널리즘을 보완한 것은 아니다. 와츠지의 풍토
론도 기본적으로 이러한 맥락에서 이해하지 않으면 안 된다. 그러나 『풍
토』에서 중요한 것은, 와츠지가 「신체」를 「경계를 넘는 풍토적 신체」로
파악함으로써 철학적으로 다문화주의의 기초를 닦으려고 한 점이다.[3]
와츠지 윤리학의 기초에서는 독창적인 「신체성」의 이해가 발견되는 것
이다. 와츠지가 말하는 「풍토성」이란, 「사회성」이 투입된 「신체성」을
의미하고, 오귀스탱 베르크가 지적한 바와 같이 해석학적 방법론과 함께
이러한 「신체성」의 이해에 의해 「고전적인 환경결정론」으로부터의 이
탈이 가능하게 되어 「인간의 풍토」와 「자연의 환경」을 구별할 수 있게
되었다고 평가할 수 있을 것이다. 이 때 「여행자」와 「보행자」의 개념이
독특한 의의를 갖게 되는데 하여튼 이러한 풍토론의 형성에 있어서 극히
중요한 역할을 한 것이 와츠지의 칸트 철학과 하이데거 철학 등 서양철
학의 비판적 수용인 것이다. 와츠지의 독창적인 풍토론을 분석함으로써,
근대 일본의 서양철학 수용의 일부분을 소개하고자 한다.

---

2) 田中久文「和辻哲郎에게 있어서「國民道德論」構想」(佐藤康邦·清水正之·田中
   久文編『되살아나는 和辻哲郎』나카니시야출판(ナカニシヤ出版, 1999년, 59쪽 이
   하)를 참고할 것.
3) 이 보고서는「와츠지 풍토론(和辻風土論)과 다문화주의의 문제·서설 -「경계를
   넘는 신체」로써의「여행자」-」의 속편을 구성하는 것으로, 논의와 표현이 일부
   중복되는 점에 대하여 사전에 양해를 구하고자 한다.

2. 와츠지 풍토론의 서양철학적 배경
– 헤르더와 하이데거

『풍토』의 「머리말」에 의하면, 와츠지가 「풍토성」의 문제를 생각하기 시작한 것은 1927년에 하이데거의 『존재와 시간(Sein und Zeit)』을 읽었을 때였으나 일단 앞에서 지적한 다문화주의와의 관계에서 보면 헤르더의 영향이 중요하다. 와츠지가 「Klima」에 대해 「풍토」라는 번역을 한 것에서 분명히 알 수 있듯이, 처음 「풍토」의 개념 자체가 헤르더의 「Klima」에서 유래한다. 와츠지는 카시러의 『칸트의 생애와 학설』을 끌어들이면서 헤르더를 긍정적으로 평가하는데, 그것은 헤르더의 「정신 풍토학」에 내재하는 다문화주의와 밀접하게 연관되고 있다.

와츠지가 헤르더의 「정신 풍토학」에서 찾아내고자 한 것은 「각각의 민족이 가진 개성을 평등하게 존중」(『전집』8, 220)하는 것을 가능하게 만드는 「민족의 특수성」을 어떻게 해서 방법론적으로 확정할 수 있는가라는 문제이다. 그것을 달리 표현하면 다문화주의가 가능하도록 「특수성」을 어떻게 방법론적으로 확정할 수 있을까라는 문제일 것이다. 와츠지에 의하면, 헤르더는 방법론적으로는 자각이 없었으나 예술가적인 소실에서 실제로 수행한 「해석」의 기술 속에 이러한 「특수성」을 발굴할 방법이 제시되고 있다.

> 그럼에도 불구하고 그것이 정신의 풍토학으로써 흥미로운 것은, 풍토와 생활의 방식을 단순한 인식의 대상으로 취급하지 않고, 항상 그것을 주체적인 인간 존재의 표현으로 보는 태도로 일관되고 있다는 점이다. 그렇다면 헤르더는 풍토에서 어떤 의미를 찾아냈을까? 그는 인류가 다종다양한 모습으로 지상에 나타나고 있으면서, 동일한 인류인 것을 관찰한 후에, 이러한 동일한 인류가 지구상의 모든 "장소"에서 자기를 풍토화하고 있다는 점에 논리를 이끌어가고 있다.(『전집』8, 212~213).

즉 인류는 자기자신을 풍토화하는 까닭에 「인간은 항상 풍토적으로 특수한 모습으로밖에 나타나지 않는」 것이며, 그러한 「풍토와 인간과의 관계」는 바로 「인간의 삶 구조의 계기로써 풍토를 고찰하는 방법」(『전집』8, 213)에 의해서만 분명하게 되는 것이다. 따라서 와츠지가 「국민성의 고찰」이라고 하는 경우의 「국민성」도 다문화주의적으로 열린 「국민성」이고, 「풍토」 또는 「풍토화」는 본래 다문화주의를 가능하게 하는 기초 개념인 것이다. 그리고 「인간의 삶 구조의 계기로써 풍토를 고찰하는 방법」에서 결정적인 힌트를 준 것이 하이데거의 『존재와 시간』이었다고 말할 수 있다. 그러나 와츠지의 경우 하이데거 수용은 동시에 하이데거 비판을 의미하기도 한다.

> 와츠지 테츠로는 『풍토』의 머리말에서 하이데거의 『존재와 시간』에 촉발되어 「인간 존재의 구조계기로써의 풍토성을 분명히 하는 것」이 목적이라고 지적한 후, 제1장 「풍토의 기초이론」에서 「풍토성」을 「주체적 육체성」, 즉 「주체적 신체성」으로 수용하는 관점을 제시한다. 여기에서는 그것에 관련된 하이데거 비판의 논점을 분석해 보고자 한다(『전집』8, 7~23).

(1) 와츠지는 하이데거의 『존재와 시간』을, 「사람의 존재구조를 시간성으로 파악 하는 시도」로써 높게 평가하면서도, 「공간성」이 「근원적인 존재구조」로서 활용되지 않은 점에 문제가 있다고 비판적으로 해석한다. 와츠지에 의하면, 하이데거는 「인간존재의 개인적·사회적으로 이루어진 이중구조」를 정확하게 파악하지 않고 고작해야 「개인적 구조」만을 주제화할 수 있었을 뿐이었으므로 「시간성」과 「공간성」과의 상즉적(相即的) 관계를 잃어버리고 말았다. 여기에서 간단히 와츠지의 칸트 해석에 대하여 언급한다면, 오히려 칸트는 이 「이중구조」를 파악하고 있었다고 말한다. 일반적으로 칸트 윤리학은 개인주의적이라고 평가되지만, 와츠지는 상이하며, 칸트 윤리학이 「인간존재의 사회성」의 기초를 닦았

다고 보았다. 여기서 당시의 신칸트파 사회주의적 칸트 해석의 영향을 간파하는 것은 어려운 일이 아닐 것이다.

(2) 와츠지는 「인간존재의 사회적 구조」를 「관계」에 의해 기초를 다지고자 한다. 와츠지는 하이데거에 의존하면서 「지향성」, 즉 「외부로 나가기(ex-sistere)」를 「인간존재」의 근본 규정으로 간주한다. 다시 말해 「"외부로 나아가기" 구조도, 추위와 같은 "사물" 안으로 나아가는 것보다 먼저, 이미 다른 우리들 안으로 나아가는 데에 있는」 것이며, 이것이 바로 「관계」인 것이다. 따라서 인간존재는 근원적으로 「관계」인 것이고, 그런 의미에서 사회적이 된다. 그러나, 인간존재의 「사회적」 구조를 지탱하는 것은 「주체적」 인간의 「공간적」 구조이고, 「주체적 신체」이며, 그것에 기초하지 않으면 결국 「시간성」도 「역사성」이 될 수 없다. 다시 말해, 「관계」(다른 말로 하면, 「사람들의 결합」이고 「공동태(共同態) 로써의 사회」)가 성립되는 근원적인 장소는 「주체적」 공간으로서의 「주체적 신체」인 것이다.

(3)와츠지에 의하면 「주체적 신체성」이야말로 「풍토성」이므로, 「주체적 신체」는 「풍토」일 수밖에 없다. 따라서, 「풍토」에 있어서 「관계」가 근원적으로 성립하게 된다. 「인간존재의 풍토적 규정」이라고 할 때, 기본적으로는 이러한 차원의 것을 나타내고 있다. 그러므로, 와츠지의 경우, 「신체」는 결코 「나의 신체」에 머무는 것이 아니라, 「신체」는 「풍토적 신체」로써 「풍토」라는 공간성을 매개로 하여 그 사회성의 차원을 확보하는 것이다.

이상과 같이, 와츠지는 하이데거 비판을 통해서 「인간존재의 풍토적 규정」을 주제화하고, 그 결과로써 와츠지의 풍토론은 「인간존재의 역사적·풍토적 구조 일반」에 있어서 「풍토의 신체성」과 「신체의 풍토성」이 중첩된 특이한 신체론으로 전개되었다. 그러므로 「신체성」을 기반으로

하여 상호성 또는 상호 인격성이 성립되는 존재구조를 인간은 갖게 되는
것이다.

이렇게 와츠지의 다문화주의의 기반은 「풍토적 신체」라는 독창적인
신체론에 수렴되지만, 그것에는 와츠지의『존재와 시간』에 관한 비판적
독해가 큰 역할을 하고 있다. 와츠지는 「국민성의 고찰」의 노트에서 다
음과 같이『존재와 시간』을 비판적으로 검토하고 있다.

> ……일반적으로 "das umsichtig besorgende Begegnenlassen(주도하여 배려해서
> 만나게 하는 것)"이 Zuhandens 측에서 교섭해 간다는 의미에서 "교섭되는 성
> 격"(der Charakter des Betroffenwerdens)을 가지지 않으면 안 된다 (vgl.S.137). 여기
> 서 Lastcharakter는 단지 "과거를 짊어진다"라는 의미에 머물지 않고, (즉, Schon-Sein에
> 머물지 않고) "Umweltnatur을 짊어진다"라는 의미도 갖지 않으면 안 된다. Dasein의 Da
> 는, ortlich에서도 da이어야만 한다. 이렇게 생각함으로써 Dasein의 ursprünglich적
> 인 Existenzialen으로써의 Klimatisch-landschaftliche Befindlichkeit가 명확화 되
> 어, 거기서부터 각양각색의 Befindlichkeit의 Typen, 즉 Dasein의 Typen에로의 통
> 로가 열릴 수 있을 것이라고 생각 한다.(『전집』 별1, 394).

와츠지는 실로 꼼꼼하게『존재와 시간』을 정독하고 분석하고 있는
데, 와츠지 고유의 「풍토적 신체」의 개념이 만들어져 가는 과정에서
「Lastcharakter는 단지 「과거를 짊어진다」라는 의미에 머물지 않고, (즉,
Schon-Sein로써 머물지 않고) 「Umweltnatur을 짊어진다」라는 의미를 갖
지 않으면 안 된다. Dasein의 Da는 ortlich에서도 da이어야만 한다」는 비
판적 지적은 결정적인 의미를 갖는다. 이 비판은 현대 독일의 신현상학
운동의 슈미츠와 뵈메 등의 하이데거 비판, 특히 뵈메의 비판과 동일하
고, 그 선구성은 새로이 높게 평가되어야 할 것이다. 뵈메의 경우에는
『존재와 시간』에서 인용하고 있는 몇 군데와 비판의 논점 등에 관해서
분명하게 와츠지에 의존하고 있다고 생각된다. 게다가 더욱 흥미로운 것
은 「Dasein의 Da는 ortlich에서도 da이어야만 한다」라는 결정적 논점에

서 와츠지 고유의 칸트 해석이 중요한 역할을 하고 있으며, 따라서 「풍토적 신체」의 개념에 있어서도 칸트 철학이 밀접하게 관여하고 있다는 점이다. 다음 절에서는 와츠지가 어떻게 칸트를 이해하고 칸트를 비판했는지를 명백하게 하고자 한다.

3. 와츠지의 칸트철학 수용과 칸트철학 비판
– 하나의 사례 연구

『풍토』의 형성과정을 분석하면, 주요 논점의 하나가 칸트가 말하는 「Skandal der Philosophie(철학 스캔들)」에 있다는 것을 알 수 있다. 칸트는 『순수이성비판』의 제2판에서 상당한 개정을 감행했는데, 그것은 「나의 외부」를 논증하려고 하는 「관념론 논박」을 위해서였다. 「나의 외부」를 논증할 수 없다고 한다면, 그것은 「철학 및 보편적 인간 이성에 있어서 하나의 스캔들인 것이다」(KrV, BXXXIX, Anm.). 그리고, 제2판의 「관념론 논박」에서는 이 스캔들을 극복하는 방향성이 「우리들의 내적 경험조차 외적 경험을 전제해야만 가능하다」(KrV, B275) 라는 테제로 명시되어, 그것에 의해 데카르트적 심신이원론(心身二元論)의 근거가 무너지게 된다. 다시 말해 「Skandal der Philosophie」란, 「신체」을 통해서 「외부세계」를 논증하려고 하는 칸트의 논의를 가리키며4), 따라서 와츠지는 『풍토』에 있어서 「신체」와 「외부세계」와의 관계를 칸트 해석을 매개로 해서 다시 묻고자 한 것이다. 「풍토적 신체성」은 그것에 대한 와츠지의 회답에 지나지 않는다.

---

4) 이것에 대해서는 加藤泰史 「<觀念論論駁>의 콘텍스트」(長倉誠一·加藤泰史, 大橋容一郎편 『현대칸트연구(제7권)·초월론적 비판의 이론』, 晃洋書房, 104~130쪽)를 참고할 것.

와츠지의 칸트 해석은 『풍토』 직후에 간행된 『인격과 인류성』(1938 년)에서 어느 정도 인식할 수 있다. 와츠지가 거기에서 언급한 『순수이성 비판』 제1판의 「Paralogism(오류추리)」, 즉 「제4장 오류추리」의 논의는 제1판의 「관념론 논박」을 구성한다. 와츠지의 「제4장 오류추리」의 이해에 의하면, 칸트가 「합리적 심리학」에 대한 비판 속에서 논증할 수 있었던 것은 「인격」과 「인격성」과의 구별 및 전자의 「인격」이 경험적이고 객관적인 것에 대해서, 후자의 「인격성」은 가상적 성격을 갖고 있으며, 그러므로 「초월론적」이고 「초월론적 인격성」에 지나지 않는다는 것이다. 그러나, 이러한 가상적인 「초월론적 인격성」이 어떻게 경험적이고 구체적인 「인격」이 되는가에 관해서 칸트는 충분한 논의를 전개할 수 없었다고 와츠지는 칸트를 비판적으로 반격한다. 즉, 「초월론적 인격성」이 「인격」이 되는 구조에는 「직관형식으로써의 시간 및 공간」이 관여하여 「시간 및 공간에 있어서의 자각」의 문제가 주제화되어야 함에도 불구하고, 칸트는 문제 의식이 충분하지 않고, 「그러나 이 문제를 다루는 것은 칸트에서 탈출하는 것이다. 우리들은 단지 칸트가 이 문제에까지 이미 봉착하고 있다는 점을 지적하는데 그치도록 하자」(『전집』8, 334)는 거와 같이, 여기서 칸트의 문제점이 출현하는 것이다. 더욱이 와츠지는 「인격」과 「인격성」의 관계를 「경험적 성격」과 「가상적(可想的) 성격」과의 관계와 중첩시키면서, 「경험적 성격과 가상적 성격과의 관계 문제는 이중 성격을 갖고 있는 "사람"이라는 기반에서 고찰하지 않으면 안 된다」(『전집』8, 337)고 하여 문제의 초점을 「신체(Leib)」(와츠지의 용어에서는 「육체」)의 위치 선정에 한정하면서 칸트 철학의 구체적 한계가 이 「신체」에 있다는 것을 다음과 같이 지적하기에 이른다.

그것 [육체—인용자]는 다른 모든 물체와 동일한 물체(Körper)로써 다루어진다. 「생각하는 것으로서의 우리들은 내감(內感)의 대상이고, 영감이라고 불려져, 외감 (外感)의 대상이 되는 것은 물체라고 불린다」(B400)라는 내외의 구별은, 육체 (Leib)와 물체와의 구별을 수용하는 여지가 없고, 하물며 「육체아(肉體我)」의 문제를 채택하게끔 만드는 어떤 소질을 갖고 있지 않다. 이와 같이 육체가 「우리들」로부터 뚜렷이 구별된다고 한다면, 「공간에서의 자각」과 같은 것은 전혀 있을 수 없을 것이다. 그러므로 칸트는 초월론적 인격성과 육체와의 결합에 관해서는 어디에서도 설명하지 않는다. 그렇다면 일반적으로 외적 대상인 물체는 초월론적 인격성과 어떻게 관계하고 있는가.(『전집』8, 342)

즉, 칸트가 설정하는 「내외의 구별」에 의해서는 「신체」와 「물체」를 원리적으로 구별할 수가 없고, 그 결과로써 「초월론적 인격성」과 「신체」와의 결합관계에 대해서도, 바꿔 말하면 「인격성」이 「인격」이 되는 구조에 관해서도 합리적으로 설명할 수 없으므로, 여기서 칸트는 한계에 부딪히게 되는 것이다. 와츠지 자신의 문제 의식에서 보면, 칸트는 「인격」과 「인격성」을 확실히 구별할 수 있었지만, 이렇게 구별된 양자를 결합하는 논리를 제시할 수는 없었던 것이다. 거기서 와츠지는 칸트의 『순수이성비판』을 비판적으로 해석하면서, 「그렇다면 일반적으로 외적 대상인 물체는 초월론적 인격성과 어떻게 관계하고 있는가」라는 질문을 새롭게 제시하게 된다. 여기에서 중시되는 것이 「시공간에 있어서의 자각」이고, 특히 「직관형식 으로써의 공간」 바로 그것이다.

……직관형식으로써의 공간은 초월론적 인격성이 "외부"로 나아가는 방식이라고도 할 수 있을 것이다. ……초월론적 인격성이 외부로 나아간다는 것은, 이 인격성이 자기 내부에 있어서 외적으로 현상하는 것과 동일한 의미이다. 그러나, 그렇다고 해서 "외부로 나아가기"의 의의는 조금도 손실되지 않을 뿐 아니라, 오히려 이것이 "외부로 나아가기"의 유일한 경우인 것이다.(『전집』8, 345~346)

즉, 와츠지에 의하면, 칸트가 말하는 「직관형식으로써의 공간」은 「초월론적 인격성」이 「외부로 나아가」는 방식이고, 게다가 자기의 내부에 있어서 「외적으로 현상한다」는 형식인 것이다. 「인격성」과 「인격」과의 관계는, 인격성이 자기자신을 대상화한다고 하는 「자각」을 통해서 인격이 된다고 하지만, 그 경우에는 인격성이 자기의 내부성을 유지하면서 외적으로 현상하는 것이다. 「외부로 나아가기」라는 것은 하이데거가 말하는 「ex-sistere」이고, 「지향성」인 것이다. 여기서 와츠지의 칸트 해석과 하이데거의 해석이 교차한다. 자기의 내부성을 유지하면서 외적으로 현상하는 것으로 「인격」이 성립하는 경우, 자기의 내부성을 유지하는 한도에서 「나의」라는 자격이 확보되어 「나」에게 속함과 동시에, 다른 한편으로 어디까지나 「외적」으로 현상하는 한도에서 나의 「외부」에 속하기도 하는 것이다. 전자의 상황에서는 「시간에 있어서의 자각」이 관계하고, 후자의 것에서는 「공간」이 관계한다. 따라서, 와츠지는 「……여기서 우리들은 "시간에 있어서의 자각"이 공간의 표상과 필연적으로 결합되는 특수한 경우를 발견하지 않으면 안 된다. 모든 물체 중에서 "우리들의 신체"라고 불리는 물체만이 "우리들의"로써 우리들과 특수한 관계에 있다는 것, 즉 나의 외부인 다른 물건이면서 게다가 우리들에게 속한다…」(『전집』8, 349~350)와 같이 「그러나 그렇다면 일반적으로 외적 대상이 되는 물체는 초월론적 인격성과 얼마나 관계하는가」의 근본적 질문에 대해서, 「나의 신체」를 통해서만이 관계가 가능하다고 대답하는데 이른다. 「신체」는 물체의 하나로써 외부세계와 계속 계류됨과 동시에 「나의 신체」라는 근본적 성격에 의해서 「나의 내부」에 속하는 것이다.

이와 같이 「초월론적 인격성」은 신체가 갖는 이중성을 통해서 외부세계와 관계하고, 우리들은 이 신체를 기반으로 하여 상호인격성을 획득할 수 있다. 칸트의 공간론은 와츠지에 의해 신체론으로써 비판적으로 강독되었으며, 「관계」도 신체성의 자원에서 성립하므로 상호인격성도 「상호신체성」으로 해석되었다고 말할 수 있다. 와츠지의 『풍토』란, 그러한 신체론의 체계적 표현에 지나지 않으며, 또한 『윤리학』에 있어서 「교통」이라는 중요한 개념은 실로 「상호신체성」의 동태성 또는 초월성을 표현한 개념인 것이다.

와츠지는 칸트의『순수이성비판』「제4장 오류추리」의 비판적 독해를 통해 「나의 신체」라는 논점의 철학적 중요성을 부각시킴과 동시에 칸트에게 이 통찰이 결핍되어 있었던 점을 지적했다고 평가할 수 있다. 이것은 영미권의 칸트 연구에 있어서 1970년대가 되어도 베네트와 같이『순수이성비판』을 평가하고 「모든 인식의 기초를 만들기 위해 데카르트적 기반을 채용한 저작」, 즉 「인간이 신체를 갖는 것에 실제로 극히 진정으로 주의를 기울이지 않는 1인칭 단수적 작품」이라 부르고 있다는 것을 조합해서 생각한다면5), 와츠지의 비판적인 칸트 해석의 선구성에 대한 이해는 수월할 것이다. 더우기, 이러한 「나의 신체」를 둘러싼 논점이야말로 와츠지의 「Dasein의 Da는 ortlich에서도 da이어야만 한다」라는 하이데거 비판을 끌어내는 것이며, 그러므로 와츠지가 「풍토적 신체성」의 논의를 풍토론으로써 전개하는데 있어서 결정적인 의미를 갖는 것이다. 결국 근대 일본에 있어서 칸트 철학의 비판적 수용의 전형이 와츠지의 풍토론이었다고 말할 수 있을 것이다. 마지막으로 이러한 와츠지의 「풍토적 신체성」의 논의가 현대 철학에 있어서 어떠한 의의를 가질 수 있는지를 지적하고자 한다.

4. 와츠지 풍토론의 현대 철학적 사정거리

와츠지 테츠로에 의하면, 인간은 자기자신을 풍토화하고, 그로 인해 「인간은 항상 풍토적으로 특수한 모습일 경우에만 나타난다」는 것이며, 이러한 「풍토와 인간과의 관계」는 바로 「인간의 삶 구조의 계기로써 풍토를 고찰하는 방법」(『전집』8, 213)에 의해서만이 명확해 진다. 그러므로, 인간의 자기 풍토화, 또는 「풍토적 신체성」은 와츠지의 다문화주의

---

5) Vgl. J. Bennett, *Kant's Dialectic*, Cambridge, 1974, S.69.

적 사고의 중요한 개념이며, 더욱이 그것은 칸트 및 하이데거에 관한 비판적 해석을 통해서 만들어져 왔다. 그러나, 와츠지가 신체성의 풍토적 차원을 석출한 풍토론이 갖는 철학적 의의는 다문화주의의 철학적 기초를 제공한 것으로 끝나는 것이 아니다. 여기에서는 먼저 두 가지만을 지적해 두고자 한다.

하나는, 유럽 근대의 주체 개념을 뛰어넘으려고 하는 관점을 제시하고 있다는 점이다. 그것과 관련하여 사카베 메구미(坂部惠)에 의한 와츠지 평가는 알기 쉽다. 사카베에 따르면, 「모든 물체에 있어서 자각이 가능한 것이다. 따라서 모든 물체가 인격의 내부가 되어야 한다」고 한 와츠지의 「초월론적 인격성」을 둘러싼 사색은 「서양근대의 주체 개념의 한계를 사람과 물건과의 우주적 교착(교차 반전)의 사상에로 뛰어넘고 있다」(『사카베집』5, 30)는 것이다. 사카베는, 일본근대 철학에 있어서 그러한 사색을 통해서 「서양근대의 주체 개념의 한계」를 뛰어 넘는 「주체의 <포이에시스>의 차원」이 열려졌음을 다음과 같이 분석한다.

> 이러한 모든 것을 기연(機緣)으로 가능하게 하는 자각, 또는 만물을 내용물로 하는 인격의 생각, 인격의 포이에시스의 차원에 있어서는, 감히 말한다면, 인격의 표현 또는 출현으로써 우리들의 신체는 통상의 인식면에서 이른바 통상의 의미에서 우리들의 신체로의 국한을 훨씬 뛰어넘어, 우주와 대등한 확대를 갖는 것이 된다.(『사카베집』5, 81~82).

신체를 인격의 표현으로 다시 파악하고자 하는 이와 같은 사상에 있어서는, 인격 개념의 중심은 자기 의식이 아닌, 오히려 생명에 의해서 바뀌어질 수 있는 것이 된다. 즉, 생명주의적인 인격 개념(the vitalistic concept of person)의 가능성이다. 또 다른 의의는 이러한 점에 관한 것이다. 현대 독일의 응용논리학에서는 인격개념의 재검토가 진행되어, 영미권의 엥겔하르트(H.Tristram Engelhardt)와 툴리(Michael Tooley) 등의 자

기의식에 위치한 인격개념을 비판하고, 신체가 인격에 있어서 짊어질 중
요성을 설명하는 비른바흐(Dieter Birnbacher), 슈트르마(Dieter Sturma)
와 크반테 (Michael Quante) 등의 독일 논의가 주목되고 있으나, 와츠지
의 「풍토적 신체성」론은 그것을 선도한 논의로써 높게 평가할 수 있다.
이러한 현대 철학적 사정거리에 대해서는 별도의 기회에 상세히 서술하
고자 한다. 그러나, 이 강연이 끝나는 지점에서 확인해 두고자 하는 것
은, 와츠지의 독창적인 풍토론도 와츠지 자신에 의한 유럽 철학, 특히
칸트 철학 및 하이데거 철학의 정밀하고 비판적인 해석을 거치고서야 비
로서 구축이 가능하게 되었다는 역사적 사실이다.

> (*) 와츠지 테츠로의 인용은 모두 岩波書店版 『와츠지 테츠로전집 (和辻哲郎
> 全集)』을 기준으로 하여, 본문 중에 『전집』이라고 약기하고 권 수와 페이
> 지 수를 표기하였다. 또한, 사카베 메구미로부터의 인용도 岩波書店版 『사
> 카베 메구미집 (坂部惠集)』를 기준으로 하였으며, 같은 방법으로 본문 중에
> 『사카베집』으로 약기하고 권 수와 페이지 수를 표기하였다.

제8장 와츠지(和辻) 윤리학의 서양철학의 수용

들어가는 말

최근 일본에서는 無緣社會라는 용어가 유행하고 있다.[1] 또한 저출산 고령화나 경제적 격차 등 다양한 원인에 의하여, 인간관계가 희박하게 되고, 매년 자살자, 고독사가 각각 3만 명 이상에 달하고 있다. 원래 한국의 종족(宗族) 제도와 같은 것이 없는 일본에서 전후사회에 사람들을 연결시켰던 것은 "社緣"이라 불리는 기업 안에서의 유대감이 전부였다. 그러나 그것도 글로벌화해 가는 속에서 일본적 경영은 유지하기 힘든 상황이 되고, 또한 급속하게 상실되어 가고 있다. (다만, 한국의 자살률도 일본 못지 않게 대단히 높다고 들은 바 있다)

그러한 상황 속에서 현대 미국 공동체주의의 대표자인 하버드 대학의 마이클 샌델 교수의 강의가 작년 일본의 텔레비전에서 방영된 이래 대단한 인기를 끌었다. 그의 강의록이 이미 60만부 이상 판매된 현상은 시사적이다. (한국에서도 관심을 끌었다고 들었다).[2] 이러한 붐의 이유로 크게 두 가지로 나누어 생각해볼 수 있다. 하나는 일상적인 사실로부터 출발하는 대화형식의 강의가, 일본인에게 대단히 신선(新鮮)했다는 점. 또 하나는 리버터리어니즘(노직 등)이나 리버럴리즘(롤즈 등)을 비판하고, 아리스토텔레스에 의거하면서 인간을 본질적으로 공동체 속에서 살아가

---

1) NHK「無緣社會プロジェクト」取材班, 『無緣社會』文藝春秋, 2010.
2) マイケル·サンデル, 『これからの「正義」の話をしよう』早川書房, 2010.

는 존재로 파악하여 그러한 점으로부터 윤리를 다시 생각하고자 하는 그의 강의내용에 있다(한국에서도 샌델교수에게 관심을 가지는 것은 유교에 기초한, "덕을 중시하는 동아시아의 문화적 전통과도 근본적인 부분에서 공명하고 있기 때문에"라고 이야기되고 있다)[3] 이것은 현재의 일본인이 새로운 공동체의 윤리를 갈망하고 있다는 것을 여실히 표현하고 있는 것은 아닐까 싶다.

또한 최근 동일본 대지진을 전하는 해외의 언론들은 일본정부의 뒤늦은 대응에의 비판과 함께, 피해지역 이재민들의 질서정연한 행동을 예찬하고 있다고 한다. 그것은 지진, 태풍이 많은 일본에서는 돌발적인 재해에 대한 "受容的, 忍從的"[4] 태도가 익숙하기 때문이라고도 볼 수 있으나, 그와 함께, 사람들의 연대가 긴급 상황에서 오히려 회복될 수 있다는 것의 하나의 증거로도 볼 수 있다. 일본인뿐만이 아니라, 다른 어떤 지역에서도 커다란 재해 아래에서는 폭동이나 약탈보다는 상부상조의 커뮤니티(재해 유토피아)가 자연스럽게 만들어진다는 르포르타주[5]가 우연히 재해가 일어나기 직전에 화제가 되었는데, 그것이 이번의 재해에서도 입증되었다고 할 수 있을 것이다.

이상과 같은 일본의 현황을 토대로 이번 발표에서는, 와츠지 테츠로의 윤리학을 거론하고자 한다. 와츠지는 일본에서 처음으로 본격적인 윤리학의 체계를 수립한 철학자이다. 새로운 연대의 원리를 구하고자 하는 현재, 와츠지의 윤리학이 사람들의 사상적 요망에 어느 정도 부응할 수 있을 것인가를 서양철학의 수용의 문제를 축으로 하면서 검증하고자 한다.

---

3) 林正弥, 『サンデルの政治哲學』 平凡社, 2010.
4) 『風土』 岩波版和辻哲郎全集, 第8卷.
5) レベッカ・ソルニット, 高月園子 譯, 『災害ユートピア』 亞紀書房, 2010.

1. 관계(間柄)와 신뢰의 윤리

와츠지의 주저인 『윤리학』은 상권이 1937년, 중권이 1942년, 하권이 1949년에 출판되었다. 와츠지는 인간을 고립된 존재로서 파악하는 것을 비판하고, 본질적으로 타자와의 관계(間柄)속에서 살아가는 존재라고 보았다. 그것을 윤리적 관점으로부터 파악한다면, 인간은 신뢰관계 속에 있는 존재라는 것이 된다. 와츠지가 말하는 신뢰란 개개인의 사이에서 그 때마다 형성되는 것이 아니라, 인간관계와 함께 이미 있는 것이다.

물론 현실적으로는 신뢰에 대한 배신이라는 것이 항상 존재하기는 하지만, 그것은 신뢰관계 전체 속에 있어 국소적(局所的), 국시적(局時的)으로 일어나는 것이라고 보았다. 예를 들면, 모두가 아무렇지 않게 거짓말을 하는 사회에서는 근본적으로 거짓말이 거짓말로서 통용되지 않을 것이다. 그러한 의미에서 거짓말이라는 것은 신뢰관계를 전제로 한 사회에서 비로소 성립하는 것이다.

다만, 와츠지가 말하는 관계(間柄)라는 것은, 결코 인간의 관계성의 측면만을 의미하지는 않는다. 와츠지는 관계(間柄)란 개인성과 전체성(사회성)과의 변증법적 통일이라고 보고 있다. 게다가, 그러한 경우의 변증법적 통일이란 절대정신이나 물질이라고 하는 것에 의하는 것이 아니라, 空의 작용에 근거한다는 것이다.

예를 들면, 가족이라는 것을 생각할 때, 개개의 구성원을 넘어서 선조로부터 이어온 영속성이라는 것이 있다. 거기에는 개인성의 계기는 전체성 속에서 해소되어 버리고 만다. 그러나 그렇게 계속되어 온 가족도, 부부가 이혼을 한다든가, 아이가 독립을 해 버리면, 간단히 해체되어 버린다. 그러한 경우에는 오히려 전체성이 개인성 속에서 해소되어 버린다.

이처럼, 개인성도 전체성도 상호의존적이며 상호부정적이라고 와츠지는 말한다. 그 점에서부터, 관계(間柄)의 근저에 있는 것은 空의 운동이라고 생각하는 것이다. 여기에는 후술하듯이, 불교의 龍樹의 철학의 영향이 보인다. 龍樹의 中論은, 일반적으로는 自性(실체성)을 부정하여 緣起(관계성)을 설한 것이라고 이해되고 있다. 그러나 정확하게 말하면, 自性(실체성)도 緣起(관계성)도 함께 성립하지 않음을 논리적으로 명확히한 것이다. 게다가 쌍방이 空임으로 인하여 오히려 空을 기초로 하여 쌍방을 긍정하려고 하는 것이다.[6] 이러한 龍樹의 철학의 본질을 와츠지는 파악하고 있었다. 와츠지에 의하면, 龍樹는 단순히 존재의 緣起(관계성)을 설할 뿐만이 아니라, 다른 한편에서는 "자기동일 의식을 가지고 책임의 주체인 바의 "我", "인격"이 空에 있어서 존재함"[7]을 논증하려고 한 것이며, 바로 그 점에 "龍樹의 변증의 핵심[8]"이 있다고 하였다.

2. 와츠지의 서양철학사 이해의 특질

이상 서술한 바와 같이 관계(間柄)의 윤리는, 와츠지에 의하면, 사실은 서양철학의 역사에서도 이미 오래 전부터 문제되어 왔다고 한다. (이점은 『윤리학』의 초기형태인 『인간의 학으로서의 윤리학』(1934년)에 체계적으로 서술되어 있다). 거기에는, 그의 독자적인 서양철학사 이해가 엿보인다. 우선 관계(間柄)의 윤리는 이미 아리스토텔레스에게서 보인다고 하였다. 와츠지에 의하면, 아리스토텔레스의 『정치학』은 오늘날의 정치학이 의미하는 좁은 개념을 설하는 것이 아니라, 『니코마코스 윤리학』과 함께 인간을 개인 및 사회, 양 측면으로부터 고찰하는 "인간의 철학"을 설한 것이라고 한다. 아리스토텔레스는 인간을 단순한 고립된 인간으

---

6) 矢島羊吉 『空の哲學』日本放送出版會, 1983.
7) 『仏敎倫理思想史』岩波版和辻哲郎全集, 第19卷, 335쪽.
8) 위와 같음, 339쪽.

로서 뿐만이 아니라, 이와 동시에 "폴리스적인 인간" 즉 "사회에 있어서의 인간"으로 파악하였다. 거기에는 인간존재의 개인적, 사회적인 이중구조가 구상되어 있다고 와츠지는 말하고 있다.

아리스토텔레스는 다른 한편으로, 고찰의 편의상 "폴리스는 개인보다 앞선다"고 보고, 인간을 본성상 "폴리스적 동물"이라고도 기술하고 있다. 이러한 인간존재의 개인적 계기와 사회적 계기와의 통합은, 아리스토텔레스 자신이 충분히 이론화시켰다고는 말하기 어렵다고 와츠지는 보았다. 다만, 와츠지는 그것의 통일 가능성을 아리스토텔레스의 로고스 사상에서 보고자 하였다.『정치학』에서, 인간은 "폴리스적 동물"이라고 명언한 직후에, 인간은 로고스를 가진 존재이기도 하며, 로고스에 의하여 正과 不正, 선과 악을 분별한다고 아리스토텔레스는 말하였다. 이러한 분별의 공동이 폴리스를 성립시키고 있는 것이며, 인간은 로고스를 함께 함으로 인하여 "폴리스적 동물"이 되는 것이다.

와츠지는 이러한 기술을 다음과 같이 해석한다. 로고스에 의한 상호이해에 의하여 인간관계는 성립한다. 즉 "로고스에 의한 실천이 사회를 형성하는"9) 것이다. 그러나 다른 한편으로는 인간관계가 이미 존재하지 않는다면, 언어는 일어나지 않는다. 그러한 의미에서는 "사회적 존재가 로고스를 형성한다"10)라고도 할 수 있다. 이러한 상호제약에서, 아리스토텔레스가 인간을 개인적, 사회적, 이중성격으로 파악하려고 하였던 것을 볼 수 있다고 와츠지는 말한다.

이상과 같이, 와츠지는 이미 아리스토텔레스에 있어서 관계(間柄)의 윤리가 문제시 되었고 생각하였는데, 그것은 서양근대에 이르러서도 "후계자"를 얻어 전개되어 갔다고 말한다. 그러한 후계자로 와츠지가 거론하는 것이 칸트, 헤겔, 마르크스 등이다.

---

9)『人間の學としての倫理學』岩波版和辻哲郎全集, 第9卷, 46쪽.
10) 위와 같음, 46~47쪽.

우선 와츠지는 자율의 윤리학을 설한 칸트에 관하여, "Metaphysik der Sitten이 아리스토텔레스의 폴리티케의 사고를 이어받은 것"[11]이라고 하였다. 특히 『도덕형이상학의 기초』의 제 2법식인 "너의 인격에 있어서, 그리고 모든 다른 인격에 있어서 인성(Menschheit)을 단순히 수단으로서만 취급하지 말고, 항상 동시에 목적으로서 취급하도록 행위하라"의 "인성(Menschheit)" 개념에 주목한다. 칸트에 의하면, 나와 너는, 서로 수단이 되며, 서로 목적이 되는 관계에 있으며, 그러한 의미에서 수단적, 목적적인 이중구조를 가지고 있다. 수단으로 다루는 경우, 자타는 차별적이며, 인간의 개별성만이 생각된다. 그러나 모든 인격을 궁극적인 목적으로 다루는 경우, 자타의 인격에 있어서의 "인성(Menschheit)"이 문제가 되는 것이며, 거기에서 자타는 不二的이다. 따라서 인간을 수단적, 목적적인 이중구조에서 파악한다는 것은, 인간을 개별적, 전체적인 이중구조에서 파악하는 것이라고 와츠지는 해석한다. 그러한 의미에서 "인성(Menschheit)"의 원리란, 와츠지가 말하는 관계(間柄)의 원리와 같다는 것이다. 다만 18세기의 개인주의 입장에 서 있는 칸트는, 그것을 자각적으로 설하지 않았고, 어디까지나 "무의식" 적으로, "암암리"에 문제삼고 있다고 보았다.

더욱이, 와츠지는 "아리스토텔레스의 전체주의적인 입장은 헤겔속에 왕성하게 되살아나고 있다"[12]고 보았다. 헤겔은 『법철학』에서 「법」→「도덕성」→「인륜」의 순서로 기술하고, 더욱이 「인륜」에 대하여 「가족」→「시민사회」→「국가」의 순서로 기술하고 있다. 그러나 이러한 순서는 시간적, 혹은 본질적인 전후 관계를 의미하는 것은 아니라고 와츠지는 말한다. 와츠지에 의하며, "인륜"이야말로 "법"이나 "도덕성"의 근저이며, 더욱이 "가족"이나 "시민사회"는 이미 "국가"가 있음을 전제하고 있

---

11) 위와 같음, 74쪽.
12) 위와 같음, 75쪽.

다는 것이다. 즉 헤겔에 있어서는, 관계(間柄)의 윤리가 이미 충분히 자각화 되어 있다고 와쯔지는 생각한다.

다만, 헤겔은 "인륜"을, 정신의 자기인식의 궁극의 원리인 "절대정신"에 의하여 설명하는 입장에 서 있기 때문에, 궁극의 전체성에 이르는 것에는 실패했다고 와쯔지는 말한다. 와쯔지에 의하면, 궁극의 전체성은 "空"으로 파악해야만 인간의 구조가 개인임과 동시에 사회임을 충분히 설명할 수 있다는 것이다. 다음으로 와쯔지는, 헤겔적인 관념론을 타파한 마르크스에 의해 "「인간존재」는 더욱이 구체적으로 파악되어, 「인간의학」은 더 한층 선명하게 형성된다"[13]고 보았다. 『독일·이데올로기』에 의하면, 인간을 동물로부터 구별하는 "생산"이라는 것은, 처음부터 사회적인 것이며, 단순히 개인적이지 않다. 그리고, 그러한 인간존재에 있어서 자타의 "교통" "관계(間柄, Verhaltnis)"가 의식이나 언어를 낳는다고 보았다.

이처럼, 마르크스가 설하는 생산관계로서의 사회도, 관계(間柄)를 전제로 하고 있다고 와쯔지는 말한다. 다만, 인간이 사회적으로 있다라는 것이, 마르크스에 있어서는, 인간이 그 욕망의 만족을 위하여, 일정한 상호관계에 들어가 공동으로 노동하는 것을 의미한다. 거기에는, 사회의 형성은 경제적 상호작용에 규정됨으로 인하여, 가족이나 국가도 그러한 사회안의 제도에 불과한 것이 된다.

그러나 그러한 구조를 타파하기 위하여 "단결"의 명령을 발하는 것은, "그러니까 「인류의 상실태」를 입증하여 인류의 회복을 명령하는"[14]것이 아닐 수 없다고 생각되는 것이다. 그것은 마르크스가 설하는 인간존재자체가, 관계(間柄)의 윤리를 포함하고 있음을 보여주는 것이라고 와쯔지는 말한다.

---

13) 위와 같음, 119쪽.
14) 위와 같음, 128쪽.

이상과 같이 와츠지는 자신이 말하는 관계(間柄)의 윤리가 서양철학
사에서도 일관되게 문제시되어 왔다고 주장한다. 다만 그것이 반드시 명
시적으로 설해지지 않았거나, 불완전한 형태로밖에 언급되지 않았던 것
이다. 그래도 분명 관계(間柄)의 윤리의 일단에 접한 것이므로, 그 적극
적인 측면을 살피고자 하는 것이다. 그것은 서양철학과의 차이나 대립을
분명하게 하자는 것이 아니라, 오히려 공통된 측면을 발견하여 그것을
살리려는 자세라고 할 수 있는 것이다. 이러한 와츠지의 서양철학사의
파악방식은 주저인 『윤리학』에서도 다양한 장면에서 볼 수 있다. 예를
들면, 후술할 와츠지의 윤리학에서는 개인성, 전체성과 함께, 주체적 공
간성, 주체적 시간성이라는 것이 중요한 계기를 이루고 있는데, 그 설명
에 관하여 와츠지는 서양철학사를 적극적으로 참조하고 있다. 주체적 공
간성에 관하여 본다면, 서양철학의 공간론이, "전체를 통하여 항상 대상
적 인식의 문제로서 관조적인 관점으로부터만 취급되어" 왔음을 인정하
면서도 "그러나, 그럼에도 불구하고 우리들은 공간문제가 항상 주체적
공간성에의 방향을 포함하고 있었다고 주장할 수 있다"[15]고 보았다. 그
리고 그것을 스피노자, 칸트, 헤겔, 브렌타노, 베르그송, 하이데거, 쉘러
등을 예로 들면서 검증하고 있다.

또 주체적 시간성에 관하여도 우선 아리스토텔레스의 시간론을 거론
하며, 그것이 "일면에 있어서 근대과학의 그것과 마찬가지로 시간의 공
간적 파악"으로도 보이지만 "다른 측면에서는, 시간의 주관성에까지 도
달한 것으로 이해할 수 있다"[16]고 보았다. 그리고 후자의 해석을 따른다
면 "칸트에 있어서와 마찬가지로 시간의 주관성의 문제는, 아리스토텔
레스 이래 철학사의 조류인 것이 분명해진다"[17]고 보고 있다. 그리고 나

---

15) 『倫理學』 上卷, 岩波版和辻哲郎全集, 第10卷, 175쪽.
16) 위와 같음, 208쪽.
17) 위와 같음, 209쪽.

서 칸트, 브렌타노, 베르그송, 후설, 하이데거 등에서 주체적 시간성의 계보를 읽어 내려고 시도한다. 더욱이, 와츠지는 주체적 공간성의 구체화로서 풍토성이라는 것을 구상하고 있는데, 『풍토』(1935년)에서 히포크라테스(고대 그리스), 보댕(16세기 프랑스), 몽테스키외, 헤르더, 셸링, 헤겔, 마르크스, 라첼(독일 인문지리학의 대성자), 루돌프 켈렌(스웨덴의 국가학자) 등을 예로 들면서 거기에 풍토론의 계보가 있음을 극명하게 부각시키고 있다. 이상과 같이 와츠지는 다양한 장면에서 서양철학사의 재인식을 시도하고, 거기에서 자신의 윤리학으로 이어질 수 있는 몇 가지의 수맥을 끄집어내고 있는 것이다. 사실은, 이러한 와츠지의 서양철학사 파악의 근저에는 앞서 거론한 불교의 "空"의 철학이 있는 것으로 보인다. 이하 그 점에 대하여 논술하고자 한다.

3. "空"의 철학

와츠지는 다이쇼(大正)시대 말기부터 인도불교 연구에 몰두하여 강의 노트인 『불교윤리사상사』(1925~1926년), 『원시불교의 실천철학』(1927년), 논문 「불교철학에 있어서의 "法"의 개념과 空의 변증법」(1931년), 『불교철학의 최초의 전개』(유고) 등의 성과를 올렸다.

와츠지가 인도불교를 연구하고자 하였던 것은 "이것에 의하여 그리스 철학의 조류와 대립되는 다른 사상조류의 특수성이 명확해지고, 철학의 역사적 고찰에서 항상 이 조류도 함께 고려되기를"[18] 바랬기 때문이라고 한다. 다만 흥미로운 것은 와츠지가 인도불교를 해석함에 있어 후설의 현상학을 비롯하여 딜타이, 코헨, 나토르프, 립스, 힐데브란트, 셸러 등 다양한 서양 철학자들의 생각을 원용하고 있는 점이다. 즉, 와츠지는

---

18) 『原始仏教の實踐哲學』岩波版和辻哲郎全集, 第5卷, 5쪽.

단순히 동양의 전통을 부활시키고자 한 것이 아니라, 서양의 관점을 통하여 불교를 재생시키고자 하였던 것이다.

그런데 와츠지는 그러한 불교연구에 있어서 대승불교의 전개에 대하여 다음과 같은 해석을 내리고 있다. 대승경전 『법화경』은, 보편적인 원리로서의 "一乘"을 설한다. 그것은, 여러 가지 차별의 "法"의 근저에 무차별의 "空"이 있음을 알려주는 것이다. 서로 다른 다양한 "法"은, 이 "一乘"="空"의 한정된 나타남, 특수한 현현이 아닐 수 없다는 것이다.

이처럼 여러 가지 "法"의 근저가 "空"임을 철학적으로 밝힌 이가 龍樹이다. 龍樹는 "「法」을 부정하는 것이 동시에 이 「法」을 근거짓는 것이 될 수 있다"[19]는 것을 논증하려고 하였다. 龍樹의 "空"이란 모든 존재를 부정하는 것을 통하여 긍정하려고 하는 "否定의 운동"인 것이다.

다만, 龍樹는 "空"에서 어떻게 하여 "法"이 생겨나느냐를 분명하게 밝히지 않고 있다. 이것을 문제 삼은 것이 唯識哲學이다. "龍樹의 철학이 諸法의 實相(空)을 설하는 것임에 대하여, 唯識은 諸法의 緣起(空으로부터의 生起)를 설한 것"[20]이다. 즉 龍樹는 "空으로 돌아가는 운동"을 문제시하고, 유식철학은 "空에서 나오는 운동"을 문제로 삼은 것이다. 와츠지는 이 두 가지를 통합하여 관계(間柄)의 윤리의 근저에는 "空"에서 나와 "空"으로 돌아가는 운동이 있다고 생각하였다. 어느 쪽이든, 이러한 "空"의 철학에는 모든 "法"을 "空"의 특수한 현현으로 살리려는 사고방식(중국 천태교학의 용어에서 말하면 "開會"의 사상)이 있다. 무자각적이거나 불완전한 형태라고 하더라도 어쨌든 관계(間柄)의 윤리의 일단에 접하고 있는 점을 긍정적으로 파악하려고 하는 와츠지의 서양철학사 이해를 낳은 것은 이러한 불교철학의 발상이 아니었을까 여겨진다.

---

19) 『仏教倫理思想史』, 305쪽.
20) 위와 같음, 358쪽.

4. 와츠지 윤리학의 문제점

다만 이러한 발상에는 모든 것을 긍정한 나머지 비판이나 부정의 정신이 결여되어 버리는 위험성이 있다. 물론 "空"의 철학 그 자체는 龍樹의 철학과 마찬가지로 이론적으로는 현실을 일단 부정하고 나서 다시 긍정으로 향하는 것이다. 그러나 그 후의 불교의 전개를 보면, 현실상황 긍정의 측면이 강하게 나타나고 말았다. 예를 들면, 스에키 타케히로(末木剛博)에 의하면 중국 천태교학은 헤겔의 과정변증법과는 다른, 비과정적, 비단계적 변증법을 설하는 것이며, "부정에 의하여 비판을 극복하는 것은 아니며, 부정에 의하여 개혁하려고 하는 것은 더더욱 아닌"[21] 극단적인 긍정의 변증법이 되어 버렸다고 한다.

그러한 경향은, 와츠지의 서양철학사 이해에 관하여도 어느 정도 나타나 있지 않나 여겨진다. 또 그것뿐만이 아니라 그 자신의 윤리학 체계에도 동일한 문제가 보인다. 와츠지는 분명 "空"이 부정의 운동임을 강조하고 있다. 그러나 종종 지적되듯이 기본적으로 와츠지의 윤리학은 Sein과 Sollen이 일체가 되어 있다(물론 그러한 발상에는 의의가 있겠지만). 이미 서술하였듯이 와츠지에 있어서 인간존재는 이미 "신뢰" 관계 속에 있다. "신뢰" 관계는 항상 "生起"하고 있는 것이며, "生起"하지 않는 것은 "局所的 局時的"인 일이라는 것이다.

이러한 와츠지 윤리학의 문제점은 보편적 윤리와 공동체 윤리와의 관계에서 특히 현저하게 나타나고 있다.

실은 와츠지가 설하는 윤리에는 두 층이 있다고 생각된다. 이미 서술한 개인성과 전체성의 상호부정에 근거한 윤리는 보편적 윤리라고도 할 수 있는 것이다. 그러나 다른 한편, 와츠지는 윤리적 행위가 "예법(作法)", "역할", "자기의 자리" 등에 근거하여 실천되는 것이라고 보고 있

---

21) 末木剛博, 『東洋の合理思想』講談社, 1970, 184~185쪽.

다. 그것들은 제 각각 공동체가 형성한 구체적인 행위 규범일 것이다(여기에서는 그것을 공동체 윤리라고 부르기로 한다).

이것에 대응하여 와츠지가 설하는 "신뢰"에도 두 층이 있다. 우선 와츠지는 "신뢰"를 설명함에 있어, 강물에 빠진 사람은 누구든 상관없이 지나가는 사람에게 도움을 청할 것이라는 예를 들고 있다. 여기에서 "신뢰"의 대상은 특정의 공동체의 구성원에 한정되어 있지 않다. 그러나 다른 한편, 와츠지는 인간관계의 깊이나 범위에 따라 "신뢰"에 응하는 방식도 달라질 수 있다고도 말한다. 지나가는 사람에게 가족과 같은 친밀함을 가지고 접하지는 않는다. 여기에서 문제시 되는 것은 공동체 윤리로서의 "신뢰"이다.

이 문제에 관하여 와츠지는 『일본윤리사상사』에서 "윤리"와 "윤리사상"의 차이로써 설명하고 있다.[22] 여기에서 말하는 "윤리"란 인간의 보편적 윤리를 의미하고 있다. 다만 이것이 실현될 경우에는 일정한 양식을 취한다. 여기에서 때와 장소를 달리한 공동체들의 특수한 윤리가 생겨난다. 그것을 와츠지는 "윤리사상"이라고 부른다. 다만 "윤리사상"은 보편적인 "윤리"가 역사적, 풍토적으로 한정된 것이며, 양자는 본질적으로 서로 통하고 표리일체의 관계를 이루고 있다고 한다.

이러한 사고방식을 취하기 때문에 와츠지에 있어서는 특수한 공동체 윤리가 限定을 수반하면서도 본질적으로는 긍정되어야 할 것으로 파악되게 된다. 예를 들면 살인은 "인간의 신뢰에의 근본적 배반"이므로 보편적 윤리로서는 절대로 용서받지 못하는 것이다. 그 뿐만이 아니라 어떠한 공동체 윤리에 있어서도 실제로 살인은 금지되어 왔다고 한다. 전쟁 상황에서 살인이 용인되는 것은 적국과의 "신뢰"관계가 성립되어 있지 않기 때문이다. 즉 일견 살인이 용인되는 것 같은 경우라도 그것은 "신뢰"관계의 범위가 한정되어 있는 것에 지나지 않는다고 와츠지는 말

22) 『日本倫理思想史』上卷, 岩波版和辻哲郎全集, 第12卷, 7~11쪽.

한다.

그 때문에 와츠지에 있어서는 보편적 윤리의 입장에서 기성의 공동체 윤리를 비판한다든지, 보편적 윤리와 공동체 윤리와의 딜레마에서 고민한다든지 하는 문제가 다루어지지 않게 된다. 그것은 와츠지 윤리학이 극복해야 할 중요한 문제점이다.

5. 주체적 공간성·주체적 시간성이 가지는 가능성과 문제점

앞서 밝혔듯이 와츠지 윤리학은 개인성, 전체성과 함께, 주체적 공간성, 주체적 시간성이라는 것이 중요한 계기가 된다. 거기에는 풍부한 사상적 가능성을 볼 수 있기는 하지만, 그러나 역시 지금까지 지적해 온 현실 긍정적인 발상에 의하여 그 이점이 충분히 발휘되지 않은 듯 보인다. 와츠지는 하이데거의 시간성 분석에서 큰 자극을 받아, 그것을 자신의 윤리학에 도입하고 있다. 다만 그것이 개인적 존재의 시간성이라는 점에 불만을 표출하고 공동체의 시간성으로 재해석하려 한다. 즉 인간은 "기존의 관계(間柄)"라는 과거를 떠안으면서도 "가능적인 관계(間柄)"로써의 미래를 선취한다는 것이다. 예를 들면, 보행자에게 목적지는 아직 도달되지 않은 장소이지만 "가야 할 곳"으로써 현재의 보행을 결정하고 있다. 게다가 인간이 목적지를 향하는 것은 그것이 출근이든, 방문이든, 기본적으로는 목적지에서 실현되어야 할 인간관계에 참여하고 있기 때문이다. 그렇게 생각한다면, 미래란 현재의 보행에 앞서서 "미리"규정하는 인간관계라고 할 것이다.

또 "미리" 보행 속에 존재하고 있을 인간관계가, 어떠한 의미에서든 "이미" 존재하고 있지 않다면 현재의 보행이 규정되지 않을 것이다.

예를 들면 회사에 출근한다는 것은 일정의 노동관계가 "이미" 존재하고 있기 때문에 가능하다. 즉 과거의 인간관계도 現前의 출근이나 방문에 있어서 존재하고, 그리하여 오늘의 관계로서 현재의 보행을 규정하고 있는 것이다. 이처럼 현재의 관계(間柄)은 미래와 과거의 관계(間柄)에 의하여 규정되며, 또한 "미리" 결정되어 있다고 와츠지는 생각한다. 그것이 와츠지가 말하는 주체적 시간성이다. 그때 와츠지는 관계(間柄)라는 것이 근원적인 공간성을 열어 준다고 생각하고 있다. 그것이 주체적 공간성이다. 물리적 공간도 그러한 인간관계가 만들어 내는 근원적 공간으로부터 파생된 것이다. 와츠지가 말하는 주체적 시간성이란 이러한 주체적 공간성을 포함하고 있는 것이다.

그리고 이러한 의미에서의 공간적, 시간적 구조를 성립시키는 것은 이미 서술하였듯이 개인적 전체적 구조라고 한다. 즉 인간은 본래 관계(間柄)적 존재이지만, 현실 속에서 여러 가지 분리 대립이 일어나고, 과거의 전체성을 부정하여 개별성이 전면에 나오게 된다. 그러나 인간은 그 개별성을 더욱이 부정하여, 미래에 있어서 다시금 전체성을 실현하고자 한다는 것이다.

그러한 의미에서 와츠지는 인간의 공간적, 시간적 구조를 인간이 본래의 전체성으로부터 나와, 본래의 전체성으로 돌아가려는 운동으로 보고 있다. 거기에는 미래를 향하는 것이 본래로 돌아가는 것이 되며, 와츠지는 그것을 "歸來"의 운동이라고 부른다. 이상과 같이 공동체의 윤리를 공간성, 시간성 속에서 파악하는 와츠지의 발상은 현대의 여러 가지 윤리적 과제를 생각 할 때, 커다란 시사를 준다고 여겨진다.

공간성에 관하여 본다면, 와츠지는 교통, 통신의 발달을 통하여 세계가 하나가 되어 가는 것이 윤리의 현실에 있어서 가장 중요하다고 설한다. 그것은 현재 IT 사회 속에서 거의 극한적인 형태로 실현되어 가고 있다고 하겠다. 다만, 그러한 사태는 동시에 지역성의 상실을 가져다준

다. 이에 대하여 와츠지는 세계가 하나가 되면서도 균질화되어 버리는
상황을 염려하고, 다른 한편으로는 지역의 풍토에 근거한 문화의 독자성
을 지켜야 함을 강조하고 있다. 와츠지가 이상으로 삼는 것은, 각 지역이
제 각각의 개성을 발휘하면서, 게다가 지구전체가 하나의 조화를 이루는
"교향곡"과 같은 세계였다.

또 시간성에 관하여 말한다면 과거의 국가가 범한 과오에 대한 책임
이나 환경윤리에서 일컬어지는 미래세대에의 책임과 같은 것은 개인주
의의 입장, 혹은 현재의 시점에서만 윤리를 생각하는 입장에서는 충분히
다룰 수 없다. 거기에는 와츠지가 말하듯이 시간성에 근거한 공동체윤리
라는 발상이 필요할 것이다.

이상과 같이 와츠지가 설하는 공간적, 시간적 구조는 현대적 과제에
부응할 수 있는 풍부한 가능성을 지니고 있다. 그러나 실제로 와츠지의
추론은 너무 낙관적이며, 그 가능성을 충분히 전개하지 못하고 있은 듯
하다.

공간성에 관하여 말하면 다양한 문화의 공존을 설하는 것은 분명 중
요하지만, 그러나 그것은 예정조화적으로 파악되고 있으며, 지금 일어나
는 문화 마찰을 어떻게 극복해 나가느냐라는 문제의 해결책을 와츠지는
명시적으로 설명하고 있지 않다.

또 시간성에 관하여도 本來性에서 나오고 본래성으로 다시 돌아가는
것으로 파악한 점에는 문제가 있어 보인다. 이러한 사고방식은 과거나 미
래의 유토피아에 비추어 현실을 끊임없이 비판해가는 방향에 작용할 수
있으나, 와츠지에 있어서는 오히려 현재의 문제가 미래에 갈수록 저절로
해소된다는 예정조화적인 색채가 강하게 나타나 있다. 와츠지 윤리학을
진정으로 전쟁책임이나 환경윤리의 문제로 살리기 위해서는 공동체의 어
두운 유산이 시대를 넘어 전승되어 간다는 부정적인 측면도 고려하지 않
을 수 없을 것이다.(현재 일본의 원전사고도 바로 그러한 문제이다)

6. 유교적 발상의 계승

그런데 지금까지 서술해온 바와 같이 윤리학의 기본적인 생각에 근거하여, 와츠지는 구체적인 인륜적 조직 형태에 대하여도 논하고 있다. 그때 인간관계의 정도나 범위에 응하여, 공동체윤리는 서로 다른 것이 된다고 생각하던 와츠지는 "가족" "친족" "지연공동체" "국가"라는 중층적인 인륜적 조직을 구상하고, 각각 장면에서의 공동체윤리를 설하고 있다. 거기에는 유교의 수신, 제가, 치국, 평천하라는 발상의 강한 영향을 엿볼 수 있다.

다만 와츠지가 유교전반을 긍정적으로 파악한 것은 아니다. 『日本倫理思想史』에서는 유학, 특히 주자학이 "에도 막부의 봉건제도를 지지하는데 가장 적당한 것이었다"고 보고 "근세 초엽의 유럽과의 접촉을 차단하고, 중국 고대의 윤리사상에 결합했다는 것은 일본의 역사적 운명에서 볼 때, 대단히 중대한 의의를 지니고 있다"고 하며 비판적인 견해를 밝히고 있다.

그러나 다른 한편으로 유교 그 자체는 "중국 고대문화의 결정으로서, 훌륭한 지혜를 많이 포함"하고 있으며, 특히 민간의 유학자들의 사상은 "막부의 정책의 도구에 그치지 않고, 실제로 윤리적 의의를 개발하는 데 도움이 되었다"[23]라고 한다.

특히 와츠지는 공자의 사상 자체에 대하여는 호의적이었다. 『공자』(1938년)에서 『논어』에 대한 문헌비판을 시도하고, 거기에 보이는 형이상학적 측면은 후대에 이르러 덧붙여진 것이라 하고, 그러한 요소를 제외한 古層에 관하여는 높이 평가하고 있다.(유교의 경전에 대한 문헌비판은 이미 에도시대의 유학자 이토 진사이(伊藤仁齋)가 행하고 있으며, 양자 사이에는 사상적으로도 공통점이 많다. 또한 그들의 사상과 이퇴계

---

23) 위와 같음, 下卷, 岩波版和辻哲郎全集, 第13卷, 144쪽.

등의 주자학을 중심으로 한 한국의 전통사상과의 비교도 흥미롭다)[24]
와츠지에 의하면 공자의 道는 "人倫의 道"이며, "仁을 실현하고 忠恕를
행하기만 하면, 그에게 있어 어떠한 두려움도 불안도 없다"고 한다. 분
명 "天"에 대하여 설하기도 하지만, 그것은 "우주인생을 지배하는 이법"
으로 해석할 수 있는 것이지, 신앙의 대상이 되는 인격적인 主宰神과 같
은 것은 아니다. "그러한 의미에서 인륜의 도의 절대적인 의의를 인정한
것이 공자 교설의 가장 현저한 특징일 것"[25]이라고 하였다.

이처럼 "人倫의 道"에 절대적 가치를 두는 사고방식은 동시에 와츠지
윤리학의 특징이기도 하다. 그러한 의미에서는 와츠지가 아리스토텔레
스로부터 하이데거에 이르기까지 다양한 서양철학을 수용할 때 기반이
된 것은 불교와 더불어 유교였다고 할 수 있을 것이다.(한국에서도 하이
데거의 철학을 박종홍이 『중용』의 "誠" 사상에 의하여 보충하고자 했다
고 들은 바 있다)[26]

다만 불교의 경우와 마찬가지로, 와츠지는 전통적인 유교 그 자체를
부흥시키고자 한 것은 아니다. 와츠지의 "가족"에서 "국가"에 이르는 구
체적인 인륜적 조직의 논의에는 아리스토텔레스나 헤겔의 가족론, 국가
론의 영향이 보인다. 또 『논어』의 문헌비판 시도는, 와츠지가 스승인 괴
벨 박사의 영향 등을 받으면서 서양의 문헌학에서 배운 것이다. 그러한
의미에서 와츠지는 서양의 시각을 통하여 유교를 재생하려고 하였다고
할 수 있을 것이다.

이처럼 와츠지는 새로운 시점에서 유교를 도입하려고 하였는데, 그러
나 거기에는 본래의 유교가 떠안고 있던 문제점이 그대로 남아 있는 듯
이 보인다. 그것은 와츠지가 "가족" "친족" "지연공동체" "국가"라는 다

---

24) 朴倍暎, 『儒教と近代國家 -「人倫」の日本,「道德」の韓國 - 』講談社, 2006.
25) 『孔子』, 岩波版和辻哲郎全集, 第6卷, 344쪽.
26) 朴倍暎, 「韓國精神史における超越の一形態 - 朴鐘鴻哲學を中心に - 」(『思想史研
   究』第11号, 日本思想史・思想論研究會, 2010)

양한 수준의 공동체윤리를 점점 "私"로부터 "公"에로 열어가는 과정으로 동심원적인 연속으로 파악한 점에 나타나 있다. 그 때문에 거기에는 서로 다른 "국가"간, 공동체간의 윤리관의 대립이 다루어지고 있지 않다. 또 그 뿐만이 아니라 "가족" 대 "국가"라는 서로 다른 수준의 공동체 윤리간의 딜레마도 안 나타나는 구조로 되어 있다(이 문제는 충과 효와의 대립, 의리(義理)와 인정(人情)의 갈등, 천황지지(勤皇)와 막부지지(佐幕)과의 딜레마 등 현실적으로 일본에서는 이미 오래 전부터 큰 테마였다) 여기에도 극복하지 않을 수 없는 와츠지 윤리학의 큰 과제가 있는 듯이 보인다.

맺음 말

이상 서술한 바와 같이, 와츠지는 불교, 유교라는 동양의 전통사상을 근저에 두면서, 서양의 다양한 철학을 도입하였다. 그러나 그것은 기성의 동양사상을 그대로 수용한 것은 아니었다. 서양철학사에 관하여 와츠지가 독자적으로 파악하였다는 것은 이미 상세하게 서술하였다. 한편, 불교나 유교에 관하여는 거꾸로 서양의 시선을 통하여 그것들을 이해하려고 하였다. 즉 와츠지는 동서의 철학을 교차시키면서 상호 타자의 시점을 介在시킴으로 인해, 거기에 숨겨진 새로운 의미를 떠오르게 하려 하였던 것이다.

원래 와츠지는 일찍이 문화교류의 문제에 깊은 관심을 기울이고 있었다. 大正시대의 『古寺巡禮』에서는 일본의 불상 속에 그리스, 인도, 중국의 문화가 흘러 들어와 혼연일체가 되어 있다 하고, 또 『風土』에서는 여행자가 異文化를 자기 안으로 받아들이는 "여행자의 체험에 의한 변증법"이라는 생각도 밝히고 있다. 그러한 발상이 『윤리학』에서는 동서 철학의 교류라는 형태로 결실되어 있다고도 할 수 있다.

강원대학교 이광래 교수는 그 감명 깊은 강연에서 동서철학의 "창조적 종합"이라는 생각을 제시하시면서 "無中心, 無境界, 無構造의 철학시대"를 예견하셨다.27) 어떤 의미에서 와츠지는 그러한 발상을 선취하고 있었다고 할 수 있을지도 모르겠다.

다만, 지금까지 누누이 지적하였듯이 와츠지가 자신의 윤리학의 기초로 삼던 불교적, 유교적 발상은 문화 간의 대립이나 갈등의 문제를 충분히 직시하지 못하고 있는 듯이 보인다. 원래 와츠지의 윤리학에서는 서로 다른 공동체 윤리간의 대립이나, 서로 다른 층의 공동체 윤리간의 딜레마가 문제시 되지 않는다. 그러한 문제에 정면으로 부딪히며, 문화의 차이를 넘는 철학의 교배를 이론화하기 위하여서는 단순히 보편적 윤리와 공동체 윤리와의 일체성을 설하는 것만으로는 충분하지 않다.

사실 이러한 문제는 단지 문화 간 뿐만이 아니라, 일대일 대면윤리에서도 중요한 과제가 되는 것이다. 와츠지 윤리학에서는 대면윤리의 문제에 있어서도 자타의 간격을 어떻게 극복해 갈 것인가라는 점이 충분히 다루어져 있지 않다.

문화 간에서도 대면윤리에서도 자타의 간격을 넘기 위하여서는 두 가지 사항이 필요하지 않을까 싶다. 하나는 타자에 대한 상상력이고 또 하나는 구체적인 대화나 토의이다.

예를 들면, 久重忠夫(히사시게 타다오)씨는 인간관계란 현실적으로는 항상 약자와 강자의 관계라고 하면서 와츠지 윤리학을 보완하는 사항으로 "타자의 受苦"를 환기시키는 "推量的 상상력"을 제가하고 있다(타자에의 "배려" 문제는 유학의 틀 안에서는 이미 伊藤仁齋가 "忠信"을 보완하는 "忠恕"로서 논한 바 있기는 하다).28) 그러한 "推量的 상상력"이

---

27) 李光來, 「西洋哲學と東洋哲學との對話」(『善の研究』刊行100周年記念國際シンポジウム, 2010)

라는 것은 일상적인 인간관계의 장면에서뿐만이 아니라, 이문화의 사상
이나 철학을 이해하고 수용해갈 때에도 필요할 것이다.

또 대화나 토의에 관하여 말하면 大正시대 "민본주의"의 영향을 받은
와츠지는 젊은 시절부터 고대 그리스의 민주제에 강렬한 동경을 안고 있
었으며, 그것을 일본고대에도 투영시켜『古事記』에 묘사된 신들의 합의
제에 주목하고 있다. 그러나『윤리학』안에서는 그러한 문제가 다루지
않고 있다. 이미 서술하였듯이 와츠지가 주목한 아리스토텔레스의 "로
고스" 사상은 시장, 정치, 재판 등의 자리에 있어서 논의의 기술로서의
수사학과 관련되어 있었을 터이다. 아리스토텔레스의『수사학』에 주목
하였던 이는 三木淸(미키 키요시)였는데, 와츠지에게 그러한 관심은 보
이지 않는다. 대면윤리에 있어서도, 이문화 교류에 있어서도, 대화나 토
의는 불가결할 터인데 말이다.

이상과 같은 시점을 도입함으로써 와츠지 윤리학은 그것이 본래 가지
고 있었던 가능성을 충분히 발휘할 수 있게 되지 않을까. 그러고 나서
더 나아가 그것을 이문화간의 실제 철학적 대화 속에서 검토하고 다시금
단련해가는 것이 현재의 우리들에게 주어진 과제일 것이다. 그 때, 와츠
지 윤리학이 그 기초로 삼고 있는 불교, 유교의 사상적 전통을 공유하는
한국의 연구자들과의 대화는 그 무엇보다도 유익한 것이 될 것이다.

---

28) 久重忠夫,『罪惡の現象學』弘文堂, 1988.

제9장 니시다 기타로(西田幾多郎)의
『장소(場所)』의 사상

머리말

니시다 키타로(西田幾多郎)가 독자적인 철학적 입장을 확립한 것은 1926년에 발표한 논문 「장소(場所)」이었다고 말한다. 그 때 니시다는 이미 56세였다. 그를 유명하게 만든 최초의 저서 『선의 연구(善の研究)』가 간행된 1911년부터 이미 15년의 세월이 흐르고 있었다.

니시다 본인이 고백하였듯이 「순수경험(純粋経験)」의 입장에서 철학적 사색을 시작하고 「장소」의 입장에 도달하기까지 우여곡절이 있었다. 그는 유럽과 미국의 많은 철학자들과의 대화를 통해 자신의 사색을 구축해 내었다. 순수경험의 문제를 생각하였을 때에는 제임스(W. James)나 베르그송(H. Bergson)에게 친근감을 느끼었고, 그 후에 리케르트(H. Rickert)나 코헨(H. Cohen) 등의 신칸트학파 철학자들과의 대결이 불가피해지고 의식과 「자각(自覺)」의 문제를 깊이 생각하게 되자 피히테(J. G. Fichte)가 중요하여졌다. 후설(Ed. Husserl)의 현상학도 니시다의 시각 안에 들어오고 있었다. 「장소」의 입장으로 전환할 때에는 플라톤(Platon)과 아리스토텔레스(Aristoteles)의 그리스철학이 큰 역할을 하였다.

니시다는 많은 글을 남겼으나 주저라고 할 만한 것이 없다. 니시다가 쓴 글 전체가 연속된 것 같으며 전집 5,000쪽이 마치 한 편의 에세이라고 일컬어질 정도이다. 사실 곳곳에 이정표로 삼을 만한 논문이 있기는 하지만 이것을 읽으면 니시다에 대해 알 수 있다고 말할 수 있는 대표작을 한두 편 정도 결정하는 것은 매우 힘들다. 그는 평생 동안 철학체계의 구축을 지향하고 체계를 기초케 할 「논리」의 확립을 시도하였으나 끝내 완성된 형태로 제시하지 못하였다. 그러나 한편으로 그는 항상 같은 것을 문제로 삼고 있었다. 니시다 스스로 「『선의 연구』 이래 나의 목적은 어디까지나 직접적이고 가장 근본적인 입장에서 사물을 보고 사물에 대하여 생각하는 데에 있었다. 모든 것이 여기에서 나오고 여기로 돌아온다는 곳을 파악하는 데에 있었다」고 밝히고 있다. 이러한 니시다의 의도를 단적으로 나타낸 개념이 「장소」인 것이다. 「장소」 개념은 니시다의 사색 속에서 갑자기 등장한 것이 아니다. 그 이전의 중심 개념이었던 「순수경험(純粹経驗)」이나 「자각(自覺)」 개념에도 장소(場所)의 의미는 내포되고 있었다. 또한 그 이후의 사색 전개 과정에서도 장소(場所)의 사상은 결정적인 역할을 맡았다. 예를 들면 「변증법적 일반자(弁証法的一般者)」는 장소(場所) 개념의 전개된 형태이며 「절대모순적 자기동일(絶對矛盾的自己同一)」은 장소(場所)의 논리적 구조를 궁극적으로 규정한 개념이다. 완성된 마지막 논문이 「장소(場所)적 논리와 종교적 세계관」이며 죽기 직전에 집필하기 시작하고 절필로 남겨진 논문이 「나의 논리에 대하여」이었던 것도 상징적이다. 니시다는 끊임없이 스스로의 사상을 논리의 형태로 표현하려고 계속 궁리하였는데 그것이 바로 「장소의 논리(場所の論理)」인 것이다.

지금부터 「장소의 논리」에 대하여 밝힘에 앞서 니시다의 사상 전개를 세 가지 국면으로 구별하고자 한다. 첫째는 장소(場所)의 사상이 성립된 시기로 특히 「안다는 것」의 가능성을 둘러싸고 판단의 구조에서 장소(場所)의 사상에 도달한 국면이다. 둘째는 「무의 자각적 한정(無の自覺的限定)」을 축으로 하여 「장소적 변증법(場所的弁証法)」에 대하여 의논하는 국면이다. 니시다가 변증법을 문제로 삼게 된 것은 당시 대두하던 마르크스주의와 대결하지 않을 수 없었던 데에 유래하지만 후배이자 라

이벌인 타나베 하지메(田辺元)의 변증법적 사색과의 대결이 중요한 계기
가 되었다고 여겨진다. 셋째는 의식현상을 벗어나 변증법적 일반자와 절
대모순적 자기동일의 논리로 「장소적 논리」를 생각한 국면이다. 여기에
서는 자연과 역사의 세계가 주제화되고 「논리」는 「역사적 생명의 표현
적 자기 형성의 형식」으로 파악되었다. 첫째, 둘째 국면에서 중층적으로
겹쳐진 우리 의식면의 맥락을 판단형식의 실마리로 삼고 해명해 가는 수
법으로 장소의 논리를 생각하였던 것에 비해 셋째 국면에서는 자연이나
역사 속에서 행위하는 인간과 그 세계의 문제를 다루고, 과학의 이론적
세계, 실천의 세계, 문화나 예술, 종교에 이르기까지 다양한 세계를 관통
하는 실재의 논리적 구조를 「절대모순적 자기동일」로 풀이했다. 어느
국면에서도 공통되는 것은 니시다가 「행위적 자기」의 입장에서 사색하
였다는 것이며 또 지식의 문제에서 역사적인 세계문제에 이르기까지 모
두 「자각」의 문제로 생각하였다는 것이다. 「장소」의 논리가 행위적 자
기의 입장에 선 「자각」의 논리라는 것, 그리고 이 자각이라는 것이 어떤
의미를 갖는지, 그것이 어떻게 해서 장소 사상으로 전개되어 갔는지가
결정적으로 중요하다. 본 발표에서는 시간이 한정되어 있으므로 첫째 국
면을 중심으로 장소 논리의 기본구조와 성립의 의미에 초점을 맞추기로
하겠다.

1) 자각의 기본구조

니시다는 「자각」이라는 단어에 독특한 의미를 담았다. 「자각」은 원래
「자기가 자기 자신을 안다」는 뜻으로 칸트나 독일관념론 철학자들의 이
른바 「자기의식」(Selbstbewußtsein)의 번역어로도 사용되었는데 일본어
로는 「자기가 놓여 있는 상황이나 능력·가치를 아는 것」이며 또한 「깨
달음을 얻다」라는 종교적 의미도 포함된다. 이들 모든 의미를 내포하면

서 니시다는 자각에 대하여 「자기가 자기에서 자기를 보기」 혹은 「자기가 자기에서 자기를 비추기」로 규정하였다. 이 규정의 「자기에서」라는 단어 자체가 이미 「장소」를 암시하는데 장소적 의미는 「자기에서」에 한정되지 않고 「자기가 자기에서 자기를 본다(또는 비춘다)」라는 방식이 전체와 관련되고 있다. 피히테의 자기의식처럼 「내가 내 자신을 아는」 것이 아니라 「자기가 자기 자신을 보는」 것이라 하고, 게다가 「자기 자신에서」 본다고 하는 까닭이다. 「나(我)」는 「자기」와 동일한 것이 아니다. 「나」는 「자기」에서 성립한다고 할 수 있지만 「자기」는 「나」에 환원되지는 않는다. 니시다가 말하는 「자기」는 「작동하는 것에서 보는 것으로」라는 표제로 제시했듯이 피히테의 근원적 주체성을 보다 깊이 파헤친 것이었다. 그것은 근원적 활동이라기보다 오히려 「봄」으로써 「작동」을 포함한 「장소」이다. 「순수경험」의 입장에서 말하면 주객미분이며, 주·객을 분리시키면서 분리한 주·객을 한층 크게 포괄적으로 둘러싸고(장소), 통일하는 것(작동)이다. 니시다에 의하면 「작동」과 「장소」는 별개의 것이 아니다. 「자기가 자기에서 자기를 본다」는 것은 장소가 장소 자체를 한정시킨다는 것이다. 이전에 「순수경험의 자발자전(自發自展)」으로 생각되었던 사태가 이제야 「장소의 자각적 한정」으로 다시 생각된 것이다. 그것은 대체 어떤 것인지 구체적인 예를 들면서 생각해 보기로 하자.

지금 정원의 튤립을 보고 있다고 가정하자. 이 때 「나」라는 것은 아직 의식되지 않고 있다. 「나」라는 것이 의식되는 것은 튤립을 보고 있다는 것을 나중에 반성함으로써 이루어진다. 그 때 비로소 튤립을 보고 있는 「나」가 스스로 의식되고 「나는 튤립을 보고 있다」고 말할 수 있는 것이다. 단 이때 튤립을 보는 「나」는 이미 「알려진 나」가 되어 있다. 그것은 대상화된 「나」이지 「아는 나」 자체가 아니다. 그러나 그때 「나」는 이미 대상화된 「알려진 나」이긴 하지만 「알려진 것」 즉 나에게 보여지고 있는 「튤립」과 같은 수준에 있는 것은 아니다. 「알려진 나」와 「알려진 것」

(즉 튤립)과의 관계가 사물과 사물과의 관계처럼 같은 수준에 있지 않는 것, 이른바 주관과 객관의 관계에 있다는 것은 다름아닌 「나」가 알고 있다. 여기서 「나」라는 것은 대체 어떤 「나」인 것일까? 튤립과 대하고 튤립을 보고 있는 「나」가 같은 수준에 있지 않고 주관으로서 높은 차원을 차지한다고 한다면, 그 차원이 높다는 것을 알고 있는 「나」는 더욱 차원이 높은 것일까? 그렇다고 한다면 그것이 차원이 높다는 것을 알고 있는 「나」는 더욱 차원이 높다는 말이 된다. 이래서는 무한후진에 빠질 뿐이다. 튤립을 보고 있다는 것이 반성되고, 보고 있는 「나」가 의식될 때, 의식된 「나」와 보여지던 대상(튤립)이 같은 수준에 없는 것을 「알고 있는 것」, 그것은 결코 대상화되지 않는 「나」이며, 「나」라고도 할 수 없는 「나」인 것이다.

그러나 「아는 나」가 결코 「알려지는 나」가 되지 않는다고 한다면 이러한 「아는 나」를 어떻게 생각하면 좋을까? 니시다는 안다는 것에 대하여 알 수 없다고 하더라도 안다는 것을 생각할 수 있는 이상 어떻게 생각할 수 있는지를 분명히 해야 한다고 하였다. 그 때 그가 주목한 것이 의식과 대상의 관계이다. 내가 튤립을 보고 있을 때, 나는 튤립이 나 밖에 존재한다는 것을 알고 있다. 그것만이 아니다. 나는 내가 밖에 있는 튤립을 보고 있다는 것도 알고 있다. 「아는 것」으로서의 의식은 「알려진 것」을 의식하고 있을 뿐만 아니라 「알려진 것」을 의식하고 있다는 것을 다시 의식하고 있는 것이다. 이와 같이 의식은 「무언가」(예를 들면 튤립)을 의식하고 있다는 것을 다시 의식하고 있기 때문에 「밖」에 있는 사물로 의식된 튤립은 어떤 의미에서 의식 「안」에 있다는 말이 된다. 의식은 의식된 튤립과 튤립을 의식하고 있는 의식을 다시 포섭하고 있는 것이다. 의식은 항상 「무언가의 의식」이어서 「의식된 것」과 대상관계(對象關係)에 있다고 말할 수 있지만 이 의식과 대상을 포섭하는 *의식 그 자체*는 결코 대상관계에 들어 오지 않는다.

　　의식된 「나」 즉 「알려진 나」와, 의식된 대상 즉 「알려진 것」을 포섭하는 고차원의 의식, 다시 말해 「나」라고도 말할 수 없는 「나」가 니시다가 말하는 「진정으로 아는 것」인 것이다. 「진정으로 아는 것」가 「알려진 나」와 「알려진 것」을 포섭하는 것이다. 「포섭」이라는 의식의 작동을 다른 식으로 표현한다면 「아는 것」이 「알려진 것」(튤립)을 자기 안에 비춘다는 것이다. 이와 같이 내 안에 비춰진 것은 자기안에 비춰진 것으로서 *자기의 내용*이라고 할 수 있다. 「아는 것」이 *자기* 안에 「밖에 있는 것」을 비춘다는 것은, 안에 있는 스스로의 내용을 「밖에 있는 튤립」으로 한정한다는 것이다. 동일한 내용을 니시다 식으로 정식화한다면 「자기가 자기 안에 자기를 비춤으로써 자기의 내용을 한정하는 것」(N4-9)이 된다. 이것이 「안다는 것」의 근본 형식이다.

　　여기서 미리 주의해야 하는 것은 「아는 것」의 자기 한정 방식에 두 가지 계기가 포함되어 있다는 점이다. 하나의 계기는 「자기 안에 자기를 비추는 것」이고, 이것을 니시다는 현상학의 용어를 빌려서 「노에시스(Noesis)적 한정」이라고 부른다. 다른 계기는 「자기의 내용을 한정한 것」인 「노에마(Noema)적 한정」이다. 후설 현상학의 경우 노에시스와 노에마의 관계는 지향작용과 지향대상의 관계이지만 니시다의 경우는 상당히 다르다. 하나의 큰 차이는 니시다가 「안다는 것」을 작용으로 파악하지 않고 「봄」 또는 「비춤」으로 생각한 점이다. 왜냐하면 「안다는 것」을 「작용」이나 「작동」으로 받아들이면 주관과 객관의 대립을 예상하게 되기 때문이다. 니시다가 대상관계에 의해서는 파악할 수 없는 「아는 것」과 주제화시킨 것은 바로 주관·객관 그리고 관계를 전제하는 의식철학의 독단적 입장을 따져보기 위함이다.

2) 판단적 지식과 의식

문제는 대상적 관계로는 포착할 수 없는 「진정으로 아는 것」과 「알려진 것」과의 관계를 어떻게 보다 적극적으로 규정할 수 있을까 라는 점이다. 여기서 니시다는 개념적 지식의 형태를 반성하고 포섭판단(包攝判斷)을 실마리로 좀 더 면밀히 생각했다. 포섭판단이란 「S is P」를 「S는 P에 포함된다」(S⊃P)는 식으로 판단하는 것인데 그는 이 포섭판단의 구조가 「「술어면 P」는 「주어적인 것 S」를 「포함한다」」라고 생각한다. 「술어면」이란 표현이 이미 「장소」를 암시한다는 것은 금방 알았을 것이다. 앞에서 말한 튤립의 예를 다시 들어보자. 내가 한 송이의 튤립을 보고 「이 꽃은 튤립이다」라고 판단했을 때, 대체 나에게 무슨 일이 일어나고 있는 것일까? 내가 이러한 판단을 내릴 수 있는 것은 튤립이 꽃이라는 것을 내가 미리 알고 있기 때문이다. 「튤립은 꽃」이라는 지식은 튤립이라는 「특수한 것」이 꽃이라는 「일반적인 것」에 포섭되어 있다는 것을 의미한다. 그 때 「꽃」이라는 개념은 단지 튤립뿐 아니라 국화나 해바라기 등 수많은 특수한 꽃들을 포섭할 가능성을 갖고 있어야만 한다. 이와 같이 「일반 개념」은 적어도 잠재적으로는 그 안에 특수화의 원리를 포함하고 있는 것이다. 니시다는 이러한 의미의 「개념」을 「헤겔(J. F. W. Hegel)」에 따라 「구체적 개념」이라고 부른다. 객관적 지식을 구성하기 위해서는 모든 판단적 지식의 근저에 「구체적 개념」이 있어야만 한다. 「구체적 개념」은 스스로 안에 특수화의 원리를 포함함으로써 스스로를 한정할 수 있다. 「튤립은 꽃이다」라는 판단을 내리는 자는 분명 「나」이지만, 내가 이러한 판단을 내릴 수 있는 것은 「꽃」이 구체적 개념으로서 자기한정의 가능성을 갖고 있기 때문이다.

니시다가 여기서 이루고자 한 것은 판단에서 주어와 술어의 관계를 「아는 것」과 「알려진 것」의 관계와 연결시키고 개념과 의식을 분리하지 않고 생각하는 것이다. 판단의 포섭적 관계에서는 일반과 특수가 무한히 중첩되어 있으나, 니시다는 그러한 중첩된 장소가 「의식」이라고 파악했다. 그것으로 인하여 아리스토텔레스 철학과 칸트의 초월론적 철학을 연결시키는 새로운 입장을 열게 되었다. 주지하다시피 아리스토텔레스는 판단에서 주어와 술어의 관계를 바탕으로 이른바 실체의 존재론을 전개했다. 또한 칸트(I. Kant)는 판단에서 사고기능(思考機能)을 반성하고 초월론적 통각의 종합 통일의 작용에 바탕을 둔 초월론적 논리학을 구상했다. 이러한 아리스토텔레스와 칸트의 입장을 연결시켜 주는 것이 헤겔에게서 차용한 「일반자의 자기 한정」으로써의 「구체적 개념」이었다. 니시다는 헤겔의 구체적 개념을 자각의 입장에서 해석하고 판단 지식과 의식 기능에 대한 그들의 근본적인 반성을 거쳐 판단의 논리적 구조를 자각의 구조에 기초케 한 것이다. 그것에 의해 새로운 장소적 자각의 입장을 성립시켰다.

　니시다는 먼저 아리스토텔레스의 개체 이해에 주목한다. 아리스토텔레스는 판단의 주어와 술어의 관계에서 「주어가 되지만 술어가 되지 않는 것」 즉 「이 꽃」과 같은 개체를 생각했다. 개체란 니시다의 표현에 의하면 판단의 주어적 방향을 어디까지나 미루어 나감으로써 도달한 것이다. 그렇다고 한다면 동일한 판단의 술어적 방향을 어디까지나 미루어 나가서 「술어가 되지만 주어가 되지 않는 것」을 생각할 수도 있다. 그것이 니시다의 이른바 「초월적 술어면(超越的述語面)」이다. 판단의 특수와 일반의 관계에서 주어적 방향의 극치에 「개체」를 생각할 수 있다고 한다면, 술어적 방향의 극치에 생각할 수 있는 초월적 술어면은 이 개체를 「포섭하는 것」이다. 그렇다 하더라도 「초월적 술어면」이란 대체 어떤 것일까? 또 이 「초월적 술어면」은 어떻게 개체를 포섭하는 것일까? 도대체 「포섭하다」라는 것은 어떠한 사태를 표현한 것일까?

　다시 튤립의 예를 들어 보기로 하자. 앞에서 말한 바와 같이 튤립 꽃을 보고 「이 꽃은 튤립이다」라고 판단할 때 보는 「나」는 「아는 것」이었다. 「아는 것」으로서의 나는 스스로 안에 「나에 의해 보여지고 있는 튤립」을 비춘다. 「자기가 자기 안에 무언가를 비추는 것」이 「안다는 것」이며 「비춰진 것」은 「알려진 것」이었다. 그런데 이 「알려진 것」(튤립)은 「자기 안에」 비춰진 것이므로 「자기의 내용」이 된다. 자기 안에 「무언가」를 「자기의 내용」으로 비추는 것은 곧 「자기」를 비추는 것이 된다. 이 때 「자기」와 「자기의 내용」은 다르지 않느냐라는 반론이 즉시 돌아오는 것이 예상되지만 그렇게 생각하면 안 된다. 그렇게 생각할 때 우리들은 이미 주관과 객관을 분리시키고 구별해서 생각하고 있다. 튤립을 보고 있는 바로 그 순간에는 내가 스스로 안에 「튤립」(노에마적 대상)을 비추는 것은 내 안에 「튤립을 보고 있는 나」(노에시스적 자기)를 비추는 것과 표리일체가 되어 있다. 특히 보고 있는 내가 특별히 의식되지 않고, 보는 것에 전념하여 내 눈앞에 튤립이 드러나고 있을 때 눈앞의 튤립이 그대로 「튤립을 보고 있는 나」의 자각이 되는 것이다. 이 *자각*은 「자기에서」 이루어지며, 이 「자기*에서*」 밖의 어디에도 「보고 있는 자기」는 없다. 이러한 사태를 니시다는 「보는 것 없이 본다」거나 「자기 없이 본다」라고 표현했다. 「자기*에서*」 보는 것 *없이* 보는 「자기」야말로 니시다가 「초월적 술어면」이라 부르는 것이며, 진정으로 「아는 것」으로써의 의식면인 것이다. 따라서 「자각」이란 「자기가」가 「자기에서」에 말하자면 몰입하는 것이며 이렇게 몰입한 「자기에서」라는 장소에 자기를 「비추는 것」이라 할 수 있겠다. 그것은 「자기에서」라는 「초월적 술어면」이 스스로를 한정하는 것, 즉 「장소가 장소 자신을 한정하는 것」 바로 그것이다.

이상과 같이 「자각」이란 「보는 것」이 「보는 것 자체」(노에시스적 계기)와 「보여지는 것」(노에마적 계기)을 자기 안으로 포섭하는 것이며, 「보는 자」와 「보여지는 것」의 분리적 결합을 스스로의 안에 비추는 것이다. 이러한 자각이 깊어져서 「보는 자」가 「없이 보는 것」이 되고 「보여지는 것」을 스스로 안에 비출 때 「보는 자」 자신은 말하자면 「비추는」 동작에 몰입하고 말하자면 소멸하는 것이다. (즉 대상으로서는 숨어버린다) 이러한 사태가 니시다가 말하는 「직각」이다. 이 직각적 의식에서 사물의 드러남이 바로 파악되는 것이다. 그리고 이 사태가 나중에 반성되고 주관과 객관의 구별 의식이 나타나게 되면 직각적으로 파악되었던 사물이 대상화되고 「보는 나」가 주어로써 밖으로 나타나게 된다. 이러한 사물의 드러남이 「나는 튤립을 보고 있다」와 같이 언어적으로 분절화되는 것이다.

　이와 관련해서 니시다에 따르면 「주어적인 것이 우리들의 직각적 의식과 접촉하는 데」에서 「개체」라는 것을 생각할 수 있다. 「주어적인 것」이란 「자기가 자기에서 자기를 보는」 자각의 정식에서 말한다면 「자기가」가 된다. 이러한 자각의 의의가 깊어지면서 「자기가」가 「자기에서」에 합일하게 되면 자각적 자기가 스스로를 한정하는 면(비추는 면)으로써의 의식면(즉 「자기에서」)은 없이 보는 자기의 자각면으로의 의의를 가지게 된다. 그렇게 되면 이러한 의식면은 동시에 「노에마와 결합하여 보여지는 자기를 안에 포섭하면서 이것을 한정하는 의의」를 지니게 된다. 이러한 자각적 의식면이 니시다가 말하는 「직각적 의식」이며 대상적 의식을 초월한 예지적(叡智的)인 「초월적 자기」의 「자각적 직각」이다. 이 직각적 의식에서는 「보는 자기」와 「보여지는 자기」가 하나가 될 뿐만 아니라 「보는 자기」와 「보여지는 것」도 하나가 된다. 여기에서 자기는 대상을 스스로의 한정 내용으로써 직각하고 있다. 요컨대 개체라는 것은 「자기 없이 보는 것」에서의 사물의 현전이고, 개체를 파악한다는 것은 「자기 없이 자기 속에서 자기를 보는 것」이다. 그가 「초월적 자기의 자각에서 노에시스적 한정의 내용을 제외한 것이 개체가 된다」고 써 있는 것도 이와 같은 맥락이다.

니시다가 보기에 아리스토텔레스의 「주어가 되지만 술어가 되지 않는」 개체는 아직 진정한 「개체」가 아니다. 아리스토텔레스가 말하는 개체는 대상화된 자기에게 보여진 사물에 지나지 않는다. 아리스토텔레스는 개별적 실체를 판단에서 규정할 수가 없다고 하는, 다시 말해 특수와 일반의 관계에서 특수화를 아무리 진행시키려 해도 개체에 도달하지 못한다는 아포리아(Aporia)에 빠졌는데 그 이유는 니시다 입장에서 보면 「자각」의 문제를 깊이 생각하지 않았던 데 있다는 것이다.

어찌되었든 「개체」가 성립되는 직각적 의식이란 주객미분의 순수경험이 성립되는 차원이며 이것이 이제 판단적 의식과 연관해서 「초월적 술어면」으로 이해된다. 「보는 자기」는 스스로를 노에시스적 계기와 노에마적 계기로 분절하면서 그 분절을 스스로 안에 비추는데, 이 비추는 작동이 판단을 형성하게 된다. 「보는 자기」와 「보여진 내용」이 판단 형식에서 주어와 술어로써 분절화되자 「보는 자기」 자체는 숨어버리고 배후에 물러가지만, 판단적 일반자의 자기 한정의 장소로써, 판단 내용의 명증성을 말하자면 지탱하는 것이다. 니시다가 개체의 인식을 성립시키는 초월적 술어면의 자기 한정을 「장소가 장소 자신을 한정한다」고 바꿔 말하는 이유이기도 하다. 「자기 없이 본다」라는 의미에서의 「장소의 자기 한정」은 개체 인식의 명증성의 조건이 되는 것이다.

3) 논리의 근본 형식으로써의 자각형식

그의 사색의 특징은 「자기가 자기에서 자기를 보는」 자각의 형식을 「논리의 근본 형식」으로 생각하고자 한 데에 있다. 「논리적 한정과 자각적 한정과의 내면적 관계를 밝히고 자각적 한정의 논리적 의의를 밝히는」 것이 니시다 장소 사상의 근본적인 의도였다고 해도 좋을 것이다. 그는 의식의 구조를 종래의 의식 철학과 같이 작용과 대상의 관계에서 추구하는 것이 아니라, 장소적으로 생각하려고 했다. 「자기가 자기에서 자기를 보는」 자각의 과정은 무한의 과정이므로 자기를 보고 자기를 비추는 의식면은 몇 겹으로 중첩된 층을 형성하게 되나, 기본적으로는 표상적 의식면과 자각적 의식면과의 대립으로 이루어진다. 표상적 의식면이란 자각의 정식으로 말하면 「자기가」가 숨어버리고 「자기에서」의 의식면이 「자기를」의 면이 될 때의 의식면이다. 스스로의 내용을 비추는 의식면이 자기 한정의 의미를 잃고 단지 「자기를」의 면이 될 때, 이 면은 다른 내용(밖에 있는 사물이나 세계)을 표상하는 면이 된다. 이에 대해 자각적 의식면이란 「자기에서」와 「자기를」가 하나가 되고 「자기가」의 면이 될 때의 의식면이며, 거기에는 다름아닌 자기 자신의 내용이 바로 비춰진다. 자각적 의식면은 자기 자신을 비추는 것이고, 자기 자신을 자각하는 것이라 할 수 있다. 이러한 자각면과 표상면의 대립이야말로 의식의 근본 성격을 결정짓는 것이라고 니시다는 생각한 것이다.

니시다 의식론의 더 한 가지 중요한 특징은 앞에서 보았듯이 자각적 의식면과 직각적 의식면이 동일한 면을 형성하고 있다는 점이다. 그것은 주객미분의 순수경험과 같은 직각적 의식을 떠나지 않은 체 반성할 수 있는 근거가 되기도 하다. 보통 자각적 의식면과 표상적 의식면이 대립하고 직각된 것이 표상면에 그 그림자를 비춤으로 인해 사물이 의식되는데, 없이 보는 자기가 사물을 자기 안에 비추는 경우 사물을 비추는 지각면이 곧바로 자기를 자각하는 자각면과 겹치는 것이다. 「자기가 자기에서 자기를 비춘다」고 하는, 사물을 알고 대상을 의식하는 과정이 그대로 자기 안에 비춰지고 포섭된다. 노에시스의 자기 직각적 한정이 노에마적 한정과 대립하면서 그것을 포섭하는 성격을 갖고 있다는 점, 즉 자각면이 직각면으로서의 의미를 갖고, 노에시스적 작용적 자기를 포함할 수 있다는 것이 스스로의 아는 작동은 물론 감정이나 의지 차원에서 다양한 마음의 움직임을 철학적으로 반성할 수 있는 조건이 되는 것이다.

니사다는 이상과 같은 의식의 근본 성격에서 출발함으로써 지식의 문제뿐 아니라 의지나 감정 등 모든 의식의 문제를 풀어간다. 그 기본적인 시각이 「자기가 자기에서 자기를 본다」고 하는 자각형식이었다. 의식의 다양한 문제가 자각의 기본 구조에서 장소의 자기 한정의 문제로 다시 파악되는 것이다. 「장소의 논리」란 요컨대 다양한 직각면을 가진 자각적 한정면의 맥락을 확인하고 그 상호 연관을 조직화하는 것이고, 자각 형식이 엮어내는 노에시스적·노에마적 한정의 중층적 연관을 지(知)·정(情)·의(意)의 제영역에 걸쳐 논리적으로 형식화하는 것이었다.

맺는말

니시다의 기본적인 발상은 한편으로는 제임스와 베르그송과 같이 직접 주어지는 것, 가장 구체적인 것을 소중히 하면서, 다른 편에서는 칸트와 피히테, 헤겔과 같이 이성적 반성의 입장을 중시하고 자기 의식의 근원적 통일에서 경험의 제상을 체계화하려고 하는 데에 있었다. 그러므로 니시다는 베르그송에 대해서는 그가 순수지속이나 엘랑비탈(élan vital) 등 직접적인 경험에서 출발한 것을 대단히 평가하면서도 그러한 경험의 논리 형식을 분명히 밝히지 않고 실재를 일종의 형이상학으로 만들어 버린 것을 비난했다. 또 칸트와 피히테, 헤겔에 대해서는 그들이 자각의 문제를 철학의 기본 문제로 삼고 의식이나 인식의 가능성을 심도 있게 추구한 것은 평가하지만 의식의 본질을 작용이나 과정으로서만 파악했기 때문에 진정한 자각 형식을 포착하지 못하였고 실재의 근저에 도달하지 못했다고 비판했다. 니시다는 대상화된 자각의 관점을 철저히 물리쳤다. 그는 표층적인 표상적 의식을 돌파하고 의식 작용 그 자체를 보는 자, 「없이 보는 자」에 육박하고 거기에서 바로 보인 구체적인 체험이나 실재를 논리적 형식을 파악하려 하였다. 그 단서가 된 것이 판단적 지식과 자각적 의식과의 연결 고리였다. 그는 판단적 일반자의 자기 한정 구조를 「자기가 자기에서 자기를 본다」고 하는 자각적 의식의 본질 구조에서 해명하고, 거기에서 다시 의식의 중층적 구조를 일반자의 자기 한정의 다양한 단계로써 도출하려고 했다.

우리들은 니시다의 고찰을 통해서 일반자의 자기 한정이 의식의 모든 단계에서 넓은 의미의 「행위적 자기」의 자기 한정이고 「무로써(없이) 유를 한정하는」 자각적 한정이라는 것을, 그리고 내적 생명의 자각에 뒷받침된 행위적 자기의 자각형식이야말로 논리형식의 근저이며 철학의 여러 문제에 접근하는 열쇠임을 배우게 된다. 니시다의 「장소(場所)」 사상은 사고와 인식, 의지와 감정, 행위와 자유, 선악과 종교적 의식에 이르기까지 근원적 삶의 체험의 중층적 연관을 문제로 삼았다. 그러한 체험 연관에 대응하는 도덕이나 예술, 역사 등 각각의 세계를 해명하는 실마리가 바로 무로써 스스로를 보는 행위적 자기의 자각이었다.

제10장 소화(昭和) 사상사의 마르크스 문제

―『독일 이데올로기』와 미키 키요시(三木淸)―

1. 랴자노프판 『독일 이데올로기』 간행의 의의

1919년부터 1943년까지 세계의 공산당은, 유일한 세계공산당(코민테른)으로서 조직되어, 각국공산당은 소련방공산당에 종속하는 하나의 지부에 불과했다. 이 시대에, 소련방공산당의 내부사정이 세계의 마르크스주의자들의 운명을 결정했다.

마르크스가 철학적 저작들과 초고를 쓴 것은 1840년대에 한한다. 그러나 모스크바의 마르크스 엥겔스 연구소 소장인 랴자노프가 편집한 『마르크스 엥겔스 아르히프』 제1권(230~306쪽)에서, 『독일 이데올로기』 제1권 제1장 「포이에르바하」가 처음으로 간행된 것은 1926년이었다. (연구사상의 관행에 따라 이후로는 랴자노프판 이라 부른다). 랴자노프판은 구시다 타미조(櫛田民藏), 모리토 타츠오(森戶辰男)에 의해 곧바로 번역되어 『우리들(我等)』 1926년 5, 6월호에 게재되었다.

1926년 이전 단계에 있어서, 마르크스주의철학의 고전적 텍스트로써 유포되어 있던 것은 『반듀링론』(1878년), 『포이에르바하론』(1888년) 등 후기 엥겔스의 저작들이었다. 마르크스의 죽음(1883년) 이후 마르크스주의의 계승자가 된 독일사회민주당과 제2인터내셔널의 이론가들에게 있어, 마르크스주의철학이란, 직접적으로는, 후기 엥겔스의 철학이었다. 마르크스와 엥겔스의 사상의 동일성을 전제로 해서, 마르크스주의 철학의 전거로 엥겔스의 철학적 저작들을 인용하는 관행은, 레닌을 비롯한 소련방공산당 및 제3인테내셔널의 이론가들에게도 계승되었다.

마르크스와 엥겔스의 철학적 저작들과 초고들이 거의 간행되어 있는 현재, 우리는 초기 마르크스의 유물론 이해와 엥겔스 만년의 그것과의 사이에 원리적인 차이가 있었다는 것을 알 수 있다.[1] 마르크스의 초기철학 초고들이 간행되기 이전에는, 마르크스의 철학일반에 대한 비판으로서의 실천적 유물론을 엥겔스의 철학(철학적 유물론의 최신형태로써의)과 구별해서 파악하는 데에는 커다란 자료적 제약이 동반되어 있었다.

미키 키요시(三木淸)가 마르크스주의에 적극적으로 관여하게 된 것은 3년5개월에 달하는 하이델베르크, 마르부르크, 파리 유학을 마치고 귀국한 1925년10월 이후의 시기였다. 이 시기는 후쿠모토 카즈오(福本和夫)의『사회의 구성 및 변혁의 과정 -유물사관의 방법론적 연구-』가 간행되는 시기(동년11월)와 겹쳐, 일본에 있어서의 마르크스주의에 대한 이론적 관심이 지식인이나 학생 사이에서 단숨에 높아진 시기였다. 1926년 6월부터 미키는 니시다 기타로(西田幾多郎)의 추천으로 가와카미 하지메(河上肇)를 위해 헤겔 변증법의 연구를 지도하고, 동시에 유물사관의 연구에 착수했다. 바로 그 즈음에 랴자노프판이 간행 되었다. 후기 엥겔스의 철학관과도 레닌의 그것과도 다른 마르크스의 독자적인 철학관(철학일반의 비판으로서의 실천적 유물론)의 존재를 증명하는 문헌이, 이로 인해 마르크스 연구사상 처음으로 연구자의 손에 맡겨지게 된 것이다. 미키는 랴자노프판『독일 이데올로기』의 의의에 최초로 착목한 철학자의 한 사람임과 동시에, 그것에 담겨있는 철학적 함의를 가장 정확하게 파악할 수 있었던 철학자였다. 「인간학의 마르크스적 형태」에는 랴자노프판으로부터 다섯 군데가 인용되어 있다(三木 3, 8쪽, 27쪽, 34쪽, 38쪽, 40쪽). 일본에 있어서 독창적인 마르크스주의 철학연구는 랴자노프판『독일 이데올로기』의 간행으로 인해 비로소 가능해졌다.[2] 본고

---

1) 이 문제에 대해서는 타이라코(平子2009)에서 검토했다.

의 주제는 랴자노프판 간행의 충격을 미키가 어떻게 받아들였으며, 어떻게 독자적인 마르크스주의 철학으로 완성시켜갔는지, 그 논리구조를 미완성인 부분도 포함해서 검토하는 것이다.

2. 미키의 마르크스주의 철학 구상

미키에게 있어 철학이란, 인식론을 근본문제로 삼는 것이 아니라, 인식조차도 포함하는 인간의 삶의 전체존재의 본 모습을 탐구하는 삶의 존재론이며, 이 삶의 존재론 그 차체가 「인간의 삶의 하나의 존재양식」이였다. 「삶의 하나의 존재양식」인 이상 철학은, 철학의 외부로 적극적으로 나가 삶의 다양한 존재양식과 만나고, 교섭하고, 비판의 도마 위에 올라감으로 인해 비로소, 삶의 하나의 불가결한 존재양식으로서의 의의를 확증할 수 있다. 『파스칼에 있어서의 인간의 연구(パスカルにおける人間の硏究)』에서 보여진 미키의 이러한 철학이해를 필자는 「철학의 외부로 나가는 철학」이라고 그 특징을 규정했다. 「철학의 외부로 나가는 철학」이란, 철학적 제문제에 대한 결착을 추상적 사고의 활동인 철학의 내부에서 행하는 것이 아니라, 철학 외부의 일상적 생활의 제영역(이를 대상으로 하는 경험제과학도 포함해)으로 구하러 가는 철학을 뜻한다. 그것은 철학적 논의를 중시하기는 하되, 사고의 철학적 형태에는 구애되지 않는 철학이다. 미키와 마르크스 사이에는 「철학의 외부로 나가는 철학」이라는 사고가 공유되어 있었다. 바로 그렇기 때문에 미키는 랴자노프판 간행 후 남달리 일찍 그 의의에 착목할 수 있었던 것이다.[3]

---

2) 미키는 이와나미 문고판(岩波文庫版) 『도이체 이데올로기』(1930년)의 역자이기도 했다. 미키는 「역자예언(譯者例言)」에서 『도이체 이데올로기』를 「유물사관에 관한 가장 중요한 문서」(마르크스 엥겔스 1930, 4쪽)라고 말하고 있다.」.
3) 미키의 파스칼 연구로부터 마르크스 연구로의 전회에 관류(貫流)하는 「철학의 외부

그러나 『파스칼에 있어서의 인간의 연구』에 있어서는 철학이 적극적으로 교섭해야만 하는 외부로써 「신체의 질서」와 「자비(慈悲)의 질서」가 세워질 뿐, 아직 인간 상호의 역사적 사회적 관계가 시야로 들어와 있지는 않았다. 미키가 『독일 이데올로기』 독해로 인해 새로이 획득한 것은, 사고도 포함해 인간의 모든 활동을 다른 존재(자연 및 다른 사람들)와의 구체적이면서도 실천적인 역사적 사회적 제관계 속에서 파악한다고 하는 시점(視点)이었다.

> 인간은 언제나 다른 존재와 교섭적 관계에 있으며, 이 관계 때문에, 그리고 이 관계에 있어서, 존재는 그에게 있어 모두 유의미적이며, 그리고 존재가 짊어지는 의미는, 그의 교섭방식에 따라 비로소 구체적으로 규정되는 것이다. ……인간은 다른 존재와 동적 쌍관적 관계(動的双關的關係)에 서있으며, 다른 존재와 인간과의 동적 쌍관적으로 그 존재에 있어서 의미를 실현한다.(「인간학의 마르크스적 형태(人間學のマルクス的形態)」三木 3, 7쪽)

미키는, 위의 문장에 대한 주(注)로써 랴자노프판 247쪽에서 다음의 문장을 인용하고 있다.

> (나의 환경에 대한 나의 관계 — [교섭적 관계Verhältnis][4] — 가 나의 의식이다.) 관계가 존재하는 곳, 그것은 나에게 있어서 존재한다. 동물은 그 어떠한 것에 대해서도 관계하지 않으며 일반적으로 관계하지 않는다. 동물에게 있어서는 타(他)에 대한 그의 관계가 관계로서 존재하지 않는다.(同 8쪽)

온갖 이론, 사상, 철학은 사람들의 사회적 생활=사회적 존재의 한복판으로부터 역사적으로 생성된다. 역사적 존재로부터 이론이 분절화되어 형성되는 것을 미키는, 「역사에 있어서 존재는, 존재를 추상함으로

로 나가는 철학」의 이론구성에 대해서는, 타이라코(平子2010)에서 상세히 논했다.
 4) [교섭적 관계Verhältnis]는, 미키에 의한 보족이다. 이는 인간에 고유한 관계의 본 모습을 표현하기 위해 미키에 의해 도입된 개념이었다.

인해 이론을 추상한다」라고 표현했다. 이때 미키는 자신이 근거로 삼고 있는 이론도 포함해 온갖 이론을, 존재에 의해 역사적으로 추상되어 생성된「이데올로기」로서 파악하고, 모든「이데올로기」가 사회적 존재로부터 역사적으로 추상되어 성립하는 과정을 탐구하는 학문을「이론의 계보학」이라 불렀다. 미키는, 제이론의「역사적 추상」과정을 탐구하는 계보학을 구체적으로 수행하는 방법개념으로서「기초경험」「안트로폴로기(인간학)」「이데올로기」라는 개념계열을 제기했다.

「기초경험」이란, 이론이 역사적 존재로부터 아직 분절화되지 않고, 역사적 존재 그 자체에 파묻혀있는 상태이며, 개인들의 경험이기는 하나, 모든 인식의 전제가 되는 주관/객관의 구별의 도입이전에 있어서의 일상적 관습적 실천과 구별되지 않는 경험이며, 그런 의미에서 하나의 존재론적 범주이다.「기초경험」은, 특히「무산자적 기초경험」이라는 개념에 의해, 미키의 마르크스주의 철학 이해의 중심을 점하는 것이지만, 동시에, 미전개 상태로 남겨진 개념이기도 했다. 미키의 발언을 정리하면 거기에는 두 가지 위상을 구별할 수 있다. 가령 양자를 편의상,「무산자적 기초경험1」「무산자적 기초경험2」라고 구별한다면,「무산자적 기초경험1」은 노동의 존재론적 의의의 해명과 관계되는「해석학적 개념」이다.

> 무산자적 기초경험의 구조를 근원적으로 규정하는 것은 노동이다. …… 실천은 그것의 존재에 있어서 그것의 대상이 실천하는 자와 다른 존재라고 하는 것을 본질적으로 필연적으로 요구한다. …… 노동은 모든 관념론을 불가능하게 만든다. …… 노동에 있어서 자연과 구조적 연관에 서는 자로서 인간은 또한 그 자신 감성적 존재이지 않으면 안 된다. …… 감성이란 존재의『존재방식』의 개념이다. …… 의식이란 도리어 전체적인 인간적 존재의 구체적인 존재방식일 따름이다. …… 마르크스주의의 유물론에서 말하는『사물』이란 이리하여 처음에는 인간의 자기해석의 개념이며, …… 하나의 해석학적개념이지, 순수한 물질 그 자체를 의미해서는 아니 되는 것이다. 노동이야말로 실로 구체적인 유물론을 구성하는 근

원이다.(「마르크스주의와 유물론(マルクス主義と唯物論)」三木 3, 46~49쪽)

마르크스의 유물론은, 대상을 가공하면서, 대상의 주체로부터의 자립성을 확증하는 노동, 즉 주체의 능동성과 대상의 자립성이 동시에 성립하는 감성적 실천에 정위(定位)해서 성립한다. 이 근원적 경험을 미키는 「무산자적 기초경험」이라 부르고 있다. 이는 「무산자적」이란 형용사가 붙어있기는 하지만, 본질적으로는, 생산적 노동을 영위하면서 생활하는 인간 전체에 공유되는 「기초경험」이다. 「기초경험」의 존재론적 규정을 노동의 대상적 활동으로서의 성격에서 구한 미키의 착안점은 훌륭하다.
　　그러나 미키는 「기초경험」을, 이와는 다른 의미로, 하나의 시대경험을 표시하는 개념으로도 사용하고 있다.

　　　　포이에르바하의 안트로폴로기는, 헤겔의 철학과는 전혀 다른 방식으로 이기는 하나, 같은 로맨틱의 기초경험이기라도 한 것처럼 생각된다.……진전의 과정에 있었던 프롤레타리아적 기초경험은 포이에르바하의 인간학과 모순에 빠지고, 여기에서 안트로폴로기의 변혁이 필연적으로 행해지기는 하였으나, 이 변혁을 파악한 것은 실은 마르크스였던 것이었다. 마르크스학(學)에 있어서의 안트로폴로기는 무산자적 기초경험 위에 서있다.(「인간학의 마르크스적 형태(人間學のマルクス的形態)」同、28~29쪽)

미키의 「기초경험」 이해로서는, 「로맨틱의 기초경험」과 대비되는 「무산자적 기초경험2」가 유명하다. 그러나 인용문 중에 등장하는 「헤겔의 철학」, 「포이에르바하의 인간학」, 「마르크스학」은 모두 이데올로기 차원에서의 차이이다. 이데올로기 차원에서의 차이에 각기 특정의 역사적 「기초경험」을 대응시키고, 하물며 거기에 「로맨틱」「무산자적」이라는 규정구(句)를 붙이는 발상은, 미키의 「기초경험」 개념의 안이한 공식화와 오용에 길을 열어줄 가능성이 있었다. 미키는 위의 논문에 이어 발표한 「마르크스주의와 유물론」에서 「무산자적 기초경험」에 대해 다음과 같이 기술하고 있다.

> 내가 뜻하고자 하는 기초경험이란 현실의 구조의 전체이다. …… 내가 무산자
> 적 기초경험이라 말할 때, 나는 특히 무산자가 체험하는, 혹은 무산자만이 체험할
> 수 있는 의식을 말하고 있는 것이 아니다. …… 사람은 기초경험이란 명칭에 있
> 어서 무엇보다도 존재적인 것을 이해해야만 하는 것이지, 결코 의식적인 것을 이
> 해해서는 아니 되는 것이다. …… 기초경험의 『기초』란, 이것이 다양한 의식형태
> 의 근저가 되어, 그것을 규정하는 것을 표현하는 것이다. …… 『무산자적』이란
> 이와 같은 [인간의 존재의] 교섭 방식의 이른바 하나의 역사적 유형이며, ……
> 존재의 역사적 범주의 하나로 헤아릴 수 있을 것이다.(「마르크스주의와 유물론(マ
> ルクス主義と唯物論)」三木 3, 44~45쪽)

「기초경험」이란, 인간 상호의 「교섭 방식」이며, 이것이 「다양한 의식
형태」의 근저가 되어 그것을 규정하는 것을 표현하는 하나의 「역사적
유형」 혹은 「[사회적] 존재의 역사적 범주」라고 하는 인식은, 미키가 『독
일 이데올로기』의 주제를 정확히 파악하고 있었다는 것을 보여주고 있
다. 그러나 이 「기초경험」을 어떻게 「이데올로기」에 뜻있게 매개시킬
수 있을까 라는 과제는 미전개 상태였다. 미키 자신, 1929년2월에 발표
된 논문 「유물론과 그 현실형태」에서, 「인간학의 마르크스적 형태」 단
계에서의 파악의 불충분함을 인정하고 있다.

> 부르주아도 프롤레타리아도, …… 하나의 동일한 사회에 사는 인간이다. 그런
> 데 어찌해서 이 같은 사회에 대해서 양자는 계급적으로 다른, 서로 대립하는 의식
> 을 소유하기에 이른 것 일까? 이 물음은 …… 존재에 대한 양자의 교섭 방식의
> 차이 내지는 대립으로부터 …… 설명될 수 있는 것이 아닐까? 이것이 바로 내가
> 유물사관을 특히 무산자적 기초경험으로부터 전개하려고 꾀한 까닭이다. 이론의
> 구성과정에 있어서의 인간학의 위치도 또한 올바로 정해지지 않으면 안 된다. 졸
> 저 [「인간학의 마르크스적 형태」]에서의 이 문제에 대한 취급은 지나치게 간단
> 했다. 나는 머지않아 계급의식론을 포함해 관념형태론에 관한 체계적인 저술에
> 착수할 요량으로 준비 중이다.(「유물론과 그 현실형태(唯物論とその現實形態)」三
> 木 3, 362~363쪽)

확실히 미키는 1929년부터 1930년에 걸쳐 발표한 논문을 한데 모아
『관념형태론(觀念形態論)』(1931년)을 상재(上梓)하고 있다. 그러나 그것
을 읽어보는 한, 「기초경험」을 「이데올로기」론으로 생산적으로 가교하
는 논리는 보이지 않는다. 여기에는 역사적 피구속성을 승인하면서, 그
곳으로부터 사회적 의식형태로서의 「이데올로기」를, 공식적으로가 아니
라 구체적으로 전개하는 것의 어려움이 보여진다.

다음으로 미키에 의한 「안트로폴로기」와 「이데올로기」의 관계에 대
해 고찰해 보고자 한다. 「안트로폴로기」란, 이론이 역사적 존재로부터
분절화 되는 바로 그 순간에 착목해서, 그것을 역사적으로 분절화=추상
되어 가고 있는 바로 그 초발(初發)의 직접적 형태에서 파악하는 방법개
념이며, 미키는 이를 「제일차의 로고스」라 부른다. 「안트로폴로기」는
개인들이 각자의 인생에 있어서 만나는 여러 가지 경험을 그 당사자에
걸맞게 해석(즉 「역사적 추상」)한 것이며, 이른바 고유명사가 붙여진 로
고스이다.

> 안트로폴로기의 매개 없이 사회적 존재는 어떠한 경우라 할지라도 자신을 이
> 데올로기 속에서 표현하는 것이 불가능하다.(「자연과학의 사회적규정성(自然科學
> の社會的規定性)」三木 3, 504쪽)

더욱이 이 「안트로폴로기」로서의 로고스를 제약하고 있던 고유명사적
각자성이 사상(捨象=익명화)되어, 어느 정도 일반적으로 타당한 담론의
모습으로 기술된다는 것, 이것이 「제2의 로고스」로서의 「이데올로기」이
다. 「이데올로기」는 어느 특정한 시대/장소의 사상형태로서 존재로부터
의 「역사적 추상」을 끝내 이룩한 담론들이며, 이것들은 논의되고 비판되
고 유행해 간다. 이데올로기를 매개로 해서 비로소 공공권이 형성된다.

> 경험을 구출한다고 하는 로고스의 과제는, 그것이 객관적인 공공성을 얻음으

로 인해 비로소 만족스럽게 해결된다. (「인간학의 마르크스적 형태(人間學のマル
クス的形態)」三木 3, 11쪽).

미키에게 있어서 「이데올로기」는 「경험을 구출한다고 하는 로고스의
과제」를 실현시키고, 공공권을 성립시키는 것으로서 적극적인 의미를
갖고, 구체적으로는, 개별과학들, 철학, 상식이라는 세가지 형태를 포함
하고 있다. 「이데올로기」로서의 로고스는 종종 보편 타당한 진리라는
형태를 취해서 등장함으로 인해, 자신의 존재의 역사적 성격을 은폐한
다. 「기초경험」「안트로폴로기」「이데올로기」는 몰 역사적 형태를 걸치
고 등장하는 온갖 이론형태의 역사적 성격을 해명하고, 이론들을 그것들
이 유통하는 시대/장소에 있어서의 사람들의 사회적 실천의 맥락 속에
위치시키기 위해 도입된 방법개념이었다.

> 이데올로기의 비판은, 단지 그것의 내적 모순, 그것의 논리적 곤란을 지적한다
> 고 하는 따위의, 형식적인, 추상적인 길을 더듬어 가서는 안 되며, 그것의 현실적
> 지반을 명료히 해서, 그것과 구체적 존재와의 연관을 결정하는 것으로 인해서만
> 행해지는 것이 가능하다.(「인간학의 마르크스적 형태(人間學のマルクス的形態)」
> 三木 3, 25쪽)

미키는 『독일 이데올로기』로부터 「『순수한』 자연과학조차도 실은 그
목적 및 그 재료를 상업 및 산업에 의해, 인간의 감성적 활동에 의해,
비로소 얻는 것이다」(Rjazanov, S.243)라는 문장을 인용하면서, 다음과
같이 부연하고 있다.

> 거기에는 자연과학조차도, 이를 하나의 이데올로기로써, 그 사회적 역사적 성
> 질에 있어서 바라보고, 인간의 사회적 역사적 활동의 발전 속에서 그 근거를 묻고
> 자 하는 생각이 나타나 있다.……자연과학조차도 철학이나 예술 등 그 밖의 이데
> 올로기와 마찬가지로 바로 사적유물론의 견지에서 파악하는 것이다.(「유물론과
> 그 현실형태(唯物論とその現實形態)」三木 3, 354~355쪽)

미키는 여기서부터, 자연과학을 보편타당적 진리에 도달하기 위한 과학의 이상적 모델로 보고, 사회과학을 자연과학의 방법에 의해 정초하는 것으로 그것에서 「과학성」을 찾아내려고 하는 이른바 「과학주의」에 대해서 다음과 같이 비판하고 있다.

> 모든 이데올로기는 어떠한 방식으로든 이것의 생산자들의 사회적 규정을 그 자체 내에 반영한다. …… 이 근본명제를, 예술이든, 과학이든, 모든 종류의 이데올로기 일체에 있어서 제시하고, 해명하는 것이 우리의 일이다. …… 자연과학도 또한 …… 필연적으로 이데올로기일반에 관한 근본명제의 제약을, 어떠한 방식으로든, 어떠한 정도에 있어서든, 받고 있는 것이지 않으면 안 된다.(「자연과학의 사회적 규정성(自然科學の社會的規定性)」三木 3, 492~493쪽)

> 이 명제의 본래의 의미는 역사적인 사회의 존재가자연에대한해석의방식을규정한다고 하는 것에있다. …… 우리는 사회적인 것의 우위라고 하는 것을, 근원적으로는, 존재가 의식을 규정한다고 하는 의미에서 주장하고자 한다.(同 503쪽)

> 우리는, 근대에 있어 누차 행해져 왔던, 자연과학을 절대 확실한 인식으로 간주하고, 그 기초 위에 사회과학을 놓으려고 하는 경향에 대해 충분히 경계하지 않으면 안 된다. ……생각건대 자연과학에 있어 일반적인 견해 그 자체는 사회적 존재 내에서 태어나며, 따라서 역사적 사회적 제약을, 고로 또한 계급제조차도 짊어지고 있는 경우가 있기 때문이다. 그렇기 때문에 사람은 오히려 자연과학적 제 원리를 그 탄생의 지반, 즉 사회적인, 역사적인 생활에 까지 환원해, 그것의 역사적 사회적 제약을 음미하도록 가장 많은 경우 요구되고 있는 것이다.……사회과학을 자연과학으로 정초하려고 하는 바로 그 요구가 역사적 사회적으로 규정되어 있다. 역사적으로는 그것은 주로 근대의 것에 속한다.(同 506쪽)

자연과학이 진리명제로서 제출하는 담론들 그 자체가 역사적 사회적 제약을 받고 있다 라고 하는 인식은, 오늘날에는 어느 정도 상식이 되어 있다고 말할 수 있으나, 마르크스주의조차도 「과학적」임에 자신의 존재 의의를 찾고 있었던 시대에, 미키가 자연과학의 「역사적 사회적 제약」을 사정거리 안에 둔 「이데올로기」론을 구상했다는 사실의 의의는 크다.

이상으로, 미키가 랴자노프판 『독일 이데올로기』 간행의 의의에 누구보다 일찍 주목하고, 거기에서부터 미키의 독자적인 마르크스주의 철학구상을 어떻게 내세워갔는가를 검토해왔다. 이 절의 마지막으로, 미키가 마르크스의 「포이에르바하에 관한 테제 二」[5]에 관해 독창적인 해석을 내세우고 있는 것을 보고자 한다. 「테제 二」는, 다음과 같이 쓰여져 있다.

> 대상적 진리가 인간적 사유에 도래하는가 아닌가 라고 하는 문제는, 하등 이론의 문제가 아니고, 오히려 하나의 실천적 문제이다. 실천에 있어서 인간은 진리를, 즉 자기의 사유의 현실성과 힘, 그 차안성(此岸性)을 증명하지 않으면 안 된다.(同 427쪽)

상기의 「테제」에 등장하는 「대상적 진리gegenständliche Wahrheit」는, 많은 경우, 인식론과 관련된 진리개념으로 이해되어 왔다. 그러나 미키는, 여기에서 진리의 존재론적 개념과 인식론적 개념을 구별해, 전자의 후자에 대한 근원성 속에야말로 마르크스의 실천적 유물론의 핵심이 있다는 것을 주장한다.

> 오로지 인식의 성격으로써만 진리를 보는가, 아니면 진리는 제일차적으로는 존재의 성격이라고 생각하는가 하는 것은, 그 자체로 이미 인식론적으로는 결정되지 않는 사안이다. …… 유물론에 있어서는 인간이 자연의 일부라고 하는 의미

---

5) 「포이에르바하에 관한 테제」는 마르크스의 『1884년~1847년 수첩』의 53~57쪽에 쓰여 있다. 이 『수첩』은 Marx/Engels Gesamtausgabe, IV/3으로서 처음으로 간행되었다(1998). 『수첩』에는 「(1)포이에르바하에 관해서 (1)ad Feuerbach」라는 제목이 붙어있다. 「포이에르바하에 관한 테제」는, 엥겔스가 『루드비히 포이에르바하와 독일 고전철학의 종결』(1888년)의 부록으로 게재했을 때 붙인 제목이다. 게재할 당시 엥겔스는 29군데의 자구(字句)를 수정했다. 랴자노프는 『마르크스 엥겔스 아르히프』제1권에서 「포이에르바하에 관한 테제」의 마르크스에 의한 원본을 처음으로 공간하고, 엥겔스에 의한 수정을 각주에 게재했다(S. 227~230). 더욱이 랴자노프는 마르크스의 자필 원고의 확대 팩시밀리를 게재하고 있다(S. 222~226).

에서 유한하다고 보여진다. 이러한 것들의 경우 진리는 무엇보다도 존재 그 자체
에 관계되며, …… 존재의 참을 본뜨는 한에서 인간의 인식에는 제이차적으로 진
리가 속한다고 되어질 수 밖에는 없을 것이다. …… 유물론자에게 있어서도 진
리란 인간의 물질적인 유한성으로부터 인간을 해방하는 것으로써 진리인 것이
다.(「인식론의 구조(認識論の構造)」三木 3, 420~421쪽)

진리는 제일차적으로는 존재의 측에 속하는 이름이며, 제이차적으로
는 존재의 모사(模寫)로써의 인식의 성격을 나타낸다고 보여진다.(同
426쪽).

미키에 의하면 진리란, 우선 제일차적으로는 「존재의 측에 속하는」
개념이다. 그 내용은, 첫째로, 인간이 자연의 일부로서 유한한 존재이며,
그 한에서 고난을 받는 존재라는 것, 그러나 둘째로, 이와 같이 유한적이
며 고난 받는 존재이기 때문이야말로, 인간은 (근원적인 유한성의 한계
내에서) 여러 가지 유한성 (여기에는 인간을 고통스럽게 하는 온갖 문제
들이 고려되어도 좋다) 으로부터의 해방을 희구할 수 밖에 없는 존재다
라는 것이다. 「대상적 진리가 인간적 사유에 도래하는가 아닌가 라고 하
는 문제」가, 「하나의 실천적 문제」인 이유는, 여기서 문제되고 있는 「대
상적 진리」가, 자연의 일부인 유한자로써의 인간의 구원 내지는 해방에
관계되는 실천적 개념이기 때문이다.[6]
이와 같은 진리의 존재론적 (실천적) 개념을 전제로 해서 비로소, 협의
의 인식론에 있어서의 객관적 진리의 문제도 의미 있게 전개할 수 있다
고 미키는 생각했다. 진리의 인식론적 개념이 그것의 존재론적 개념에

---

6) 「인식에 관계하는 한에 있어서 존재는, 본래, 『대상적 존재』라고 생각 되고 있다.
…… 여기서 말하는 대상적 존재의 의미는 존재론적으로 이해되지 않으면 안 된
다. 즉 그것은 근대 철학에 있어서와 같은 주관=개관이라고 하는 [인식론적] 개
념구성의 방식으로부터는 우선 독립해서 이해될 필요가 있다」(「인식론의 구조(認
識論の構造)」三木 3, 434~435쪽).

의해 규정된다고 하는 원리적 의미로 미키는, 유물론에 있어서의 존재의
모사로서의 인식이라고 하는 명제를 이해했다.

> 인식이 모사라고 말하는 것은 그 궁극적인 철학적 의의에 관해서 말하는 것이
> 지, 인식의 절차 혹은 방법에 있어서 구성적이라는 것을 거부하지 않는다.(同
> 428~429쪽).

미키에게, 인식에 있어서의 대상이란,「주관」에 대한「객관」에 한정
되지 않고, 자연과 혹은 상호간에「교섭」을 영위하는 인간 존재의 본 모
습 전체가 함의된다.

3. 마르크스 레닌주의자에 의한 미키 비판의 논리

미키의 마르크스주의 철학은, 랴자노프판 『독일 이데올로기』에 있어
서의 마르크스(및 청년 엥겔스)의 철학비판으로서의 철학에 의거해서 구
상되었다. 그것은, 철학이 스스로에게 과한 과제를 실현하기 위해서는 철
학의 외부로 나가지 않으면 안 된다는 것을 주장하는 철학이며, 그 입장
에서 유물론을 포함해 철학의 내부에서 철학적 문제에 결착을 보려고 하
는 모든 철학적 사고를 비판하는 철학이었다.[7] 철학적 문제의 의의를 인
정하면서도, 그에 대한 해답을 철학의 외부로 구해가는 철학, 이미「철학
적 형태」를 취하지 않는 철학이었다. 현재에도 간행중인 독일어판 마르
크스 엥겔스 전집(Marx-Engels-Gesamtausgabe)의 제4부문에는 마르크스
및 엥겔스가 써서 남긴 방대한 발췌노트가 게재되어 있다. 1846년 이후
마르크스가 발췌한 문헌은, 경제학, 역사학, 정치학, 자연과학, 공학, 농예

---

7) 이 문제에 대해서는 타이라코(平子2009)에서 어느정도 전개했다.

화학(農芸化學) 등에 관한 것으로, 거기에는 협의의 철학적 문헌은 한 권도 찾아볼 수 없다. 철학적 문제(예를 들어 인간 존재의 의미, 인생의 비참함과 그로부터의 구원이나 해방 등의 문제)에 대한 해답을 철학의 외부에서 탐구한다고 하는 태도는 마르크스의 생애를 통해 일관된 것이었다. 1846년의 엥겔스와의 공동노작(勞作)인『독일 이데올로기』는, 이와 같은 「철학의 밖으로 나가는 철학」을 선언하는 작품이었다.[8]

그러나 미키의 마르크스주의 철학구상은,『반뒤링론』『포이에르바하론』등 후기 엥겔스의 철학적 저작들 및 그것을 「물질＝의식의 반영」도식으로 요약한 레닌의『유물론과 경험비판론』을 전거로 삼아 형성되어 온 코민테른 영향하의 마르크스주의 철학이해와 전면적으로 대립할 수 밖에 없는 관계에 있었다.

마르크스주의 내부에서 미키 비판을 개시한 것은 핫토리 시소(服部之總)였다. 핫토리에 의하면, 철학의 역사는 모든 시간과 장소에 있어서, 유물론과 관념론과의 투쟁으로 귀착된다. 따라서 모든 형태의 철학사상을 관통하고 있는 관념론일반 또는 유물론일반의 정의 그 자체는, 역사를 초월해 타당한 것이다. 그렇다면 「모든 유물론의 일반적 기초명제로서의 철학적 유물론」이란 무엇인가. 그것은 엥겔스의 다음과 같은 주장이 모든 것을 말하고 있다.

> 정신과 자연 어느 것이 본원적인가 하는, 이 문제에 대한 답변에 따라서, 철학자는 이대진영으로 분열했다. 자연에 대한 정신의 본원을 주장하고, 따라서 결국에는 뭔가의 종류의 우주창조설을 용인한 사람들은, 관념론의 진영을 구성했다. …… 그에 반해, 자연을 본원적인 것으로 본 사람들은, 유물론의 여러 유파에 속해 있다.[엥겔스『포이에르바하론』으로부터의 인용](「유물변증법과 유물사관(唯物弁証法と唯物史觀)」 1928년 11, 12월, 服部 1973, 30쪽).

---

8) 타이라코(平子2010)에서 필자는 「철학의 밖으로 나가는 철학」이라는 시각에서 마르크스와 미키의 관계를 고찰했다.

핫토리에 의하면, 유물론과 관념론이 대립이야말로 가장 중요한 대립점이며, 이에 비해 마르크스 이전의 유물론과 마르크스의 유물론과의 구별은 본질적인 문제가 아니다. 핫토리가 「모든 역사상의 유물론 철학에 통하는 근본원리」(同書 54쪽)를 설명하기 위해 인용한 문헌은, 모두 엥겔스 내지 레닌의 저작이며, 마르크스의 저작으로부터의 인용은 하나도 없다.

미키에게는, 실천이야말로 마르크스주의의 중핵을 형성하는 존재론적 개념이었다. 인식은, 실천으로부터 분절화됨과 동시에, 재차 실천으로 되돌려지는 실천의 한 계기였다. 그렇지만 핫토리에게는, 실천이란, 인식에 있어서 진위(眞僞)를 확정하기 위한 「인식론에 있어서의 기준」(자연과학에 있어서의 실험에 상당하는 것)에 지나지 않는다.

미키에게 있어서는, 마르크스의 유물론의 근본원리는, 인식론이 아니라 역사적 존재론이며, 그 핵심은 노동개념을 중축으로 하는 실천적 유물론에 놓였다. 핫토리의 경우에는, 사적유물론은 역사라고 하는 특수한 분야에 있어서만 타당한 특수이론에 불과하며, 그보다 상위의 보편타당성을 갖는 유물론 또는 유물변증법으로부터 파생된 것에 불과하다.

핫토리(사에키(佐伯))의 비판에 대해서, 미키는 「유물론과 그 현실형태」(『신흥과학의 깃발아래에서(新興科學の旗の下に)』제2권 제2호, 1929년 2월)에서, 다음과 같은 반비판을 전개했다.

첫째로, 철학도 포함해서 모든 이론은 역사적 성격을 갖고 있으며, 유물론 철학이라 할지라도 그 예외는 아니다. 게다가 「철학을 일반적으로 관념론과 유물론이라는 이대유형으로 나누는 것은, 일정한 역사적 조건하에서만 타당한」(三木 3, 349쪽) 것이지, 핫토리가 주장하듯이 철학의 역사는 시간과 장소를 불문하고 유물론과 관념론의 투쟁의 역사로 환원되고, 유물론의 입장은 항상 과학적 진리를 대표하고 있다는 주장은 잘못된 것이다.[9]

둘째로, 미키에게 중요한 것은, 마르크스주의의 유물론의 「현실형태」를 탐구하는 것이었다(「유물론의 현실형태가 문제인 것이다.」同, 366쪽). 따라서 마르크스주의는, 1920년대 말의 특수한 역사적 상황 속에서, 액츄얼한 이론으로서 「형성, 전개, 발전」할 수 있기 위한 특수한 「이론적 프론트」(三木 3, 335쪽)를 찾아내지 않으면 안 된다. 현대 마르크스주의의 이론구성에 있어서, 마르크스 바로 그 인물의 저작들의 정확한 독해가 그 출발점이 되지 않으면 안 된다는 것은 말할 필요도 없으나, 이는 19세기의 이데올로기 상황에 한정되어 있는 마르크스 사상의 조술(祖述)에 머물러서는 안 되며, 20세기의 철학적 과제와 수준에 적합한 것이지 않으면 안 된다.

미키가 마르크스주의와 적극적으로 관계했던 시기는, 1925년에서 1930년 전후에 걸친 시기였다. 그러나 이 5년 남짓한 시기는, 미키가 랴자노프판 『독일 이데올로기』 간행의 충격을 정면으로 받아들이고, 일본의 마르크스주의에 있어서도, 또한 미키 자신에게도 지극히 풍부한 사상적 교류가 행해졌던 시기였다. 미키가 구상했던 마르크스주의의 기초개념 중 많은 것은 미전개에 머물렀으나, 그 중에는 지금에도 여전히 재평가할 가치가 있는 많은 논점이 발견된다. 소화(昭和)의 일본철학사를 전체적으로 전망함에 있어, 특히 전후의 철학사상을 올바르게 평가함에 있어, 미키와 마르크스주의와의 관계는 피해갈 수 없는 논점이다. 본고가 이 연구를 위한 자그마한 문제제기가 되어주기를 필자는 바란다.

---

9) 「관념론과 유물론과의 진위를 결정하는 기준이 될 수 있을 만한 절대적인 학문으로서의 인식론은 어디에도 존재하지 않는다」(「인식론의 구조(認識論の構造)」三木 3, 415쪽).

참고문헌(배열은 알파벳순)

미키 기요시로부터의 인용은, 『미키 기요시 전집(三木清全集)』全20
卷, 岩波書店, 1948~86년年을 이용했다. 본서로부터의 인용은, 예를 들
어 (三木 3, 20쪽)과 같이 권수와 쪽수로 표시했다.

藤田正勝(二〇〇七)『西田幾多郎』岩波書店

福本和夫(一九七一)「社會の構成並に変革の過程―唯物史觀の方法論的研究―」
　　　『福本和夫初期著作集』第一卷、こぶし書房

服部之總(一九七三)「唯物弁証法と唯物史觀」『服部之總全集』第二卷、福村出版

服部之總(一九七三a)「觀念論の粉飾形態―三木哲學の再批判―」『服部之總全集』
　　　第二卷、福村出版

服部之總(一九七三b)「唯物弁証法的世界觀と自然―三木哲學における弁証法―」『服
　　　部之總全集』第二卷、福村出版

櫛田民藏・森戸辰男(譯)(一九二六)「マルクス、エンゲルス遺稿『獨逸的觀念形態』
　　　の第一篇=フォイエルバッハ論」、『我等』第八卷第五~六号、一九二六年
　　　五~六月

Marx, Karl (1998), *ExzerpteundNotizenSommer1844bisAnfang1847*. In:KarlMarx/Friedrich
　　　Engels, *GesamtausgabeIV/3*, AkademieVerlag,Berlin.

Marx, Karl/Engels, Friedrich (2004), *Die Deutsche Ideologie*. In: Karl Marx/ Friedrich Engels/
　　　Joseph Weydemeier, *Die Deutsche Ideologie*. Bearbeitet von Inge Taubert et al.,
　　　Marx-Engels-Jahrbuch2003, AkademieVerlag, Berlin.

マルクス・エンゲルス(一九三〇)『ドイッチェ・イデオロギー』リヤザノフ編、三木清譯、
　　　岩波書店

Rjazanov, David (hrsg.) (1926), Marx und Engels über Feuerbach (Erster Teil der„
　　　Deutschen Ideologie"). In: *Marx-Engels-ArchivZeitschriftdesMarx-Engels- Institutsin
　　　Moskau.BandI*,FrankfurtamMain.

澁谷　正(二〇一〇)「戰前期日本の『ドイツ・イデオロギー』翻譯史」、マルクス・エン
　　　ゲルス研究者の會、第二五回研究大會報告、鹿兒島大學　二〇一〇年三
　　　月二〇日

平子友長(二〇〇六)「戰前日本マルクス主義の到達点―三木清と戶坂潤―」岩波
　　　講座『「帝國」日本の學知』第8卷「空間形成と世界認識」(山室信一編)、岩

波書店

平子友長(二〇〇九)「新MEGA第IV部門が切り開くマルクス研究の新局面」、二〇
　　　〇六年度~二〇〇八年度科學研究費補助金(基盤研究(B))研究成果報告
　　　書　『デジタル化によるマルクス経濟學の總合索引システムの構築』(研究代
　　　表者　守　健二)

平子友長(二〇一〇)「哲學の外に出る哲學の可能性の探究—三木清を切り口として
　　　—」、『西洋哲學との比較という視座から見た日本哲學の特徴およびその可
　　　能性について』(二〇〇七年度~二〇〇九年度科學研究費補助金　基盤研
　　　究(B)　研究代表者　藤田正勝)研究成果報告書

平子友長(二〇一〇a)「マルクスのマウラー研究の射程—後期マルクスの始まり
　　　—」、『マルクス拔萃ノートの編集とその活用による『資本論』形成史研究の
　　　新段階の開拓』(二〇〇七年度~二〇〇九年度科學研究費補助金　基盤研
　　　究(B)研究代表者　平子友長)研究成果報告書

후 기

한국에 수용된 서양철학은 주자학과 실학의 사상적 대립과정에서 발생한 유학적 사유의 균열을 보여준다. 그러나 사유의 균열은 균열로 끝나지 않는다. 서양철학은 사유의 균열 사이로 뿌리를 내리면서 유교의 뿌리를 송두리째 도려내려 한다. 문화는 문화적 헤게모니를 장악하려 하기 때문이다. 사이드는 『문화와 제국주의』에서 문화를 온갖 정치적, 이념적 명분들로 서로 뒤섞이는 극장 같은 곳이라 하면서 대의명분을 백주에 드러내 놓고 싸우는 전장이라 표현한 바 있다. 한국의 근대화 100년은 서양철학이 새로운 토양에서 벌인 지적 사유의 헤게모니 싸움의 시간이었다.

그렇다면 그것이 우리에게 가져다 준 '혜택'은 무엇이 있었을까? 우리에게는 지금 그것을 정리할 시대적 소명이 있다. 그러나 이제까지 그것을 종합적으로 검토해보는 장이 없었다. 2011년 5월 강원대에서 개최되었던 <한일간 서양철학 수용의 문제>국제 심포지엄은 그래서 더욱 의미가 컸다. 서양철학과 동양철학을 전공한 연구자들이 한자리에 마주앉아 동아시아 사상사에서 서양철학 수용이 던진 물음과 남겨진 과제를 다시 생각해보고 앞으로의 100년을 다시 전망해보는 자리였다. 우리는 지금 서양철학 연구자 1세대들이 당시의 사상사적 환경, 즉 유교가 모든 것을 지배하던 사상사적 환경을 상대화시키면서 서양철학으로 사상적 전환을 이루는 목적이나 의도, 나아가 그렇게 할 수 밖에 없었던 계기는 무엇인지를 다시 물어야하는 시점에 와 있다. 서양철학의 수용은 조선시대를 이끌었던 유학적 세계상의 붕괴이기 때문이다. 유학적 세계상의 붕괴는 동시에 서양철학적 세계상의 생성을 의미한다. 붕괴와 생성 사이에 존재하는 간극을 어떻게 해석해야 하는가의 문제가 남는다.

그러나 지금까지 한국철학 연구자들과 서양철학 연구자들은 학문적으로 유기적 연대감을 형성하지 못했다. 이제 한국철학은 서양철학과 심도 있는 대화를 해야 할 시점에 와 있다. 한국사상사의 틀 안에서 서양철학 수용과 변용의 문제를 다시 생각해봐야 한다. 유학을 중심으로 전개된 한국사상사에서 서양철학은 과연 어디에 위치하는가? 한국사상사에서 서양이라는 외적 충격이 던진 파장이 결코 적지 않음에도 애써 외면해 온 것은 한국사상사의 책임일 수 있다.

2010년 12월 교토대학에서 『선의연구』 간행 100주년 기념국제심포지엄이 개최되었다. 지금까지 어떠한 연구가 이루어져왔으며 『선의연구』 는 어떠한 의의가 있는가, 어떠한 비판이 있으며 앞으로는 또 어떠한 연구가 전개될 수 있는가 등등의 물음을 논의하는 자리였다.1) 『선의연구』 의 저자인 니시다 기타로의 철학은 후학들에 의해 교토학파의 탄생을 가져왔다. 현재 그 중심은 교토대학 대학원 문학연구과의 일본철학사 연구실이다. 일본철학사 연구실에서는 니시다 철학의 문제를 포함하여 메이지 이후의 일본 철학의 형성과 발전, 서양철학의 수용과 대결의 와중에서 발생한 독창적인 사상의 궤적을 더듬어가면서 일본의 문화적, 사상적 창조가 나아갈 방향을 탐색하고 있다(교토대 문학연구과 일본철학사 연구실 홈페이지에서). 필자도 이 기념국제심포지엄에 통역이라는 신분으로 참가했는데 대단히 신선한 충격을 받았다.

필자가 본서의 간행을 기다리는 것도 이러한 이유에서 이다. 한국에서 벌어진 지(知)의 파노라마의 생생한 현장을 보고픈 지적 갈망이 있기 때문이다. 지난한 한 세기를 살아낸 사상이 앞으로 또 한 세기를 살아가기 위한 방향을 어떻게 설정하고 있는지 그 자생력을 알고 싶은 욕심도 있다. 사상은 활물이기 때문이다. 한국이라는 공간안에서 자기 변용과

---

1) 藤田正勝 『『善の硏究』の百年』, 京都大學學術出版會, 2011년 참조.

융합을 거듭하고 있는 사상과 문화의 흐름을 목격하는 것은 그래서 행복하다.

2012년 3월 16일
이기원

부 록

西洋哲學の受容と変容
- 東アジアにおける西洋哲學受容の問題 -

まえがき

1.

　本書は、十九世紀中盤ごろ、西洋のphilosophia(哲學)が初めて日本に、そして韓國に紹介されて以來一五〇年あまりの間にどのようにして受容され、變容されてきたかを檢討するため、昨年五月に韓國の江原大學校哲學科で開催した「韓日國際シンポジウム」で二〇人あまりの兩國の學者が發表した內容を出版したものである。ところで本會はもともと、二〇一〇年の十二月すでに開催が決まっていた。それは、当時の日本において西洋哲學を受容し、變容と創發の段階へと發展させるうえで決定的な役割を果たした京都學派の開祖西田幾多郎の處女作『善の研究』一〇〇周年を記念する國際シンポジウムでの、筆者と京都大學哲學科の藤田正勝教授の提案によるものである。

2.

　西洋哲學が受容され始めてから一〇〇年あまりの歳月 が過ぎた昨今、兩國の學者たちはその受容の軌跡をふりかえって、隣り合った兩國でそれが各々どのように變容されてきたかが氣がかりになった。さらに私たちは「東アジアの西洋哲學受容の問題」についても關心を同じくし、まず今までの日本と

韓國の事情を共同で調査することにした。また私たちはこれから、可能なら中國と台湾、ベトナムと北朝鮮などに關心と研究を廣げることで、東アジアにおける西洋哲學の受容と変容の事情も檢討できるようになることを期待している。philosophiaは古代ギリシアに端を發するものの、東アジア各國に受容されてより、今までそれなりの知脈を形成しつつ東アジアの文化の中で獨自に創發しようとしてきたであろうからだ。

3.

　文化に純血種はありえない。文化は中間宿主(人間と媒介者)の経路と役割によって変形される(metamorphosed)。それゆえ文化の受容と変容は自然な現象である。それは、各自の文化素を持ったまま、相互作用を通じてお互いに通渉するものである。受容された他者はもはや他者であることができない理由もそこにある。それはもはや他者それ自体ではなく、多様に轉化されて変容されているからだ。

　このような事情は哲學でも同じである。むしろ、いつ、どこででも知を受容し、変容しようとする努力と活動がphilosophia(愛知)の本來の姿なのかもしれない。各國ごとの哲學の歴史はそのようにして起こり、續いていくのではないか。メルロー＝ポンティが「哲學の中心はどこにでもあって、どこにもない」と主張するのもそのためだ。言い換えれば、哲學の中心はどこにでもありうるけれど、その周辺はどこにもありえないと述べて、彼は西洋哲學の獨斷を戒めようとしたのである。また「西洋的知性の危機」を叫んで西洋哲學の特權意識を指摘するフッサールの考え方もそれと異ならない。こんにち西洋の知性と哲學が私たちに歩み寄ろうとする理由、そして私たちがそれらと調和すべき理由もやはりそれと同じである。

4.

　最後に、二回にわたる兩國のシンポジウムに参加した討論者たちの關心と参加に、この場を借りてあらためて感謝の念をお伝えいたします。また翻譯と通譯を支援して下さった京都フォーラムの柳生眞先生、高麗大學校日本研究センターの宋浣範・全成坤教授、高麗大學校亞細亞問題研究所の辛炫承教授、韓國外國語大學の金錦香先生、江原大學校哲學科の兪成善教授・金善姫教授と李基原博士の苦勞にもただ感謝いたします。

　また長年の同學之友である大阪市立大學の高坂史朗教授の思慮深い援助にも感謝を禁じ得ません。國際會議のパートナーをつとめてくださった、江原大學校人文科學研究所および李大範所長にもこの場を借りて感謝申し上げます。

　困難な事情のなかで出版を喜んでひきうけてくださった京仁文化社の韓政熙社長の愛情ある決斷がなかったら、私たちの發表は少數者たちの饗宴としてだけで終わってしまったかも知れません。それゆえひとしお有難く思われます。あわせて、手間をいとわない出版社の皆さまと讀者の皆さまにも心よりの謝意を述べさせていただきます。

2012年　2月　9日

春川にて

序　文

　日本におけるこれまでの哲學の歴史のなかでもっとも大きな足跡を殘した
のは、京都學派の祖となった西田幾多郎(一八七〇―一九四五年)である
が、その最初の著作『善の研究』が出版されたのは一九一一年であっ
た。明治時代のはじめ、ヨーロッパの他のさまざまな學問とともに哲學が紹
介されてから四十年ほど経ってからのことである。この『善の研究』という著
作は、それまでの西洋哲學の受容の期間を経て、日本において哲學とい
う學問が自立した歩みを始めたことを示す記念碑的な著作である。それが
出版されてから百年を迎えることを記念して、昨年十二月に京都大學で國
際シンポジウムを開催した。その折りに江原大學の李光來先生にもお出で
いただき、「西洋哲學と東洋哲學との對話」というテーマで特別講演をして
いただいた。

　この國際シンポジウムには韓國や台湾、香港、アメリカ、イタリアなど、
多くの國から參加していただいたが、その折りにとくに強く感じたのは、東アジ
アの研究者が、『善の研究』をはじめ、西田幾多郎の哲學に對して熱いま
なざしを向けておられた点である。『善の研究』は、一方で西洋の哲學を正
面から受けとめるとともに、他方、東洋の思想的な伝統を踏まえ、いわば東
洋と西洋とのはざまに立って、哲學の世界に、それまでにない新しい眺望を
切り開いていった書物であった。それぞれの國の同じ課題を担った思想家た
ち、つまり、一方で西洋の「近代」に直面し、それを受容するとともに、他
方、自らの伝統を振り返り、そのはざまで獨自の思想を生み出していった人
たちの思想と、西田の思想とを重ね合わせることによって、そこから、東アジ

アにおける哲學の新しいあり方を模索することができるのではないかという意図が、その背後に感じられた。

　しかし同時に、それを實現するためには、よりいっそう深い相互理解と十分な對話が必要なのではないかということも強く感じた。そのような對話を通して、それぞれの哲學の特徴も明らかになるであろうし、新たな發展の可能性を引き出すこともできるのではないかと考えた。それをぜひ實現したいと思って、日本と韓國の哲學者のあいだでの國際對話を李光來先生に提案させていただいたところ、先生はそれを積極的に受けとめ、今回の國際シンポジウムの實現に力を盡くして下さった。心より御礼申し上げたいと思う。

　今回のこのシンポジウムでは「東アジアにおける西洋哲學受容の問題」を軸に對話がなされた。日本と韓國においてどのように西洋の哲學が受容され、そこからどのようにして獨自の思想が形成されていったのかが中心のテーマであった。もちろんその受容の仕方は同じではない。しかしそれは對話をはばむものではないと考える。異なった思想のあいだでこそ、内實のある有意義な對話がなされうると私は考えている。昨年京都大學で國際シンポジウムを開催したときに、ちょうど李光來先生の『韓國の西洋思想受容史』が日本語に翻譯され、出版された。そのなかで李先生が強調されたのも「哲學的オーケストラの實現」ということであった。この「哲學的オーケストラ」という言葉は、いま言った異なった思想のあいだに成立する創造的な對話という意味に理解することができると思う。そのような對話が今回江原大學で實現できたことをたいへんうれしく思っている。

　もちろんそれはその第一歩にすぎないとも言える。今回は西洋哲學の受容という点に力点が置かれ、その基盤となったそれぞれの伝統という点には十分に目を向けることができなかった。また、それぞれの哲學の課題がどこにあるのか、われわれの對話がその課題の解決にどのような寄与をなしうるのか、そういった点にまで十分に踏み込むことはできなかった。そういう点から

も、今回の人文學對話が一回的なものに終わるのではなく、回を重ね、相互認識と相互理解への大きな流れが生まれることを願っている。

2011年

京都大學 藤田正勝

序章: 韓國と日本のphilosophiaの知脈探し

1. 受容知としてのphilosophia

16世紀以前までは、西洋文化に對する處女人口集団(virgin population; いかなる細菌にも感染されたことのない、免疫力がない集団)であった東アジアに、西洋の宗教と科學などの多様な文化寄生体が侵入して文化を感染し始めた。その後17世紀初に至ると、西洋の學問と文物の感染は三國において、流行性の徵候を示して、共生、あるいは習合しながら土着化していった。さらに19世紀には、西歐列强の軍事力の勢いに乗って文化の波が侵入してきたから、この時期をいわば疾風怒濤期と言っても過言ではない。当時は他のどの時代よりも西勢東漸の現象が顯著であった。

結局、支配權力の守舊理念的對応とは違って、知識人たちは敵とともに同じ食卓で食事をし、あまつさえ同じ床で寝ることもできる相利共生(commensalism)が靜かに進行していた。東アジアは東道西器(朝鮮)、和魂洋才(日本)、中体西用(中國)という文化ヘゲモニー的用語が象徵的に示しているように、西洋文化に對する免疫体系を持つようになった。韓國と日本、そして中國は自發的で自發的ではないにせよ西洋文化に對する自分なりの受容姿勢と立場をとったのである。このような自己防禦的決定は、地球的權力の巨大構造の中で、他律的に編入されざるを得なかった19世紀東アジア知識人たちが西洋文化と差別化のために選擇した知的對案であり歴史的ストレスに對する自救的對応方式でもあった。

では西洋文化の中での西洋の哲學、つまりphilosophiaの場合はどうだったのだろうか。周知のようにphilosophiaは文化輸入の過程で、19世紀に入ってからようやく日本に紹介された。

痲生義輝は『西洋哲學渡來前史』の中で「わが國に西洋の思想が伝來されたのは、キリスト教の渡來(1594)と同時だと言わねばならぬ」[1]というが、philosophieという單語を「哲學」と譯したのは西周以來のことである。1861年津田眞道の「性理論」の最後に付記された評言で、西周は始めてphilosophieをヒロソヒという傍訓まで付けて「希哲學」と譯した。

しかも彼は日本人としては初めて西洋哲學を講義した人でもあった。少なくともオランダに留學(1862年6月18日)する以前に彼は蕃書調所での講義のために哲學講義案を作成しているが、この講義案ではphilosophiaの語源、およびピタゴラス、ソクラテス、プラトン、アリストテレスなどの哲學を簡略に紹介している。彼がphilosophiaを「希哲學」と譯したのも、これがためであろう。ともかく、彼が日本で西洋哲學研究の先驅者だったことに關しては、高く評價すべきであろう。船山信一が『日本の觀念論者』で西周を日本近代哲學、いや日本哲學自体の父と見做した理由もここにある[2]。

一方韓國人で西洋哲學を最初に紹介した人物は李定稷(1841～1910)である。1868年燕行使として北京に赴いた彼は、そこで1年間西洋哲學を學び、30冊に上る『燕石山房稿』の「未定文別集」に収められた、128頁の分量の「康氏哲學說大略」というタイトルの原稿でカント哲學を紹介した。彼はカントの自由思想を、天理に從う眞の自由、つまり「循天理之自然思想」と解釋し、それを本質の世界と見做し、儒學の本然の性に比喩した。また彼は、西洋哲學が概ね實利主義と功利主義に止まり、東洋哲學とは調和できないが、カントの場合はそうでもなく、兩者をよく研究すれば相互調和を實現

---

1) 痲生義輝、『近世日本哲學史』、宗搞書房、1942, p.15
2) 船山信一、『日本の觀念論者』、英宝社、1956, p.35

できると結論つけた[3]。

　その後、韓國で最初に西洋哲學を著述した人物は、省窩李寅梓（ソンワイインジェ）(1870~1929)である。彼は一生を主理論で一貫してきた儒者であるが、西洋の制度と文物が押しよせて來る当時にあって、西洋のそれが隆盛した根本的理由が何かを知らなければならないと考え、南亨祐（ナムヒョンウ）に要請して普成專門學校(現, 高麗大學)で刊行する新學問の教科書を購讀した。そして新學問が結局は哲學にもとづくことを知った彼は、西洋哲學の淵源と考えられる古代ギリシア哲學を學び、1912年に哲學著書『古代希臘哲學攷辨』を著述した。116頁からなるこの本の中で彼は、大正時代の倫理學者中島力造の『西洋上古哲學史論』を中國の陳鵬が譯した『希臘三大哲學家學說』を48回、井上圓了の著書を中國人の羅伯耶が譯した『哲學要領』を14回、そしてフランス人の李奇若の著書を陳鵬が譯した『哲學論綱』を1回引用している。

　19世紀末から20世紀初にかけて、韓國のエリート知識人社會で膾炙した哲學的テーマは、当然のように日本と中國と同じく開花と進步のための社會進化論であったが、西洋哲學の淵源として古代ギリシア哲學に對しても少なからぬ關心が寄せられた。しかし、当時の韓國でこのような雰囲氣を主導したのは、大學(大學設立の胎動期だったので)よりも、主に新聞の社說であった。例えば「大韓每日新報」は1908年2月8日付に＜進化と降衰＞、1909年8月1日付に＜競爭進化論の大概＞というタイトルの社說を揭載し、1909年8月4日付社說では＜奴性を去った後に學術が進む＞というタイトルでアリストテレスの哲學が紹介された。國家と社會が本当の進步を求めるならば、旧學問を徹底的に破壊せねばならず、一日でも遅れるならばその分だけ害を被るだろうとして、西洋哲學の淵源を理解すべきと主張している。

　また「皇城新聞」社長の張志淵（チャンジヨン）も、＜哲學家の眼力＞というタイトルの1909年11月24日付の社說で「凡そ哲學とは窮理の學であって、各種の科

　3) 朴鍾鴻,『全集』, 제V권, 民音社, 1998, pp.283~285

學工夫の所不及處を研究して、明天理淑人心する高等學問であり(中略)我々も世界の書籍を博覽して世界の學理を廣求し世界の哲學家の一部分を持つならば、世の國光を發表する價格があるだろう」として、近代化された先進文物を共有するためには、何よりも西洋哲學の勉強を怠ることがないようにすべきであることを強調した。彼は、こうした考えを實踐するかのように、「萬國事物紀元歷史」ではデカルト、カント、フィヒテ、シェリング、ヘーゲルなとの哲學を紹介したほどであった。これは当時の知識人社會の關心事が何であったか、そして開花と進歩に對する彼らのストレスがいかに大きかったかがうかがい知れるだろう。

しかし、韓國近代史において、最も危機な時期に少數のエリート知識人たちの間から自發的に起こっていた時代精神は殘念なことに、1910年の韓日併合によって開花前にさらに衰退していき、彼らの暮らし方も竹林七賢のように現實逃避的になってしまった。その後、社會進化論に關する關心は續かず、西洋哲學も非イデオロギー的、形而上學的な古代ギリシア哲學にて命脈を維持するしかなかった。1912年發表された李寅梓の著書もその時代の反映物に他ならない。

2. 変容知としてのphilosophia

文化において受容は変容を意味する。受容された他者は、すでにそれ自体のままではなく、受容と同時に轉化されて変容される。そうだとすると文化融合は最初から自然の現象であろう。哲學の受容においてもそれは同じである。本來、他者の哲學を「受容する」とは理解して解釋するという意味だから、誰であれ地平融合(Horizontsverschmelzung)という解釋學的変容は避けられない。しかし、受容の仕方が自發的か、それとも非自發的かに

よって、変容の程度と樣態も異なる。過ぎ去った100年間の韓國知性史に出現してきた西洋哲學の痕跡、つまりその知脈と知形をみると、特に試練の多かった100年間の歴史に伴い、哲學知層の變形(metamorphosis)と変成作用(metamorphism)もただならないものがあった。その変容と変成を類型化すれば次のように見ることができるだろう。

1) 自覺的 受容型

philosophiaの受容と変容の痕跡の中において、最初に擧げられるのは李寅梓『古代希臘哲學攷辨』である。この本は、ギリシア哲學の歴史を紹介するに止まるのではなく、例としてあげた64個の引用文に對して、自分の儒學の立場から批評する形式で書いたからである。特に彼は一貫して主要な哲學者に對し、自分の歴史觀と哲學史論の觀点から論述を展開していった。

　性理學者の彼がギリシア三大哲學者の中で最も批判した人物はプラトンである。プラトンのイデア論に對する彼の批判は、イデア卽ち形相という實相が諸性の外にあり、眞の本質が各個人にはないとするプラトンの主張に向けられる。彼によれば理致とは、本來氣によって規定されるものではなく、物に限ったものでもないので、天にあっても人にあっても違いはない。それなのにプラトンは本体を諸性の上に別に分ける誤謬を犯したという。つまり朱子の理一分殊說を信奉してきた李寅梓の立場からいえば、イデアが個體的なものを離れて超在するというプラトンの見解はまったく受け入れられないものであった[4]。

　これと比べてアリストテレス哲學に對する彼の評価はすこぶるも好意的である。まずアリストテレスは、プラトンのように理想に偏ることなく、しかも感覺

---

4) 이광래, 『한국의 서양사상 수용사』, 열린책들, 2003, p.242.

に傾倒されることもなかった。彼は、知と行をともに磨き、並進して道と法が相俟って用になったとするアリストテレスの見解は卓越しており、學問も正確で純正であると評価した。そして、そのようにして學問を集大成したので、アリストテレスこそ泰西古代の一番の偉人であるとする[5]。

また李寅梓〈イインジェ〉は、その書の補論を「哲學」について簡単な辞典的説明で締めくくった。例えば、飛龍少飛阿(philosophia)という用語は本來希臘語で、叡智を好むことや好む人を意味するという定義と、そこには論理學、形而上學、倫理學の分科があるとの説明がそれである。

また李寅梓〈イインジェ〉以後(1905年乙巳保護條約以後)被支配下において知識人たちは大体三つの様相で自分の知的態度を表明した。一つ目は、現實逃避的立場を持つ場合。二つ目は、積極的な抵抗精神を發揮する場合、そして三つ目が、現實に耐えて適者生存をはかる場合である。20世紀前半を占めるその期間の哲學徒たちもこのような立場と態度をそれぞれみせてくれる。またこれは當時の西洋哲學の受容通路を決定したし、哲學地圖を形成することもあった。たとえば一つ目と二つ目の立場と動機から、つまり多くの哲學徒たちが救國の理念から歐米留學の途につき、三つ目の立場から日本儒學や國内(京城帝大哲學科)での西洋哲學の授業を選擇したのである。

2) 脱日本的(直接)受容型

若いエリートたちは試練の時代狀況の中で、挫折したり諦めたりするよりも、忍苦しつつ克服する知的對案を求める「言論の啓蒙に刺激され」西洋への留學を決心し、何よりも西洋の哲學を學ぶために故國を離れ始めた。

西洋哲學を學ぶため、いち早くヨーロッパに赴いたのはもともと仏教哲學徒の金重世〈キムジュンセ〉であった。彼は1909年ドイツのベルリン大學で古代ギリシア哲

---

5) 前揭, p.245

學を學び、1923年ライプチヒ大學で博士學位を取得した。李灌鎔（イグァンヨン）は1912年からイギリス、フランス、ドイツを経て、1921年スイスのチューリヒ大學で博士學位を取得した。1917年早稻田大學哲學科を卒業した崔斗善（チェドゥソン）も歸國後は中央學校教師を務め、その後1922年ドイツに留學し、マールブルク大學でハルトマンに學び、ハイデガーの弟子になる。また1929年安浩相（アンホサン）がドイツのイエナ大學で、そして白性郁（ペクソンイク）がヴュルツブルク大學で哲學博士學位を取り、1920年代にはフランスのパリ大學でも鄭錫海（チョンソクヘ）、金法麟（キムボムリン）、李晶燮（イチャンソプ）らが留學した。一方イギリスとアメリカでも張澤相（エジンバラ大學）、閔奎植（ミンギュシク）（ケンブリッジ大學）、白象圭（ペクサンギュ）（ブラウン大學）、韓稚振（ハンチジン）（サウスカリフォルニア大學）、朴希聖（パクヒソン）（ミシガン大學)らが西洋哲學を學んだ。特に彼らのうち金重世（キムジュンセ）と白性郁（ペクソンユク）は西洋哲學を仏教哲學の基礎の上において學び、受容することにつとめた。

3）適者生存的（間接)受容型

　1910年の日韓併合を前後する少數のエリートたちは、危機克服のための決斷として、主に西洋の近代化をなす西洋的思惟の源泉を學ばなければならないと考えた。このために彼ら(20人ほど)は西洋哲學を學び、1910〜20年代にかけて歐米の各國に留學に行った。しかし皇民化のための朝鮮總督府の植民地統治が強化される1930年代のエリートたちには西歐への留學の道は平坦ではなかった。このためこの時から日本留學生が急增したが、日本に留學はしても、教育制度の差異のため、大學を卒業してからすぐ歸國しなければならなかった。

　1926年東京帝大哲學科の蔡弼近（チェピルグン）と尹泰東（ユンテドン）を初め、1929年李載薰（イジェフン）（立教大)と金斗憲（キムドゥホン）（東京帝大）、1931年李鍾雨（イジョンウ）（京都帝大）、33年李寅基（イインギ）（東京帝大）、玄相允（ヒョンサンユン）（早稻田大）、34年田元培（チョンウォンベ）（京都帝大）、37年孫明鉉（ソンミョンヒョン）（早稻田大)などが歸國して國內の大學で西洋哲學の講義を担當した。一方、國內

では1925年總督府は、民立大學の設立を防ぐために京城帝大を設立して、始めて日本人教授による哲學科も誕生した。当時教授としては安倍能成、宮本和吉、白井成允、上野直昭、加藤常賢、田辺重三、速水滉などがいった。彼らに學んだ初卒業生としては金桂淑（キムゲスク）、權世元（クォンセウォン）、朴東一（パクトンイル）、趙容郁（チョヨンウク）がいる。申南澈（シンナムチョル）(3回),朴鍾鴻（パクチョンホン）(5回),高亨坤（コヒョンゴン）(5回)も卒業した。当時彼らによって形成された西洋哲學の知形図は日本學會と學界の影響の下でヘーゲルと反ヘーゲル運動に分かれた。特にヘーゲル復興運動を批判してきた蘇哲仁（ソチョリン）のフォイエルバッハ研究と申南澈（シンナムチョル）のマルクシズムは、民族主義理論と結びつけてファシズムを批判した点では注目に値する。また当時の哲學界を二分していた二つの哲學論文集、つまり京城帝學哲學科の『哲學論集』と普成專門學校(現　高麗大)の『普專學會論集』（ポソン）の性格によって、哲學者の立場と性向も分けられていた。

4) 代理理念的受容型

　1945年ソウルに春かきた。しかしその春は理念の分裂と同時に訪れた。韓半島の獨立は自力によるものではなかったからである。最初から見えない手に左右され、結局半世紀たらずの短い期間に、植民→內戰→分斷へと續く不幸な歴史を経驗しなければならなかった。1953年の米ソ代理戰の休戰に至るまで3年の間、多くの知識人と哲學者が强制的に北朝鮮に拉致されたし、また朴致雨（パクチウ）、申南澈（シンナムチョル）、鄭鎭錫（チョンジンソク）といったマルクス主義者たちは自ら越北した。この時期から哲學者の所信と理念も、國土の分斷によって深刻な葛藤と對立の時期に入った。南側にはドイツ哲學と共に、戰争の記憶と傷痕の中、實存哲學への共感が目立つ。北側ではマルクス主義者による韓國思想の極端な唯物論化作業が早いスピードで進行した。

5) 獨自生存的受容型

1960年代以後、ソ連とも中共とも理念的路線を異にした北朝鮮の政治的孤立はイデオロギーの孤立を生み、そのために統治者(金日成)も獨自生存のための強力な統治手段として、唯物論の変種化にいち早く着手した。つまり少數支配エリートのいわゆる「変種の哲學」として、主体思想が誕生したのである。ここでの「主体」とは、革命と建設の主人が人民大衆であって、それを推動する力も人民にあったとする思想を表現する概念である。従ってそれは西洋哲學で通用されてきた自我、主觀、主体などの概念とは根本的に異なる。北朝鮮の主体哲學者のチョ・ソンバクが「主体哲學こそわが党の獨創的哲學であり、政治哲學」と主張した理由もそこにある[6]。

しかし哲學讀書や論文發表の自由がありえない幽閉社會の獨自生存のための政治的スローガンに他ならない主体哲學を指して申一澈はマルクス・レーニン主義の北朝鮮的変種と規定する。それも基本的にはマルクスの古典的主張に依然として依據しているからである。しかし世界知性史に類例のないこのような変種の出現は、35年間の植民地経驗と3年間の代理戦争、そしてそれによって今までの60年間の分斷状態に置かれている韓半島の西洋哲學受容史においてのみ見られる病理現象であり、特徴でもある。

3. 創發知としてのphilosophia

ところで、しかし日本人にも韓國人にもphilosophiaがもはや西洋哲學の代名詞でなくなって長い時間が過ぎた。洋服がすでに世界人の外見を飾る自然なファッションになったように、philosophiaも150年間の受容に多様な変容

---

6) 조성박, 『主體思想』, 平壤出版社, 1999, p.21

の時間を経て、內面の思惟を創出する手段になった。基本的に普遍的な価値を求める愛知活動は、東洋・西洋人に限らず、高度の知的享有を当然と考える現代人の暮らしにおいては必要條件に他ならないからである。しかも存在・知識・價値の問題についての根源的思惟活動としてのphilosophiaが、近代化の先頭に立った西洋人固有の特性とは規定できないほど、日本と韓國もこれを通じて近代化に成功したからである。つとにメルロー＝ポンティが「哲學にはもはや中心はありえない」と見做す理由もこれと同じであろう。

したがって、これからはもっぱら內的差別化がphilosophiaの十分條件になる、とすれば、それはそれぞれの創發知としてのphilosophiaによって時・空間的にどのように多様化しうるかが大事な問題であろう。本日の世界の哲學においては、なによりも相違と差異の認定、つまり多様性の価値の尊重を通してこそ、全体的調和が期待できるからである。空間的に、哲學における東アジア的課題は、儒學や佛教を含む哲學を形成しているにもかかわらず、全地球的哲學としての東アジアの思惟体系が必要になる。また時間的にも、21世紀の哲學の課題は、おそるべき先端科學技術時代の綜合人間學としての哲學が要求されるだろう。また現實と仮想の融合空間を移動しながら生きる新ノマド(New Nomads)たち、つまり未來のデジタル原住民(digital natives) たちは今この時代、今までのphilosophiaとはまったく異なる創發的未來知としてのphilosophiaの出現を要請しているかもしれない。

第1部

韓國における
西洋哲學受容の問題

第1章 韓國のイギリス経験論受容とその評価

1. 既存研究の分析

　韓國で西洋哲學が受容された過程についての研究が、個人別の研究を越えて學界レベルで大々的に行われたのは、ソウル大學校哲學思想研究所發行の『哲學思想』5～7号での「西歐哲學思想の流入とその評価」というテーマの特集からではないかと思われる。その時の研究では開花期から解放まで(5号)、解放以後～1970年代(6号)、1980年から1995年まで(7号)の三つの時期に分けて、主にドイツ哲學と英米哲學の受容を中心に行われ、イギリス経験論は英米哲學の一思潮に含めて考察された。『哲學思想』の6号と7号でイギリス経験論の部分に關する内容を要約すれば、次の通りである。

　まずキム・ヒョミョン[1]によれば、解放以後1959年に至るまでイギリス経験論に關する碩士(修士)・博士學位論文は皆無で、ヒュームに關する論文が1編あり、1960～79年にはヒュームに關する論文3編があるのが全部であって、イギリス経験論は1970年代に至るまで、韓國の哲學者たちの關心領域から除かれていた[2]。彼は、ドイツ哲學によって進められた1950年代の哲學講

1) キム・ヒョミョン「英米哲學の受容とその評価」『哲學思想』第6号, 79～103, ソウル大哲學思想研究所, 1996.(김효명, 「영미철학의 수용과 그 평가」, 『철학사상』제6호, 79～103, 서울대 철학사상연구소, 1996)
2) 徽文(フィムン)出版社より1976年に出版された、『世界の大思想』5巻「ロック・ルソー」編の『人間悟性論』(チョ・ビョンイル譯)は、1、2巻が拔粹譯で3、4巻が要約ではあるが、比較的正確な翻譯で學術的価値がある。またロックに關する發表としては、『哲學

義においてイギリス経驗論は講義リストにさえ入らない狀況だったことが、1970年代までイギリス経驗論に對する研究が微々たるものであった理由であると分析している。

　次にキム・ヨンジョン[3]によれば、1980年代に入りイギリス経驗論の發表が急增し始める。1980～95年の英米哲學の研究發表中、ヒューム研究は21編で5位、ロック研究は6編で14位、バークリ研究は5編で16位を占めている。5年間隔で分けた編數はそれぞれ10、12、20編で、引き續き增加傾向を示している。

　ヒュームに關する著書はなく、翻譯ではソ・ジョンソンの『ヒュームの哲學』(エアー著、1987)1冊、博士學位論文もチョン・ビョンフンの「ヒュームの歸納的推論の問題とニュートンの實驗的方法に關する研究」(1992)1編だけが出されている。修士學位論文と一般論文はそれぞれ10編ずつである。一番多く研究・發表されたテーマは因果論で10編が發表されており、自然主

───────────

　思想』の研究方針通り政治思想と敎育思想に關するものを除外するとしても「J. ロックの人間悟性論に關する研究」(チョ・ビョンイル、高麗大學校『人文論集』第18集、1973)と「ロックにおける "idea" 研究」(シン・ジョンソブ、東國大學校　修士學位論文、1977)がある。解放以前の發表では「カントからヒュームまでの因果問題の發展」(パク・トンイル、『仏敎』第61号、1929)があり、國內での發表ではないが、1937年2月に歸國して普成(ポソン)專門學校の哲學敎授になったパク・フィソンのミシガン大學博士學位論文 "Subjectivism and Intuition: A Theory of The Given"はヒュームの懷疑主義を防ぐ方便として直觀主義を研究したものである。『韓國の西洋思想受容史』(李光來、ヨルリンチェクトゥル、2003)268、274ページ參照。解放以後70年代までヒュームに關する發表は、一般論文の場合、ハン・ダンソク(1964)、ソン・スハク(1969)、キム・ギスン(1972)、パク・ドンファン(1975)、チョン・ジョン(1975)、オ・ヘスク(1976)、チョン・オクファン(1979)、キム・ホンウ(1979)の8編があり、修士學位論文はキム・ユンフィ(1976)、キム・チョング(1976)、オ・ソンファン(1977)、パク・ヨンベ(1979)の4編がある。

3) キム・ヨンジョン、「英米哲學の受容(1980～1995)」『哲學思想』第7号、87～183、ソウル大哲學思想研究所、1997. (김영정, 「영미철학의 수용(1980～1995)」, 『철학사상』 제7호, 87～183, 서울대 철학사상연구소, 1997)

義3編、歸納2編、経驗論一般2編、知覺と想像力、自我同一性に關する論文が、1編ずつ發表された。

　ロックに關する著書・譯書・博士學位論文はなく、修士學位論文3編、一般論文4編が出た。テーマはイギリス経驗論一般、自我同一性、觀念と知覺、普遍、因果的力、實體などが1編ずつと多方面から扱われた。

　バークリに關する著書と博士學位論文はなく、翻譯ではキム・ギヒョンの『バークリ』(オムスン著、1986) 1冊がある。修士學位論文は1編、一般論文は3編がある。テーマは心・抽象觀念・科學哲學・科學と形而上學の區畫設定が1編ずつ扱われた。

〈表 1〉

	80〜95年總計	80〜84年	85〜89年	90〜95年
ヒューム	21(2)	4(1)	6(1)	11
ロック	6	2	1	3
バークリ	5	1	1	3
ベーコン	1			1
合計	42	10	12	20

　<表1>によれば、1980〜95年に發表された42編のうち33編がタイトルに哲學者の名前や著書を明示して、哲學者を中心にした研究であることを明らかにしている。カッコの中に入っている論文は2人以上の名前が入っているもので、合計35編が哲學者中心の研究であることが分かる。イギリス経驗論自体に關する發表は7編で、イギリス経驗論の存在論的根據・経驗の概念・抽象觀念・経驗論的世界觀・経驗論の方法とその成果などを扱っている。80年代には合計22編中17編、90年代には合計20編中の18編で、哲學者中心の研究がテーマ中心の研究より壓倒的に多かったことが分かる。テーマ別では自然主義・経驗・知覺・因果・歸納など認識論に屬するものが大部

分であり、方法、區畫設定など科學哲學に屬したのがそれに次ぐが、これ
はイギリス経驗論が現代認識論と科學哲學の研究と關連して研究されている
ことを示している。

　第三に、キム・ヨンジョンは發表の內容を一つひとつ詳細に見ることができ
ず、タイトルだけで分類した不十分な統計資料にもとづいて研究し、全般
的な流れを把握するに止めたという限界を指摘して、論文要約を同時に揭
載する學術雜誌の必要性を强調した。

　『哲學思想』の研究から15年が経過して、その間により多くの資料が蓄積
されたが、キム・ヨンジョンが指摘したような統計資料の不十分さという限界
からは依然脱け出せずにいる。本稿では、韓國研究情報サービスの資料
を土台にして、發表者が國內の主要な研究者の助力によって補完した內容
を統計資料とした。研究は扱われた哲學者別の分析とテーマ別の分析、國
內の學者別の分析を行い、分析對象は著書・譯書・修士および博士學位論
文、そして學術雜誌に揭載された一般論文とする。研究の範囲はベーコ
ン、ロック、バークリ、ヒュームに　ホッブズを加え、マンデヴィル、リード
に關しても簡單に言及することとする。

2. 哲學者別の分析

〈表 3〉

	總計	1970まで	1971~80	1981~90	1991~2000	2001~10
ベーコン	13(1)		1	3	1	8(1)
ホッブズ	74(19)	1(1)	3(1)	20(1)	18(6)	32(10)
ロック	129(29)	6(1)	15(5)	31(8)	40(9)	37(6)
バークリ	17(6)			4	5(4)	8(2)
ヒューム	170(21)	3(1)	8(2)	37(2)	63(7)	59(9)

マンデヴィル	5				4	1
リード	2				1	1
英國経驗論一般	19			6	6	7
合計	429(76)	10(3)	27(8)	101(11)	138(26)	153(28)

　ベーコンに關する13(1)編の發表は、70年代には譯書1、80年代には修士學位論文1、一般論文　2、90年代には博士學位論文1、2000年代には修士學位論文(1)、一般論文　1、著書　3、譯書　4編である。全体發表の中では著書と譯書の比重が高く、すべて2000年代に出された。隨想錄の翻譯13編とそれに關する發表は除外した。

　ホッブズに關する74(19)編の發表は、'70年以前には修士學位論文1(1)、70年代には博士學位論文(1)、修士學位論文1、譯書2、80年代には修士學位論文15、一般論文3(1)、著書1、譯書1、90年代の博士學位論文3(1)、修士學位論文9(5)、一般論文5、譯書1、2000年代には博士學位論文2、修士學位論文6(1)、一般論文16(8)、著書5(1)、譯書3編である。80年代に入って急增した修士學位論文が一般論文より多く出、一般論文は2000年代に急增、著書も2000年代に集中した。

　ロックに關する129(29)編の發表は、'70年以前までは修士學位論文が1、海外修士學位論文(1)、一般論文5。70年代には博士學位論文2、修士學位論文6(1)、一般論文6(2)、譯書1(2)。80年代には博士學位論文1、修士學位論文14(5)、一般論文13(2)、著書2、譯書(1)、海外修士學位論文1。90年代には博士學位論文5、修士學位論文17(3)、一般論文11(2)、著書1(1)、譯書5、海外博士學位論文1(3)、2000年代には修士學位論文7、一般論文20(6)、著書5、譯書3、海外博士學位論文2編である。發表全体の3分の1を上回る修士學位論文は1980年代と90年代に集中しており、一般論文は引き續き增加していたが、2000年代に二倍に增加した。著書は2000年代に、翻譯は'90年代に多く出され、海外の修士・博士

學位論文は全部で4(4)編が提出された。

　バークリに關する17(6)編の發表は、'80年代の修士學位論文1、一般論文2、譯書1、90年代には修士學位論文2(1)、一般論文2(2)、譯書1、海外博士學位論文(1)、2000年代の修士學位論文は1、一般論文2(1)、著書1(1)、譯書4編である。發表は少ないが、4、5(4)、8(2)と持續的に増加する傾向を示しており、譯書の比重が高い。

　ヒュームに關する170(21)編の發表は、'70年以前までは修士學位論文2、一般論文(1)、'70年代には修士學位論文4、一般論文4(2)、80年代には修士學位論文21、一般論文15(2)、譯書1、90年代には博士學位論文7、修士學位論文10(1)、一般論文36(4)、著書1、譯書7(1)、海外博士學位論文2(1)、2000年代には修士學位論文11(2)、一般論文40(6)、著書3(1)、譯書5編である。'80年代からイギリス経驗論の發表が急増した主要原因になったほど發表が増加する傾向にある反面、著書の割合は一番低い。

　マンデヴィルに關する5編の發表は、'90年代には修士學位論文1、一般論文3、2000年代には譯書1編である。發表はすべて経濟學と歴史學分野からなされており、『蜂の寓話』(文芸出版社、2010)がスミスの『道德感情論』(ピポン出版社、1996)と同じく哲學者たちの注目を引かなかったのは、イギリス経驗論研究が認識論一辺倒であった結果ではないか思われる。

　リードに關する2編の發表は、90年代と 2000年代の一般論文1編ずつである。イギリス経驗論に對する批判として、リードの哲學についての研究があまりにも足りない。イギリス経驗論一般に關する19編の發表の内譯は 80年代には一般論文6、90年代には博士學位論文1、一般論文3、著書1、譯書1、2000年代には一般論文6、著書1編である。

3. テーマ別分析

　ベーコンに關する論文5(1)編のテーマは、運動概念3、科學方法論1、物質主義1、生態系の危機1である。『學問の進步』は、1976・2002・2003年の三回翻譯され、『新機關[ノブム・オルガヌム]』(2002)、『ニュー・アトランティス』(2002)も翻譯された。2000年代に出た著書は大衆向けに易しく敍述されたものとみられる。

　ホッブズに關する論文61(18)編のテーマは、國家論15、政治思想9、社會契約論8、義務5、(自然)法6、主權3、人間學3、平和思想2、政府論2、公共財1、恐怖1と、政治思想に關するもの55である。これは政治學・法學・(國民)倫理(教育)學、哲學教育學の專攻者による發表が多かったからである。しかし、主に2000年代に入るとスピノザやヘーゲルとの比較3、物体論3、合理性2、コナトゥス1、情念と理性1、言語と理性國家1、弁証論1、古典政治哲學の崩壊1、当爲の起源1、書簡文論爭1、科學的基礎1、心身關係1というように、機械的唯物論としてのホッブズ哲學の眞面目がうかがえる發表が多くなった。『リヴァイアサン』は二度(イ・ジョンシク1988、チン・ソギョン2008)翻譯されたが、チン・ソギョンは『新機關』(2001)の翻譯によっても政治學者として哲學界にこの上なく大きな貢獻をした。キム・ヨンファンの解説書『リヴァイアサン―國家という名の怪物』(サルリム、2005)と譯書であるマクファーソンの『ホッブズとロックの社會哲學』(パクヨンサ、2002)を除く2000年代の著書は、概ね大衆向けの解説書とみることができる。

　ロックに關する論文112(25)編のテーマは、政治思想21、財産(所有)權21、自由8、政治的義務5、政府論4、自然法3、市民社會3、社會契約2、自然權2、法2、國家2、權力2、勞動理論2、名譽革命2、自然狀態1などで84、教育思想21、自我同一性4、物質的實体4、觀念2、認識

論2、ライプニッツとの比較2、因果的力1、言語1、普遍1、経驗1、懷疑主義1などの理論哲學的テーマが23、寬容論および宗教と倫理9である。『統治論』は二度(1974、1996: 1974年には『市民政府論』という題で) 翻譯され、『寬容に關する書簡』も二度(2008、2009) 翻譯された。ソン・ダルヒョンは譯書として野田又夫の『ロックの生と哲學』(イムン出版社、1998)と、著書として『ロックの政治哲學』(嶺南大出版部、2007)を出版するなど、政治學者として持續的にロック哲學を研究した。キム・ソンウは、博士學位論文を補完した『ロックの知性と倫理』(2006)で、ロック哲學を政治思想と認識論に分けて研究する風潮を乘り越えるべきことを主張した。『人間知性論』は、チョン・ビョンフン、ヤン・ソンスク、イ・ジェヨンの共譯により、今年中にハンギル社から刊行される予定である。大部分の著書は大衆向けの解説書であり、數冊の簡單な譯書以外には學術的な著書がほとんどないのが實情である。

　バークリに關する論文10(5)編のテーマは、カントの批判3、視覺2、科學3、神1、倫理1、心1、物體1、抽象觀念1、觀念と精神1、ヘーゲルとの比較1である。『人間知識の原理論[人知原理論]』(1999、2010)、『ハイラスとフィロナスの三つの對話』(2001、2008)、『新しい視覺理論に關する時事評論[視覺新論]』(2009)、オムスンの『バークリ』(1986)が翻譯された。2000年代に出た著書は大衆向けにやさしく解説したものとみられる。

　ヒュームに關する論文153(19)編のテーマは、因果28、自然主義および懷疑主義17、歸納9、想像力5、知識3、(抽象)觀念5、信念3、外部世界2、實在論1、知覺1、記憶1、経驗2、科學1、蓋然性とア・プリオリ1、論証的確實性1、暗默的正義1といった認識論的テーマが81で、道德13、道德感情5、情念4、責任4、價値判斷3、義務2、功利主義1、動機1、自殺1といった倫理學的テーマが34。正義6、社會契約4、政治(史)2、政治哲學1、平和1、抵抗權1、法1といった政治哲學的テーマが

16、宗教哲學的テーマが15、自我7、靈魂不滅1、動物の理性1といった形而上學的テーマが9。趣味5、共感2、悲劇1といった美學的テーマが8。歷史哲學的テーマが2。研究動向が2。ヒューム哲學一般が5である。『人間本性に關する論考［人間本性論］』はイ・ジュノが三卷(1994〜98)に分けて完譯し、『自然宗教に關する對話』は二度(タク・ソクサン1998、イ・テハ2008)　翻譯された。イ・テハは『奇蹟について』(2003)と『宗教の自然史』(2004)も翻譯した。キム・ヒェスクは『研究［人間知性研究］』を『人間悟性の研究』(1996)、『人間の理解力に關する探求』(2010)として二度翻譯した。チェ・ヒボンの『ヒュームの哲學』(1996)、『ヒューム』(2004)、イ・ジュノの『デービッド・ヒューム』(2005)はそれまでの研究成果を示す著書である。イギリス経驗論で最も研究者が多い分野として、これからより活發な著述活動が期待される。

　イギリス経驗論一般に關する論文16編のテーマは、経驗(論)3、自然宗教2、(抽象)觀念2、實在論2、數學の必然性1、方法論1、モリニュー問題1、心理哲學1、科學哲學1、研究動向2である。コプルストンの哲學史5卷が『英國経驗論』(1991)として翻譯され、『英國経驗論研究：デカルトからリードまで』(1999)と『英國経驗論』(2002)が出版された。

4. 國內の學者別の分析

　キム・ヒョミョンは、因果概念の哲學的分析、ヒュームの因果論、KantのHume因果論批判、ロックにおける因果的力の概念、ヒュームの必然性論に對する批判的考察、ヒューム哲學における自然的必然性、デイヴィッド・ヒュームの人間學、ヒュームの自然主義─想像力を中心に、古典経驗論における實在論論爭、イギリス経驗論における觀念の問題、といった論文

と、著書『イギリス経験論』(アカネット、2001)を殘した。本書は韓國のイギリ
ス経驗論の研究水準を一段階高めたと評價されている。主に因果と必然性
問題について發表し、現代認識論にも深い關心を持ち、またヤン・ソンス
ク、イ・ソクチェ、ヤン・ソンイといった研究者たちを育てた。

　キム・ヨンファンは、Hobbes哲學のための弁証論、J. Lockeの人間論と政
治論についての一解釋、ヒュームの規約論からみた正義論と政府論、ホッ
ブズの學問世界において科學と形而上學は兩立可能か、Humeの哲學にお
ける獨斷主義と懷疑主義、ホッブズの力の政治哲學：暴力と統制、ホッブ
ズの書簡文に現われた哲學的諸論爭―ホッブズとデカルト、といった諸論文
を發表し、『ホッブズの社會・政治哲學』(哲學と現實社、2004)、『リバイア
サン―國家という名の怪物』(サルリム、2005)といった著書を出版した。

　彼は寬容に關する論文6編と『寬容と開かれた社會』(哲學と現實社、
1997)においてロックの寬容論を扱っている。ホッブズ研究者として、主に倫
理學・社會哲學・政治哲學的なテーマの發表を行っている。

　チョン・ビョンフンは、ヒュームの歸納的推論の問題とニュートンの實驗的
方法に關する研究(博士學位論文)、ジョージ・バークリーの科學と形而上學
に對する區畵設定、古典的経驗論の方法と成果、ニュートンとバークリ：
實在論對道具主義、ヒュームの歸納問題に對するカントの答え、といった論
文を發表した。彼は科學哲學に關心を持ち、多くの翻譯書と論文を發表し
ている。

　イ・ジェヨンは、G. Berkeleyにおける心の問題(修士論文)、イギリス経験
論の抽象概念問題(博士學位論文)、バークリの倫理說、ロックの言語理
論、ロックにおける普遍の問題、バークリの抽象觀念理論、ヒュームの抽
象觀念理論、バークリの科學哲學、イギリス経驗論で數學の必然性問
題、トーマスリードの抽象觀念理論、ヒュームの宗敎論、トーマス・リード
の知覺理論、バークリの視覺理論、モリニューの問題、ロックの人格同一

性といった論文を發表し、著書『イギリス経験論研究』(曙光社、1999)、譯書『イギリス経験論』(曙光社、1991)、『新しい視覺理論に關する時事評論』(アカネット、2009)を出版した。抽象觀念と知覺というテーマを中心に、イギリス経験論全般にわたる發表を行っている。

　タク・ソクサンはヒュームの因果論：新しい常例性解釋の擁護(博士學位論文)、ヒュームの二つの円である正義の完全性と兩立可能性、ヒュームの初期斷片と<對話>における惡意の問題、因果と因果理論、ヒュームの知覺：存在論的介入、ヒュームの因果：自由と必然といった論文と、譯書『自然宗敎に關する對話』(UUP、1998)を出した。現在は大衆向けに文化全般にわたる著述活動を行っている。

　イ・テハは、歸納の正当化に對する考察―非演繹的規準を中心に(修士學位論文)、Hume on Religion: A Critical Exposition(博士學位論文)、ヒュームと宗敎、奇蹟に對するヒュームの批判、ヒュームの創造的懷疑主義、ヒュームの宗敎哲學とヘーゲルの啓蒙主義批判、17~8世紀イギリスの理神論と自然宗敎、17~8世紀イギリスの宗敎哲學：自然宗敎とキリスト敎、眞の宗敎と迷信についてのヒュームの見解、ヒュームの自殺論、ヒュームは魂の不滅を否認したか、ヒュームの人間學は反歴史的か：哲學と歴史の相補性、宗敎についてのヒュームとカントの見解：相異なる中庸の求め方、歴史記述における史家の道德判斷に對するヒュームの立場、といった論文と、譯書『奇蹟に關して』(チェクセサン、2003)、『宗敎の自然史』(アカネット、2004)、『自然宗敎に關する對話』(ナナム、2008)を出した。ヒュームの自然主義認識論を宗敎哲學に擴張して適用する作業を一貫して行っている。

　イ・ジュノは、D. Humeの認識論における知覺と想像力(修士學位論文)、ヒュームの自然主義と自我(博士學位論文)、ヒュームの戰略的懷疑主義と哲學的有神論、自然と人間：カントからヒュームへ、ホッブズの人間論に

おける情念と理性、といった諸論文を發表し、著書としては『デイヴィッド・
ヒューム—人間本性に關する論考』(サルリム、2005)、そして譯書『悟性に
關して』(曙光社、1994)、『情念に關して』(曙光社、1996)、『道德に關し
て』(曙光社、1998)を出版した。

　チェ・ヒボンはD. Humeにおける外部世界の存在問題(修士學位論文)、
Hume's Naturalism and Scepticism(博士學位論文)、Humeの懷疑主義と
自然主義、ヒュームの道德論、ヒュームの自然主義：ヒュームと「自然化
された認識論」、ヒュームと意味懷疑論、宗教に關するヒュームの論議、
ヒュームの自然主義的プログラム：道德論の場合、ヒュームの自然主義
プログラム：宗教的信念の場合、ヒュームの懷疑と確信：知識の正当化
問題を中心に、ヒュームの哲學科近代科學—科學の擴張とその認識論的
基礎、感性と趣味に關するヒュームの見解、近代ヨーロッパの道德論と
ヒューム、ヒュームの自然主義と道德論：スコットランド自然主義との關連を
中心に、といった論文を發表し、著書『ヒュームの哲學』(チャジャク・アカデ
ミー、1996)、『ヒューム』(イルム、2004)、譯書『ヒューム』(知性の泉、
1996)を出版した。ヒュームの認識論と道德論の全般にわたる發表を行って
いる。

　ヤン・ソンスクは、ヒュームの懷疑主義研究(博士學位論文)、ヒュームの
因果推論と實在者たち、ホッブズにおける熟考と義務、ヒュームは實在論
者だったか、ヒュームのCaveat、ヒュームの正義論研究、といった論文を發
表し、最近では法學關係の發表を多く行っている。

　ヤン・ソンイは、ヒュームにおける自我の同一性問題(修士學位論文)、道
德的価値と責任：ヒュームの理論を中心に、Hume on Emotion and the
Unity of a Person's Life、ヒュームの信賴理論における「力」と「活力」の本
性に關して、原初的感情とヒュームの自然主義：進化心理學と社會構成主
義の和解、イギリス哲學界の動向、The Appropriateness of Moral Emotion

and Humean Sentimentalism, 新しいヒューム論爭: 因果關係の必然性問題を中心に、情念と自我、道德運と道德的責任、といった論文を發表して、關心を倫理學全般に擴張している。

キム・ソンウは、ロックの科學認識論および道德認識論に關する研究(博士學位論文)、ロック自由主義・新自由主義、ロックの倫理學のジレンマ、ロックの啓蒙的理性主義の宗教的コンテクストについての考察、といった諸論文と、著書『ロックの知性と倫理』(韓國學術情報、2006)を出版した。ロック哲學全般に關する体系的考察に關心がある。

イ・ソクチェは、機會原因論に關する研究で博士の學位を取得してアメリカの大學に在職しつつ、アメリカ哲學會太平洋支部學會においてLiberty in Leviathanに對する論評、國際バークリ學會において Berkeley on the Activity of Spiritsを發表するなどの活動を行っていたが、キム・ヒョミョンの後任になってバークリに關する論文を發表している。

キム・ハンギョルは、美學を專攻した後、John Locke agnostic essentialist、nominal dualist、symmetric monist: a new interpretation of his metaphysics of mind and matterで博士學位を取得し、What kind of Philosopher was Locke on Mind and Body、Locke and the Mind Body Problem: An Interpretation of his Agnosticism といった發表を行ってアメリカで活動している。

5. 結論

他の分野と同じく、イギリス経験論に關するあらゆる種類の發表が量的に増加する傾向にあるのは、90年代後半以後、すべての大學で教授の採用や現職教授の評価において定量的な研究業績が優先的に反映されるように

なったからであり、研究業績と關連して研究費をもらえる機會が過去に比べて大幅に增えたことも一つの理由と言える。翻譯の場合は、未だ論文に比べて研究業績と認められにくい狀況にあるが、研究者一人ひとりの使命感の他にも、實際には韓國研究財団や大宇(デウ)學術財団の持續的な後援によって古典翻譯の大きな契機がもたらされている。

　しかし、何よりも1998年に結成された西洋近代哲學會が、イギリス経験論研究の活性化に決定的な役目を果たしたといえる。韓國の學會はカント學會、ヘーゲル學會のように特定の哲學者が中心の學會が多く、特にルネサンス時代からカント以前までの哲學を專攻した少數の人々が参加する學會がほとんどなかった狀況だったため、學會が結成されるやいなや研究の力量が集約され始めた。『西洋近代哲學』(2001)、『西洋近代哲學の十の爭点』(2005)、『西洋近代倫理學』(2010)がすでに出版され、まもなく『西洋近代美學』と『西洋近代宗教哲學』が刊行の予定である。先述した專攻者たちはキム・ソンウを除くと全員この學會に所屬している。『人間知性論』の共同翻譯は、韓國においてこの學會が持つ意義を端的に示す例である。

　研究者たちは國際學術誌に發表し、外國の學者たちともシンポジウムを開催して活發な研究活動をしているが、統計資料でみるように、韓國におけるイギリス経験論の研究水準はいまだ充分ではないといえる。何よりも主要な著書が全部翻譯されておらず、翻譯も注釋が付いていないものが大部分なのが實情である。論文中心の研究業績の評価にも原因はあるけれども、學術的に深い著書を出版するためには研究の力を集中する必要がある。また他の分野に比べてイギリス経験論の研究がまだ微弱で、その中でもヒュームにのみ集中しているのも改善すべき点だと思う。發表者がホッブズの政治思想、ロックの政治思想と教育思想に關する發表を統計に含め、マンデヴィルとリードについても言及したのは、イギリス経験論の專攻者たちの關心領域を廣げようという意図から出たことでもある。

第2章 20世紀韓國知性史におけるニチェーの受容

1. はじめに

「ニーチェは朝鮮でも知られていますか？ あなたが朝鮮に歸ったらニーチェ
をご紹介して下さると信じています」[1]。1929年ドイツのゼナ(Jena)大學で哲
學科博士課程に在學していた安浩相が、哲學者オイケンの未亡人とともに
ヴァイマル(Weimar)にあるニーチェ文書保管所(Nietzche-Archiv)を訪問
し、ニーチェの妹であるエリザベート(Elizabeth-Förster Nietzsche)に會った
際、エリザベートが口にしたことばであった。安浩相(安浩相)は彼女の案内
でニーチェの遺稿の大体を見て、心から尊敬の念と彼の偉大さを感じたと
記述している。朝鮮でもニーチェが受け入れられているかを問うニーチェの
妹エリザベートの質問は單なる好奇心からのものでなく、当時の韓國での
ニーチェ紹介に對する積極的な意思を反映したものだっただろう。ニーチェ
が死んで28年が経ち、彼の妹と、彼の最後の居所であったヴァイマルの
近辺のイェーナ(Jena)でその当時留學していた一人の朝鮮人留學生との出
會い、對話はわれわれに意味深いメッセージを与えてくれる。安浩相は歸國
以降の1935年、すなわち彼女と出會ってから7年後、〈朝鮮中央日報〉
で7回にわたって〈ニーチェ復興の現代的意義〉という記事[2]を連載し、で
きる限りニーチェを紹介してみるという彼女との約束を果たした。

---

1) 安浩相「ニーチェ復興の現代的意義」(完)〈朝鮮中央日報〉、1935.6.30.
2) 安浩相「ニーチェ復興の現代的意義」(1~完)〈朝鮮中央日報〉、1935.6.23~6.30.

　　安浩相がその文章を書いていた際、ドイツではニーチェの解釋はナチの國家社會主義と關連して、政治的解釋(ボイムラーA.Baemler、ローゼンベルクA.Rosenberg、エーラーR.Oehler)と非政治的解釋(ヤスパースK.Jaspers、ハイデガーM.Heidegger、レーヴィットK.Löwith)の巨大な渦の中にあったが、[3]1930半ばの韓國でのニーチェ紹介やその影響もすでにそのような傾向を反映して、哲學的深意、文化的濕潤の過程を経ていた。安浩相が「ニーチェ復興」と表現しているように、その當時の韓國におけるニーチェは、彼の生涯や思想に對する入門的な紹介次元を超え、すでに文學領域では「ネオ・ヒューマニズム―第3ヒューマニズム」という理念論爭や「生命派」詩人の流派形成に寄与するまでに至っていた。だとすると、ニーチェが初めて韓國に紹介されたのはいつだろうか。ニーチェは如何にして韓國の精神史に入り込み、そしてそのことは如何なる意味を持つのか。ニーチェの受容や韓國の人々との出會いはどのような文化的意味を持つできごとだったのだろうか。20世紀はじめ、ニーチェとの出會いは韓國の時代的狀況や精神史の流れで非常に重要な意味を持ち、20世紀はじめの韓國の知性史を理解するうえで重要な糸口となる。

　　ニーチェの紹介は一方では伝統と歐米文明との衝突、家族主義と個人主義、社會主義と自由主義の葛藤、民族主義と人道主義の鬪爭の中で、また一方では弱肉強食の競爭で溢れかえった世界情勢のなかで鬪爭に生き殘るための「力の哲學」の形態を取っている。ニーチェの紹介はこうした時代的亂潮の雰囲氣の中で行われたが、1920年から1922年の間、金起纏、朴達成、金億、李敦化などによって天道敎の雜誌である「開闢」を中心に、また李大偉によってキリスト敎の雜誌である「靑年」を中心に行われた。

---

3) ニーチェ解釋の歷史については、金正鉉『니체의 몸철학』、지성의 샘、1995、pp.25~34。特に1930年代初から60年代までの受容史に關しては29~33頁を参照。ニーチェの政治哲學とファシズムについては Bernhard H. Taureck, Nietzscbe und der Fascbismus, Hamburg, 1989を参照。

　彼らの活動は世界文明の紹介、新文化運動、民族自決主義、社會改
造、抗日運動などを目指していたが、ニーチェはこうした社會的、時代的
な脈絡の中で紹介された。しかし1930年代に入ると世界情勢が急激に変化
し、ファシズムやナチズムが登場し、ニーチェ哲學はこれに對するデリ
ケートな反応の中で注目されることになる。また一方では、ニーチェ思想を
基盤にして實踐的な能動性を通じ、人間タイプを發見し、時代と歴史を新し
く導いていくことができるというネオ・ヒューマニズムの哲學的文芸批評の解釋
まで登場し、意思、生命、運命、抵抗などを追求する詩人グループ「生
命派」を誕生させた。こうした一連の理念的かつ文學的活動は、以後、韓
國文學で純粋文學論爭を呼び起こし、韓國文學史を豊かにすることに貢獻
する。

　この文章は1920年ニーチェが初めて紹介された時から1930年代までを中
心に議論したいと思う。1920年代は入門的に紹介されるが、同時に時代的
状況に對する苦惱を表す社會哲學的性格を持っていて、1930年代には、
哲學的內容と、深みを持った言及や世界情勢、ドイツでの解釋に影響され
る批判的な議論があり、また同時に文學での新しい理念を生む結果となっ
た。20世紀韓國でのニーチェの影響は多様にして複雑であり、1940年代
以後の受容や影響に對しては別途議論を必要とするため、この文では主に
1920年代、30年代に議論を限定したいと思う。

2. 1920年代のニーチェの受容や解釋：力の思想と意思の哲學[4]

　1920年代のニーチェの紹介および解釋では主に個人と社會、自立性と共同体主義、自我開放と家族中心主義、即ち個人の解放と伝統儒教社會の位階秩序との間の葛藤という近代性の理念がその基底にある。こうした問題意識は、1870年代以後、李定稷や李寅梓などによって儒家の精神的な基盤の上での比較研究を通じて西洋哲學が紹介されて以來[5]、1920年代に大衆に多様な西洋哲學者らとその哲學的な内容が本格的に紹介されるまで、その受容過程で我々の知識界に影響を与えたと考えられる。トルストイやニーチェ、社會主義や個人主義、無政府主義的平和主義や力の哲學などに關する議論は、すでに1910年代の日本の知識人たちの間で形成された談論であった。しかし初期の「開闢」や「青年」を中心にしたニーチェに關する紹介や主題設定では明らかに日本の知性界とはある程度距離を取っており、その問題意識や解釋が異なる。被支配的植民地狀況という歴史的、時代的狀況が日本とは非常に異なっていたためである。

　まず受容においては民族自强力の哲學が問題になった。20世紀韓國でのニーチェに關する最初の紹介は「開闢」創刊号(1920.06.25)に掲載された(小春)の「力万能主義の急先鋒─フリードリヒ、ニーチェ先生を紹介する」という論文である。小春は金起纏の筆名で、彼は民族主義と社會主義、近代開花思想、世界文明の流れを包括的に紹介する天道教の雜誌「開闢」の主な筆者であり、農民、女性、子供の啓蒙運動や世界の政治、社會

---

4) 1920年代ニーチェ思想が韓國で受容される過程については、金正鉉「ニーチェ思想の韓國的受容─1920年代を中心に」、「ニーチェ研究」第12集(韓國ニーチェ學會。2007、秋)、pp.33～68を中心に再整理し、記述した。
5) 19世紀後半期に西洋思想の伝來過程とその内容に對する紹介で、李光來「韓國の西洋思想受容史」、열린책들、2003、pp.218～256を參照すること。

的問題に關心を持っていた社會主義系列の知識人であった。小春はまた
「力万能主義の急先鋒」という文を紹介し、敵と戰爭と勝利、平和に關する
ニーチェの「ツァラトゥストラはこう言った」の一句を引用し、序文を書いている
が、その雰圍氣が非常に戰鬪的である。彼は我々によく知られたニーチェ
の生涯、卽ち出生、名の形成過程、母との關係、牧師になろうと夢見てい
た幼年期、ボン大學での生活、ライプツィヒ大學への移轉、ショーペンハ
ウアー(A.Schopenhauer)とワーグナー(R.Wagner)からの影響、疾病などを
紹介しながらニーチェ哲學と彼の人生とを密接に關連付ける。彼の理解した
ニーチェ思想は、伝統的な価値の轉覆、神の死や新たなヒューマニズ
ム、力中心の理論、意思の哲學であった。[6] 彼は妙香山人というもう一つの
筆名で「新人性標の樹立者フリードリヒニーチェ先生を紹介する」という文を
發表するが、ここでは永遠輪廻(永遠回歸)、超人思想、善惡の道德やキ
リスト敎の道德などを中心にニーチェ思想を紹介している。彼はニーチェだ
けでなく、ルソー、ジェームスなどの思想家や1919から1920年に北京や東
京で講演を行ったラッセルを紹介することに主導的な役割をしたが、彼の
ニーチェ紹介は西洋の近代性を理解しようとする努力の中から生まれたので
あった。彼は永遠輪廻(永遠回歸)が運命愛と連結しているとみて、永遠に
繰り返される人生の無意味さの中で新たな生命の領域(新生面)を開く、すな
わち人生に意味を付与しながら新しい人生を探すべきだとした。彼はまた
ニーチェの超人思想を、進化論的立場から、自分の現實や環境を乘り越
えられる强者の道德として解釋した。彼の讀んだニーチェの力万能主義
は、すなわち「力の思想」であり、環境を克服する「意思の哲學」であり、旣
存の伝統的価値觀を轉覆し、新しい文明に合致するように価値を轉倒させる
「価値轉倒の思想」であった。彼のニーチェ解釋には、東西文明の衝突の
中で韓國民族のアイデンティティを發見し、弱肉强食の國際情勢の中で强

---

6) 前揭金正鉉「니체사상의 한국적 수용-1920년대를 중심으로」、pp.42~43

い民族、強い人間を發見しようとする開花期の知識人の時代の苦惱が含まれている。7)

　二つ目に、ニーチェの受容は東西文明の衝突と人道主義・強力主義という理念的對立の中で行われた。弱肉強食の世界的帝國主義の中で平和と博愛を主張するトルストイのキリスト教的な無抵抗主義と、強さと力を強調するニーチェ主義は、社會進化論や自由思想の論理的衝突ほど大きな理論的對立を作った、こうした問題は西洋文明を受容しながら、自強救國すべきという切迫な問題意識を持った朝鮮の知識人には檢討すべき切迫な歴史的課題であった。8)　天道教で中心的な活動をしていた朴達成(1895～？)はトルストイ主義よりは社會進化論の立場からニーチェを受容し、これを「強力主義」とした。彼にとって生き殘るということは、生存のために奮闘して勝利すること、つまり強いということを意味するため、日本の植民地時代にニーチェは彼に強さと力、生存の理念を提供する社會哲學と見られたのであった。9)　彼のニーチェ解釋は20世紀はじめ、開花期の知識人が持っていた社會進化論的自強思想の変奏的解釋の一つと見られる。10)　金億(1896～？)もまたトルストイの博愛主義をニーチェと共に問題視し、自我や意思を強調する我欲主張の個人主義が近代文芸に多くの影響を及ぼしていると解釋する。しかし、これとは違って天道教思想家の李敦化(1884～？)は、社會主義と個人主義、東西文明と倫理の葛藤というテーマをトルストイとニーチェという二人の思想家の名の上で對立させて解明した。彼にとっては非抵抗主義、排他主義、社會主義的性格を持ったトルストイ主義と自我發現主義、個性万能主義を主張するニーチェ主義はともに極端な世界觀であり、東洋思想や西洋思想を調和させ、個人主義や社會主義、トルストイとニーチェ主義を

---

7)　前掲金正鉉「니체사상의 한국적 수용-1920년대를 중심으로」、p.51
8)　前掲金正鉉「니체사상의 한국적 수용-1920년대를 중심으로」、pp.53～54
9)　前掲金正鉉「니체사상의 한국적 수용-1920년대를 중심으로」、p.54
10)　前掲金正鉉「니체사상의 한국적 수용-1920년대를 중심으로」、p.55

融合させることによって新しい時代に合う新倫理を開く可能性を模索した。

　三つ目は、現代文明論と關連したニーチェの解釋である。キリスト教社會主義の言論人であった李大偉(1896～1982)は、「青年」で「ニーチェの哲學と現代文明論」(1922)を發表するが、彼はニーチェを現代文明と關連付け、進化論、道德と階級、人道主義、人類社會改善などの概念に依存し、議論する。彼はニーチェ哲學が個人の「求能志願 (Will to Power)」「自己發展(Self Expansion)」との特徴を持っているが、階級闘爭をあおるため、現代文明の現狀教にとって受け入れ難い哲學と批判する。

　1920年代初め、ニーチェの受容や解釋は精神史的な脈絡から重要な意味を持つ。金起纏、朴達成、金億、李敦化、李大偉など当時の知識人たちがニーチェを紹介し、解釋することは素朴な次元の紹介以上の意味を持つものである。なぜかと言うと、彼ら知識人たちは当時、第二次開花運動や啓蒙運動の一環として西洋思想家を紹介し始めたし、西洋を知り、世界文明の流れやその精神的精髓を追求するため、社會進化論や個人主義、社會主義、自由と平等、新しい道德と倫理秩序などの西洋哲學的な問いを、民族主義的視点から問いかけたためであった。[11] 初期の知識人らが受け入れたニーチェは明らかに民族主義的で、社會主義的色が加味された韓國的ニーチェであり、植民地時代の時代的苦悩を乗り越えようとする強力な力の哲學、意思の哲學を表明する社會哲學者としてのニーチェだった。[12] すなわち初期に受容した韓國的ニーチェは社會進化論的な立場から、自己と時代を克服する強力な力の主張者であり、社會哲學者であったのだ。こうした初期のニーチェ受容は以後、1930年代に入り、金亨俊(筆名は金午星)、安浩相によってより体系的なニーチェ哲學の紹介につながり、徐廷柱、金東里、柳致環、吳章煥、李陸史など、韓國近代文學の發芽

---

11) 前揭金正鉉「니체사상의 한국적 수용-1920년대를 중심으로」、p.61
12) 前揭金正鉉「니체사상의 한국적 수용-1920년대를 중심으로」、p.61

にも多くの影響を及ぼした。初期のニーチェ受容は開花思想や新文化運動の脈絡で紹介され、これは民族主義や社會主義の影響を受けたが、1930年代に入ってからも一方では民族主義的社會主義の傾向が、また一方では近代韓國文學の脈の中につながったのである。

3. 1930年代ニーチェ解釋の傾向

1) 哲學：ファシズムの權力哲學や超人の文化哲學

1930年代に入り、ニーチェの受容はその姿が変わることになる。世界的情勢の変化と共に時代的問題意識が変わり、ニーチェに對する哲學的解釋や時宜性も変わった。1919年朝鮮の3・1獨立運動以後、1936年までの時期に日本の政治が無秩序の政治から文化政治体制に変わり、言論に對する政策も緩和されたが、1937年以後、1945年までの日本强占期末期には民族文化抹殺政策が行われたが、1930年代にはこうした時代的轉換期に該當する。特にヨーロッパでのナチズムやファシズムの登場は日本の軍國主義的全体主義を經驗していた植民地の現實でいつよりもデリケートで時宜的な問題だったが、ニーチェの受容や解釋はこうした時代的背景と無關係ではない。

1930年代のニーチェの解釋はファシズムやナチズムに對するデリケートな反応の中で生まれたり、詩や手紙などの紹介やネオ・ヒューマニズムのような文學論爭を通じて行われた。ここではニーチェ思想をファシズムの實踐的行動哲學の原由として解釋する朴鐘鴻の時流的、社會哲學的解釋や、文化、或いは価値問題で時代を讀む安浩相の文化哲學的解釋もあり、超人の創造的生産性を大衆の立場から再解釋し、實踐的能動性を通じ、人

間タイプを發見し、時代と歴史を新しくするネオ・ヒューマニズムの理念的土台として解釋する金享俊のような哲學的文芸批評の解釋もあり、金晉燮、徐恒錫、曺喜淳など海外文學派による文芸運動次元の紹介、そして生命派詩人の文學運動もあった。

　ここでは哲學と文學の領域で受容し、解釋されたニーチェ思想を中心に話を進める。京城帝大(現在ソウル大學)哲學科を卒業した朴鐘鴻は「現代哲學の動向」を〈毎日新報〉(1934.1.1～1.12)に5回連載し、ニーチェ哲學とファシズムの關連性を批判する。これはナチズム、ファシズム、軍國主義など世界情勢に基づいた哲學的な憂慮からはじまった解釋だが、すでにドイツでは、ボイムラー、ローゼンベルク、ウィラーなどによってニーチェ哲學をナチズムのイデオロギーとしようとする粗野な政治的試みがなされていた。彼がこうしたその当時の解釋を具体的に知っていたかは確認できない。彼はヘーゲル復興、存在論的傾向(現象學、M.ハイデッガーの基礎存在論、ハートマン(N.Hartmann)の存在論)、唯物論への發展(機械的唯物論から弁証法的唯物論からの發展)などを紹介し、その中でニーチェの超人思想を扱った。彼はファシズム運動が歴史的現實の中で實踐を媒介にした實行哲學であることを強調し、これをニーチェ哲學と關連付けた。彼によると、行動主義哲學は必然的に主義主義哲學と相通じ、したがってニーチェの「權力への意思」思想と接近する可能性があるとみるのである。すなわち、ムッソリーニ(B.Mussolini)の軍國主義的な英雄支配の思想の中では全ての価値の轉換を試みて、高貴性の道德理念下で平等的個人主義を排撃し、徹底的に超人の理念を說破したニーチェの超人思想を垣間見ることができるということである。[13] 彼は生命の爆發、權力への意思、打算的な平和主義に對する超克、近代的平凡主義に對するニーチェ的超人の挑戰をファシズムと關連付けた。ファシズムはいかなる犠牲を覺悟してでも現實の混沌

---

13) 朴鐘鴻「現代哲學の動向」、〈毎日申報〉、1934.1.11.

を克服しようとし、闘争を回避せず、勝利に對する超人らしい不動の信念をもつが、その非安協性や不寛容の態度にはその哲學的理由があるのだ。

　彼によると、ニーチェは人間を卑屈に群集心理に追從し動く人間と、自ら指導者的態度を取る超人に區別しているが、ここで超人にとって人生は支配であり、自分自身を主張することである。ニーチェの超人思想はたとえ成人主義や努力主義の性格を持っているとしても、我を抑壓する妨害を排撃し、絶えず支配し、結局世界の敗者になろうという欲求を捨てないことである。ニーチェの超人思想に對する彼の關心は、その當時登場したナチズムに對する關心と關連がある。彼はドイツのナチズムが登場する思想的な背景に興味があったのである。彼はハイデッガーがナチスに入党し、フライブルク大學の總長になったことを紹介したのち、ハイデッガーの哲學がどのような点でナチス思想と共通点があるかを聞いて、ハイデッガーの基礎存在論のどのような部分にニーチェの超人思想が潛在しているかを檢討すべきと提案したりもした。14)

　現代哲學の傾向を一瞥し、彼は弁証法的で唯物論的な所が國際主義的で階級主義的であり、超人思想は國民主義的で階級否定主義的だが、實踐を重んじるというところからその意を一緒にした。15)彼にとってニーチェ哲學はナチズムやファシズムと關連した思想であった。彼は世界の現實を洞察し、現實の地盤の上でこうした思想を批判し、「新生の哲學」「我々の哲學」を創るべきだと主張した。彼のこうした粗野な政治的ニーチェ解釋は當時世界情勢と關連のあるものであったし、後に生まれるルカーチ(G.Kukács)のニーチェ解釋を先取りしたものであった。

　1930年代の哲學でもう一つ注目すべきニーチェ受容や紹介は、安浩相によって行われた。1928年ニーチェの妹エリザベートに會った彼は、1929

---

14)　朴鐘鴻「現代哲學の動向」〈毎日申報〉、1934.1.11
15)　朴鐘鴻「現代哲學の動向」〈毎日申報〉、1934.1.12

年ドイツのイェーナ大學で「ヘルマン・ロッツェの關係問題のための意味」という論文で博士學位を授与し、以後、大韓民國初代文教部長官を経て、廣益人間を理念とする韓國教育の方向を決めることに貢獻し、1992年には大倧教の總典教に上った人間であった。彼は1935年6月23日から30日まで＜朝鮮中央日報＞に「ニーチェ復興の現代的意義」という文を7回にわたって連載し、ニーチェの生涯を比較的詳細に紹介し、ニーチェ思想の特徴を文化觀、価値觀、生に對する解釋を中心に論じた。特に彼はニーチェの文化觀について触れ、「現代科學は眞の文化を助成できず、芸術的向上を通じて存立できる」とし、「悲劇の誕生」と「反時代的考察」にも言及しながら、武力的勝利や大ドイツの建立では文化的統一ができなかったというニーチェのことばを紹介して、自然科學的文明に基づいた武力主義では文化的成就は成し遂げることができないと批判した。

　これはニーチェを紹介しながら、間接的に日本の武力主義を批判したのであった。ニーチェの文化觀について触れ、彼は文化發展の行爲者は天才的政治家や博識者ではなく芸術家、哲學者、聖道にあると説明し、文化の最終目標は偉大な芸術家や偉大な哲學者、偉大な聖徒の出産を要するというニーチェのことばを紹介する。彼はニーチェの文化觀とともに「ツァラトゥストラ」の一句「國家が終焉を告げる日、ようやく人間が始まる。帝王たちの時代は永住の過去に屬した」を引用し、武力至上の軍事主義の終焉を希望したのであった。16)

　ニーチェの価値觀を紹介し、彼はニーチェにとって価値とはいつも意思に意欲した価値(元の価値　Urwerte)であり、これを追求するのが意思の目的であり、生涯の肯定だと解釋する。人生は分限に持續し、必然的に闘争をその根本とするため、人生はそれ自体で闘争の過程だとしたのであった。17)

---

16) 安浩相「ニーチェ復興の現代的意義」(4)、〈朝鮮中央日報〉、1935.6.27.
17) 生が不定されるときに闘争がないであろうし、闘争がないときに發達の現象が存立できな

彼はニーチェから意思や生きることへの肯定、闘争を讀み取り、これを超人思想と繋げる。ダーウィンの進化論と異なってニーチェからは生を克服して成し遂げた超人という目的があったのである。ニーチェにとって克服とは「もっぱら人生自体の熱から發する健全な闘爭だけで可能[18]」だと解釋することで、彼はニーチェから「闘爭の哲學」を讀み取る。しかし、このとき超人に到達しようとする闘爭の過程、つまり我々の人生が見つめていて、進むべき目的は一定な時間以内に存在するのではなく、久遠な時間すなわち永遠から永遠に向かう前進する中で到達できると解釋することで、現實の克服意思が目指すべき地点が遠いことを示唆している。

安浩相と同じく、田元培も文化哲學の軌道の上からニーチェの哲學を解釋している。彼は1934年12月2日から16日まで10回にかけて「哲學の危機から危機の哲學へ―現代哲學の主潮の論じる」という題名で現代哲學の傾向と主題、問題意識を紹介して、我々が「實証主義時代」、「万人の自由時代」、「資本主義の時代」に生きると診斷している。彼はその中で現在我々に正解経濟の危機だけではなく、道德、宗教、科學、芸術、哲學など、人間文化まで波及されている現代の聞きに直面していると見做し、これを「哲學の危機」または「危機の哲學」と表現している。彼は現代の価値相對化現象と生活組織上の危機、つまり現代の危機を克服できる端緒を探すためニーチェの価値轉倒の思想に注目している。彼が思うにニーチェはポイエルバーフよりもずっと全面的に時代の相對化傾向を理解していた[19]。彼はニーチェの生命の肯定が「外部條件へ応じるものではなく、内部から外部へ伸びる權力の意志」[20]であるので、專ら内部本性の自律に依存すべくで

い。生はすなわち戰爭であり、闘爭はいつも生から出來するのである。(安浩相「ニーチェ復興の現代的意義」(6)、〈朝鮮中央日報〉、1935.6.29.)

18) 安浩相「ニーチェ復興の現代的意義」(完)、〈朝鮮中央日報〉、1935.6.30.

19) 田元培「哲學の危機から危機の哲學へ(6)―現代哲學の主潮を論じる」、『朝鮮中央日報』、1934年12月11日。

あり、価値あるものを決定するものは、

　理性ではなく、權力意志であると解釋している。彼はニーチェが唯理主義(合理主義)思想と理性体系を攻擊し、生命をすべての現象の根據とみる生命世界の絶對化を試みていたと考えたのである。しかしニーチェの權力への意志の生命世界は、結局歷史的、社會的現實に歸結されるので、ヂルタイの歷史哲學やハルトマンの価値相對主義的觀点から世界觀を再檢討すべきであろうと見ていた。安浩相がニーチェの価値哲學に注目し超人思想から生きることの肯定と闘爭の理念を見出したいことと違って、田元培は現代の危機と哲學の危機と言うテーマで現代哲學の多樣な傾向を檢討する中で、ニーチェ思想を生命絶對主義と見做し、価値轉倒の思想と關連づけこれを檢討してその限界を指摘したものである。

　30年代にはニーチェの哲學をナチズム、ファシズムと關連付けて批判的に見る朴種弘の解釋や、文化哲學、価値哲學の脈略から讀む安浩相と田元培の解釋などが哲學の方面で主にあった。朴種弘の時流的解釋は卽ち解釋史から消滅され、この中でニーチェの生涯を紹介し、彼の文化觀、価値觀、超人など核心概念を通じた文化哲學や闘爭哲學の議論などが主に哲學から生まれ、以後の精神史に影響を与えたと思われる。特に朴種弘や安浩相と田元培などより先に出た金午星の解釋は、ニーチェ思想の議論を豊かにし、これは30年代の文壇の世界觀形成に一定の貢獻をしたと見られる。

2) 文學：ネオ・ヒューマニズム－第3ヒューマニズム論爭や生命派の誕生

　1930年代にニーチェが韓國文學に与えた影響は、ネオ・ヒューマニズム―

---

20)　同前、『朝鮮中央日報』、1934年12月11日。

第3ヒューマニズム(純粹文學)論爭や生命派の誕生などとして要約される。この時期に、文學批評家の金午星は、「ニーチェ哲學から見た超人觀」、「ニーチェの歷史觀」、「ニーチェの歷史觀とその批評(三)」、「ニーチェと現代文化－彼の誕生日を記念して」などの文を通して、ニーチェを議論[21]しながら、ニーチェ思想に基づき、ネオ・ヒューマニズム論を展開したのであった。[22]　彼は世界がファシズムの暴力や生の不安および價値の混亂、つまり部下の危機の中にあるとし、こうした現代文化の機器を克服する方法を、人間探究の問題から探した。能動的で實踐的、創造的な人間だけが現實的不安を超克できるため、彼は人間タイプの探求を通じて現實の危機と文化的不安を克服できると考えたのであった。[23]　彼はネオ・ヒューマニズムの根本的な目標が、從來の觀想的で受身的で無力であった人間的現實を超克し、人類の明日を新たに生産し、發展させようとする生命と意欲と勇氣、底力のある新しい能動的な人間タイプを創造することにあるとし、まだ原始林として殘っている人間性の可能的側面を開拓すべきと主張した。[24]　彼は文學で偉大な人間タイプを創造することで現實を変革、創造できるとみたのであった。彼は、人間が歷史的、社會的な制約があるにも關わらず、これを

---

21) この文で金亨俊(金午星)のニーチェ解釋やネオ・ヒューマニズムに關する議論としては金正鉉「1930年代ニーチェ思想の韓國的受容－金亨俊のニーチェ解釋を中心に」、「ニーチェ研究」第14集(韓國ニーチェ學會、2008年秋)、245－279ページを參照し、再構成したものである；金亨俊(金午星)のニーチェ解釋の資料としては次のような文がある。金亨俊「ニーチェ哲學から見た超人觀」、「農民」第3卷第1号(1932.01)、pp.7~13;一、「ニーチェの歷史觀」、「農民」第3卷第3号(1932.03)、pp.25~30;一、「ニーチェの歷史觀とその批判(3)」、「農民」第3卷第4号(1932.04)、pp.28~32;一、〈ニーチェと現代文化－彼の誕生日を記念し〉(2-9)、〈朝鮮日報〉1936.10.19~25參照

22) 金午星「能動的人間の探求」(1-6)、〈朝鮮日報〉、1936.2.23~29、「問題の時代性」(1-9)、〈朝鮮日報〉1936.10.01~09、「ネオ・ヒューマニズム問題」「朝光」第14号(1936.12)　pp.188~197「ヒューマニズム文學の正常的發展のために」、「朝光」第20号(1937.06)　pp.318~328

23) 前揭金正鉉「니체사상의 한국적 수용-1920년대를 중심으로」、p.260

24) 前揭金正鉉「니체사상의 한국적 수용-1920년대를 중심으로」、pp.263~264

克服し、自分の生を能動的で創造的に創造していく實踐的存在と見た点からニーチェの創造性の哲學や歷史觀を自己のネオ・ヒューマニズムの中心軸としたのであった。[25]　ニーチェ思想や行動主義の影響から生まれた金午星のネオ・ヒューマニズムは、以後金東里の第3ヒューマニズムと純粹文學論に影響を及ぼし、韓國文學史の熱い論爭を呼び起こした。

　金午星のネオ・ヒューマニズムは以後1939年兪鎭午、金東里、金煥泰、李源朝の間の文學精神、文學樣式、人間性の探求、文學のアイデンティティーに對する論爭になるが、これは純粹文學論に關する論爭であった。特に、その論爭の中心に金東里がいたが、彼は、純粹文學論の第3ヒューマニズム(新人間主義)論爭を呼び起こした。20代はじめの哲學でプラトン、アリストテレス、デカルト、スピノザ、カント、フィヒテ、シェリング、ヘーゲル、ベルグソン、ショーペンハウアーなどを勉強し[26]、23歳にして「近代文學の讀書過程で得たニヒリズムの毒素や亡びゆく民族の悲哀」[27]を體驗した金東里は＜朝鮮日報＞で詩＜白鷺(1934)＞、＜朝鮮中央日報＞に小說＜花郎の後裔(1935)＞、＜東亞日報＞に小說＜山火(1936)＞を發表することで詩人と小說家になり、この際金午星のネオ・ヒューマニズムと關連し、文學界への批評や論爭、つまり林和などの傾向文學派やユ・ジンオの文學世代論に參加することになったのだ。金東里は「資本主義的機構の欠陷や遺物弁証法的世界觀の畵一主義的な講師異性を共に止揚し、新しく、より高次元的第3世界觀を目指すことが現代文學精神の世界史的本領であり、これを最も正系的に實踐しようとすること」がいわゆる「純粹文學」或いは「本格文學」と呼ばれ[28]、林和など傾向文學派を念頭においた、この第3ヒューマニズム論は40年代末と50年代をつなげ、人間主義

---

25) 前揭金正鉉「니체사상의 한국적 수용-1920년대를 중심으로」、p.265
26) 金東里「我を探して」、ミヌム社、1997、p.113
27) 金東里「我を探して」、ミヌム社、1997、p.131
28) 金東里「我を探して」、ミヌム社、1994、p.194. ;一、「文學と人間」ミヌム社、1997、p.94

民族文學、民族主義純粹文學論につながることになる。これは全ての文學的創造とは我々が如何にしてより眞に氣高く、美しく、深く生きることができるのかということに、つまり人間性の發見や擁護(第3ヒューマニズム)に集中されるべきことで、40年代末以後、人間性の普遍的価値を民族精神によって伸ばそうとする文學論で歸結される。鬪爭、超人、価値轉換、創造など、ニーチェ思想は文學において、40年代以後の韓國文學界のゴッドファーザーであり權力者であった趙演鉉の悲劇的非合理主義文學觀にも影響を与えるが、これはニーチェ的創造の意味を弱者が時代に適応し、權力を取得し、強者になる手段として政治化したもので、本質的に限界をもったものであった。[29)

　ニーチェが30年代韓國文學界に与えた影響の中で一番大きなのは、詩人グループの生命派の誕生である。解放後徐廷柱は『生理』中心に活動した柳致環と『詩人部落』の吳章煥、それから自分を入れて生命派と名づけたのだが、[30) 特に彼らに与えたニーチェの影響はまさに大きかった。ソ・ジョンジュは彼らの性格を「喪失されていく人間の原型を取り戻そうとする意欲」[31) に求め、彼らは鄭芝溶流の感覺的技巧にも傾向派のイデオロギーにも安住できないにもかかわらず、人間性を眞劍に探求した詩人であった。その後金東里の見解を參照して生命派の指向を「ヒューマニズム」に求めている。このような生命派の理念は、ニーチェ─金午星のネオ・ヒューマニズム─金東里の第3ヒューマニズムの系譜を繼ぐ軌道の上に立つものであった。

　ソ・ジョンジュは 18歳の時、『Also sprach Zarathustra』の日本語譯本を

---

29) 趙演鉉の文芸批評とニーチェの關係についてはジョンオンキョン「趙演鉉批評とニーチェ」『ニーチェ研究』第20集(韓國ニーチェ學會、2011年秋)、pp.63~95を參照。

30) 徐廷柱の區分とは違って金東里は生命派詩人の吳章煥、柳致環、尹崑崗、李燦、呂尙玄、金達鎭、徐廷柱、朴斗鎭などを擧げている(金東里「신세대의　정신」『문장』、1940.05.)

31) 徐廷柱『現代朝鮮名詩選』、溫文舍、1949、p.266

讀み、32) 19歳(1933)にはトルストイとニーチェの間で葛藤したと告白する。日本人の濱田龍雄はソウルの麻浦洞で貧民救濟事業をしていたが、その時彼はこの事業に塵拾い屋の身分で參加したことがあった。しかし彼は人々の苦難についての悩みを強調するトルストイ主義を心に懷き、葛藤しながらもトルストイ主義を諦め、ニーチェに傾いたのである。この時彼は後の仏教の宗正になる石顚朴漢永と出會い、ソウルの開運寺大圓庵に住むようになる。ここで仏教よりは神話にもっと關心を寄せて、ニーチェとギリシャ神話の神聖なる雰圍氣と肉感の世界にしみこまれていく。33) 彼の詩、「晝間」「花蛇」などはこのようなニーチェ的ギリシャ神話的に肉感の世界を反映したものである。34) 彼は自分の文學世界形成において、ボードレール、ドストエフスキーだけではなく、ニーチェの強力哲學に影響を多く受けたとしている。35) 特にニーチェ思想から古代のギリシャ的肉体性とディオニューソス的生命の肯定を誌的世界に導かれた。

　　基督教神本主義とは對立するその意味のルネッサンス、ヒューマニズム、ここから展開して自ずから到達したニーチェのツァラトゥストラの永劫回歸者－超人、さまざまな厭世と懷疑と均一品の低価値の克服、アポロン的ディオニューソス神聖への回歸は、その当時に私には一塊の大きな指向でもなった。36)

　　ニーチェは第一に、私の虛弱な肉體を對話の中の高さに引上させた功德は大きい。特にディオニューソス的生の悅樂と肯定を多難な私の青年時代に勸告してくれてありがたかった。37)

　人間の肉体、官能、欲望、罪意識、原型、刑罰などの詩的問題意識

32) 徐廷柱『徐廷柱文學全集』、一志社、1972、p.169
33) 徐廷柱『미당 자서전 2』、민음사、1994、pp.9~13
34) 前揭徐廷柱『미당 자서전 2』、pp.53~57
35) 徐廷柱「나의 詩人生活自敍」『白民』、1948.1、p.90
36) 徐廷柱「古代的ギリシャ肉體性」、「徐廷柱文學全集5」一志社、1972、pp.264~267
37) 前揭徐廷柱『私の詩と精神へ』、pp.268~270

を表現した彼の最初の詩集『花蛇集』(1941)にニーチェ哲學とキリスト教の世界觀が反映されている。特にニーチェの『悲劇の誕生』に現れているギリシャ悲劇の展開樣相と『ツァラトゥストラはこのように言った』での超人(Übermensch)、永遠回歸、肉体思想が彼に多くの影響を與えたようにみえる。[38] ニーチェは1932年夏から1943年の10年間ソ・ジョンジュに持續的に影響を與えた。彼は初詩集『花蛇集』が公刊され、『歸蜀道』の一部を書いた時節でもあった。[39] 「人神」という超人格、悲劇の克服意志、民主主義とキリスト教の弱さについてのニーチェの警告に共鳴し、かれはギリシャ神話とニーチェの肉体思想の影響を受けて、人間の官能的欲望を探求し、「晝間」「麥夏」のような詩を書いた。またニーチェ的超克意志を「花蛇」「晝間」「正午の丘から」などの詩で表現した。[40] 徐廷柱はニーチェ哲學を受容して、これを『花蛇集』時代の自分の文學方法論と思想にすることによって、韓國文學史において始めて思想家—詩人が登場したという評価を受けていた。[41]

　1930年代ニーチェ思想の復興は、徐廷柱だけではなく呉章煥、柳致環、咸亨洙、尹崑崗など一群の生命派詩人たちにも影響を與えた。呉章煥の場合、彼の散文「第7の孤獨」「八等雜文」などにおいてニーチェ思想を確認でき、彼の詩の世界もまたニーチェ思想の主要概念に当たる「生命意志」「価値」「超克」などに基づいている。[42] 呉章煥はニーチェの価値轉倒思想に注目して、伝統と儒教理念が持っていた時代錯誤的価値の虛僞性を「姓氏譜」「宗家」「旌門」「城壁」などの一連の詩を通じて批判し、未來を創造する意志を表現した。「不氣味の歌」「ハレルヤ」「聖誕祭」「マリア」な

38) 허윤회「서정주 초기시의 극적 성격 - 니체와의 관련을 중심으로」『상허학보』第21集(상허학회, 2007.10.)、p.233
39) 박노균「니이체와 한국 문학」『니이체연구』第3集(한국니이체학회、1997/98)、p.164
40) 前揭 박노균「니이체와 한국 문학」、pp.169~170
41) 前揭박노균「니이체와 한국 문학」、p.194
42) 민미숙「오장환의 시세계에 나타난 니체 사상의 영향」『반교어문연구』第24集(반교어문학회、2008、p.315)

どの詩を通じて彼は反キリスト教精神に共鳴しキリスト教精神の轉覆と同時に新しい価値觀を試み、意志・本能・生命の世界を追求したのである。彼の詩集『私が住む場所』(1947)の「歌の詩篇」「鐘の聲」「FINALE」などは永遠回歸、自己超克、永遠な自由の境地にある超人などを描寫し、自己超克を通じた新しい理想世界を志向している。また彼の詩には羊・牛・蛇・鳥などの動物的イメージと、海・流離のイメージが、ニーチェの哲學的比喩と同じように使われている。43) 吳章煥はニーチェの影響を受けて人間の本質的探究と生への超克を試み、人間實存の意義と文學の価値を確保しようとしたのである。44)

　柳致環もまた虛無への意志、キリスト教の批判、神の概念、運命愛などのニーチェの影響を受けた。45) 彼の虛無はニーチェの永遠回歸思想と關連しているようにみえる。柳致環にとって宇宙とは、單純な消滅と死の道ではなく、永遠の生成と消滅を繰り返す過程として認識されている。つまり彼は、無でありながら、同時に事物の消滅と生成を繰り返す過程を通じて宇宙が存在する、宇宙的參與としての「ある」を繰り返すことを虛無と認識している。彼の虛無主義についての認識はニーチェの積極的虛無主義と通じるものであった。彼は虛無主義を通して絶對者と救いの問題に迫ろうとした。46) 彼は「神の姿勢」「私は孤獨ではない」などの文章を通してキリスト教的宗教觀を批判し、「神は死んだ」では宗教的鎖と人間の愚かさから離れる新しいヒューマニズムの可能性を求めた。彼は絶對神を否定し、人間の問題は人間自ら解決しなければならないと考えた。そして「生命の書」「山上」などの詩では、虛無の前で自分を最高に實現させる存在、つまりニーチェ的超

---

43) 前揭民美淑「오장환의 시세계에 나타난 니체 사상의 영향」、p.340
44) 前揭民美淑「오장환의 시세계에 나타난 니체 사상의 영향」、p.341
45) 오세영『유치환 - 휴머니즘과 실존 그리고 허무의 의지』、건국대출판부、2000、p.157
46) 유치환<허무의 방향>『구름에 그린다』、경남、2007(再版)、pp.121～142; 同前유치환<구원의 모색>、pp.143～156

人を描いている。「私、君を立たせるから」「君に」などの詩では、彼は運命
をありのままに受け入れる超克的運命愛を描く。他者によって強制された運命
や攝理を拒否し、彼は自分が自ら自分の人生を選擇して責任を負おうとす
る意志と、運命に對する愛を描いたものである。

　生命派が描く多様な詩的世界にニーチェ的言語が含まれている。徐廷
柱に現れる肉体・官能・欲望・ディオニューソス的生命がそれであり、呉章
煥に現れる価値轉倒、超克、意志、超人がまたニーチェ的であって、柳
致環にみえる虚無主義、超人、超克への意志、運命愛、ヒューマニズム
がそれであった。生命、意志、命、ヒューマニズムという生命派の共用語
はニーチェ哲學の韓國的・詩的変奏であった。詩的言語で世界を描くニー
チェが、1930年代韓國で生産された文學的変容を経て、新しく詩的世界
から誕生したものであった。文學からニーチェの影響はその他にも超克意志
と超人思想を描いた李陸史と韓國戦争の体験を基にした虚無主義、運命、
罪意識、超克意志(超人思想)などを描く孫昌渉や張龍鶴、そして現代にも
『ツァラトゥストラ』をパロディした『神を殺した者の行き先は寂しい』(2003)を書
いた朴常隆に至るまで續いている。

5. おわりに

　韓國において1920年代がニーチェを受容し紹介する段階であったとすれ
ば、1930年代にはニーチェ思想の復興時代ともいえるだろう。1920年代の
初期受容は、原典的知識や學問的談論を基にしてなされたというより、ニー
チェの生涯とともに彼の思想の中心概念を簡単に紹介し、植民地時代の問
題を沈潤させ、我々が力をもって、自強不息することによって、世界の文明
史において生き残る方法を求める歴史哲學的・社會哲學的視点を反映され

たものであった。この時期のニーチェ紹介は、原典自体についての理解や多様なニーチェ著書についての分析を基にするものではなかったので比較的粗雑だったが、これを紹介する知性人たちの問題意識は、時代と歴史的状況を反映した、大変切實で眞劍なものであった。初期の受容の過程では、ニーチェ哲學は近代性の問題と關連づけられ、既存の伝統的価値を轉覆して新しい文明を開拓する価値轉倒と、民族の自强意識によって解釋された性格を持つ。小春/妙香山人金起纏の「力万能主義」、朴達成の「强力主義」などで表出されたニーチェの「力の哲學」は弱肉强食の世界文明や社會進化論、個人主義と社會主義、自由と平等、新しい道德と倫理秩序の定立などと關連づけて解釋された。彼らにとってニーチェは民族主義的・社會主義的衣裝をまとった韓國的ニーチェであって、植民地時代の時代的苦惱を乘り越える强力な力の哲學、意志と哲學を表明する社會哲學者としてのニーチェであった。金億の我欲主張の道德、李敦化の自我發現主義、李大偉の現代文明論もまた東西倫理や世界觀の衝突と限界を規定しようとする努力であった。

　しかし1930年代に入ってからはニーチェの解釋が変わる。ナチズム、ファシズム、軍國主義が登場する当時の世界情勢と關連づけられ、朴鐘鴻によってニーチェはファシズムの源流として、また安浩相によって文化哲學と闘爭の哲學として、チョン・ウォンベ田元培によって現代の危機を克服する生命を絶對化する文化哲學と解釋されるなど、哲學では体系的議論し始めた。文學ではニーチェ思想に基づいて金午星のネオヒューマニズムと金東里の第三ヒューマニズムの文芸批評論が現れ、一方ではニーチェ哲學は徐廷柱、オ・ジャンファン吳章煥、柳致環など生命派の登場にも多く寄与した。これはニーチェ哲學が文學理念の論爭だけではなく、文芸創作の領域で生命派を誕生させるなど、韓國近代文學の發芽に影響を与えたことによる。ニーチェは哲學や思想においても影響を与え、彼の哲學に多様な解

釋が現れた。1930年代には特に文學、つまり文芸批評や詩文學に多くの影響を与え「生命派」という韓國近代文學の主要な詩派を生み出した。

　20年代のニーチェ受容が切迫した時代の衣裝を着て、時代を克服するための性格を持つものであったとすれば、30年代のニーチェ受容は世界情勢の下でなされた解釋であって、その影響が文學の領域で擴張されることによって文芸批評の理念論爭を起こし、詩人グループを作るという生産的受容であった。ニーチェの妹エリザベートとの、朝鮮にニーチェを紹介するという約束を守った安浩相が理解する「ニーチェ復興」とは、このような1930年代の生産的ニーチェ思想についての理解と關心が反映されたものであった。現代のようにニーチェ全集を原典にして完全に讀み解釋できたのも、その當時まで進んだニーチェ哲學の談論史全体を背景にするニーチェについての議論でもなかった。しかし30年代の韓國でのニーチェに關する議論は、植民地時代とナチズムやファシズム、軍國主義のような世界文明の傾向に對する問題意識を持っていて、カップ文學との對決的問題意識の中で、文學の本領は何か、文學ヒューマニズムの役割は何かという問いを持っていて、これを一つの文芸批評の談論に轉換されるうえで決定的な役割をした。言うまでもないが、ニーチェは40年代を超えて持續的に純粋文學論爭を起こし、50年代以後の戦後文學の誕生につながり、現在に至るまで韓國の哲學と文學、そして芸術などの多様な領域からその影響を与えている.

　1920年代と30年代の韓國でのニーチェ受容史はニーチェが当時の韓國の時代的、歴史的問題を解く知性的鍵の一つであった事實である。また別の鍵の一つはニーチェを受容して解釋する日本と中國の知性史との出會いである。國家主義を捨て、極端的主觀主義或いは本能主義的、浪漫主義に轉じた高山樗牛の文明批判と美的生活論、トルストイとニーチェから人類の意志と個人の完成を求める武者小路實篤の人道主義、シュティルナー、ニーチェ、トルストイ、イプセンなどを個人的無政府主義の系譜に入れて、

日本の無政府主義を牽引した大彬榮のサンディカリズム(syndicalism)などは
ニーチェと日本の出會いにおいて見逃せない出發点に当たるだろう。[47]

　日本の影響を受けて1902年中國でニーチェを初めて紹介した梁啓超の
個人主義的歴史進化論、ニーチェを教育哲學者と規定し、彼の超人思想
と美學に關心を見せた王國維の新文化主義、伝統の破壊と新しい文化の
建設に注目して悲劇と超人概念を文學に当てはめた魯迅の悲劇文學、
ニーチェを奴隷道德と貴族道德を打破する革命家と解釋する陳獨秀と蔡元
培の道德論、ニーチェをすべての価値の新しい評価を開幕する思想家と讀
みつつニーチェ政治思想の矛盾に注目する胡適の新思潮論、中國伝統思
想とニーチェを比較して、中國人の固定觀念をなくそうとする李石芩の超人
論、そしてニーチェ思想をもっとも前進的で革命的な理想に溢れていると讀
む1940年代の「全國策派」の政治思想などニーチェと中國との出會いもまた
これはらさらに具体的に議論すべき新しい研究領土に与える。[48]

　1920年代の日本と中國の知性史に位置つけられるニーチェ受容史は韓
國のニーチェ受容の出發点を整理するうえで、いい参考になるだろう。日本
と中國、韓國はその歴史的環境や文化的條件が異なるため、ニーチェを
讀み、受容する仕方や問題意識は根本的に異なる。特に日本の植民地狀
況に置かれていた当時の韓國は、そのような歴史的條件を克服するため
ニーチェを力と意志の哲學と讀み、ネオ・ヒューマニズムという文學論爭と生
命派の文學潮流を作り出した。日本と中國、韓國でのニーチェ受容の歴史
と20世紀知性史の影響關係を考えることは別の多くの議論が必要になる作業
であろう。このような知性史の發掘作業は我々が理解すべき知性史の空間

---

47) 前揭金正鉉「니체사상의 한국적 수용-1920년대를 중심으로」、p.39 參照
48) 現代中國にてニーチェの受容に關しては、이상욱「니체와 근대 중국의 사상-왕국유
　　와 노신에 미친 영향을 중심으로」『니체연구』第15集(한국니체학회、2009년春)、
　　pp.249~181; 이상욱「니체 중국 수용의 이중성-현대 중국 사상의 표상을 중심으
　　로」『니체연구』第18集(한국니체학회、2010년 秋)、pp.153~183을 参照。

に開かれていて、過去の精神史的痕跡は硬直した化石ではなく、現在にも生きていて未來を創造する精神資源として活用できるという事實を教えてくれる。我々が新しく書くべき未來のテキストは、このような知性史の發掘と解釋から始まるだろう。

第3章 韓國におけるアメリカ哲學の受容

1. 文化研究としての哲學

他の國の哲學を研究することの意味をどのように規定すべきなのか? このような問いは'哲學'という學問の特殊性のゆえ、おそらくすべての哲學研究者にとって常に提起される根本的な問いの中の一つであろう。歴史學とか文學を研究する場合なら、それは當然ながら一つの文化研究と見なされるだろう。しかし、哲學は超歴史的な普遍的眞理を探求する學問という觀点からみると一つの文化研究と見なすには何か十分ではないと主張できるだろう。哲學が普遍的な眞理に關する學問である限り、文化的な違いは副次的であり、歴史的特殊性もやはり克服されるべきことに過ぎないからである。

哲學は超歴史的で、超文化的な普遍的眞理を探求することだと見なす觀点と、哲學は一つの文化的現象であり、一種の文化政治的言說の一つとみる觀点に分けられるとしたら、二つの立場から他の國の哲學を研究することの意味を規定する方式はかなり異なるだろう。

李光來教授は、文化に純種は有りえないし、また文化の本質は雜種化であるから、哲學にも純種は有り得ないと指摘する。

> 「すべての哲學は時代精神の產物である。哲學はいつの時代であってもその時代の精神文化を象徵的に代弁するからである。すべての哲學は文化哲學でしかない理由もそこにある。それに文化には純種は有りえないという文化の習合性や融合性を考慮すると哲學にも純種を期待することは愚かであろう。」

　李光來教授は歴史性を超えた哲學は有りえないと主張し、哲學と時代の精神文化を離して考えることはできないという。ここで提起される問いは、哲學を雑種の文化現象だと見なす場合、哲學的探求の結果をどのように考えるべきかということである。それは混ざった文化の特殊性を超えるある普遍的な眞理を表すことなのか、あるいはその雑種の文化現象はもう一つの特殊な文化哲學的な立場を作り出すことなのか？　アメリカのネオプラグマティストであるリチャード・ローティ(Richard Rorty)とキム・ウチャン教授の間で行われた文化的変容と哲學の役割に關する論爭はこの問いに對する二つの觀点を代弁している。

　キム・ウチャン教授は世界化時代の文化的葛藤を解決する知的な方法を模索する必要性とその可能性について論じている。キン・ウチャン教授がローティに送った手紙には次の通り述べられている。

　　　「新しい人間共同体のためには新しい普遍性が必要であって、そのためには多くの伝統の文化的理想となった省察的態度を、他の文化の文化的理想へと歩む道として活用すべきであります。新しい普遍性に向かって前進する際に必要なこの省察的態度の一部として理性あるいは科學的理性を排除することはできません。しかし、同時に科學的理性を超えて眞の人間共同体が實現できる他の普遍性の可能性を考えてみることも必要です。」

　キム・ウチャン教授は、哲學あるいは普遍的眞理に關する言説は今日の現實的な文化葛藤の問題を解決する手がかりを提供すると信じており、東洋の伝統的な知恵と歐米の思想の接点で文化的葛藤を縫合する普遍的土台を提供するという希望をもっているようである。

　一方、リチャード・ローティはキム・ウチャン教授の觀点をプラトン主義の一つの形態だと見なし、文化間の葛藤の問題は數多くの微視的交流と試行錯誤によって解決でき、文化的混成の過程に哲學の役割があり得るとは考えない。ローティはキム・ウチャン教授に次のように答えた。

「我々は普遍性を恐れることも'文明の衝突を解決するある機構'を希望することもしてはいけない。衝突する文明は試行錯誤の後、暫定的な協定を導き出した後、すなわち、我々が平和的に共存する方法を發見することに成功した後、すべての人が同意できる共通の原則に關する言明を提示することが可能であろう。しかし、そうなると實際的なことはすでに成されているであろう。共通の原則とは、人の目を引くための飾りにすぎないだろう。哲學は普遍性を目標とする一般の機構を提案することで政治に役立てられない。哲學は構成的であるよりは破壞的な時にもっとも役立てられるだろう。すなわち、哲學は慣習を打破し、社會・政治的實驗ができるように道をひらく時にもっとも役に立つであろう。」

ローティの觀点によると、哲學はすでに問題が解決された後に次の過程を整理する役を担うことができる。しかし、これは彼が話している文化政治的言説の一つの形態になるだろうし、哲學を普遍的眞理に關する探求だと考える人々が期待するような、先制的に問題を解決するマニュアルとしての哲學とは全く異なるであろう。

初めに問いかけた質問はより具体的に提起することも可能である。例えば、本稿で扱っている主題である"韓國でアメリカ哲學を研究することにはどんな意味があるのか?"という問いが可能であろう。韓國の哲學者らはアメリカ哲學を研究することによって韓國的な時代狀況を反映する哲學的觀点とアメリカ哲學の共通性を發見し、何らかの普遍的眞理に關して研究しようとするのか?

それとも一つの異質的な文化としてのアメリカ哲學を研究することによって雜種的で特殊な文化的談論を作り出そうとするのか? これは國內の哲學研究者らの自己意識に對する問いになることもできるだろう。筆者は、國內のアメリカ哲學の研究者らは前者の意識を持ちながら、實は後者の役割を隨行していると考えている。

本稿では、まずアメリカ哲學が20世紀にどのように展開されてきたのかを簡單に述べ、韓國でそれをどのように受け入れてきたのかを考察する。韓

國はアメリカ文化の影響を強く受けている國であるが、アメリカ哲學について
は相對的に深みのある研究がなされたとは言い難い。

　雜種の文化が形成されるには、他の文化を受け入れる立場から何らかの
文化的土壌が用意されていないといけないが、アメリカ哲學を受け入れる過
程でそのような土壌に關する十分な自己意識的な省察があったかは疑わし
い。これはアメリカ哲學の変化過程が、國内においてそれを受け入れる過
程にそのまま反映されている点からいえる。

　本稿では韓國でのアメリカ哲學の研究過程を觀るために、まずアメリカ哲
學の展開過程を簡單に考察し、(2節)韓國の哲學者らのアメリカ哲學の研究
がどのような様相で展開されてきたのかを(3節)述べることにする。

2. アメリカ哲學の展開

　今日のアメリカ哲學をイギリスの哲學と分離して語ることは困難である。し
ばしば我々は英語の文化圏で行われるアングロ・サクソン系の哲學的談論を
英米哲學と呼ぶ。これは、今日の英米哲學の主流が言語分析哲學という
共通点があるからこそ可能な分類である。しかし嚴密に考えると、アメリカは
イギリスとは異なった歴史的・文化的な特殊性を有している國で、固有の哲
學を作り出している。しかし、不幸にもアメリカの固有な哲學であるプラグマ
ティズムはアメリカですらアメリカ哲學の座を分析哲學に奪われ、講壇哲學
の辺境に追いやられている状況である。

　しかし20世紀後半にネオプラグマティズムを提唱したリチャード・ローティに
よってアメリカの哲學はわずかに復活する動きを見せた。筆者はプラグマティ
ズムと第2次世界大戦以後、ヨーロッパから入った分析哲學がアメリカの哲
學の講壇でどのように競ってきたのかをみることは、文化研究としてのアメリカ

哲學の研究を理解することに役立つと考えている。

　『米國哲學史』の著者Bruce Kuklickはアメリカ哲學の展開過程を3段階に分ける。 彼によると、 アメリカの哲學は1720年から1868年までの思弁的な思想の時代、 1859年から1934年までのプラグマティズムの時代、 1912年から2000年までの專門的な哲學の時代に分けられるという。 第1の時代はカルヴァン主義(Calvinism)の神學的論爭が知識人らの主なテーマであって、 カントとヘーゲルの觀念論に關する議論が主に行われた時期である。 アメリカ合衆國という統合された國の成立が南北戰爭以後だとしたら、 この時期の議論はアメリカ的な特徴だというよりは、 プロテスタントらが新しい土地を開拓した後、 自分たちが背いたヨーロッパの思想にどのような態度をとっていたのかを見せてくれると考えられる。 Kuklickはこの時期の哲學者として、 カルヴァン主義・プロテスタンティズムの多様性を明らかにしたジョナダン・エドワード、 ホレース・ブッシュネル、 ラルフ・ワルド・エメルソン、 そしてハーバード、 イェール、 プリンストン神學院の神學專門家であったヘンリ・ウェア、 ナダニエル・ウィリアム・テイラー、 チャルス・ハージ(Charles Hodge) などの人物を紹介している。

　Kuklickによると、 このような神學中心の議論はチャールズ・ダーウィンの著書が紹介されたことでアメリカでは幕を降ろした。 南北戰爭以後、 アメリカの大學が國際的に認められる教育の中心地へと変貌する中で、 第1の時代のアマチュア神學者らが活動する場はなくなった。 プラグマティズムは、 南北戰爭が終り、 アメリカが一方では伝統的なプロテスタント的な世界觀と、 もう一方では産業社會の基本になる科學技術的な価値觀を仲裁し新しい國を造るべき任務を与えられた19世紀末に誕生したアメリカ固有の哲學思想である。 プラグマティズムはプロテスタントらの勤勉さ、 質素、 他人への愛などのような伝統的な価値と、 産業時代が要求する開拓精神及び實驗精神を盛り込んだ点で、 当時のアメリカ人の時代精神を反映した哲學だと言える。

何よりもプラグマティズムは南部と北部の葛藤、白人と黒人の人種の葛藤、科學技術と宗教間の葛藤を仲裁することが必要とされた時代的な狀況から誕生した哲學である。

プラグマティズムは1870年代初め、アメリカのマサチューセッツ州北東部のケンブリッジでパース、ジェームス、弁護士のオリバー・ウェンデル・ホームス(O. W. Holmes)、ニコラス・ジョン・グリーン(N. H. Green)、科学者で哲學者であるジョン・フィスク(J. Fisk)、フランシス・エリンウード・エバート(F. E. Abbort)などが形而上學クラブという集まりで定期的な討論をし、誕生した。この中でプラグマティズムを一つの哲學的な思想として作り出すのに大いに寄與した哲學者がジェームスである。

プラグマティズムがアメリカの知性史において頂点に達したのは20世紀の初めと半ばに活發な活動をしたデューイを通してである。デューイは單に哲學者としての役割のみならず、實驗學校を建て、彼の民主主義への考えを實行に移すなど強い實踐家のとしてアメリカの知識人の間に大きな足跡を殘した。おそらくデューイが活發に活動した時期をアメリカ的な哲學の全盛期とみることができる。

Kuklickは1912年からアメリカ哲學の専門化時代が渡來すると分類しているが、筆者は第2次世界大戦後、分析哲學がアメリカの講壇の主流となる時期をその以前の時期と分けるべきだと考えている。

周知のようにフレーゲの論理主義、ラッセルの論理的原子論、ヴィトゲンシュタインの言語哲學などに影響を受けたカルナップのような論理實証主義者らがナチから逃げてアメリカへ渡ってきた後、アメリカの哲學は急速に分析哲學を中心に再編される。多少ミステリアスに見えるこの過程をディギンスは次の二点から説明する。まず第2次大戦当時、プラグマティズムはファシズムの本質が理解できず適切な對應策を提示できなかったこと、2番目はシドニー・フックらがベトナム戦争の不可避性を主張したことで、プラグマティズ

ムはアメリカの大學を覆った60年代反戰運動の公敵になったことである。ディギンスの説明がどれほど説得力があるのかは關係なく、プラグマティズムが20世紀半ば以降、アメリカの講壇哲學から放逐されたことは確實である。Kuklickが第3の時期をそのようにしたのは、おそらくプラグマティズム的な思考の傳統が續いていることを話したかったからだと考えられる。Kuklickはその傳統を継ぐ哲學者としてルイス、グッドマン、クワイン、セラス、クン、パトナム、ローティなどに言及している。

　筆者はアメリカ哲學の展開を2つに分けられると考えている。1つは哲學的談論の歴史性を認めるプラグマティズム的な傾向であり、もう1つは哲學的な眞理の普遍性を探求するという認識論中心の専門化した哲學の傾向である。

　前者の傾向にある哲學者としてはパース、ジェームス、デューイなどの古典的なプラグマティストを始め、セラス、クワイン、デイビッドソン、パトナム、ローティ、ブランダム、クーンなどの哲學者が擧げられる。後者の例としてはカルナップ、ラッセル、フレーゲの論議を継いだチゾム、クリプキ、フォーダなどの多様な分析哲學者らが位置づけられるだろう。

　どんな哲學者を研究するかは、哲學的言説をどうみるかという態度と必然的な關連性があるわけではないだろうが、筆者は文化研究としての哲學研究を觀る枠組としてこのような分け方が有用だと考えている。韓國で進んでいるアメリカ哲學の研究は、文化研究としての研究と普遍的で哲學的な問題に對する探求としての研究に分けられる。しかし、これは第2次世界大戰以後、分析哲學が主流となって、分析哲學か分析哲學ではないかという二分法的な構図に再編されたと考えられる。このような構図においては、アメリカの歴史性と社會性を反映するプラグマティストと、その他の哲學者を區別するべきだと考えられる。

3. 韓國におけるアメリカ哲學の研究

Kuklickが分類するアメリカ哲學史の1期は、事實上アマチュア哲學者の時期なので議論から除くことにした場合、およそ1945年前後のプラグマティズムの時期と分析哲學の時期に分けることができるだろう。アメリカ哲學の主流の流れによって、韓國でのアメリカ哲學の研究は、量的な側面からみると、70〜80年代から本格的に始まって90年代以後だんだん活發になり、2000年以後、大いに成長したかに見える。そこで、殘念ながらアメリカ的な哲學であるプラグマティズムの全盛期に韓國でアメリカ哲學の研究資料を見出すのは容易ではない。

‘韓國哲學思想研究會’で企畫研究の結果として出された資料を通して、分析哲學がアメリカで根付く前にアメリカ哲學を國內に紹介したハン・チジンの活動を垣間見ることができる。

この研究論文によると、ハン・チジンは“当時、アメリカ哲學から影響をうけた科學主義的な傾向にも關わらず、哲學の究極的な目標を人生觀的問題の解決におき、唯心論的な立場を積極的に擁護”していた。この論文はハン・チジンの關心が、英米哲學が経驗論的な伝統と距離のあることを指摘しているが、当時のアメリカ哲學はヘーゲルの影響をうけたデユーイを始めカント、ベルグソンなどの大陸哲學の影響が大きかった時代だったので、ハン・チジンが言うような傾向は当然だと考えられる。韓國で初めてアメリカに留學した哲學者は1931年南カリフォルニア大學で學位を取ったハン・チジン、1934年シカゴ大學で學位を取ったカル・ホンギ、1937年ミシガン大學で學位を取ったパク・ヒソンの三人である。この研究論文によると、解放直後から英米哲學は大陸哲學と分離して認識されるようになった。1940年代にアメリカのプラグマティズムは1つの哲學分野として紹介されるようになったと考えられる。この論文はキム・ジュンソプの『哲學概論』(世界書林，1946)、

『西洋哲學史』(チョンウンサ、朝鮮敎學社、1948)でプラグマティズムが紹介され、リ・ゼフンの『新稿哲學槪論』(東方文化社、1948)にデューイの道具主義が說明されており、リ・ゾンウの『哲學槪論』(デソン出版社、1948)でもプラグマティズムは認識論の1つの分野として紹介されているとした。1950年代のアメリカ哲學はデューイのプラグマティズムを中心に國内に紹介された。キム・ジュンソップ、キム・ヒョンソック、アン・ビョンウック、ハン・チジン、シン・イルチョル、ミン・ドングン、チェ・ジェヒなどは著書と論文を通じてプラグマティズムを紹介し、キム・ヨンチョル、キム・ハテなどは論理實証主義に關する論文を書いた。特にハン・チジンは『アメリカ實用主義』(朝鮮文化研究社、1948)という國内最初のプラグマティズムの解說書を通じてアメリカの哲學を積極的に紹介し、キム・ジュンソップ、朴鐘鴻などはプラグマティズムを重要な哲學として紹介することに寄与した。

　筆者の關心事は1950年代以後、アメリカ哲學が國内でどのように研究されたかというところである。第2次世界大戰以後、ナチを避けてアメリカに來たカルナップらによって論理實証主義哲學が定着し、プラグマティズムが講壇から追い出されたことを考えると、少なくとも國内でアメリカ哲學として積極的に紹介されたプラグマティズムの研究がどうなったのかを考えてみるのは興味深いことである。ただ國内の研究動向に關して十分に研究することができず、韓國哲學會の『哲學』に投稿された研究論文と哲学研究會及び大韓哲學會の『哲學研究』しか檢討できなかったことは本稿の限界であることを斷っておきたい。

　本稿では上記で述べた學會誌に投稿された論文を年代別に分類して、アメリカ哲學の研究動向を觀ることにする。まず、1950年代から2000年代まで年代別の論文の數を調べ、その中でいくつの論文がプラグマティズムの伝統に屬するのかを觀てみる。同時に年度別に論文の數を調べることで研究の動向を考えてみる。

　このような分析を行う前に、それらの學術誌を含め、ソウル大學の『哲學論究』、そして解放以前の『哲學』誌を分析し統計資料を出した先行研究を通して國內でのアメリカ哲學の位置づけを觀てみるのが役にたつであろう。1994年ソウル大學哲學思想研究所では'西洋哲學思想の流入とその評価'というテーマの研究を行い「研究のための資料の統計的分析」を整理したことがある。この資料は思潮、時期ごとの分類を8分類する際にはアメリカ哲學を別途に區分してはいないが、24分類では '實用主義、その他アメリカ哲學一般'と '分析哲學'、そしてフレーゲ、ラッセル、ムーア、ヴィトゲンシュタイン'と區分している。

　そして哲學史を14部分で分ける項目では'實用主義、アメリカ哲學'と '分析哲學'を區分している。實は國內で發表された論文の題名を見るだけで英米哲學からアメリカ哲學を、あるいは分析哲學とアメリカ哲學を區分することは曖昧である。本稿では'アメリカ哲學'と'分析哲學'の研究を區分するつもりであったが、プラグマティズムの伝統に屬すると見なされるクワイン、デービッドソン、パトナムなどの哲學者は'分析哲學'の範疇に屬するのがより適當だと考えられる。それで、筆者は1950年代のアメリカ哲學の主流といえる分析哲學以外に、ジェームス、パース、デューイ、セラス、ローティ、ブランダムなどのプラグマティストらを一つのグループにし、ロールズとノージックをはじめ、アメリカで活動した社會哲學者及び倫理學者に關する研究をアメリカ哲學一般に含めることにした。

　上記の資料によると、1915年から1992年まで國內で研究發表した'英米哲學'論文は全部で924に及ぶ。この中で、實用主義、アメリカ哲學、パース、ジェームス、デューイ、ローティ、ロールズ、ノージック、社會倫理學などに小分類されている論文の數を合わせたら229である。この中でデューイに關する研究は82で一番多い方だが、96のヴィトゲンシュタインに次いで個別の哲學者に關する研究としては2番目で多くの研究がなされたこ

とがわかる。

　しかし、上記の小分類に当たる殘りの論文を廣い意味で分析哲學の論文であると見なすと'英米哲學'からプラグマティズム傳統のアメリカ哲學及びその他のアメリカ哲學研究はおよそ1/3の水準であることがうかがえる。

　上の資料はまた、年度別で一般論文の哲學史の分類を統計に出しているが、我々が關心を持っている分野はプラグマティズムと分析哲學なので、關連した領域だけをみると次の通りである。

〈表 1〉 実用主義 分析哲学および関連領域の哲学史の分類

	1915〜 1929	1930〜 1944	1945〜 1949	1950〜 1959	1960〜 1969	1970〜 1979	1980〜 1992	合計
實用主義	0	1	1	11	5	33	62	113
フレーゲ、 ラッセル、 ムーア、 ヴィトゲン シュタイン	1	0	0	3	4	26	68	102
分析哲學	0	1	0	10	15	63	223	312
合計	1	2	1	24	24	162	353	527

　この表によると、プラグマティズム研究と分析哲學の研究は1915年以來あまり進まなかったが、1970年代以後、急速に量的な成長を遂げている。特に分析哲學に關する論文の數の增加は注目すべきことである。

　次は韓國哲學會の『哲學』誌における論文の數の分布を筆者が分類したものである。

〈表 2〉『哲学』誌に現れたプラグマティズム及び分析哲学論文の年度別分布〉

	1955~ 1959	1960~ 1969	1970~ 1979	1980~ 1989	1990~ 1999	2000~ 2009	合計
プラグマティズム	0	0	2	0	3	2	7
ヴィトゲンシュタイン他	0	0	0	4	11	9	24
分析哲學	0	0	1	22	32	37	92
その他アメリカ哲學	0	0	1	9	5	6	21
合計	0	0	4	35	51	54	144

この表をグラフで表せば次の通りである。

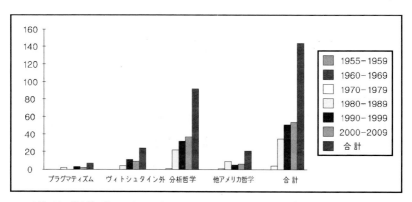

〈絵 1〉『哲学』誌に現れたプラグマティズム及び分析哲学論文の年度別分布〉

　韓國哲學會の『哲學』誌は1950年代には1955年と1957年の2回發刊され、1960年代には1969年に1回發刊されたので上の表でアメリカ哲學の資料として表示していない。1970年代には毎年發刊されたが、1971年と1972年パク・ゴヨンのウィリアム・ジェームスに關する英語の論文が2回發表され、1975年リ・チョシックの歸納に關する論文、1977年ファン・ギョンシックのスティーブンスンに關する論文はアメリカ哲學及び分析哲學と關連する論文のすべてである。

　このような論文の分布はリ・フン(1994)の資料とは大きな違いがある。その

資料でプラグマティズムに關連する論文の數は分析哲學の論文の1/3程度であるが、『哲學』誌のみの場合には1/10にもならない。これは『哲學』誌に載った論文が特に分析哲學に片寄っているとみてもいいだろう。しかし、2000年以後から韓國分析哲學會の『哲學的分析』という學術誌が發行され、毎年10本ぐらいの分析哲學論文を載っていることからみると、2つの分野の論文の數にギャップがあることは推測できる。リ・フンの資料からデューイに關する研究論文は82本、プラグマティズムの研究は70-80年代に集中していることから考えるとプラグマティズムの論文は『哲學』誌には特に少ないこともわかる。しかし、それを考慮してもプラグマティズムの伝統のあるアメリカ哲學に關する研究は分析哲學に比べてその數はだいぶ少ないことがわかる。

　これは1950年代以後、アメリカの講壇哲學がプラグマティズムから分析哲學へと移っていったことがそのままわが國の研究傾向に反映されるようになったためと解釋できるだろう。

　言及しておくべきことは、いくつかの學會誌を自分で調査している際にリ・フン(1994)の資料への信頼性に疑問ができたことである。その資料によると、プラグマティズムに關する研究論文は70年代以後から92年まで95本發表されたというが、筆者が韓國哲學會の『哲學』および大韓哲學會と哲學研究會の『哲學研究』を調査してみた結果、發表された論文の件數は少なかった。リ・フンの資料はおそらく韓國の哲學界で研究發表された資料のみならず、教育界で發表されたデューイに關する資料も含めているからだと推測できる。70年代以後、我が哲學界にプラグマティズムの研究者がほとんどいなかったことからみると、そのような統計資料がどうやって出されたのかは不思議である。筆者が直接調査した資料によると、哲學研究會と大韓哲學會に發表されたプラグマティズムに關する論文の數は次のとおりである。

〈表 3〉哲学研究会及び大韓哲学会の学会誌に載ったプラグマティズム関連の論文の数

	1960～1969	1970～1979	1980～1989	1990～1999	2000～2009	合計
『哲學研究』(哲學研究會)	0	0	0	1	4	5
『哲學研究』(大韓哲學會)	0	3	2	3	2	10
合計	0	3	2	4	6	15

　　一方、興味深いことは國内のアメリカ哲學の研究においてプラグマティズムが衰退し、分析哲學が主流になっていく状況でも、プラグマティズム哲學を代弁する人物と言えるデューイに關する研究は大変活發に展開されたところである。しかし、その研究は殘念ながら、韓國の哲學界で行われたのではなく、教育學界で主に行われた。次は1980年以後、韓國教育哲學會の學會誌である『教育哲學』に載ったプラグマティズム關連の論文の數である。

〈表 4〉『教育哲学』に載ったプラグマティズム関連の論文の数

	1980～1989	1990～1999	2000～2010	合計
デューイ研究 論文	15	11	29	55
ローティ研究 論文	0	1	6	7
合計	15	12	35	62

　　1980年代以後、『哲學』誌に載せられたプラグマティズムに關連する論文の數が5本あるのに對し、『教育哲學』に載せられたプラグマティズムに關連する論文の數は比較にならないほど多い。これはおそらくデューイの教育哲學が依然と韓國の教育學界で問題となっているからだと考えられる。特にデューイを継ぐネオプラグマティストであるリチャード・ローティに關する論文の數は2000年以後に増加していることも興味深い。

　　リ・フン(1994)の資料を信頼するとしても1950年代以後、國内の哲學界で

プラグマティズムに關連する研究論文の數が小幅に增加したのに比べ、分析哲學に關連する論文の數が著しく增加したことはアメリカ主流の講壇哲學界の変化過程を國内の學界がそのまま反映したとみることができる。一方、教育學界でプラグマティズムに關連する論文が依然と主流を占めていることはアメリカ哲學の韓國的な変容の1つの事例と見なすこともできるだろう。

4. 小結：診斷と展望

　韓國の哲學界に限定してアメリカの哲學に關する研究の推移をみてみると、アメリカの講壇哲學界の主流に從っていると考えざるを得ない。1980年代から分析哲學の論文の數が增加した理由は留學生の數がその時から急增し、アメリカの主流哲學を勉強してきた學者らが自分たちの專攻と關わる論文を國内で發表した當然な歸結だといえる。

　しかし、この歸結を當然だと見なすべきかについて疑問を提起する必要がある。李光來教授に從い外國の哲學思想に關する研究を文化的な雜種化の過程だと見なすならば、外來の文化は本來のその土地の文化と出會うことによって多様な変種を生産しなければならない。しかし、殘念ながらも韓國でのアメリカ哲學の研究はアメリカの講壇哲學を韓國の講壇哲學へそのまま移植したようである。このような樣相は分析哲學の哲學的な前提とも關連があるように見られる。論理實証主義の影響を受けた分析哲學者らは哲學を‘科學という安全な道’に置いておこうとし、その觀点から事實と価値の問題を分離させている。哲學が価値中立的な談論の領域だと思われる瞬間、歴史性と時代精神の問題は考慮の對象にならなくなる。これはアメリカで哲學をすることと韓國で哲學をすることの違いを認めない態度へ繋がる。哲學的な眞理が普遍的だという考えは文化的な雜種化の過程に對する反省的考察

を塞ぐ点で、それ自体が一つのイデオロギーになりうる。

　今日、アメリカの分析哲學は實證主義の時代から離れ、脱實證主義化の道を歩んでいる。韓國でのアメリカ哲學の研究もその道を歩むと予想できる。哲學を'文化政治'の一種だと見なすローティは今日の分析哲學の狀況を次のように述べている。

　　　　"私が話したいことは分析哲學の良し惡しとは關係なく、分析哲學は他の＜人文學＞の學科と同じような種類となった点である。人文學の學科で通常の生活樣式は芸術や文學におけるそれと同じである。つまり、ある天才が新しくて興味深い、説得力のある何かを成し遂げている人を仰ぐ者が學派を作ったり、ある運動を始める。"

　このような説明は脱實證主義的な道へと入る瞬間、分析哲學が有している文化政治の特性が現れるようになったとみることができる。これは哲學的な眞理に關する談論が他の學科で進んでいる言説と比べて違いがあると言える理由がないことである。

　生物が環境の変化から生き殘るためには數多くの変種を作り出さないといけない。どんな変種が環境の変化で生き殘れるか、事前にわからないからである。文化がよりよい方向へと發展するためにはその中で起こる談論の多樣性を認めないといけない。そのような多樣性を確保するためには文化的な雑種化の過程が必然である。雑種化の過程で多樣な変種が介入する時、より豊富な言説が生産されうる。

　韓國でのアメリカ哲學の研究動向は、そのような変種が介入する余地がないようである。アメリカの分析哲學者らはヨーロッパの哲學者らの哲學のやり方が正しいと考えていない。このような観点からはヨーロッパ哲學と英米哲學はまったく異なるものとして分けられるだろう。哲學を一つの文化的な雑種化と見なすならば、韓國で哲學を研究する學者らがこのような區分を受け入れるか疑問である。無論、哲學を専攻するということは主題と範囲を縮め、

深く研究しないといけない面があるので、固有な哲學的な伝統を無視し、境界を行き來することは學問を淺くする危險がある。しかし、哲學的な探求の過程を一つの文化研究と見なすと深みのある研究をする場合でももう少し柔軟な態度を取ることができるだろう。

　韓國の哲學界の制度と慣習は簡單には変わらないので、韓國でのアメリカ哲學の研究は分析哲學がこれからも主流を形成するだろうと予想できる。分析哲學の脱實証主義の傾向が韓國で肯定的な歸結を生み出すならば、多様で創意的な哲學的な思考を生み出すこともありうるだろう。そのような作業のためにはローティが言う'天才'が登場し、彼に從う勢力を形成すべきである。この作業はおそらく我々の學界がより柔軟で多様になる時に可能になるだろう。

第4章 韓國におけるフランス哲學研究とその意味

1. フランス哲學の導入と展開 ： フランス哲學受容の普遍性と特殊性

　韓國に紹介された西洋哲學の領域は、 國家別に古代ギリシア哲學、ドイツ哲學、 英米哲學、 そしてフランス哲學に分類される。 1980年代以前に受容され、 議論された西洋哲學の中で、 フランス哲學の位相はそれほど高くない。 韓國の初期のフランス哲學の受容過程(1960〜70年代)にはフランス哲學を專門とする研究者がほとんどいなかったため、 フランス文學專攻者によってフランス哲學が紹介される場合がほとんどであった。 そのようにしてサルトルとバシュラールは韓國で知られるようになった。 近代哲學者のデカルトとパスカル、 啓蒙主義哲學者のルソー、 生命の哲學者として知られているベルクソンなどの思想家たちが誰よりも注目されたのは事實だが、 この場合も、 西洋哲學の歷史の流れの中で彼らの占めている思想的な位相が反映されただけのことであり、 フランス哲學そのものがドイツの近代哲學ほど體系的に理解され、 受け入れられているわけではない[1]。

　1980年代以後はフランス哲學に對する關心が學術界と大衆の間で徐々

---

1) 「韓國でフランス哲學を一番早く紹介した文章は、 「覺泉」という筆名で『青春』第13号(1918.4.16.)に載せられた「近代哲學の先驅者のデカルト」であった。 以後、1941年3月に『春秋』3月号に載せられたゴ・ヒョンゴンの論文「ベルクソンの生涯と思想」である。 これは1941年1月5日に死亡したベルクソンを紹介する文章であった。」李光『韓國の西洋思想の受容史』2003, p.364

に廣がり始めた。その知的な動機は、國際的に思想と文化に多大な影響を
与え始めた新しい流れ、すなわちポストモダニズムに對する關心からであっ
た。そして、そのような知的な雰囲氣の中で、まずフーコー、ドゥルーズの
哲學が紹介されはじめたが、李光來教授はその前線で現代フランス哲學を
本格的に思惟し、土着化の先頭に立っている。彼はフーコーからデリダに
至るまで、新しい知的思惟を國內に定着させることに大きな貢獻をした。ま
た、彼に先立って1972年に韓國でフランス哲學に關する主題で最初の學
位をとった人は崔明官で、彼は、デカルトの「cogito ergo sum」に關する思
想を探求した。そして同年に別の研究者によってベルクソンの『創造的神話
』が翻譯、出版されてから、國內でデカルト、ベルクソンの哲學が自生的
な位置を確保しはじめた。すなわち、1970年代がフランス哲學の研究のた
めの準備期間であったとすれば、1980年代は次第に大衆的な讀者層が形
成され、若い研究者たちが多數輩出された時期であったといえる。

　李光來教授は「ミシェル・フーコーの構造主義研究」(『哲學』第19集、韓
國哲學會、1983)を發表、1987年にはフーコーの主な著作である『言葉と
物』を翻譯、1992年には著書『フランス哲學』(文芸出版者)を出版し、韓國
でのフランス研究と土着化に多大な貢獻をする。特に『言葉と物』が翻譯、
出版されてからは、後學の研究者によってフーコーの著書、すなわち『性の
歴史』(1990)、『狂氣の歴史』(1991)、『知の考古學』(1992)、『言語表現
の秩序』(1993)、『監獄の誕生』(1993)、『臨床医學の誕生』(1993)などが
次々と翻譯、出版されたが、韓國においてこのような知的な熱氣は前例の
ないことだった。したがって、我々は韓國におけるフーコーの研究だけは、
非常に格別であることを認知しなければならない。

　それでは、1980年代に韓國でフーコーの思想がそれほど多くの反響を呼
んだ理由は何だろうか。当時、我々時代的な抵抗と歴史的な批判精神に
新しく目覺めた若い知識人にとって、フーコーの批判的な眼差しは、まさに

現代の啓蒙主義哲學のようなものだった。これによって、特定の權力により訓育され、創られた實存的な主體に對する社會的な覺醒は、畵一化された集団主義に對する反省を呼び起こし、そのような權力に抵抗することも人間の權利だと信じるようになった。このような点において、フーコーは歴史と価値を眺める系譜學的な認識をとおして、心理の正當性の問題を再檢討できる興味深い観点を讀者に与えることができた。当時の韓國社會では權力の集中と人權の統制に對する体驗的な無感覺が蔓延していたので、韓國の若い知識人がフーコーから習った批判精神は、知的レベルをいっそう高めることになった。

韓國におけるフーコー哲學に對する大衆的な人氣のお陰で、ボードリヤールの著書が次々と紹介されたのも注目に値する。そして、『消費社會の神話と構造』(1991)、『記号の経濟學批判』(1991)、『シミュラークルとシミュレーション』(1992)、『生産の鏡』(1994)、『誘惑の戰略』(1996)などが翻譯、出版された。1990年代は経濟的な安定を享受するようになった中間層が登場して、消費社會に對する批判の聲も一角から大きくなったが、フーコーと同じくボードリヤールもまさに啓蒙的な知識人と見なされた。虚構的なイメージ文化の再生産に關する理解は、むやみに人眞似をする世相を批判する知識人の眼差しでもあった。一方、我々はフランスのバシュラール、カンギレムなどの科學哲學が韓國でも知的な照応を受けることになったことにも注目しなければならない。特にバシュラールの現象學的な想像力は文學・哲學に對する新しい眼差しをもたらした教えにもなり、また、『正常と病理』の著者、カンギレムはフーコーの知的な師匠と見なされた。

1990年代以後は思惟を知的に樂しめるようになった若い世代が、ドイツ哲學よりもむしろフランス哲學を好む雰囲氣が高まり、フランスへ留學に行く若い研究者たちが少し増えるようになった。そして、2000年以後はこれらの若い學者がフランスから博士學位をとって歸ってくるようになって、韓國の學界

では、 彼らによりベルクソン以後のフランス哲學が特に注目を集めるように
なった。 メルロー=ポンティ、 ドゥルーズ、 レヴィナス、 リクール、 デリダな
どのような大家たちの思想がテーマ別、 著書別に讀まれ、 大衆的に議論さ
れ始め、 韓國での新しい文化言説が根付き始める。 これと同時にマルキシ
ズム中心の時代的な思惟も徐々になくなり始める。 といっても、 そういう知的
な雰圍氣が、 かつて韓國に紹介されたドイツ哲學の大家たち、 すなわちカン
ト、 ヘーゲル、 ニーチェ、 ハイデッガーなどに集中した哲學批評の歴史
を超えたわけではない。 しかし、 確かなことは、 1990年代以後から多くの人
がヨーロッパ哲學を話す時、 ドイツ哲學とフランス哲學とに分けて考え始め
たことに注目しなければならない。 つまり、 変化が起こり始めた。

　そして、 そのような觀点は、 ドゥルーズ、 メルロー=ポンティ、 レヴィナス
の思想に徐々に注目が集まり、 望ましいことと見なされた。 しかし、 フーコー
以後、 ドゥルーズの思想が韓國で知的な人氣を得たのは、 實は現實に對
する抵抗の精神とはほとんど關係がないようにみえる。 フーコーによる歴史お
よび社會批判の精神は1980年代の若い知識人に求められたという側面が
あったが、 ドゥルーズにおける自由な思惟の精神は、 生の實体を探求し、
人間の實存の向うから探し求める浪漫的な遊戲を若者に植え付ける。 若い
知識人は內的な自由と思惟の普遍性を追求する。 それで、 現代のニー
チェとして知られているドゥルーズの思想は、 1990年代以後急に大衆的な
關心が寄せられるようになった文化運動と映畫批評などで浮彫りになった。
フーコーの言説が政治・歴史の領域に擴大したことと對比される現象である。
そして早い時期のドゥルーズの著書の中で『對話』(1993)、『アンチ・オイディ
プス』(1994)、『感覺の論理』(1995)、『カントの批判哲學』(1995)、『ニー
チェと哲學』(1998)、『シネマ』(2001)、『千のプラトー』(2001)、『差異と反
復』(2004)などが順次翻譯、 出版された。 知的な讀者層のこのような知的な
擴張は、 メルロー=ポンティやラカン、 レヴィナスの哲學へ向けられた。

　　フーコ―の哲學が韓國に紹介された後、ドゥルーズ、メルロー＝ポンティ、レヴィナスなどにつながる知的な關心は韓國における新しい価値と変化を反映するものであった。集団的思考と論理を旧時代の価値として自然に受け入れて、創意的な個性と個人的な想像力を重視する文化的な価値が盛んになり、今や韓國でもハイデッガ―の存在論以後、新しい存在論的な思惟がフランス哲學を中心に廣い讀者層を基盤として理解され始めたのである。1980年代に一部の知識人がフランス哲學を理解することは難しいといって、抽象的な、あたかも砂上の樓閣のように扱ったこともあったが、1990年代には現代のフランス哲學者たちが韓國でも相當の人氣を博するようになった。そして2000年代には、彼らの哲學者の著書が相変わらず難しいと認識されていたにもかかわらず、學問的なレベルで讀まれ始めたのである。例えばメルロー＝ポンティの著書の中で、『知覺の現象學』(2002)、『見えるものと見えないもの』(2004)、『眼と精神』(2008)、『行動の構造』(2008)などが、フランス哲學をもっとたくさん知りたがっている讀者に新しい思惟の精神を教えている。この時からフランス哲學は頭腦で讀む學問ではなく、熱情で迫っていく學問だということが体験され始めた。

　　韓國でのフランス哲學の紹介と研究活動はドイツ哲學に比べるとそれほど古くなく、今からわずか20～30年の間になされたと見ることができる。といっても、我々はこのような現象が單純に韓國だけの特殊な現象だとはいえない。なぜかというと、國際的にみてフランス哲學がヨーロッパはもちろんアメリカ地域でも大きな呼応を得ているからである。その理由は何だろうか。「今日、なぜフランスの哲學が讀まれるようになったのか」を考えてみると、次のように推測できる。

　　まず、近代哲學以後、觀念論の哲學は「考える主体」にあまりにも多くの期待を寄せ、その哲學的な体系性が難解になり、抽象化され、そのような主体の理解が、むしろ認識論的な權力になりつつあるからかもしれない。この

点において、ベルクソンの哲學以後、現代のフランス哲學はメルロー＝ポンティ、レヴィナス、ドゥルーズ、ラカン、デリダなどを中心に、伝統的な眞理の基準と見なされたものを捨て、そして人間理解の地平を廣げていきながら、身体、知覺、他者、欲望、無意識、言語などに關する哲學的思惟を時代的な要請として受け入れている。

　二番目に、人間的な生に對する省察を「私」という個人的主体以外の要素においてみつめようとする關心が大きくなっているからである。すなわち、主体を越えた他者、共同体、環境などに關する現代人の批判的な省察が高まっているからである。特にフランスの社會的知性と言われているサルトル、フーコー、ブルデューは、知識人の社會參加を積極的に實踐し、人間の生を一段と高めて行くことのできる共同体の新しい倫理、他人との紐帶などを主張することによって、哲學の存在の美が行動する知性にあるということを大衆に深く印象づけた。

　三番目に、哲學的思惟が實証的な科學的思考に押され、自分の領域を縮めていく現代的な趨勢の中で、現代のフランス哲學者は形而上學、存在論、現象學などに關する思惟の領域を獨創的に發展させてきた。例えばバシュラール、レヴィナス、リクールなどの哲學は、そのような思惟を背景とする。特に20世紀の最後の形而上學者と呼ばれているレヴィナスは、他者哲學から出發して、新しい思惟の道を提示することになるが、これは個人的な倫理が正当化されている現代社會に大きな反響を投げかけている。

2. フランス哲學研究のための主要觀点

　それでは、2000年代以後、韓國の若い世代たちがフランスで博士學位をとってきた研究論文の主題を簡略に注視してみよう。

■ ベルクソンの哲學に關する研究主題は、伝統的な主題の解釋から大きく離れてはいないが、まだ深層的な探求が進んでいないと評價される可能性がある。何より若い研究者たちが直接フランスの學界でぶつかりながら、大家たちの主要觀念を体系的に知ろうとしたことに意味を与えることができる。例えば、研究主題は次の通りである。：『ベルクソンにおいて直觀に關する解釋』(ブルゴーニュ大學、2001)、『ベルクソンの物質と記憶に表れた持續の三つの側面』(リヨン第2大學、2006)

■ ドゥルーズの哲學に關する研究論文は、韓國に紹介された歴史が淺いにも關わらず、それなりに核心的な主題を扱っているのが見つけられる。思惟的な遊戲を無限性の中へ擴張させる彼の形而上學と美學などは相変わらず魅力的である。例えば次の通りである。：『ドゥルーズにおける匿名性、主体性、他者性』(ルーヴァン大學、2002)、『ドゥルーズにおける倫理と美學、ドゥルーズにおける主体と存在論研究』(パリ第8大學、2006)、『ドゥルーズの思惟における身体、記号と情緒』(リヨンENS、2010)

■ メルロー＝ポンティの哲學の場合は、まだ開拓できる課題が非常に多いだろうと評價される。學位主題に表れた彼の思想は、まだ存在論を中心に理解されている。そして、彼の現象學はフッサールのそれとの比較で、かつて國内に紹介されたこともある。學位論文の主題は意外と多くはないが、次の通りである。：『メルロー＝ポンティと他者質問』(ローザンヌ大學、2000)、『メルロー＝ポンティとデュフレンヌの著書に立脚した美的知覺構想』(パリ第10大學、2001)、『メルロー＝ポンティの哲學の形成とベルクソン主義』(ストラスブール第2大學、2002)

■ レヴィナスの哲學の場合も同じく、もっと多くの深層的な研究主題が發表されるべきであろう。一般的に彼の哲學と關連してフランスで研究されている主題は倫理學、現象學、形而上學、ユダヤ教などの考察を

とおして探求されているが、研究者たちの學位主題はほとんど倫理學に限られている。例えば、次の通りである：＜レヴィナスと非哲學における同一性と他者性に關する研究＞(パリ第10大學、2001)、＜レヴィナスにとっての分離と回歸＞(ディジョン大學、2007)、＜レヴィナスの思惟における政治と倫理＞(ストラスブール第2大學、2008)、＜レヴィナスにとっての超越性と社會性＞(ストラスブール第2大學＞、＜レヴィナスにおける倫理的運動＞(レンヌ第1大學、2010)

- その他、リクール、ラカンの哲學に關する研究主題も、多様ではないが次の通りである：＜リクールの哲學における主体の問い＞(パリ第12大學、2002)、＜ラカンにとっての欲望する主体概念研究＞(パリ第8大學、2005)、＜ラカンの精神分析學に關する現象學的批判＞(パリ第8大學、2010)

1980年代以後、ベルクソンを始めその後の哲學者たちの主な著書がほとんど翻譯、出版された。それによって、それらの思想家たちに對する知的な興味が予備研究者たちに多くの哲學的な問題意識を投げ掛けることとなり、特に、若い研究者たちは、1990年代以後から現在に至るまで、彼らが解釋、理解した近現代のフランス哲學に關する研究論文や著書を學界で發表するようになった。その影響で自ずと韓國の哲學分野にも新しくて若い活氣が増幅されるようになり、その結果、量的な研究實績と質的な研究發展が實現されるようになった。そして、大學の教育に制限され、西洋の學問と哲學を紹介する程度に留まったり、知的な言説が哲學をする人の間にだけ留まるのではなく、自らがフランス哲學を探し求める知的な識者や讀者が發生したのである。つまり、若者を中心に、主体的な人生に對する省察と新しい知識に對する欲望が登場するようになったことに注目しなければならない。

このような學界の雰囲氣は、2000年代以後、批評のレベルでフランス哲

學を受容、解釋しようとする學者たちによって主導された。言い換えれば、フランス哲學の主體的受容が可視的な現象として現れている証據は、批評のレベルで決定されるということである。例えば、李光來教授の『解体主義とその以後』(2007)は、單なるフランス哲學とポストモダニズムの紹介に留まらず、批評的な思惟によって讀者に深層的な知識と理解をもたらす。結果的に最近、國內でもやっとフランス哲學が土着化し始めたと思われるが、1980年代にフーコーとフランス哲學が本格的に知られ始めて、20年を経てようやくその實を結んだのである。2000年代には高いレベルの思惟と批評を含む單行本、論文によってフランスの哲學が理解されていると言っても過言ではない。例えば『ドゥルーズの哲學』(民音社、2002)、『メルロー＝ポンティにとっての体の世界、世界の体』(イハクサ、2004)、『他人の顔、レヴィナスーの哲學』(2005)、『レヴィナスーの他者哲學(2009)、『ドゥルーズの潜在論：消滅と創造の形而上學』(2010)などが單行本として出版された。そして、主要哲學者たちの思想を芸術または美學分野で再創出しようとする多樣な試が行われるようになったが、例えば「メルロー＝ポンティの現象學的身体主義とセザンヌの芸術の世界」(『美學』、2008)「ドゥルーズにとって形象の美學とは何なのか」(『美學』、2010)などがそれである。

　我々は、韓國におけるフランス哲學の接ぎ木という歴史的結實を見て、かなり前に紹介されたデカルトとベルクソンの哲學も、今日改めて思惟され、理解されうるということがわかった。つまり、フランスの知的な伝統が國內に知られることで、伝統的な大家たちの思想と、ここから廣がった現代的な波長が總体的に調和する時に、やっとフランスの哲學が理解可能になるということが証明されたのである。しかし、何よりも私達にとってフランス哲學とは何かという質問を、私達自身に絶えずに投げ掛けなければならない。根本的に哲學的知識は、生と實存の思惟のための鏡であり、私達は、これを通して自分を省察する機會と可能性を深層的に廣げていくことができるから

である。結局、フランス哲學も、對自的關係において存在することができるのであり、それの主体的な受容のみが、一番重要な結實をもたらしてくれるといえる。

第5章 韓國における西洋倫理學の受容とその特徴

1. 議論の範囲と時期の區分

　現代に韓國における西歐倫理學の受容過程と、そこで現れる特徴を考察しようとするこの論考では、韓國が日本の植民地時代を終えた1945年から現在にいたる約65年間を範囲として設定する。もちろん韓國人によって西歐哲學への探求が行われ始めた時期は、これよりずっと前の20世紀初期まで遡ることができる。しかし1910年から1945年まで續いた日本の植民地統治の下では韓國的特徴をあらわすような哲學の探求、特に倫理學の分野の探求を發見することが難しいので、この時期は議論の範囲から取り除いた。そして1945年から現在にいたる時期をおおよそ四つに分けて、その時期ごとに受容された西歐倫理學の樣相と特質を分析してみることにする。筆者が考えた四つの時期はつぎの通りである。

1) 西歐倫理學を啓蒙的に受容した時期(1945～1970年)
2) 國民倫理の時期 (1970年代)
3) 西歐哲學中心の倫理學の時期(1980年代)
4) 西歐倫理學に對する多様な探求が本格的に展開された時期(1990年代以後)

　ある思想とか潮流を時期ごとに、または類型別に區分する時に常にひき起

るように、このような區分は絶對的なものではなく、また規定された時期においてもそれと反對の流れも見え隠れする。それでも、このようなおおよその分類を通して、現代韓國における西歐倫理學がどのような道を歩んできたのか、また今後どのような道を歩んでいくべきかを模索することは意義深いことであると考えている。

2. 西歐倫理學を啓蒙的に受容した時期

　1945年韓國が解放されたことは、政治、經濟、社會的側面のみならず學術界にも大きな影響をおよぼした。もっとも直接的な影響の一つは、以前の專門學校が總合大學に変わることによって、哲學科が開設され、大學を中心とした哲學研究が本格的に行われ始めたことである。この時期に哲學教育を担当する教授たちは、たいていは日本の大學で教育を受けた人々であったが、解放を迎え、彼ら祖國で啓蒙的役割を担当することに情熱と使命感に燃えていた。この点は、1945年から50年の間に哲學と關係する領域だけでも、『概論』、『入門』などタイトルをつけた著書が20册も出版された事實からもそれを理解できるのである[1]。

　このような事情は倫理學の分野でも例外ではなかった。金斗憲『倫理學概論』(1946)を筆頭にして、崔載喜『倫理學原論』(1953)、金基錫『倫理全書』(1960)、『倫理綱領』(1961)、ふたたび金斗憲の『倫理學』(1960)、『価値論』(1961)など、引き續き出版された。これらは西歐倫理學を韓國に紹介すると同時に分科としての倫理學を提示した先驅的著述であった。しかしながらこれらは倫理學の問題についての体系的な分析とか批判的研究というよ

---

1) より詳しい図書目録は李光來『韓國の西歐思想受容史』(ヨルリンチェクトル, 2003), 309面參照.

りは、きわめて入門的な概略的な紹介書に過ぎなかった。また議論の次元も記述倫理學、規範倫理學、メタ倫理學間の區分の上で行われたというよりは、あらゆる觀点が混合的に叙述された様相を見せていた[2]。

　この時期に登場した倫理學の著述のうち、注目しなければならないのは金泰吉の『倫理學』(1964)である。金泰吉は以前に『倫理學概説』(1956)という著書を刊行したが、1957年にはアメリカのジョーンズ・ホプキンス大學(JohnsHopkinsUniversity)で"自然主義と情動主義:道德判斷のいくつかの側面"(Naturalism and Emotivism : Some Aspects of Moral Judgment)というテーマで博士學位を授与された。そして、このような成果に基づいて『倫理學』を著述したが、この本は倫理學の入門書または概論書としては、現在までも大きな影響をおよぼしている。

　この本の特徴は、古典的規範の倫理學よりはメタ倫理學の比重が高いということである。これは金泰吉の専門分野からみたらある意味で、当然の事であろう。そして、当時韓國の倫理學界に知られていなかったメタ倫理學を体系的に紹介し、この分野を専門とする若い學者たちを育成したことは、肯定的な意味を持つであろう。しかし、当時韓國の倫理學の規範倫理學がまだ成熟し得なかった状況で、メタ倫理學中心のアプローチを強調したことで、バランスのとれた倫理學の受容と發展を若干阻害した側面もあった[3]。

　このような先驅的學者達の啓蒙的研究と著書を通して西歐倫理學が韓國の學會と社會に本格的に紹介され、これに關する研究が進んだ。現在の視点からみて、彼等の著書がやや素朴で不十分に見える点があったとしても、これを叱咤するよりは、彼等の先驅的努力と情熱を高く評価しつつ、これに感謝しなければならないであろう。

---

2) このような著書の目録および評価に關しては、黃瑀植"西歐倫理學の受容とその影響"、『哲學思想』6巻(ソウル大哲學思想研究所、1997)、142面参照。

3) 黃瑀植はこれを'メタ-倫理學的探求の光と陰'という言葉で表現している。黃瑀植、上論考、145面。

3. 國民倫理の時期

　前の說で紹介した先驅的研究がそのまま倫理學の發展につながっていれば良かったが、殘念ながら韓國の政治的現實はそれを許さなかった。1961年に軍事クーデターで政權をにぎった朴正熙政府は、漸次軍事獨裁の樣相をおびながら、國民の行動のみならず思想と哲學までも統制する態度をしめした。これは1968年の「民族の中興」と「反共」を掲げた、いわば「國民教育憲章」の公布として具體化された。そしてこれはまた、1970年2學期からすべての大學で必須科目で指定された「國民倫理」の登場につながった。「國民倫理」を英語で何と翻譯するかが議論の俎上にのぼるほどその性格が不透明なものであった[4]國民倫理は、物理的で強制的な形態によって1970年の韓國の倫理學界を支配した。續いて、1972年10月維新をもって第四共和國体制が成立し、このような支配はさらに強化された。

　大學の必須科目への指定とともに、ほぼ全ての國家試驗にも國民倫理が必須科目として含まれることになった。それによって國民倫理に關する數多くの教科書、參考書、受驗書などが出版されたが、その內容を確認すると、比較的純粹な倫理學に相當する、倫理學一般に關する內容が16%強に過ぎない反面、共產主義批判が25%、民主主義の優越性教育が16%、歷史と民族問題が23%、民族の進路が20%である[5]。こうした統計からも分かるように、國民倫理は規範科學としての倫理學と民主市民教育よりは、當時韓國の政治的現實と結び付いたイデオロギー教育に傾いていたことが明らかである。

---

4)　黃璟植は"70年代初期の著書な80年代後半の著書で國民倫理學の學際的な整立のための試みは、いつも課題として殘し、著者たちが各論を記述する水準に留まっている"と指摘している。黃璟植"韓國倫理學界の研究現況II(80年～現在)"、『哲學思想』7卷、(ソウル大哲學思想研究所、1998)、61面參照。

5)　この統計は黃璟植、前論考、60面參照。

　もし國民倫理が國家イデオロギー、政權イデオロギーとして惡用されたい
なかったならば、これに關する議論がもっと眞摯かつ持續的に行われていた
かも知れない。しかしながら、そのようなことは不可能であった。それゆえ國
民倫理を强調し先導した數多くの哲學敎授、政治學敎授たちが、軍事獨
裁政權が終わるやいなや國民倫理無用論を强く主張する矛盾した態度をとっ
た。これは結局、1990年代初期に國民倫理が大學から追い出される結果
を招いたのである。このような側面から分かるように、長い間大學と學會を支
配していた國民倫理は肯定的な成果および寄与のないまま、歷史の彼方へ
消えていった。

　事實、國民倫理を個人と國家との間の合理的な關係整立を成し、共同
體生活の基本原則を規定する分野として解釋するなら、これは現代社會に
おいて極めて重要であり、必要な事でありうる。しかしながら、一つの國家
とか政權が國民倫理を自分達の立場を正當化し、政權を延長するための手
段として使うならば、これは決して成功を納めることは出來ないであろう。國
民倫理の時期として規定される1970年代と80年代の中頃までを通して、こ
のような切實な敎訓を得ることができるとすれば、この時期も無意味な時期と
して見なさなくてもいいだろう[6]。

4. 社會哲學中心の倫理學時期

　すでに言及したように、國家が主導した國民倫理が大學と倫理學會を支
配し、このような支配がいっそう强くなるにつれて、これに對する反發が起こ
るほかなかった。こうした反動は当然ながら國家のイデオロギーと正面から
ぶつかり、これに反對し挑戰する性格を帶びるようになった。その結果1980

---

6) 黃璟植、前揭論考、67~68面參照。

年代に入ると、韓國の倫理學界では、ヘーゲルとマルクス、唯物論および批判理論などに關する研究が主流になっていった。このような研究が登場した原因はおおよそ次のように要約することができる。

　1970年代後半にいたるまで、講壇の倫理學はおおむねメタ倫理學ないし純粹理論の規範的研究に沒頭していたために、現實の規範への渇望を解消するにはほど遠いものであった。また國民倫理はイデオロギー的偏向のために強い疑惑の視線で見られ、現實批判的な規範倫理に關する研究の必要性を切實に感じさせることとなった。現實に對する講壇の倫理學の乖離と體制倫理の保守性は結局、新しい規範倫理の世界へ關心につながった。この時期の倫理學で特に注目ををあびたのはヘーゲルとマルクスの研究であるが、ヘーゲルという迂回路を経てマルクスを本格的に研究しようとする試みが生まれた。

　80年代中期以後、マルクス主義が本格的に研究され始めた背景には、当時政權を握っていた勢力が學問と思想の自由についてある程度宥和的な程度をとったことも重要な要因でもあった。しかしそれ以上に、現實を變革し、時代の流れを変えようとしたマルクス主義に對する人文、社會學者たちの規範的關心がより大きかったとみるのが妥当であり、これに對しては高く評價することができる。しかしマルクス主義に關する研究成果を倫理學の觀点から検討した場合、それほど高く評價することは難しい。80年代以後、マルクス主義を研究した大部分の學者達は、たとえ当時の韓國社會の現實における強烈な規範的問題意識からマルクス主義を研究したとは思うが、それが倫理學主題に關する規範的研究をともなうという意識はそんなに持っていなかったようである。したがってマルクス主義を研究した學者たちの一次的關心も弁証法、唯物論、歷史の合法則性、科學的實踐、勞働、イデオロギーなどマルクス哲學の核心的內容に關する原論的理解に留まっている。これはある意味では、社會変革において道德がしめる役割自体を大きく

評價しなかったのみならず、場合によっては反道德主義を標榜しさえしたマルクス自身の態度が生んだ結果かも知れない。

5.　西歐倫理學に關する多樣な探求が本格的に展開された時期

　1970年代と80年代の韓國の倫理學界は國民倫理に代表される國家中心のイデオロギーと、それへの反發としてのマルクス主義から多くの影響をうけ、それに左右されるという決して望ましくない経驗をしてしまった。肯定的であれ否定的であれ、このような外部的影響から離れて多樣な倫理體系が、自由な雰囲氣で、本格的に探求され始まったのは1990年代にはいってからだと思われる。

　この時期から社會契約論を中心とした英米倫理學の研究、カントを中心としたドイツ倫理學の研究、ポストモダニズムを中心にしたフランス倫理學の研究、応用倫理學または社會倫理學の研究などが幅廣く行われるようになったが、これは倫理學研究者たちの數が增えるにつれて、それぞれの研究者が外部の壓迫をうけず、自分の意思によって自由に研究對象を選んでいたことが反映されている。「哲學の精神は自由の理念にある」というヘーゲルの古典的名言をあげるまでもなく、これは結局思想の自由が倫理學をふくめ、哲學全域の必須前提であることを改めて感じさせるのである。

　この時期の一つの特徵は、正義論に對する關心の强さである。ロールズ(Rawls)の『社會正義論』(A Theory of Justice, 1971)が世界の倫理學界におよぼした影響は言うまでもないが、この本が刊行されてまもなく、それを翻譯した黃璟植によって、はやい時期から正義論に關する研究が活發に行われた。この研究はノージック(Nozick)と共同體主義に關する研究として廣がり、

現在まで續いている。最近共同体主義を代表する學者のうち一人であるサンデル(Sandel)の『正義とは何か?』の韓國語の翻譯が100万部以上販賣されたと報道されたが、これもまた同じ延長線上のものとして理解できよう。

1990年代から現在まで20年という短い期間の間に、西歐倫理學に關する幅廣い探求がバランスをとって行われることを期待すること自体にむりがあるかもしれない。研究が一人の學者の理論に集中する偏った態度はけっして望ましくないことであるが、韓國の倫理學界において否定できない事實のうち一つは、カントの倫理學に關する研究が多いという事である。黃璟植の指摘によると[7]、80年代以後發表された600個を越える倫理學關連論文の中でカントと直接關連する論考は90本に及び、間接的なものまで含めると100個を越えている。

これは學者個人の研究に關する論考の中では飛び拔けた事であり、この次にくるロールズ關連論考の60個とは比較にもならないものである。もちろんカントは現代倫理學界にも大きな影響をおよぼす最も重要な倫理學者の一人であるが、ひたすらカント倫理學研究に集中することは決していいこととは言えないであろう。もっと大きな問題は、カントに關する研究主題は、たいてい重複したり、重なったり、あまりにも一般的な論考であることである。研究の大部分がカントの道德形而上學、道德哲學、倫理學、道德の根本原理に關してであり、そうでなければ道德性、義務論、定言命法、価値判斷、自由、自立性、道德的信仰、人間觀、市民社會論、國家理念、實踐理性、道德神話、平和などにとどまっている。その結果カント研究では主題の細分化現象がみられず、特にカント倫理學の問題解決能力を檢討する議論は見つけにくいのである。

これよりもっと大きな問題は、カントなみに重要な功利主義やアリストテレスの倫理學に關する研究ははなはだ少ない点である。韓國の倫理學者は功

---

7) 黃璟植、前揭論考、79〜80面參照。

利や有用性、あるいは實用などの概念は哲學的深みに欠けているという偏見のとりこになっているのかもしれない。このような概念は、先驗性、自由と自立、根據、睿智界などの概念と比較してレベルが低い、非哲學的なものと見なされたのではないかと思われる。これは韓國における倫理學が現實を眞摯な研究對象としていないことを物語るものでもあり、深く反省すべきであろう。

　以上のような議論をふまえたうえで、韓國倫理學の今後の課題を展望してみると、今後からは自由な研究のための前提條件は用意されているので、これをもって研究の幅をもっと廣げ、深めていく作業が必要であろう。特に今まで行われていなかった分野への關心、つまり古典の翻譯、解釋と探求を通じてバランスのとれた研究を展開する必要があろう。そして、このような研究を現實に適用し、倫理的に成熟した市民と社會を創ることが、倫理學の目標でもあり、同時に倫理學の現代社會への寄与であろうと思われる。

第2部

日本における
西洋哲學受容の問題

第6章 カント哲學と日本の教育の目的
―日本における西洋哲學の受容と理學からの脱却―

はじめに

　日本はユーラシア大陸の東南端に位置する小さな島國です。日本列島は2、3万年前に地理的に形成されて以來、グローバルな自然環境の大変動やユーラシア大陸の政治的動亂にたびたび見舞われてきました。その間、周辺地域の多様な住民が何波にもわたって日本列島に移住し、ほぼ1500年前に現在の日本人と日本文化の祖型がかたちづくられるに至りました。日本が人種的にも文化的にも「雜種的」と言われる所以です。日本は地理的、歴史的に東洋のイギリスと呼ばれることがありますが、人種的、文化的には近代のアメリカ合衆國に近いと言えましょう。

　ところが、約150年前に歐米の列強の東漸と武力による植民地化の危機に直面して、日本列島全体に民族意識が勃興しました。そして日本民族の統一と団結と獨立のために、日本人が純粹な單一民族であり日本語が統一的な共通語として獨自の言語体系を持つことが強く要請されました。それまでは日本住民のほとんどにとって國とは居住する藩が基本單位であって、その御國のために命を捧げ、時として隣藩である隣國との一戦も辭さないことが美德とされていました。

　日本人單一民族説と日本語獨自説は事實問題というより、歐米列強に對する政治的アピールであり、むしろ歴史イデオロギーとして機能したと言うべきでありましょう。しかし第2次世界大戦の無條件降伏以後、日本人は謙虚

さと冷靜さを取り戻して、自らの文化と歷史を科學的に檢證してきました。そこで私は本日、日本文化の特質が「柔らかな開放性」にあることを示したいと存じます。

　まず開放性について申しますと、これには二つの意義があります。第一義は異文化への開放性です。これは日本が中國文明圏の最外周の周辺國として、より高度で強力な周囲の國々の脅威に常に曝されてきたという地理的かつ歷史的理由によるものです。日本は國の存續のために、常時アンテナを高く張って海外の最新情報を貪欲に攝取消化し續けざるをえなかったのであります。

　開放性の第二義は未來への開放性であります。異文化開放性の結果、日本では固定的な核文化が形成されにくく、むしろ最新最強の異文化を基準として伝來の自文化をそのつど柔軟に組み替えて、未來に向けて新たに文化を創成し續けていくことが不可避だったのです。

　次いで「柔らかさ」ですが、これは今述べた未來開放性から直ちに生起する性格です。ただし、柔らかさは單なる軟らかさとは異なります。「軟らかさ」が軟弱かつ沒主體的で容易に溶解してしまうのに對して、「柔らかさ」は外柔内剛で芯があり一貫した主體性を維持しようとします。海外事情に振り回されるだけの「軟らかな開放性」ではなく、したたかに自主性を追い求めるのが「柔らかな開放性」なのです。

　さて、本發表で私は「柔らかな開放性」という日本文化の特質を、現代日本語の具體的な分析を通じて以下の順に明らかにしていきたいと存じます。

　第1節、日本語の多層性—7層性と5層性—

　第2節、「理學」からの脱却と「哲學」概念の創出—西周と近代文明—

　第3節、「人格」概念の創出と近代日本—現代日本の教育理念—

　第1節では日本語の開放性について全般的に考察します。第2節では日本における西洋哲學の受容の経緯に着目します。そして、なぜ日本人は伝

統的な理學から脱却しようとしたのか、その理由を解明することで、日本語
の未來開放性について論じます。第3節では、「人格の完成」という日本の
教育の目的と近代日本におけるカント哲學の導入の緊密な關係を解明しつ
つ、日本語と日本文化の柔らかな開放性について考究します。

1、日本語の多層性―7層性と5層性―

　日本語の開放性全般を考察する本節では、日本語の多層性について明
らかにします。[1]

［日本語とは何か］

　比較文學者の平川祐弘によりますと、目に訴える表意文字である漢字
と、耳に訴える表音文字である仮名を混ぜて用いるのが、混淆語mixed
languageとしての日本語の大特色であります[2]。このせいで日本語は外來
文明を受け入れやすいのです。その典型がパソコンなど、片仮名で埋め
盡くされたIT(情報技術)用語です。
　また國語學者の高島俊男によれば、日本語は概ね以下の4種の語群より
成ります[3]。
　1、［和語］やまとことば。ひらがな表記。
　2、［字音語］漢語と和製漢語。1と2で日本語の約85％。
　3、［外來語］漢語を除く外來語、および和製洋語。パソコン、マイカーなど

---

1) 平田俊博「日本語の七層と現象學的優位 ―日本語で哲學する―」(前)、『京都大學
　　大學院文學研究科日本哲學研究室紀要　第2号』、2005年、pp.1～19。
2) 平川祐弘「漢字仮名混じり文の美しさ―理論的考察」、『文藝春秋特別版　美しい日
　　本語』、2002年9月臨時增刊号、pp.170～171。
3) 高島俊男『漢字と日本人』、文藝春秋、2001年。

片仮名表記が多い。増える一方で現在の日本語の語彙の約10%。
4、［混種語］以上3種の2つ以上が混ざるまぜこぜ語。和漢混種語(台所、
　　氣持、場所、買春、等)や和漢外混種語(輪ゴム、食パン、サボる、
　　ナウい、等)など日本語の約5%。

さらに書家の石川九楊は、「日本語は書字中心言語」であると主張します[4]。書字行爲の觀点から見れば、日本語は三種類の言葉が複雑に入り組んだ二重性言語なのです。三種類とは、漢語流入以前の無文字時代の種々雑多な前日本語と、漢語の語彙と、漢語流入後に漢語に對応するべく新造された和語を指します。平仮名による和歌を通して、漢語の和語化と和語の漢語化という複線訓練が進行し、日本語が世界に稀有な「音訓複線言語」として組織されたのであります。

日本語を二重言語構造とするか三重言語構造とするか、という点で、石川理論には小さな搖らぎが內在します。片仮名の正書法が現在なお未確立なので、書字史觀に立てば、漢字＝漢語と平仮名＝和語の二重言語構造だと言わざるをえないが、それでも片仮名＝西歐語の事實を無視できないからです。

しかし、石川も認める通り日本文化の特殊性は、漢字と平仮名と片仮名の三種類の文字をもつ特異さにあります。その意味で日本は、むしろ三重言語國家と言うべきなのです。そしてこそ日本語と日本文化の歴史的獨自性が明白となります。二重言語國家と言うならば、ハングルと漢字を併用してきた韓國にも当てはまるからです。

［日本語と日本文化の多層性］

倫理學者の和辻哲郎は『續日本精神史研究』の中の論考「日本精神」に

---

4) 石川九楊『二重言語國家・日本』、NHKブックス、1999年。

おいて、「日本文化の重層性」を力説し、「日本文化の一つの特性は、さまざまの契機が層位的に重なっているということに存する」と述べています5)。しかも、各層は並在(Nebeneinander)するのです。いずれかの層が上位にあって、他の層を過去の残滓に過ぎないとして克服し捨て去ることが決してないのです。和辻は、次のように言います。

> 「日本文化においては、層位を異にするさまざまなものが決してその生くべき權利を失っているのではない。超克せられたものをも超克せられたものとして生かして行くのが日本文化の一つの顯著な特性である。日本人ほど敏感に新しいものを取り入れる民族は他にないとともに、また日本人ほど忠實に古いものを保存する民族も他にはないであろう。」(同)

このように和辻は日本文化の並在的な重層性について語りますが、それでいて日本語の重層性に關しては必ずしも積極的に明言していません。『續日本精神史研究』中の論考「日本語と哲學の問題」において和辻の念頭にある日本語は、基本的に、彼の言う「純粋の日本語」、つまり和語(やまと言葉)のみです。

和語以外に、伝來の中國漢語(儒敎・仏敎漢語)から「日本語化した漢語」と、明治期に新しく造語された歐米語からの翻譯漢語(近代漢語)である「新しき日本語」(同)とについても言及しますが、和辻にとって、これらの漢語は、「特殊な種として特別の區域に囲い込んで」おかれた「學問的用語」に止まります。これに對して、和語は「日常語及び文芸語」であって、「無反省なる自然的思惟を……常により強き情意の表現とからみ合わせるごときもの」なのです。こうした和辻の日本語觀は重層的とか多層的とかよりは、むしろ並在的なものにすぎず、次のように整理できるでしょう。

---

5) 和辻哲郎『續日本精神史研究』、岩波書店『和辻哲郎全集 第四卷』、1962年。

［日本語］

[A]純粋の日本語：

①和語(やまと言葉)。②日常語及び文芸語。③知識的反省以前の体験を表示する表現。

④直接なる實踐行動の立場における存在の了解の表現。⑤「日常語」は學的概念に縁遠く芸術的表現に親近なる言葉。⑥言語の純粋な姿を比較的に素朴なままで保つ。

[B]日本語化した漢語：

①中國伝來の漢語。②仏教や儒教のすでに高度に發達せる概念的知識。③學問的用語。

④論理的な概念內容を表示する語。⑤日本人の思想の機關。

[C]新しき日本語：

①近代漢語(明治期に新しく造語された歐米語からの翻譯漢語)。②日本語化した漢語の新しい組み合わせによって、漢語としての伝統を振り拂った「言語上の革命」で成立した「新造語」。③ヨーロッパの學問の伝統をそのまま受け入れ得る學問的用語。④初めより概念內容を表示するものとして現れてくる。⑤民族の体験に根ざした「意味」を担うこと少ない。

　以上のように、日本語に關する和辻の指摘はまだ直觀的で抽象的な域を出ません。ただ、彼の次のような言語觀には留意しておく必要があります。「それぞれの特殊な言語を離れて一般的言語などというものがどこにも存しない」。「言語のごとき具体的な生の表現は精神史的な理解なしに取り扱われ得ない」。和辻も實存哲學者ハイデガーと同様に、「言語の構造は國民の精神的特性そのもの」としたドイツの言語哲學者ヴィルヘルム・フォン・フンボ

ルトの言語觀を繼承しているのです。

　ところで、民族學者の佐々木高明によれば、日本の基層文化の形成には四つの大きな畫期があります[6]。[第一の畫期]は、今から約一万二千年前に成立した繩文文化であり、東北アジアのナラ林帶(落葉廣葉樹林帶)の食料採集民の文化と言語(原東北アジア語)を基盤とします。[第二の畫期]は、今から約5千年前に西日本に展開した照葉樹林文化であり、東南アジアの燒畑文化や言語(オストロネシア系原語やチベット・ビルマ系言語)が傳來して、日本列島の一部で言語のクレオール化(言語混合)が進行しました。[第三の畫期]は、今から約二千四百年前に成立し出した弥生文化であり、朝鮮半島から新モンゴロイドの人々が渡來して、水田稻作文化や金屬器文化と共に、アルタイ系の言語を傳來しました。さらに、この頃、中國南部や南島系の言語も傳來して、混合語としての日本語の根幹が形成されました。最後に[第四の畫期]は、今から約千六百年前に成立した古墳文化であり、朝鮮半島から支配者文化が渡來して日本の民族文化の基層が完成し、上代日本語が形成されるに至りました。

　このように日本文化は多元的な起源を有する、と佐々木は言います。系統や系譜の全く異なる諸文化が蓄積され多重な構造を形成しながら、日本文化の基層を成すのです。異質で多様な諸文化を容易に受け入れ、しかも、それらを次第に統合していくプロセスにおいて、全く獨自の文化的特色を創造する日本文化の特徴を、佐々木は「受容・集積型」の文化と名づけます。多様な文化にさまざまな形で對應できる柔軟性をもつのが、受容・集積型文化の特徴です。それゆえ、多元的で多重構造の日本文化は、二十一世紀のグローバルな多民族多文明の時代に容易に適應できるはずだ、と佐々木は提言します。

　さて、それで四畫期から成る日本民族の基層文化のうちでも、日本文化

---

6) 佐々木高明『日本文化の多重構造』、小學館、1997年。

の形成に最も大きな影響を與えたのが第三畫期の水田稻作文化だった、と佐々木は言います。繩文時代の末期に中國大陸からやってきた水田稻作農耕は、金屬器文化などのハードウェアと共に、宗教的世界觀や社會的統合原理などのソフトウェアをも、新たに東海の弧島列島日本に持ち込むことで、日本文化の形成に重大な影響を與えたのです。したがって、その後の日本文化の形成史は稻作文化と非稻作文化の相克の歷史となりました。

　佐々木によれば、日本文化は表面的には、稻作文化に收斂する傾向が強かったのですが、それでいて、簡單に吸收、同化されてしまうほど非稻作文化がひ弱だったわけではありません。例えば第二畫期の照葉樹林文化に由來する文化要素が、今日でも日本文化の傳統の中に廣く認められることを佐々木は指摘します。具體的には餅や納豆、麴酒、そして茶、あるいは山の神信仰や山上他界觀などです。こうした非稻作文化の傳統こそが、「日本の文化の基層に分厚く堆積して、多重で柔軟な構造をもつ日本文化の特色を形成するための、もっとも重要な基礎條件」を作り出しているのです。

　ここで、佐々木說を整理して哲學的に理論化してみれば、次のようになりましょう。

　[A]　日本文化の裏基層＝非稻作文化：

　a)日本文化の底基層＝繩文採集文化

　b)日本文化の下基層＝東南アジア燒畑文化(西日本)

　[B]　日本文化の表基層＝稻作文化：

　c)日本文化の中基層＝弥生水田文化

　d)日本文化の上基層＝上代日本語古墳文化

　つまり、日本の基層文化は、表の稻作文化と裏の非稻作文化の二双に大別でき、さらに、それぞれが上と下に細別できて、つごう四重の層へと

區分けできます。だが、それでいながら、これら二双四重の各層が行儀良く整然と上下に分離できるわけではなくて、それぞれが自律的システムを貫徹しながら、二双の層全体としても、あるいは、四重の層全体としても、宛ら糾える縄の如くに調和します。「るつぼ型」のように、何でも彼でも原型を留めぬまでに熔融するのではありません。と言って、「サラダボウル型」にように、雑然と混在に任せるわけでもないのです。二双四重がそれぞれに首尾一貫しながら、時と場所に応じて所在を変じて、あるいは表となり裏となり、あるいは上となり下となって、斑状に表面に占める位置と量を競い合う――こうした「糾える縄型システム」が、受容集積型の日本文化の多重構造を特徴づけている、と私は言いたいのです。

　多元的とは言っても、るつぼ型でもサラダボウル型でもない二双四重の柔構造が、日本文化獨特の**「糾える縄型システム」**なのです。しかも、この柔らかなシステムは、佐々木説の射程をも越えることができます。つまり、二双四重の層構造の上と下に、さらに、しなやかに別の層を受容し、かつ集積できるのです。それゆえ、私は佐々木の日本文化多重構造論を發展的に繼承して、日本哲學の立場から、新たに日本文化多重柔構造論を提唱したいのです。こうすることで日本文化が、なぜ受容・集積型文化なのか、なぜ多様な文化にさまざまな形で對応できる柔軟性をもつのか、要するに、なぜ日本文化の特質が「柔らかな開放性」にあるのか、を哲學的に解明してみたいのです。

［日本語の7層性］

　私は日本語には次の7層があると考えています。

(0) 根底層：話し言葉；母語、地域方言

(1) 基層層：ひらがな文字；やまと言葉(和語)；近代共通語：教科書語、テレビ語

(2) 下層：漢字：儒教漢語

(3) 中層：漢字：仏教漢語

(4) 表層：漢字：近代漢語

(5) 最表層：カタカナ文字：外來語、情報技術用語

(6) 外層：外裝文字：アルファベット、アラビア數字、ローマ字、繪文字、
　　 等々

　さて、佐々木の日本文化多重構造論を私の日本語論に照らしてみれ
ば、最下層の根底語に對應するのが、第一畫期の繩文文化と、西日本に
展開した第二畫期の照葉樹林文化です。そして第二層の基層語である和
語(やまと言葉)に對応するのは、第三畫期の弥生文化です。また第四畫期
の古墳文化は、下層語の儒教漢語に對応します。『古事記』や『日本書紀』
によれば、この頃に朝鮮半島南西部に榮えた百濟から、漢の高祖の後裔と
言われる王仁(和邇吉師)によって「論語」10卷と「千字文」1卷がもたらされま
した。本格的な文字文化の開始です[7]。文字と文法の導入に伴って、政
治的共同體としての原日本の骨格が定まり、上代日本語が形成されていきま
した。これに比べると、根底語はもとより、日本語の根幹ともされる基層語の
和語もまた、統一的國家成立以前の前日本語に止まります。未だ日本が實
態的に日本として成立していないという事情に加えて、当時の使用語がなお
話し言葉の段階を越えず、書き言葉の段階に至っていないからです。

　原日本語は儒教漢語と前日本語とから成る、と私は考えています。書き
言葉である漢字と、話し言葉である前日本語との二本立てなのです。それ
が、音・訓という獨特な文字の讀み方に結びついていったのです。したがっ
て日本語は、その成立からして構造的に二種の語源をもちます。漢語として
の語源と前日本語としての語源です。

---

7) 山口明穂他『日本語の歷史』、東京大學出版會、1997年。

　その後、日本が仏教を國家事業としてアジア大陸から導入した奈良時代
や平安時代には、仏教漢語が中國から輸入されました。近代に至って幕末
から明治前期に近代歐米語が翻譯されて、近代漢語が日本で成立しまし
た。日本では古くよりカタカナが外層の外裝文字として、新しい異文化から
の外來語を受容する裝置でした。そうしたカタカナ語は從來では、やがて
漢字の二字熟語が案出されて、次第にこれに置き換えられてきました。近
代漢語がその代表例です。ところが1970年代以降、情報科學技術の驚
異的な進步とこれに伴うIT用語の爆發的增大によって、漢字への置き換え
が不可能なくらいに間に合わず、カタカナ語が學術用語としても日常用語と
しても獨自の市民權を得てきた觀があります。

　　[日本語の5層性]

　日本語は基本的に7層構造を有しているというのが私の考えです。けれど
も、このことは日常の生活用語レベルのことであって、學術用語レベルで
は別の樣相を呈します。學術的には1970年までは日本語は4層構造であ
り、それ以降は5層構造とすることができます。音譯カタカナ語がカタカナの
ままで學術概念として認知されてきたのです。その典型例がヒトです。生物
分類學ではヒト科のヒトは、人類(人)と類人猿(チンパンジー、ゴリラ、オラ
ンウータン)を指します。

　さて、和語、儒教漢語、佛教漢語、近代漢語、カタカナ語は、日本
語の内部で學術的に層を成して住み分けており、そのせいで、日本語は人
間本性の諸相を極めて精緻に、かつ普遍妥当的に分析し記述できると私は
考えます。以下で簡略に解説してみましょう。

　(1)　[和語]　やまと言葉。ひらがな表記が基本。日本語の基層語であっ
　　　　て、身體生活空間を表現する現象學的用語として適している。

　(2)　[儒教漢語]　漢代までに成立した本來の中國語で、前近代的な公共

生活空間を表現する社會學的用語にふさわしい。

(3) ［佛教漢語］主に六朝時代に成立した、パーリ語やサンスクリットからの翻譯語で思弁的用語や心理學的用語に向いている。

(4) ［近代漢語］明治期以降に歐米語の翻譯語として日本で制作されたもので、近代に成立した科學技術用語や社會科學用語として適合している。

(5) ［カタカナ語］外來の情報技術など科學技術用語として頻繁に用いられる。

2、「理學」からの脱却と「哲學」概念の創出 ─西周と近代文明─

　第2節では日本の近代化と西洋哲學受容の経緯と特徴を、幕末から明治にかけて活躍した哲學者の西周に即して明らかにしたいと思います。そして、なぜ日本人は伝統的な理學から脱却しようとしたのか、その理由を解明することで、日本語の未來開放性について論じます。

　「哲學」という言葉は、幕末から明治初期にかけて歐米語の翻譯語として西によって制作された近代漢語です。近代に日本で成立した翻譯漢語が、なぜ科學技術用語や社會科學用語に適合しているのか、ということの理由を「哲學」という學術用語が明らかにしてくれます。

　現在の日本語では「哲學」が文科系の學問を指すのに對して、「理學」は理科系の自然科學を意味します。しかし、「哲學」という日本語の歴史は思いのほか淺く、漸く明治時代初期に遡るにすぎません。その意味するところは当時、むしろ「理學」という由緒ある伝統的用語でもって理解されていました。その意味とは、最新の『廣辭苑』(第六版2008年)を參照すれば次のようです。①物事を根本原理から統一的に把握・理解しようとする學問。②俗

に、経驗などから築き上げた人生觀、世界觀。また、全体を貫く基本的な考え方・思想。

　また、「理學」とは、①中國、宋代に唱えられた性理學に始まり、陽明學までを含む宋・明代儒學の總稱。②陰陽師などが方位や星象を見て吉凶を定めること。③(明治期の用語)哲學。④自然科學の基礎研究諸分野の稱。特に、物理學。→窮理學。

　では、なぜ、理學に替えて哲學という用語が新たに必要となったのでしょうか。「哲學」はギリシア語のフィロ・ソフィア(愛・智)の譯語で、幕末期にオランダへ留學した津和野藩脱藩浪士で幕府開成所教授となった西周が、賢哲の明智を希求する意味で案出したものです。宋學の創始者である中國の儒者、周敦頤の「士希賢」という言葉に着目して、彼はまず「希哲學」と意譯しました(1861年起草の津田眞道の稿本『性理論』に附した西周の跋文)。やがてそれが「哲學」という二字熟語に收斂して定着したのです。

　西は明治3年の『百學連環』の中で、「哲學ヒロソヒーを理學、或は窮理學と名づけ称するあり」と述べています。また、明治6年6月脱稿の『生性發蘊』でも、「理學理論ナド譯スルヲ直譯トスレドモ、他ニ紛ルコト多キ爲メニ今哲學ト譯シ東洲ノ儒學に分カツ」と述べます。

　さらに西は、明治7年刊行の不朽の名著『百一新論』において、以下のように「哲學」の獨自の意義を明確に論じています。「…總べ論ズル學術ヲ取別ケ物理ノ參考ニ備ヘネバナラヌコトデゴザル、總テ箇樣ナコトヲ參考シテ心理ニ徵シ、天道人道ヲ論明シテ、兼テ教ノ方法ヲ立ツルヲヒロソヒー、譯シテ哲學ト名ケ、…百教ヲ概論シテ同一ノ旨ヲ論明セントニハ…哲學上ノ論デハ物理モ心理モ論ゼネバナラヌ事デゴザルガ、兼ネ論ズカラト云ツテ、混同シテ論ジテハナラヌデゴザル。」

　『哲學字彙』(初版、明治14年)は、日本人で初の哲學科の大學教授である井上哲次郎を中心に編纂された日本最初の哲學用語集です。高給の

お雇い外國人教師に替えて、日本人教授が日本人學生に日本語で講義
できる体制整備の一環が、當時、日本で唯一の大學であった東京大學の
諸學科が競って編纂した『…字彙』です。

　そこでは、Philosophyは哲學ですが、Ethical philosophyは倫理學、Natural
philosophyは物理學、Practical philosophyは實踐理學と譯されており、理
學もなお健在のようです。ところが『哲學字彙』(三版、大正元年)では、理
學はすべて哲學に置き換えられます。そしてPhilosophyは哲理、哲學とさ
れ、哲學は歐州儒學で、東方儒學と區別するために西周が譯した、と説
明されています。

　明治20年2月に日本最初の學會である哲學會の機關紙として創刊された
『哲學會雜誌』(明治25年6月『哲學雜誌』と改称)創刊号(第1册第1号)におい
て、文部省編輯局雇員兼東京専門學校(後の早稲田大學)講師であった三
宅雄二郎は次のように述べています。「ソモソモ哲學ノ語タル、モトフヰロソ
フヰーノ翻譯ニシテ、明治10年4月旧東京大學ノ文學部ニ一科ノ名トシテ
使用シタルヨリ、世上一般に流行スルコトト爲リタル者ナリ。實ハ理學ト称ス
ルカタ的切ナル可ケレドモ、當時理學ハスデニサイエンスノ譯語ト定マリ居
リシテ以テ、强イテ一種獨特の譯語ヲ作リ出シタルナリ」(一部表記変更)。

　要するに、西周は當時の世界の學問の大勢を明察して、儒教的用語の
理學を忌避して、全く新しく哲學の語を創出したのですが、當時の日本人
には十分に理解されなかったようです。

　儒教の「理學」では、心理優位で心理と物理を一元的に統合しようとしま
した。これに對して、ヘーゲル沒後の反動で反觀念論的思潮が支配的
だった當時のヨーロッパの「科學(サイエンス)」では、物理優位で心理と物
理を一元的に統合しようとした物活論的(psycophysisch)ないし進化論的思考
が優勢でした。

　ところが西は、近代物理學を學の基準としながらも物理とは別種の心理的

學問の必要を洞察して、兩者を基礎づける方法的原理論となるべき全く新しい根本學として、「哲學」を理解していたのです。これは、折りしもドイツを中心として世界中で勃興しつつあった、新カント學派の學問論に正確に對應するものです。

　新カント學派の學祖であるカントは、古代ギリシア・ローマのスコラ學派の學問論を再興して、哲學を論理學と物理學と倫理學に三分しました。これらは今日で言う人文科學と自然科學と社會科學に對應します。西の當時、日本でも東洋でも「倫理學」という用語も學問も存在しませんでした。「倫理學」は東洋では「心理的」學問である性理學の系譜に屬するものです。また「論理學」はカントの「超越論的論理學」を淵源とするもので、後年の現象學に繼承されて近代ヨーロッパ哲學の本流となりました。

　ともかく、西周は當時の歐米で進行中であった科學革命と社會革命の本質と意義を、日本人としては例外的に正確に見拔いていました。「理學」という伝統的概念の系譜の中で、「哲學」を西洋儒學として「東洋と西洋」という對立軸において理解しようとした當時の趨勢に抗して、西は東洋や西洋という枠組みを超克する「近代」へのパラダイム・シフトを「哲學」という用語の創造で果たそうとしたのです。「哲學」は日本語の未來開放性を象徴する近代漢語なのです。

3、「人格」概念の創出と近代日本―現代日本の 教育理念―

　本節の課題は、「人格の完成」という日本の教育の目的と近代日本におけるカント哲學の導入の緊密な關係を明らかにし、そうすることによって、日本語と日本文化の柔らかな開放性を實證することです。

　第二次世界大戦後の日本の教育は一九四七年に公布された教育基本法と、2006年公布の改正教育基本法に立脚しており、いずれも「人格の完成」を教育の目的だと定めています。そこで、どのようにして人格という思想が日本に成立したのか、また、人格という思想の日本的特徴は何か、という二点を簡潔に見ていきたいと思います。そのために、まず日本における人格概念の成立過程を、次いで日本的な人格の思想がカントの定言命法の英譯的解釋に立脚していたことを示します[8]。

　ちなみに、日本の人格主義は、明治憲法や教育勅語を根幹とする近代天皇制國家の確立期に、ドイツ流の國家主義とイギリス流の個人主義を止揚するものとして、帝大教授など洋學派の教育官僚によって教育理念として唱導されたものです。歐米とは違い日本ではキリスト教的な超越神が排除される傾向が強かったので、結果的に、現世的かつ實用主義的で非個人主義的、間主體的な性格を帯びざるをえなかったと言えましょう。その意味で、和辻哲郎の「人間」概念[9]と、これを方法論的に純化した浜口惠俊の「間人」概念[10]とが、日本における人格の思想の一つの到達点を示唆しているのではないでしょうか。

　まず、日本における人格概念の成立過程をみていきましょう。今日、人格という日本語はperson(Person)およびpersonality(Persoenlichkeit)のいずれの譯語としても用いられますが、こうした慣行が成立したのは19世紀末以降のことです。それ以前は、personは人、本身、身位、有心者などと、またpersonalityは人トナリ、人ガラ、人タルコト、人品、人物、人性、有心者、靈知有覺、品位、品格、人位、人格などと、様々に譯されていまし

---

8) 平田俊博「道德と倫理」、『地球システム・倫理學會ニューズレター』No.I, 2009年。
9) 平田俊博「日本におけるカント哲學の受容と展開」、汎韓哲學會・韓國カント哲學會共編「カント沒後200周年記念學術大會」國際シンポジウム『東アジアのカント哲學受容と展望』、2004年。
10) 和辻哲郎『人格と人類性』、『和辻哲郎全集』第九卷、岩波書店、1977年。

た。佐古純一郎によれば、personalityの譯語として人格という用語を「選定」し普及させたのは帝國大學初代倫理學教授の中島力造と、中島の先任の同僚で日本人としては最初の哲學教授であった井上哲次郎でした[11]。

　さて、中島によれば、倫理學の課題は人類究竟の目的を明らかにすることですが、古代の倫理學は社會的でありすぎ、また当時の倫理學は個人的でありすぎるから、不十分です。兩者を調和させる完全な倫理學を樹立するために、人格について研究しなければならない。

　中島は終生こうした意見を主張し續けており、日本における倫理學研究の方向と道德教育の在り方に、決定的とも言える大きな影響を與えました。死を目前にした1918年夏の公開講演「最近倫理學說ノ研究」において、中島は当時の倫理學研究の動向と自身の研究生活とを回顧して、次のように述べています。

　　「此四五年間に於ける一つの新問題は人格問題であります。諸種の實際問題、良心問題、自由意志問題、宗教問題等を研究して見ると、結局、人格問題であります。理論の方面に滿足なる結果を得るにも応用の方面に効果を奏するにも道德は即ち人格活動であるので人格の意義が曖昧であっては意見が一致せぬ、斯ういふことでは所詮滿足なる倫理問題の解決は得られぬと考へて、先づ人格は如何なるもので、如何なる風に發達し人生は如何なる意味を有って居るものであるか、此人格問題を十分に研究しなければならぬことに氣が付きまして、此四五年間には人格研究に關する著書が中々多く發行になって居ります。之を或學者は心理學的方面より又或學者は哲學上より論究して居る、又宗教の方面より論ずる人もあり、社會學の方面より論ずる人もあります。斯ういふ理由で人格問題を先づ第一に解決しやうとするのが最近の倫理學の傾向で又其問題であります。自分は此問題に滿足なる解決が付かぬならば他の倫理問題に確實なる根抵がないと考へ三十年來其處に最大の力を注ぎ、其方面に倫理の根抵を定めたいといふ考えで人格實現說といふ說を唱へて居るのであります。」(中島力造『最近倫理學說ノ研究』(非賣品)、一九一九年二月。原文は旧漢字)。

---

11) 浜口惠俊『「日本らしさ」の再發見』、講談社、1988年。

　この文章は短いながらも日本の近代倫理學の根本傾向を精確に要約した
もので、三個の論点に整理できます。①1910年代の大正時代になってから
人格問題が新しく一大テーマとなり、心理學者、哲學者、宗教學者、社
會學者等が競って研究書を著しているが、人格の意義が明確でないので
意見が一致していない。②人格の意義を明確にすることで人格問題を解決
しようとするのが最近の倫理學の傾向であり、したがって倫理學の第一の課
題は、人格とは何か、人格はどのようにして發達するのか、人生の意味とは
何か、の三点を解明することにあります。③道德とは人格活動ですから、
倫理學によって人格の意義が原理的に明らかになれば、その応用面である
道德の諸問題についても意見の一致が得られ、諸種の實際問題や宗教問
題も解決できます。

　中島の人格實現説は20世紀初頭に形を整えてきますが、その影響の現
れが大正期の人格ブームであり人格主義でした。もちろん當時ドイツの思
想界を席卷しつつあった、新カント主義者リッケルトらの西南學派の影響も輕
んずるわけにはいきません。しかし大正期の人格主義運動は、決して輸入さ
れた外發的なものではなく、基本的に內發的だったようです。1890年に渙
發された教育勅語をめぐって、ドイツ流の國家的教育かイギリス流の個人的
教育か、と國論が二分し沸騰していた最中に、両者を調停する教育理念と
して、人格の研究が中島によって開始されたのです。人格の倫理學を新し
く確立することで、國家的すぎる、つまり社會的すぎる倫理學と個人的すぎ
る倫理學の「調和」を図ろうとしたのが、中島に始まる人格實現説だと言えま
しょう。

　ところで、當初personalityの譯語として成立した「人格」の語が、1890年
前後から英語personや獨語Personの譯語としても用いられるようになりまし
た。personalityとpersonの違いが意識はされていましたが、中島が樹立し
ようと努力していた哲學的な新しい倫理學の見地からすれば、つまり非宗教

的、脱キリスト教神學的觀点においては、敢えて區別するほどでもなく、ど
ちらも差し當たり新造の學術用語の「人格」で間に合ったのでしょう。

　また、日本語としての「人格」と「人格性」の區別も、現在に至るまで曖昧
なままです。その事情については、和辻の以下の注釋が意を盡くしているで
しょう。「Menschを人、Personを人格と譯して區別するのが適當であるか否
かは充分問題になる。Personもまた法律學の用語としては『人』と譯されてい
る。『人格』とは人を人としてきめるところのきまり(格)、さだめ(格)、くらい(格)
であるから、むしろPersoenlichkeitに当たると思われる。…人、人格、人格
性等の語はドイツ語のMensch, Person, Persoenlichkeit等の意味のみを現わ
すのであり、日本語としての充分な活力は一時停止せられている」。現在
の日本の倫理學界の用語法は、ほぼ和辻のこの見解に沿っています。

　1889年に「カント實体論」(Kant's Doctrine of the "Thing in itself"、カン
トの「物自体」論)でエール大學から博士号を得た中島が、その後さらに一
年間ドイツとイギリスで研究して、歸國したのは1890年3月であり、9月から
帝國大學で倫理學の講義を始めました。そして教育勅語が發布された10月
に、「利己主義ト利他主義」と題する論文を發表しました(『哲學會雜誌』第四
十四号)。その中で中島は概ね次のように述べています。

　「人性」には自然に「人位ナルモノ」が備わっており、「人位ハ神聖ナルモ
ノナリ」というのが「倫理學的一大原理」であって、「吾人ハ決シテ他人ヲ
自分ノ勝手ニ道具トシテ使用スルノ權ナシ」、また「吾人ハ他人ニ道具トシ
テ使用サルヽノ義務ナシ」なのです。ところが、このことを利己主義論者も
利他主義論者も洞察していません。殊に利他主義の弱点は、「人生最後ノ
目的ハ他人ニアルカ如ク論スル」点で、「吾ハ吾カ爲メニ存在シ我生涯ハ
我目的ヲ仕遂クルアリ」ということを洞察していない点です。

　教育勅語をめぐって國家的教育か個人的教育かと議論が沸騰していた當
時、十年余り日本を離れていた中島は論争の渦中に深入りせず、議論を純

哲學的に立て直し、しかもカント主義者らしく根本原理に基づいて兩論を調
停しようとしたのでした。試みに「人位」を「人格」ないし「人格性」に置き換え
てみるなら、中島の主張の背後に、カントの人格に關する定言命法を容易
に察知できるでしょう。

　事實、當初の頃より中島は講義のテキストにカントの『人倫の形而上學の
基礎づけ』を使用していました。それが英譯本であり、說明の術語がほとん
ど英語だったことは、1891年9月に大學に入學した西田幾多郎の一年次試
驗論文『韓圖倫理學』[12]から明らかです。そこで西田は件の定言命法を、
次のように記しています。「Act so as to use humanity whether in your own
person or in the person of another always as an end, never as merely a
mean」。これを翻譯すると、「自己の人格と他人の人格とを問はず、決して
單に方便とせず、常に目的として人類を取り扱ふ樣に行動せよ」となります。
ドイツ語原文の理解が英譯本に影響されていたのは疑いありません。

　この傾向は、より原文に忠實であろうとした波多野精一譯「自己の人格と
他人の人格とを問はず決して單に方便視せず常に同時に目的として人類を
取扱ふやうに行動せよ」(「カント倫理學說の大要」)にも、また大西祝譯「人
間を汝の人格に於いても又汝以外の者の人格に於いても常に目的として取
扱ひ決して唯方便として取扱はざる樣に行へ」[13]にも、さらに後年の和辻譯
「汝の人格及びあらゆる他の者の人格における人性を、常に同時に目的と
して取り扱い、決して單に手段としてのみ取り扱わざるように行爲せよ」(『カ
ント實踐理性批判』)にも一貫しています。

　いずれも英譯useの影響でドイツ語brauchenをgebrauchenと同一して「取り
扱う」としています。ちなみにこの私、平田は、この兩者を區別して、「自分

---

12)　佐古純一郎『近代日本思想史における人格觀念の成立』、朝文社、1995年。
13)　西田幾多郎『韓圖倫理學』、『西田幾多郎全集』(增補改訂第四版)第13巻、岩波書
　　店、1989年。

の人格のうちにも他の誰もの人格のうちにもある人間性を、自分がいつでも同時に目的として必要とし、決してただ手段としてだけ必要としないように、行爲しなさい」と改譯しました[14]。また、再歸的な「自己の」と二人稱「汝の」の間で搖れるドイツ語deinerの譯を、木村敏[15]と浜口惠俊に従って「自分の」としました。

利己利他論爭において中島は、どちらかと言えば利他主義に軸足をおいていました。それ故、その後英國新カント主義の代表者トーマス・ヒル・グリーンの自我實現説に依據して自説を展開させる際、グリーンの功利主義的傾向から距離を置こうとして、獨自に人格實現説を提唱しました。個人の自由よりも普遍的、社會的な義務を尊重する中島説の特徴は、個人的差異を脱却して理想的な人格を實現しようとする点にあり、やがて、道德教育論としては丁酉倫理會の「人格の修養」論に、また倫理學説としては西田哲學や和辻倫理學の結實していったのであります[16]。

むすび

私は本發表で「柔らかな開放性」という日本文化の特質を、「哲學」と「人格」という2個の現代日本語の成立過程の分析を通じて明らかにしようとしました。

第1節、日本語の多層性—7層性と5層性—において、日本語の開放性について全般的に考察しました。第2節、「理學」からの脱却と「哲學」概念の創出—西周と近代文明—においては、日本における西洋哲學の受容の

---

14) 『大西博士全集』第二巻『倫理學』、警醒社書店、1903年。

15) 『カント全集7』(平田俊博譯・解説)『人倫の形而上學の基礎づけ』、岩波書店、2000年。

16) 木村敏『人と人との間－精神病理學的日本論』、弘文堂、1980年。

経緯に着目して、なぜ日本人は伝統的な理學から脱却しようとしたのか、に
ついてその理由を究明しました。そして日本語の異文化への開放性と未來
開放性について考察しました。第3節、「人格」概念の創出と近代日本—現
代日本の教育理念—では、「人格の完成」という日本の教育の目的と近代
日本におけるカント哲學の導入の緊密な關係を明らかにしました。そして、
日本語と日本文化の柔らかな開放性について考究しました。

　「人格」概念の探求から伺われるように、日本では固定的な核文化が形
成されにくいのです。むしろ、最新最強の異文化を基準として伝來の自文
化をそのつど柔軟に組み替え、未來に向けて新たに文化を創成し續けていく
ことが日本文化の特徴となります。外柔内剛で芯があり、未來に向けて一
貫した主體性を企投し、したたかに自主性を追い求めるのが柔らかな日本
文化なのです。

第7章 近代日本におけるカント哲學受容
− 和辻哲郎のカント批判とその現代的意義 −

1. 和辻哲郎のマルチカルチュラリズムから『風土』へ

　近代日本のカント哲學受容は西周(1829~1897)に始まると言ってよい。西は「philosophy」を「哲學」と譯したことで有名であるが、日本で最初にカントに關心を持った明治の啓蒙思想家でもある。西の關心の中心はカントの永遠平和論であった[1]。西以後のカント哲學受容に關して重要となる日本の哲學者を數名列擧するとすれば、朝永三十郎(1871~1951)のカント永久平和論研究、桑木嚴翼(1874~1946)のカント認識論研究、左右田喜一郎(1881~1927)の新カント派価値論研究、安部能成(1883~1966)のカント實踐哲學研究、天野貞祐(1884~1980)の『純粋理性批判』の飜譯とカント研究、田辺元(1885~1962)のカント目的論研究、九鬼周造(1888~1941)のカント研究(フッサールやハイデガーと比較しながら、特にtranszendentalの譯語を「超越論的」と確定した議論は興味深い)、三木清(1897~1945)のカント構想力研究、南原繁(1889~1974)のカント政治哲學研究、三宅剛一(1895~1982)の『オプス・ポストゥムム(Opus postumum)』研究などをあげることができるが、このカント哲學受容史は單なる受容史ではなく批判的受容史でもあり、したがってそれは同時に近代日本哲學史をも構成することにもなる

---

1) このことについては、山室信一『憲法9條の思想水脈』(朝日新聞社、2007年、116頁以下)を参照のこと。

と言えよう。こうした中にあって和辻哲郎のカント哲學受容もその例外ではなく、批判的なカント受容であり、さらにそこから獨創的な風土論を展開しているのである。

　和辻哲郎(1889～1960)は上記の西田幾多郎・田辺元・九鬼周造などとともに近代日本を代表する哲學者であり、その倫理學の體系は「和辻倫理學」と称される。夏目漱石の門下生であってかつては作家を目指したこともあったためか、和辻の書く文章は平易かつ明晰でその著作は現代でも比較的よく讀まれている。その中でも最も讀者が多いのはおそらく『風土－人間學的考察』(1935年)であろう。それは76年前の哲學書とは思えないほど現代日本の讀者にも文章的に接近しやすい。この研究發表でも私は特にこの『風土』を取り上げて、それが形成される過程で和辻がどのように西洋哲學を批判的に受容したのか、さらにそうした西洋哲學の批判的受容が『風土』の獨創的な思想內容にどのように影響を與えたのかを明らかにしてみたい。しかも和辻哲郎の場合、カント哲學受容にせよ、ハイデガー哲學受容にしても、同時にカント哲學批判でありハイデガー哲學批判なのであって、これらの批判的諸論点は現代でも重要な哲學的意義を持つ。

　『風土』は『倫理學』と並んで和辻哲郎の代表作であり、後者が現代アメリカのビジネス・エシックスに大きな影響を與えているのに對して、前者は主にヨーロッパで關心を引いており、その場合に和辻のマルチカルチュラリズム的で解釋學的な分析が評価されている。和辻のマルチカルチュラリズム的思考は初期の『古寺巡礼』(1919年)以來のものであり、たとえば「百濟觀音は朝鮮を経て日本に渡來した様式の著しい一例である。源は六朝時代のシナであって、さらにさかのぼれば西域よりガンダーラに達する。上体がほとんど裸体のように見えるところから推すと、あるいは中インドまで達するかも知れない」(『全集』2、49)というように、「百濟觀音」や「東大寺戒壇の四天王」などに「國際性」や「雜種性」を讀み取り日本文化を「開かれた」文化として特

徵づけようとしていた。こうした問題意識はベルリン留學後もあの「國民道德論」にさえ認められる[2]。つまり、「國民道德論」は「國家」や「民族」を內側から「開かれたもの」へと再構築しようとする試みにほかならず、狹量なナショナリズムをただ補完したものではないのである。和辻の風土論も基本的にこのコンテクストで讀み解かれなければならない。しかし『風土』で重要なのは、和辻が「身体」を「越境する風土的身体」として把握することでそのマルチカルチュラリズムを哲學的に基礎づけようとした点である[3]。和辻倫理學の基礎には獨創的な「身体性」理解が見出されるわけである。和辻のいう「風土性」とは、「社會性」が繰り込まれた「身体性」を意味し、オーギュスタン・ベルクの指摘するように、その解釋學的方法論とともに、まさにこうした「身体性」理解によって、「古典的な環境決定論」からの離脱が可能となり「人間の風土」と「自然の環境」を區別できるようになったと評価できよう。このとき「旅行者」や「步行者」の概念が獨特の意義を持つことになるが、いずれにしても、こうした風土論の形成にとってきわめて重要な役割を果たしたのが和辻のカント哲學やハイデガー哲學などの西洋哲學の批判的受容なのである。和辻の獨創的な風土論を分析することによって、近代日本の西洋哲學受容の一端を紹介してみたい。

---

2)　田中久文「和辻哲郎における「國民道德論」構想」(佐藤康邦・淸水正之・田中久文編『甦る和辻哲郎』ナカニシヤ出版、1999年、59頁以下)を參照のこと。

3)　この報告論文は、「和辻風土論とマルチカルチュラリズムの問題・序説－「越境する身体」としての「旅行者」－」の續編をなすものであり、したがって議論や表現の重複が一部あることをあらかじめお斷りしておく。

2.　和辻風土論の西洋哲學的背景－ヘルダーとハイデガー－

　『風土』の「序言」によれば、和辻が「風土性」の問題を考え始めたのは、1927年にハイデガーの『存在と時間(Sein und Zeit)』を讀んだときであるが、差しあたり冒頭で指摘したマルチカルチュラリズムとの關係ではヘルダーの影響が重要となる。和辻が「Klima」に「風土」という譯語を当てていることからも明らかなように、そもそも「風土」の概念自体がヘルダーの「Klima」のそれに由來している。和辻は、カッシーラーの『カントの生涯と學説』を引き合いに出しながら、ヘルダーを肯定的に評價するが、それはヘルダーの「精神の風土學」に内在するマルチカルチュラリズムと密接に關連する。

　　和辻がヘルダーの「精神の風土學」に讀み込もうとしたのは、「個々の民族の個性を平等に尊重する」(『全集』8、220)ことを可能にするような「民族の特殊性」をどのような方法で見出して理解するのかという問題である。それを別言するならば、マルチカルリュラリズムを可能にするような「特殊性」をどのように方法論的に確定できるかという問題であろう。和辻によれば、ヘルダーは方法論的には無自覺であったが、その芸術家的素質で實際に遂行した「解釋」の技術の内にこうした「特殊性」を掘り起こす方法が示されているのである。

　　　　「にもかかわらずそれ精神の風土學として興味深いのは、風土や生活の仕方を單なる認識の對象として取り扱わず、常にそれを主体的な人間存在の表現と見る態度が一貫していることである。それではヘルデルは風土についていかなる意味を解釋し出したであろうか。彼は人類が多種多様な姿において地上に現れていながらしかも同一の人類であるということを觀察した後に、この同一の人類が地上のあらゆる「ところ」において己れを風土化しているという点に論を導いて行く(『全集』8、212～213)。

　すなわち、人類は自己自身を風土化し、それゆえに「人間は常に風土的

に特殊な姿においてしか現れない」のであり、そうした「風土と人間との關係」はまさに「人間の生の構造の契機として風土を考察する方法」(『全集』8、213)によってのみ明らかになるわけである。したがって、和辻が「國民性の考察」という場合の「國民性」もマルチカルチュラリズム的に開かれた「國民性」であって、「風土」ないし「風土化」はともに本來的にこのマルチカルチュラリズムを可能にする基礎コンセプトなのである。そして、「人間の生の構造の契機として風土を考察する方法」に決定的なヒントを與えたのがハイデガーの『存在と時間』であったと言えよう。しかし、和辻の場合、ハイデガー受容は同時にハイデガー批判でもある。

　　　和辻哲郎は『風土』の「序言」でハイデガーの『存在と時間』に觸發されて「人間存在の構造契機としての風土性を明らかにすること」が目的であることを指摘したのち、第一章の「風土の基礎理論」で「風土性」を「主體的肉體性」、すなわち、「主體的身體性」として捉え返す觀點を提示する。ここではそれに關わる限りでのハイデガー批判の論点を析出しておきたい(『全集』8、7〜23)。

　(1)和辻はハイデガーの『存在と時間』を、「人の存在の構造を時間性として把握する試み」と高く評價しながらも、「空間性」が「根源的な存在構造」としては活かされていない点に問題があると批判的に讀解する。和辻によれば、ハイデガーは「人間存在の個人的・社會的なる二重構造」を正しく把握せずに「個人的構造」のみを主題化できたにすぎないので、「時間性」と「空間性」との相卽的關係を見失ってしまった。ここで簡單に和辻のカント解釋に言及しておくとすれば、むしろカントではこの「二重構造」が捉えられていたとする。一般的にはカント倫理學は個人主義的と評價されるが、和辻は異なっており、カント倫理學に「人間存在の社會性」の基礎づけを見出している。ここに當時の新カント派社會主義的カント解釋の影響を見て取ることは容易であろう。

　(2)和辻は「人間存在の社會的構造」を「間柄」によって基礎づけようとする。和辻はハイデガーに依據しながら「志向性」、すなわち、「外に出る(existere)」ことを「人間存在」の根本規定と見なす。つまり、「「外に出る」という構造も、寒氣というごとき「もの」の中に出るよりも先に、すでに他の我れの中に出るということにおいて存している」のであって、これが「間柄」にほかならない。したがって、人間存在は根源的に「間柄」なのであり、その意味で社會的となる。しかし、人間存在の「社會的」構造を支えるのは「主體的」人間の「空間的」構造であり「主體的身體」であって、それにもとづくことなしには結局のところ「時間性」も「歷史性」になることはない。つまり、「間柄」(別言すれば、「人々の結合」であり「共同態としての社會」)の成立する根源的な場は「主體的」空間としての「主體的身體」なのである。

　(3)和辻によれば、「主体的身体性」こそ「風土性」であるのだから、この「主体的身体」は「風土」にほかならない。それゆえに、「風土」において「間柄」が根源的に成立することになる。「人間存在の風土的規定」と言うとき、基本的にはこの次元のことを示している。したがって、和辻の場合、「身体」は決して「私の身体」にとどまるものではなく、「身体」は「風土的身体」として「風土」という空間性を介してその社會性の次元を確保するのである。

　以上のように、和辻はハイデガー批判を通して「人間存在の風土的規定」を主題化し、その結果として和辻の風土論は「人間存在の歷史的・風土的構造一般」において「風土の身体性」と「身体の風土性」とが重なり合った特異な身体論としても展開されることになった。したがって、「身体性」を基盤にして相互性ないし相互人格性が成立するような、そうした存在構造を人間は持つわけである。

　このように和辻のマルチカルチュラリズムの基盤は「風土的身体」という獨創的な身体論に收斂するが、それには和辻の『存在と時間』に關する批判

的讀解が大きな役割を果たしている。和辻は、「國民性の考察」ノートの中で次のように『存在と時間』を批判的に檢討している。

> 「……一般に「das umsichtig besorgende Begegnenlassen(周到に配慮的に出會わせること)」がZuhandensの側から交渉して行くといふ意味で「交渉されるといふ性格」(der Charakter des Betroffenwerdens)を持つのでなくてはならぬ(vgl.S.137)。ここで、Lastcharakterは、ただ「過去を背負ふ」といふ意味に留まらず、(即ちSchon Seinとしてに留まらず)「Umweltnaturを背負ふ」というふ意味をも持たねばならなくなる。DaseinのDaは、örtlichにもdaでなくてはならぬ。かく考へる事によって、DaseinのursprünglichなExistenzialenとしてのKlimatisch landschaftliche Befindlichkeitが明らかにされ、そこから種々なBefindlichkeitのTypen、從ってDaseinのTypenへの通路が開かれうるだろうと思ふ」(『全集』別1、394)。

　和辻は實にていねいに『存在と時間』を精讀し分析しているが、和辻固有の「風土的身体」のコンセプトが紡ぎ出されてゆく過程で、「Lastcharakterは、ただ「過去を背負ふ」といふ意味に留まらず、(即ちSchon Seinとしてに留まらず)「Umweltnaturを背負ふ」といふ意味をも持たねばならなくなる。DaseinのDaは、örtlichにもdaでなくてはならぬ」という批判的指摘は決定的な意味を担う。この批判は、現代ドイツの新現象學運動のシュミッツやベーメなどのハイデガー批判、特にベーメの批判と同じであり、その先驅性は改めて高く評價されるべきであろう。ベーメの場合には、『存在と時間』から引用している個所や批判の論點などに關して明らかに和辻に依據していると思われる。しかもさらに興味深いのは、「DaseinのDaは、örtlichにもdaでなくてはならぬ」という決定的論點には和辻固有のカント解釋が重要な役割を果たしており、したがって「風土的身体」のコンセプトにとってもカント哲學が密接に關連しているという點である。次節では、和辻がどのようにカントを理解しカントを批判したのかを明らかにしたい。

3.　和辻のカント哲學受容とカント哲學批判
─ひとつのケース・スタディ─

　『風土』の形成過程を分析すると、主要論点の一つがカントのいう「Skandal der Philosophie(哲學のスキャンダル)」にあることがわかる。カントは『純粹理性批判』の第二版においてかなりの改訂を敢行したが、それは「私の外部」を論證しようとする「觀念論論駁」のためであった。「私の外部」を論證できないとすれば、それは「哲學および普遍的人間理性にとって一つのスキャンダルなのである」(KrV, BXXXIX,Anm.)。そして、第二版の「觀念論論駁」ではこのスキャンダルを克服する方向性が「われわれの內的経驗ですら外的経驗を前提にしてのみ可能である」(KrV, B275)というテーゼでもって明示され、それによってデカルト的心身二元論の根據が掘り崩されることになる。つまり、「Skandal der Philosophie」とは、「身體」を通して「外部世界」を論證しようとするカントの議論を指しており[4]、したがって和辻は『風土』においてこの「身體」と「外部世界」との關係をカント解釋を媒介にして問い直そうとしているわけである。「風土的身體性」はそれに對する和辻の回答にほかならない。

　和辻のカント解釋は、『風土』の直ぐあとに刊行された『人格と人類性』(1938年)である程度まとまって確認することができる。和辻がそこで取り上げた『純粹理性批判』第一版の「パラロギスムス」、すなわち、「第四パラロギスムス」の議論は第一版の「觀念論論駁」を構成する。和辻の「第四パラロギスムス」理解によれば、カントが「合理的心理學」に對する批判の中で論證できたのは、「人格」と「人格性」との區別および前者の「人格」が経驗的

---

　4) このことについては、加藤泰史「〈觀念論論駁〉のコンテクスト」(長倉誠一・加藤泰史・大橋容一郎編『現代カント研究(第7卷)・超越論的批判の理論』、晃洋書房、104〜130頁)を參照のこと。

で客觀的であるのに對して、後者の「人格性」は可想的性格を持ち、それゆえに「超越論的」であり「超越論的人格性」にほかならないということである。しかし、この可想的な「超越論的人格性」がどのように經驗的で具體的な「人格」となるのか、に關してカントは十分な議論を展開できなかった、と和辻はカントに對して批判的に切り返してゆく。すなわち、「超越論的人格性」が「人格」となる構造には「直觀形式としての時間および空間」が關与し「時間および空間における自覺」の問題が主題化されなければならないにもかかわらず、カントにはその問題意識が十分ではなく、「しかしこの問題にふれることはカントを脱出することである。我々はただカントがこの問題にまですでに突き當たっていることを指摘するにとどめよう」（『全集』8、334）というように、ここにカントの問題点が見出されるというわけである。さらに和辻は、「人格」と「人格性」の關係を「經驗的性格」と「可想的性格」のそれと重ね合わせながら、「經驗的性格と可想的性格との關係の問題はこの二重の性格を有する「人」の地盤において考察されねばならぬ」（『全集』8、337）として、問題の焦点を「身体(Leib)」（和辻の用語では、「肉体」）の位置づけに絞り、まさにカント哲學の具體的限界がこの「身体」にあることを次のように指摘するにいたる。

　　　「それ[肉体－引用者]は他のあらゆる物体と同様の物体(Körper)として取り扱われる。「考えるものとしての我れは内感の對象であって心靈と呼ばれ、外感の對象であるところのものは物体と呼ばれる」(B400)という内外の區別は、肉体(Leib)と物体との別を容れる余地がなく、いわんや「肉体我」の問題を取り上げしめるような何らの素質を持たない。かく肉体が「我れ」から截然區別せられるとすれば、「空間における自覺」というごときことは、全然あり得ないなずである。だからカントは超越論的人格性と肉体との結合に關しては何ら説くところがない。しかしそれならば一般に外的對象たる物体は超越論的人格性といかに關係するであろうか」（『全集』8、342）。

　すなわち、カントの設定する「内外の區別」によっては、「身体」と「物体」を原理的に區別することができず、その結果として「超越論的人格性」と「身

体」との結合關係についても、言い換えれば、「人格性」が「人格」となる構造に關しても合理的に說明できないので、ここでカントは限界に突き當たるわけである。和辻自身の問題意識からすると、カントは「人格」と「人格性」とを正當に區別できたものの、こうして區別した兩者を結合する論理を提示できなかったのである。そこで和辻はカントの『純粹理性批判』を批判的に讀解しながら、「しかしそれならば一般に外的對象たる物体は超越論的人格性といかに關係するであろうか」という問いを新たに立てることになる。ここで重視されるのが「時空間における自覺」であり、特に「直觀形式としての空間」にほかならない。

> 「……直觀形式としての空間は、超越論的人格性が「外」に出る仕方であるということもできるであろう。……超越論的人格性が外に出るということは、この人格性が己れの內において外的に現象するということと同義である。しかしそれだからといって「外に出る」という意義は毫も失われないのみならず、むしろこれが「外に出る」ということの唯一の場合なのである」(『全集』8、345〜346)。

　すなわち、和辻によれば、カントのいう「直觀形式としての空間」は「超越論的人格性」が「外に出る」仕方であり、しかも自己の內部において「外的に現象する」形式なのである。「人格性」と「人格」との關係は、人格性が自己自身を對象化するという「自覺」を通して人格となるとされるが、その場合に人格性が自己の內部性を保持しながら外的に現象することになる。「外に出る」とはハイデガーのいう「ex-sistere」であり「志向性」のことである。ここで和辻のカント解釋とハイデガー解釋とが交叉する。自己の內部性を保持しながら外的に現象することで「人格」が成立する場合、自己の內部性を保持する限りで「私の」という資格が確保されて「私」に屬すると同時に、他方あくまで「外的」に現象する限り私の「外部」に屬してもいるのである。前者の事態には「時間における自覺」が關係し、後者のそれには「空間」が關わ

る。したがって和辻は、「……ここに我々は「時間における自覺」が空間の
表象と必然的に結合せる特殊の場合を見いださねばならぬ。あらゆる物體
のうち、「我れの身體」と呼ばるる物體のみが、「我れの」として我れと特殊
な關係に立っていること、すなわち我の外なる他の物でありつつしかも我れ
に屬する……」(『全集』8、349〜350)というように、「しかしそれならば一般
に外的對象たる物體は超越論的人格性といかに關係するであろうか」の根
本的問いに對して、「私の身體」を通してのみ關係可能であると回答する
にいたる。「身體」は物體のひとつとして外部世界に繋留され續けると同時
に、「私の身體」という根本的性格によって「私の内部」に屬するのである。

　このように「超越論的人格性」は身體の持つ二重性を通して外部世界と連
關し、われわれはこの身體を基盤にして相互人格性も獲得できる。カントの
空間論は、和辻によって身體論として批判的に讀み直されたのであり、「間
柄」も身體性の次元で成立するので相互人格性も「相互身體性」として讀み
解かれることになったと言えよう。和辻の『風土』とはそうした身體論の體系的
表現にほかならず、また『倫理學』における「交通」という重要な概念はまさに
「相互身體性」の動態性ないし越境性を言い表した概念なのである。

　和辻はカントの『純粹理性批判』の「第四パラロギスムス」の批判的讀解を
通して「私の身體」という論点の哲學的重要性を浮き彫りにするとともに、カン
トにこの洞察が欠落していたことを指摘したと評價できる。このことは、英米
圏のカント研究において1970年代になってもベネットのように『純粹理性批判』を
評して「すべての認識の基礎づけのためにデカルト的基盤を採用した著作」、
すなわち、「人間が身體を持つことに實際きわめてほとんど注意を拂わない
一人稱單數的作品」と呼んでいることを考え合わせると5)、和辻の批判的な
カント解釋の先驅性がよく理解できよう。しかも、こうした「私の身體」をめぐる
論点こそ和辻の「DaseinのDaは、ortlichにもdaでなくてはならぬ」というハイ

---

5) Vgl. J. Bennett, *Kant's Dialectic*, Cambridge, 1974, S.69.

デガー批判を引き出してくるのであり、したがって和辻が「風土的身体性」の議論を風土論として展開する上で決定的な意味を持つわけである。つまり、近代日本におけるカント哲學の批判的受容の典型が和辻の風土論であったと言えよう。最後にこうした和辻の「風土的身体性」の議論が現代哲學においてどのような意義を持ちうるのかを指摘しておきたい。

4. 和辻風土論の現代哲學的射程

　和辻哲郎によれば、人間は自己自身を風土化し、それゆえに「人間は常に風土的に特殊な姿においてしか現れない」のであり、そうした「風土と人間との關係」はまさに「人間の生の構造の契機として風土を考察する方法」(『全集』8、213)によってのみ明らかになる。したがって、人間の自己風土化ないし「風土的身体性」は和辻のマルチカルチュラリズム的思考のキーコンセプトであり、しかもそれはカントおよびハイデガーに關する批判的解釋を通して紡ぎ出されてきた。しかし、和辻が身体性の風土的次元を析出した風土論の持つ哲學的意義はマルチカルチュラリズムの哲學的基礎づけを提供したことに盡きるものではない。ここでは取りあえず二点のみ指摘しておきたい。

　ひとつはヨーロッパ近代の主体概念を超え出ようとする觀点を提示している点である。それに關しては坂部惠による和辻評価がわかりやすい。坂部惠によれば、「すべての物体において自覺が可能なのである。從ってすべての物体が人格の中身となって來なくてはならぬ」といった和辻の「超越論的人格性」をめぐる思索は、「西洋近代の主体の概念の限界を、人と物との宇宙的交錯(交叉反轉)の思想へと超え出ている」(『坂部集』5、30)のである。坂部は、日本近代哲學におけるそうした思索を通して「西洋近代の主体の概念の限界」を超え出る「主体の〈ポイエーシス〉の次元」が切り開かれたと

次のように分析する。

> 「このような、あらゆるものを機縁として可能な自覺、ないし万物を中身とする人格の考え、人格のポイエーシスの次元においては、あえて誤解をおそれずにいえば、人格の表現ないしあらわれとしてのわれわれの身體は、通常の意識面でのいわゆる通常の意味でのわれわれの身體への局限をはるかにこえ出て、宇宙と等しいひろがりをもつものとなる」(『坂部集』5、81〜82)。

　身體を人格の表現として捉え直そうとするこうした思想にあっては、人格概念の中心は自己意識などではなくむしろ生命に取って代わられることになる。すなわち、生命主義的な人格概念(the vitalistic concept of person)の可能性である。もうひとつの意義はこの点に關わる。現代ドイツの応用倫理學では人格概念の再檢討が進み、英米圏のエンゲルハート(H. Tristram Engelhardt)やトゥーリー(Michael Tooley)などの自己意識に定位した人格概念を批判して、身體が人格において担う重要性を説くビルンバッハー(Dieter Birnbacher)、シュトゥルマ(Dieter Sturma)やクヴァンテ(Michael Quante)などのドイツの議論が注目されているが、和辻の「風土的身體性」論はそれを先取りした議論として高く評価できる。こうした現代哲學的射程についてはまた別の機會に詳述したい。しかし、この講演を終わるにあたって確認しておきたいことは、和辻のこうした獨創的な風土論も和辻自身によるヨーロッパ哲學、とりわけカント哲學およびハイデガー哲學の精緻かつ批判的な讀解をまってはじめて構築可能になったという歴史的事實である。

　　(*)　和辻哲郎からの引用はすべて、岩波書店版『和辻哲郎全集』にもとづき、本文中に『全集』と略記して卷數と頁數を表記した。また、坂部惠からの引用も、岩波書店版『坂部惠集』にもとづき、同じく本文中に『坂部集』と略記して卷數と頁數を表記した。

第8章 和辻倫理學における西洋哲學の受容

はじめに

　最近、日本では「無緣社會」という言葉が流行語になっている[1]。少子高齢化や經済的格差など多様な要因によって、人間關係が希薄となり、毎年自殺者、孤獨死がそれぞれ三万人以上も出ている。もともと韓國の宗族制度のようなものがない日本では、戰後社會において人々を結びつけていたのは、「社緣」と呼ばれる企業における絆だけであった。しかし、それもグローバル化の中で、「日本的経營」の持續が困難となり、急速に失われつつある(ただし、韓國の自殺率も、日本と同様に非常に高いと聞いている)。

　そうした中で、現代の米國コミュニタリアニズムの代表者ハーバード大學のマイケル・サンデル教授の講義が、昨年日本のテレビで放映されて大変な人氣を得、その講義錄もすでに六十万部以上も賣れているという現象は示唆的である(韓國でも關心がもたれたと聞いている)[2]。このブームの理由として、主に二つ考えられる。一つは、日常的事實から出發する對話形式の講義が、日本人にとっては非常に新鮮であったこと。もう一つはリバタニアニズム(ノージックなど)やリベラリズム(ロールズなど)を批判し、アリストテレスに依據しながら、人間を本質的に共同体の中を生きる存在と捉え、そこから倫理を考え直そうとする、その講義の中味である(韓國でもサンデル教授

---

1) NHK「無緣社會プロジェクト」取材班『無緣社會』文藝春秋、2010年
2) マイケル・サンデル『これからの「正義」の話をしよう』早川書房、2010年

に關心が寄せられているのは、儒教に基づいた「德を重視する東アジアの文化的傳統とも深いところで共鳴している」からではないかともいわれている[3]。このことは、現在の日本人が、新たな共同体の倫理を渇望していることをよく示しているのではなかろうか。

　また、最近の東日本大震災を傳える海外のメディアでは、日本政府の對応の遅れへの批判とともに、災害下の人々の秩序立った行動が禮贊されているという。それは、地震・台風の多い日本では、「突發」的な災害に對しても「受容的・忍從的」[4]態度が身についてしまっているためでもあろうが、それとともに、人々の連帯が緊急時にむしろ回復するということの証とみることもできる。日本に限らず、どの地域でも大災害の下では暴動や略奪などよりも、相互扶助のコミュニティー（「災害ユートピア」）が自然に生まれるというルポルタージュ[5]が、たまたま震災の直前に話題になったが、そのことが今度の震災時でも立証されたということであろう。

　以上のような日本の現況を踏まえて、今回の發表では、和辻哲郎の倫理學を取り上げてみた。和辻は、日本で初めて本格的な倫理學の体系を樹立した哲學者である。新たな連帯の原理が求められている現在、和辻の倫理學が人々の思想的要望にどこまで応えることができるのかを、西洋哲學の受容の問題を軸にしながら檢証してみたい。

1. 「間柄」と「信賴」の倫理

　和辻の主著『倫理學』は、上卷が1937年、中卷が1942年、下卷が

3）小林正弥『サンデルの政治哲學』平凡社、2010年
4）『風土』岩波版和辻哲郎全集、第8卷
5）レベッカ・ソルニット、高月園子譯『災害ユートピア』亞紀書房、2010年

1949年に出された。

　和辻は、人間を孤立した存在として捉えることを批判し、本質的に他者との「間柄」のなかを生きる存在だと考える。それを倫理的觀点から捉えると、人間は「信賴」關係においてある存在だということになる。和辻の説く「信賴」とは、個々人の間でそのつど形成されるものではなく、人間關係ともに既にあるものなのである。

　もちろん、現實には「信賴」に對する裏切りというものは常に存在しているが、それは「信賴」關係全體の内にあって「局所的局時的」に起こるものだという。例えば、みんなが平氣で「嘘」をつくような社會では、そもそも「嘘」が「嘘」として通用しない。その意味で「嘘」というものは、「信賴」關係を前提にした社會において初めて成り立つものである。

　ただし、和辻のいう「間柄」とは、決して人間の關係性の側面のみを意味するものではない。和辻は、「間柄」とは個人性と全體性(社會性)との「弁証法的統一」であるとしている。しかも、その場合の「弁証法的統一」とは、絶對精神や物質といったものによるのではなく、「空」の働きに基づくものだという。

　例えば、家族というものを考えたとき、個々の構成員を超えて、先祖から受け継がれてきた永續性というものがある。そこでは、個人性の契機は、全體性のなかに解消されてしまう。しかし、そうして継續してきた家族も、夫婦が離婚したり、子供が獨立したりすれば、容易に斷絶してしまう。そこでは、今度は逆に全體性が個人性のなかに解消してしまう。

　このように、個人性も全體性も相互依存的であり相互否定的であると和辻はいう。そこから、「間柄」の根底にあるのは、「空」の運動であると考えるのである。ここには、後に述べるように、仏教の龍樹の哲學の影響がみられる。龍樹の『中論』は、一般には「自性」(實体性)を否定して「縁起」(關係性)を説いたといわれている。しかし、正確にいえば、「自性」(實体性)も「縁起」

(關係性)も共に成り立たないことを論理的に明らかにしたものである。しか
も、双方が「空」であることによって、逆に「空」を基盤において双方を肯定し
ようとするものである[6]。こうした龍樹の哲學の本質を和辻はよく捉えている。
和辻によれば、龍樹は單に存在の「緣起」(關係性)を説いたばかりでなく、他
方で「自己同一意識を保ち、責任の主体であるところの「我」「人格」が空に
おいて有る」[7]　ことを論証しようとしたのであり、そこに「龍樹の弁証の核心」[8]
があるという。

2. 和辻の西洋哲學史理解の特質

　以上述べたような「間柄」の倫理は、和辻によれば、實は西洋哲學の歷
史においても、ずっと問題にされてきたことだという(この点は、『倫理學』の初
期形態である『人間の學としての倫理學』(1934年)で体系的に述べられてい
る)。そこには、彼獨自の西洋哲學史理解がみられる。

　まず、「間柄」の倫理は、旣にアリストテレスにみられるとする。和辻によ
れば、アリストテレスの『政治學』は、今日の政治學が意味するような狭い概
念を説いたものではなく、『ニコマコス倫理學』とともに、人を個人及び社會
の両面から考究する「人の哲學」を説いたものだという。アリストテレスは、人
を單なる孤立人としてだけではなく、同時に「ポリスの人」すなわち「社會にお
ける人」として把握していた。そこでは、人間存在の個人的・社會的な二重
構造が考えられていたと和辻はいう。

　アリストテレスは一方で、考察の便宜上、個人的存在を抽出して取り扱う

---

6) 矢島羊吉『空の哲學』日本放送出版會、1983年
7) 『仏教倫理思想史』岩波版和辻哲郎全集、第19巻、335頁
8) 同上、339頁

ことから出發している。しかし、他方では、「ポリスは個人よりも先にある」とし、人は本性上「ポリス的動物」であるとも述べている。こうした人間存在の個人的契機と社會的契機との統合は、アリストテレス自身によって充分に理論化されているとはいい難いと和辻はいう。ただし、和辻はその統一の可能性をアリストテレスのロゴスの思想にみようとする。『政治學』において、人間は「ポリス的動物」であると明言した直後に、人間はロゴスを持つ存在でもあり、ロゴスによって正と不正、善と惡とを弁別するとアリストテレスは述べている。この弁別の共同がポリスを成り立たせているのであり、人間はロゴスを共にすることによって「ポリス的動物」になるのである。

　和辻は、この記述を次のように解釋する。一方において、ロゴスによる相互理解によって人間關係は成立する。すなわち、「ロゴスによる實踐が社會を形成する」[9]のである。しかし、他方では人間關係がすでに存在しなければ、言葉は生起しない。その意味では、「社會的存在がロゴスを形成する」[10]ともいえる。こうした相互制約には、アリストテレスが人間を個人的・社會的な二重性格として捉えようとしていたことがみてとれると和辻はいう。

　以上のように、和辻は既にアリストテレスにおいて「間柄」の倫理が問題にされていたと考えるのだが、しかも、それは西洋近代においても「後継者」を得て展開していったという。和辻がそうした「後継者」として擧げるのが、カント、ヘーゲル、マルクスなどである。

　まず和辻は、自律の倫理學を說くカントに關しても、「Metaphysik der Sitten がアリストテレスのポリティケーの考えを受け継ぐものである」[11]とする。特に、『道德の形而上學の基礎づけ』における第二法式「汝の人格における、及びあらゆる他の人格における人性(Menschheit)を、單に手段として

---

9)『人間の學としての倫理學』岩波版和辻哲郎全集、第9卷、46頁
10) 同上、46頁〜47頁
11) 同上、74頁

のみ取り扱うことなく、常に同時に目的として取り扱うように行爲せよ」におけ
る「人性(Menschheit)」という概念に注目する。カントによれば、我と汝とは、
互いに手段となり、目的となり合う關係にあり、その意味で手段的・目的的な
二重構造をもっている。手段として扱う場合は、自他は差別的であり、人間
の個別性のみが考えられている。しかし、あらゆる人格を究極の目的として
扱う場合は、自他の人格における「人性(Menschheit)」が問題にされてお
り、そこでは自他は不二的である。従って、人間を手段的・目的的な二重
構造で捉えるということは、人間を個別的・全体的な二重構造で捉えるという
ことであると和辻は解釋する。その意味で、「人性(Menschheit)」の原理と
は、和辻の說く「間柄」の原理と同じものであるというのである。ただし、十
八世紀の個人主義の立場に立つカントは、それを自覺的に說くことはなく、
あくまでも「無意識」的に、「暗々裏」に問題にしていたという。

　さらに、和辻は「アリストテレスの全体主義的な立場は旺然としてヘーゲル
の内によみがえってくる」[12]としている。ヘーゲルは『法哲學』において、
「法」→「道德性」→「人倫」という順で記述し、さらに「人倫」について、「家
族」→「市民社會」→「國家」という順で記述している。しかし、この順序は時
間的、あるいは本質的な前後關係を意味するものではないと和辻はいう。和
辻によれば、「人倫」こそが「法」や「道德性」の根底であり、さらに「家族」
や「市民社會」は、すでに「國家」があることを前提にしているというのであ
る。すなわち、ヘーゲルにおいては、「間柄」の倫理は既に充分に自覺化
されていたと和辻は考える。

　ただし、ヘーゲルは「人倫」を、精神の自己認識の究極の原理である
「絕對精神」によって說明しようとする立場をとったため、究極の全体性に至る
ことができなかったと和辻はいう。和辻によれば、究極の全体性は、「空」と
して捉えることによってこそ、人間の構造が個人であるとともに社會であること

---

12) 同上、75頁

が充分に說明できるというのだ。

　次に和辻は、ヘーゲル的な觀念論を打破したマルクスにおいて、「「人間存在」はさらに具體的に把捉せられ、「人間の學」は一層鮮やかに形成される」[13]とする。

　『ドイツ・イデオロギー』によれば、人を動物から區別する「生產」というものは、初めから社會的であって、單に個人的ではない。そして、こうした人間存在における自他の「交通」「間柄(Verhaltnis)」が意識や言語を產むとされている。

　このように、マルクスの說く生產關係としての社會も、「間柄」を前提としていると和辻はいう。ただし、人が社會的にあるということは、マルクスにとっては、人がその欲望の滿足のために、一定の相互關係に入って共同で勞働するということである。そこでは、社會の形成は經濟的相互作用に規定されており、家族も國家もこうした社會內の制度に過ぎないことになる。

　しかし、そうした構造を打破すべく、「団結」の命令を發するということは、「取りもなおさず「人倫の喪失態」を立証して人倫の恢復を命令する」[14]ことにほかならないと考えられる。そのことは、マルクスの說く人間存在自體が、「間柄」の倫理を含んでいることを表しているのだと和辻はいう。

　以上のように、和辻はみずからの說く「間柄」の倫理が、西洋哲學史においても一貫して問題にされてきたと主張する。ただし、それは必ずしも明示的に語られていなかったり、語られていても不完全な形でしかなかった。しかし、明らかに「間柄」の倫理の一端に觸れているのであるから、その積極面をみていこうとするものである。それは、西洋哲學との差違や對立を際立たせようとするのではなく、むしろ共通面を見出し、それを取り入れて活かしていこうとする姿勢といえよう。

---

13) 同上、119頁
14) 同上、128頁

　こうした和辻の西洋哲學史の捉え方は、主著の『倫理學』においても様々な場面でみられる。例えば、後に述べるように、和辻の倫理學では、個人性・全体性とともに、主体的空間性・主体的時間性というものも重要な契機をなしているが、その説明に關しても和辻は西洋哲學史を積極的に參照している。

　主体的空間性に關していえば、西洋哲學の空間論が、「全体を通じて常に對象的認識の問題として觀照的な觀点からのみ取り扱われ」てきたことを認めながらも、「しかし、それにもかかわらず我々は空間問題が常に主体的空間性への方向を含んでいたと主張し得る」15)としている。そして、そのことをスピノザ、カント、ヘーゲル、ブレンターノ、ベルグソン、ハイデッガー、シェーラーらを取り上げて檢證している。

　また主体的時間性に關しても、まずアリストテレスの時間論を取り上げ、それが「一面において近代科學のそれと同じき時間の空間的把捉である」ともみられるが、しかし「他面において時間の主觀性にまで到達したものであると解せられる」16)とする。そして、後者の解釋を取るならば、「カントにおけるごとき時間の主觀性の問題は、アリストテレス以來の哲學史の潮流であることが明らかとなる」17)としている。そして、その上で、カント、ブレンターノ、ベルグソン、フッサール、ハイデッガーらの中に主体的時間性の系譜を讀み取ろうとする。

　さらに、和辻は主体的空間性の具体化として風土性というものを考えるが、『風土』(1935年)では、ヒッポクラテス(古代ギリシア)、ボダン(16世紀フランス)、モンテスキュー、ヘルダー、シェリング、ヘーゲル、マルクス、ラッツェル(ドイツ、人文地理學の大成者)、ルドルフ・チェルレン(ス

---

15)『倫理學』上卷、岩波版和辻哲郎全集、第10卷、175頁
16) 同上、208頁
17) 同上、209頁

ウェーデンの國家學者)らを取り上げ、そこに風土論の系譜があることを見事に浮き彫りにしている。

　以上のように和辻は、様々な場面で、西洋哲學史の見直しをはかり、そこに自己の倫理學へと朝宗するような、いくつかの水脈を見て取るのである。實は、こうした和辻の西洋哲學史の捉え方の根底には、先に述べた仏教の「空」の哲學があるように思われる。以下、その点について述べてみたい。

3.「空」の哲學

　和辻は、大正時代の末からインド仏教の研究に取り組み、講義ノート『仏教倫理思想史』(1925年～1926年)、『原始仏教の實踐哲學』(1927年)、論文「仏教哲學における「法」の概念と空の弁証法」(1931年)、『仏教哲學の最初の展開』(遺稿)等の成果を上げている。

　和辻がインド仏教を研究しようとしたのは、「これによってギリシア哲學の潮流に對立する他の思想潮流の特殊性が明らかにされ、哲學の史的考察において常にこの潮流もまた顧慮せられる」[18]ことを望んだからだという。ただし、興味深いのは、和辻がインド仏教を解釋するにあたって、フッサールの現象學を始めとして、ディルタイ、コーエン、ナトルプ、リップス、ヒルデブラント、シェーラーなど多様な西洋の哲學者の考え方を援用している点である。つまり、和辻は單に東洋の伝統を復活させようとしたのではなく、西洋のまなざしを通して仏教を再生させようとしたのである。

　さて、和辻はそうした仏教研究において、大乗仏教の展開について次のように解釋している。大乗経典『法華経』は、普遍的な原理としての「一乗」を説く。それは、さまざまな差別の「法」の根底に、無差別の「空」があるとい

---

18)『原始仏教の實踐哲學』岩波版和辻哲郎全集、第5巻、5頁

う教えである。異なった樣々な「法」は、この「一乘」＝「空」の限定された現れ、特殊な現れにほかならないというのである。

このように、諸々の「法」の根底が「空」であることを哲學的に明らかにしたのが龍樹である。龍樹は、「「法」を否定することが同時にこの「法」を根據づけることになり得る」[19]ということを論証しようとした。龍樹の「空」とは、すべての存在を否定することを通して肯定しようとする「否定の運動」なのである。

ただし龍樹は、「空」からどのようにして「法」が生起するかは明らかにしていない。それを問題にしたのは唯識哲學である。「龍樹の哲學が諸法の實相(空)を說くものであるに對し、唯識は諸法の緣起(空よりの生起)を說くもの」[20]である。すなわち、龍樹は「空に歸る運動」を問題にし、唯識哲學は「空から出ずる運動」を問題にしたのである。和辻は、この兩者を統合し、「間柄」の倫理の根底には、「空」から出て「空」に歸る運動があると考えた。

いずれにせよ、こうした「空」の哲學には、すべての「法」を「空」の特殊な現れとして活かすという考え方(中國天台教學の用語でいえば「開會」の思想)がある。無自覺的であったり、不完全な形であったりしても、とにかく「間柄」の倫理の一端に触れている点を肯定的に捉えようとする和辻の西洋哲學史理解を生み出したのは、こうした仏教哲學の發想ではなかろうか。

4. 和辻倫理學の問題点

ただし、こうした發想には、すべてを肯定するあまり、批判や否定の精神が欠如してしまう危險性がある。もちろん、「空」の哲學そのものは、龍樹の

---

19) 『仏教倫理思想史』305頁
20) 同上、358頁

哲學のように、理論的には現實をいったんは否定した上で、肯定へと向かう
ものである。しかし、その後の仏教の展開をみると、現狀肯定の側面が強く
出てしまっている。例えば、末木剛博によれば、中國天台教學はヘーゲル
の過程的弁証法とは異なった、非過程的・非段階的弁証法を説くものであ
り、「否定によって批判し克服するということはなく、まして否定によって改革す
るということもない」[21]ような、極端な肯定の弁証法となってしまったという。

　そうした傾向は、和辻の西洋哲學史理解に關しても、ある程度みられるの
ではなかろうか。また、そればかりでなく、彼自身の倫理學の体系について
も、同じような問題がみられる。和辻は、確かに「空」が否定の運動である
ことを強調している。しかし、しばしば指摘されるように、基本的には和辻の
倫理學は、SeinとSollenとが一体となっている(もちろん、そうした發想には意
義があるのだが)。既に述べたように、和辻においては、人間存在は現に
「信賴」關係のなかにある。「信賴」關係は、つねに「生起」しつつあり、「生
起」しないのは「局所的局時的」であるとされているのである。

　こうした和辻倫理學の問題点は、普遍的倫理と共同体倫理との關係にお
いて特に顯著に現れている。

　實は、和辻の説く倫理には二層あると考えられる。既に述べた個人性と全
体性との相互否定に基づく倫理というものは、普遍的倫理ともいえるものであ
る。しかし、他方で和辻は、倫理的行爲が、「作法」「役割」「持ち場」と
いったものに基づいて實踐されるものだとしている。これらは、それぞれの共
同体が形成した具体的な行爲規範であろう(ここではそれを共同体倫理とよ
ぶことにする)。

　これに對應して、和辻の説く「信賴」にも二層ある。まず、和辻は「信賴」
を説明するに當たって、川で溺れそうな者は、誰彼かまわず通りがかりの人
に助けを求めるという例をあげている。ここでは、「信賴」の對象は特定の共

---

21) 末木剛博『東洋の合理思想』講談社、1970、184頁〜185頁

同体のメンバーに限られていない。しかし、他方で和辻は、人間關係の度合いや範囲によって、「信賴」に答える仕方も異なってくるとも述べている。通りがかりの人に家族的親密さで接することはない。ここで問題にされているのは、共同体倫理としての「信賴」である。

　この点に關して、和辻は『日本倫理思想史』で、「倫理」と「倫理思想」との違いとして説明している[22]。ここでいう「倫理」とは、人間の普遍的倫理のことを意味している。ただし、それが實現する場合には一定の様式をとる。そこから、時と處を異にした共同体ごとの特殊な倫理が生まれる。それを和辻は「倫理思想」とよぶ。ただし、「倫理思想」は、普遍的な「倫理」が歴史的・風土的に限定されたものであり、兩者は本質的には相通じるものであり、表裏一体のものであるという。

　こうした考え方を取るために、和辻においては、特殊な共同体倫理が限定を伴いながらも本質的には肯定されるべきものとして捉えられることになる。例えば、殺人は「人間の信賴への根本的裏切り」であるから、普遍的倫理として絶對に許されないことである。そればかりでなく、どのような共同体倫理においても、實際に殺人は禁止されてきたという。戰爭時に殺人が許容されるのは、敵國との「信賴」關係が成立していないからである。つまり、一見殺人が認められているような場合でも、それは「信賴」關係の範囲が限定されているに過ぎないと和辻はいうのである。

　そのため和辻においては、普遍的倫理の立場から既成の共同体倫理を批判したり、普遍的倫理と共同体倫理とのジレンマに苦しんだりするといった問題が扱われなくなってしまっているのである。これは、和辻倫理學が克服すべき重要な問題点である。

---

22)『日本倫理思想史』上卷、岩波版和辻哲郎全集、第12卷、7頁～11頁

5. 主体的空間性・主体的時間性のもつ可能性と問題点

　先に触れたように、和辻倫理學では、個人性・全体性とともに、主体的空間性・主体的時間性というものも重要な契機をなしている。そこには豊かな思想的可能性がみて取れるのであるが、しかし、やはりこれまで指摘してきたような現狀肯定的な發想によって、その利点が充分に發揮されていないように思われる。

　和辻はハイデッガーの時間性の分析から大きな刺激を受け、それを自己の倫理學に導入している。ただし、それが個人的存在の時間性であることに不滿をもち、共同体の時間性へと讀み替えようとした。すなわち、人間は「既存の間柄」としての過去を背負いながら、「可能的な間柄」としての未來を先取りしているというのである。

　例えば、歩行者にとって目的地は、未だ達せられない場所であるが、「行く先」として現在の歩行を決定している。しかも、人間が目的地をめざすのは、出勤であれ訪問であれ、基本的には、目的地で實現されるはずの人間關係に參与するためである。そう考えると、未來とは現在の歩行を「あらかじめ」規定するものとしての人間關係であるといえよう。

　また、「あらかじめ」歩行の内に存在している人間關係は、何らかの意味において、「すでに」存在していなければ、現在の歩行を規定することはできない。例えば、會社に出勤するということは、一定の勞働關係が「すでに」存在しているからこそ可能なのである。すなわち、過去の人間關係も、現前の出勤や訪問において存在し、今日の關係として現在の歩行を規定しているのである。

　このように現在の「間柄」は、未來と過去の「間柄」によって規定され、「あらかじめすでに」決定されていると和辻は考える。これが、和辻のいう主体

的時間性である。その際、和辻は「間柄」というものが、根源的な空間性を拓くと考えている。それが主体的空間性である。物理的空間も、そうした人間關係が作り出す根源的空間から派生したものだというのである。和辻のいう主体的時間性とは、こうした主体的空間性を含み込んだものなのである。

そして、こうした意味での空間的・時間的構造を成り立たせているのは、既に述べた個人的・全体的構造であるという。すなわち、人間は本來「間柄」的存在であるが、現實の中で、さまざまな分離對立が起こり、過去の全体性を否定して個別性が前面に出てくる。しかし人間は、その個別性をさらに否定して、未來において再び全体性を實現しようとするというのだ。

その意味で、和辻は人間の空間的・時間的構造を、人間が本來の全体性から出て、本來の全体性へと歸る運動として捉えている。そこでは、未來に向かうことが、本來に歸ることであり、和辻はそれを「歸來」の運動とよんでいる。

以上のような、共同体の倫理を空間性・時間性のなかで捉えるという和辻の發想は、現代のさまざまな倫理的課題を考えるとき、大きな示唆を与えてくれるように思われる。

空間性に關していえば、和辻は、交通・通信の發達を通して世界が一つになっていくことが、倫理の實現において最も重要であると説いている。それは、現在IT社會のなかでほとんど極限の形で實現しつつあるともいえる。ただし、そうした事態が同時に地域性の喪失をもたらしている。それに對して和辻は、世界が一つになりながらも均質化してしまうことを懸念し、他方で地域の風土に根ざした文化の獨自性を守るべきことを強調している。和辻が理想としたのは、各地域がそれぞれの個性を發揮しながら、しかも地球全体が一つの調和をなす「交響樂」のような世界であった。

また、時間性に關していえば、過去の國家の犯した過ちに對する責任や、環境倫理でいわれるような未來世代への責任といったものは、個人主

義の立場、あるいは現在の視點のみから倫理を考える立場では充分に扱う
ことはできない。そこには、和辻のいうような時間性に基づく共同体倫理とい
う發想が必要であろう。

　以上のように、和辻の說く空間的・時間的構造は、現代的課題に應えうる
豊かな可能性をもったものである。しかし實際には、和辻の推論はやや樂
觀的に過ぎており、その可能性を充分展開し切っていないように思われる。

　空間性に關していえば、多樣な文化の共存を說くことは確かに重要である
が、しかし、それは豫定調和的に捉えられており、現に引き起こされている
文化摩擦をどう克服していくのかという問題への解決策を和辻は明示的に說
いてはいない。

　また時間性に關しても、本來性から出て、本來性に戻るものと捉えた點に
は問題があるように思われる。こうした考え方は、過去や未來のユートピアに
照らして現狀を限りなく批判していくという方向にも働きうるが、和辻において
は、むしろ現在の問題が未來に向かって自然に解消していくという豫定調和
的な色彩が强くなっている。和辻倫理學を本當に戰爭責任や環境倫理の問
題に活かすためには、共同体の負の遺産が、時代を超えて受け繼がれて
いくという否定的側面も組み入れていかなければならない(現在の日本の原發
事故もまさにそうした問題である)。

6. 儒教的發想の繼承

　さて、これまで述べてきたような倫理學の基本的な考え方に基づいて、
和辻は具體的な人倫的組織のあり方についても論じている。

　その際、人間關係の度合いや範圍に應じて、共同体倫理は異なったも
のになると考えていた和辻は、「家族」、「親族」、「地緣共同体」、「國家」

といった重層的な人倫的組織を考え、それぞれの場面での共同体倫理を説いている。そこには、儒教の修身・齊家・治國・平天下という發想からの強い影響が見て取れるように思われる。

ただし、和辻は儒教全般を肯定的に捉えていたわけではない。『日本倫理思想史』では、儒學、特に朱子學が「江戸幕府の封建制度を支持するのに最も都合のよいものであった」とし、「近世初頭のヨーロッパとの接觸を遮斷し、シナ古代の倫理思想に結びついたということは、日本の歴史的運命にとって非常に重大な意義を持っている」として批判的な見解を述べている。

しかし他方で、儒教そのものは「シナの古代文化の結晶として、多くの優れた智慧を含んで」おり、特に民間の儒學者たちの思想は、「幕府の政策の具にとどまらず、實際に倫理的意義の開發に役立った」[23]ともしている。

特に和辻は、孔子の思想そのものに對しては好意的であった。『孔子』(1938年)において、『論語』に對する文獻批判を試み、そこにみられる形而上學的側面は、後代の付加であるとし、そうした要素を除いた古層に關しては高く評價している(儒教の経典に對する文獻批判は、既に江戸時代の儒學者伊藤仁齋が行っており、兩者には思想的にも共通点が多い。また彼らの思想と、李退溪などの朱子學を中心にした韓國の伝統思想との比較も興味深い[24])。和辻によれば、孔子の道は「人倫の道」であって、「仁を實現し忠恕を行ないさえすれば、彼にとっては何の恐れも不安もなかった」のだという。確かに「天」についても説いてはいるが、それは「宇宙人生を支配する理法」と解釋できるものであって、信仰の對象となるような人格的な主宰神といったものではない。「かかる意味において人倫の道に絶對的な意義を認めたことが孔子の教說の最も著しい特徴であろう」[25]という。

23) 同上、下卷、岩波版和辻哲郎全集、第13卷、144頁
24) 朴倍暎『儒教と近代國家 ―「人倫」の日本、「道德」の韓國 ―』講談社、2006年
25) 『孔子』岩波版和辻哲郎全集、第6卷、344頁

　このように、「人倫の道」に絶對的価値を置く考え方は、同時に和辻倫理學の特徴でもある。その意味では、和辻がアリストテレスからハイデッガーにいたる多様な西洋哲學を受容する際の基盤になったのは、仏教と並んで儒教であったといえよう(韓國でも、ハイデッガーの哲學を『中庸』の「誠」の思想によって補おうとした朴鐘鴻がいることを聞いている[26])。

　ただし、仏教の場合と同様に、和辻は伝統的な儒教そのものを復興させようとしたのではない。和辻の「家族」から「國家」に至る具体的な人倫的組織の議論には、アリストテレスやヘーゲルの家族論・國家論の影響もみられる。また、『論語』の文獻批判の試みは、和辻が恩師ケーベル博士の影響などの下に、西洋のフィロロギーから學んだものである。その意味で、和辻は西洋のまなざしを通した儒教を再生させようとしたのだといえよう。

　このように、和辻は新たな視点から儒教を取り入れようとしたのであるが、しかし、そこには本來の儒教が抱えていた問題点が殘ってしまっているように思われる。それは、和辻が「家族」、「親族」、「地縁共同体」、「國家」といった、さまざまなレベルの共同体倫理を、次第に「私」から「公」へと開いていく過程として同心円的に連續して捉えているという点に現れている。そのため、そこでは異なる「國家」間、共同体間の倫理觀の對立が扱われていない。また、そればかりでなく、「家族」對「國家」といったような異なったレベルの共同体倫理間のジレンマも生じない仕掛けになっている(この問題は、忠と孝との對立、義理と人情の葛藤、勤皇と佐幕とのジレンマなど、現實には日本では古くから大きなテーマであった)。ここにも、克服しなければならない和辻倫理學の大きな課題があるように思われる。

---

26)　朴倍暎「韓國精神史における超越の一形態－朴鐘鴻哲學を中心に－」(『思想史研究』第11号、日本思想史・思想論研究會、2010年)

おわりに

　以上述べたように、和辻は仏教・儒教といった東洋の伝統思想を根底に置いた上で、西洋の多様な哲學を導入した。しかし、それは既成の東西思想をそのまま受容したということではない。西洋哲學史に關して和辻が獨自の捉え方をしたことは、既に詳細に述べた。一方、仏教や儒教に關しては、逆に西洋のまなざしを通してそれらを理解しようとした。つまり、和辻は東西の哲學を交叉させ、相互に他者の視点を介在させることによって、そこに隠されていた新たな意味を浮き上がらせようとしたのである。

　そもそも、和辻は早い時期から文化交流の問題には深い關心を寄せていた。大正時代の『古寺巡礼』では、日本の仏像の中に、ギリシア、インド、中國の文化が流れ込んで渾然一体となっていることが、また『風土』では、旅する者が異文化を自己の中に取り入れる「旅行者の体験における弁証法」という考え方などが説かれている。そうした發想が、『倫理學』では、東西の哲學の交流という形で結實しているともいえる。

　韓國・江原大學李光來教授は、その感銘深い講演において、東西哲學の「創造的總合」という考え方を提示され、「無中心・無境界・無構造の哲學時代」を予見されている[27]。ある意味では、和辻はそうした發想を先取りしているといえるかもしれない。

　ただし、これまで再三指摘してきたように、和辻が自己の倫理學のベースとした仏教的・儒教的發想は、文化間の對立や葛藤の問題を充分に見据えていないように思われる。そもそも和辻の倫理學では、異なる共同体倫理間の對立や、異なったレベルの共同体倫理間のジレンマが問題にされていない。そうした問題に正面から立ち向かい、文化の違いを超えた哲學の交

---

27)　李光來「西洋哲學と東洋哲學との對話」(『善の研究』刊行100周年記念國際シンポジウム、2010年)

配を理論化するためには、單に普遍的倫理と共同体倫理との一体性を說く
だけでは不充分であろう。

　實は、こうした問題は、單に文化間の場だけではなく、一對一の對面倫
理の場においても重要な課題となるものである。和辻倫理學では、對面倫
理の場においても、自他の阻隔をどう克服していくかという問題が充分には
扱われていない。

　文化間の場においても、對面倫理の場においても、自他の阻隔を超える
ためには、二つのことが必要になってくるのではなかろうか。一つは他者へ
の想像力であり、もう一つは具体的な對話や討議である。

　例えば、久重忠夫氏は、人間關係とは現實には常に弱者と強者の關係
であると考え、和辻倫理學を補完するものとして、「他者の受苦」を喚起する
「推量的想像力」というものを取り上げている(他者への「思いやり」の問題
は、儒學の枠組みの中で、既に伊藤仁齋が「忠信」を補う「忠恕」として論
じてはいる)[28]。そうした「推量的想像力」というものは、日常的な人間關係
の場においてだけでなく、異文化の思想や哲學を理解し受容していく際にも
必要なものであろう。

　また、對話や討議に關していえば、大正時代の「民本主義」の影響を受
けた和辻は、若い頃から古代ギリシアの民主制に強い憧れを抱いており、そ
れを日本古代にも投影させ、『古事記』に書かれた神々の合議制に注目した
りしている。しかし、『倫理學』の中では、そうした問題には触れられていな
い。既に述べたように、和辻が注目したアリストテレスの「ロゴス」の思想
は、市場・政治・裁判の場における議論の術としてのレトリックと關連している
はずである。アリストテレスの『修辭學』に注目したのは三木淸であったが、
和辻にはそうした關心はみられない。對面倫理においても異文化交流におい
ても、對話や討議は不可欠なはずである。

---

28) 久重忠夫『罪惡の現象學』弘文堂、1988年

　以上のような視点を導入することによって、和辻倫理學はそれが本來もっていた可能性を充分に發揮することができるようになるのではなかろうか。その上でさらにそれを、異文化間の實際の哲學的對話の中で檢討し鍛え直していくことが現在の私たちに与えられた課題であろう。その際、和辻倫理學がそのベースとしている仏教・儒教の思想的伝統を共有する韓國の方たちとの對話は、何よりも有益なものとなるはずである。

第9章 西田幾多郎の「場所」の思想

序

　西田幾多郎が獨自な哲學の立場を確立したのは、一九二六年に發表した論文「場所」であると言われている。この時、西田はすでに五六歳になっていた。彼を有名にした最初の著書『善の研究』が公刊されたのは一九一一年であるから、この間すでに一五年の歳月が流れている。西田自身が告白しているように、「純粋経驗」の立場から哲学的思索を開始し「場所」の立場に到達するまでには紆余曲折があった。彼はヨーロッパやアメリカの様々な哲學者との對話を通して自らの思索を築き上げてきた。純粋経驗の問題を考えていた時には、ジェームズやベルクソンに親近性を感じていたし、その後、リッケルトやコーヘンなどの新カント派の哲學者たちとの對決を迫られ、意識や「自覺」の問題を深く考えるようになると、フィヒテが重要になってきた。フッサールの現象學も西田の射程の中に入っていた。「場所」の立場に轉換する際には、プラトンやアリストテレスのギリシア哲學が大きな役割を果たしている。

　西田は多くの書きものを殘したが、主著と呼ばれるものがない。西田の書いたもの全体が續き物のようであり、全集5000頁が一つのエッセイとなっていると言われるほどである。事實、所々に道標となりうる論文があったとしても、これを讀めば西田のことが分かるという代表作を一つか二つ決定することは非常に困難である。彼は生涯ずっと哲學体系の構築を目指し、体系を基

礎づける「論理」の確立を試みていたが、完成した形で提示されることはついになかった。しかし、一方では、彼は常に同じことを問題としていた。西田自身、「『善の研究』以来、私の目的は、何處までも直接な、最も根本的な立場から物を見、物を考えようというにあった。すべてがそこからそこへという立場を把握するにあった」、と述べている。こうした西田のもくろみを端的に言い表す概念が「場所」なのである。「場所」の概念は西田の思索の中で突然に登場したものではない。それ以前の中心概念であった「純粋経驗」や「自覺」の概念にも、場所の意味は込められていた。また、それ以後の思索の展開の中でも、場所の思想は決定的役割を果たしている。たとえば「弁証法的一般者」は、場所の概念の展開した形であるし、「絶對矛盾的自己同一」は、場所の論理的構造を究極的に規定する概念である。完成された最後の論文が「場所的論理と宗教的世界観」であり、死ぬ直前に書き始め、絶筆として殘された論文が「私の論理について」であったことも象徴的である。西田は絶えず自らの思想を論理の形で表現しようと工夫し續けたが、それがいわゆる「場所の論理」であった。

　これから「場所の論理」について述べるに際して、西田の思想展開において三つの局面を区別しておきたい。第一は、場所の思想が成立した時期であり、特に「知る」ということの可能性をめぐって、判斷の構造から場所の思想に到達した局面である。第二は、「無の自覺的限定」を軸にして「場所的弁証法」について語られる局面である。西田が弁証法を問題にするに至ったのは、当時台頭してきたマルクス主義との對決が重要になったことに由來するが、後輩にしてライバルとなった田辺元の弁証法的思索との對決が重要なきっかけとなったと思われる。第三の局面は、意識現象を離れて、弁証法的一般者や絶對矛盾的自己同一の論理として「場所的論理」を考えていく局面である。ここでは自然や歴史の世界が主題化され、「論理」は、「歴史的生命の表現的自己形成の形式」として捉えられる。第一、第二の局面

では、我々の意識面の重層的な重なり合いの脈絡を判斷形式を手引きとして解明していくという手法で、場所の論理が考えられていたのに對して、第三の局面では、自然や歴史の中にあって行爲する人間とその世界が問題になっており、科學の理論的世界、實踐の世界、文化や芸術、宗教に至るまで、様々な世界を貫通する實在の論理的構造が、「絶對矛盾的自己同一」として解明されていくことになる。いずれの局面においても共通していることは、西田が「行爲的自己」の立場に立って思索しようとしていることであり、また、知識の問題から歴史的世界の問題に至るまで、すべて「自覺」の問題として考えようとしていることである。「場所」の論理が行爲的自己の立場に立った「自覺」の論理であること、そしてこの自覺という事柄がどのような意味をもつのか、それがどのようにして場所の思想に展開していくことになったのかということが、決定的に重要である。本發表では時間が限られているので、主として第一の局面を取り上げ、場所の論理の基本構造とその成立の意味に焦点を当てていく。

1. 自覺の基本構造

　　西田は「自覺」という言葉に獨特の意味を込めている。「自覺」はもともと「自己が自己自身を知る」ということであり、カントやドイツ觀念論の哲學者たちのいう「自己意識」(Selbstbewußtsein)の翻譯語としても用いられていたが、日本語としては「自分の置かれている状況や能力・価値を知ること」であり、また「悟りを開く」という宗教的意味も含んでいる。これらすべての意味を込めつつ、西田は自覺を「自己が自己に於て自己を見る」とか、「自己が自己に於て自己を映す」と規定している。この規定における「自己に於て」という言葉自体がすでに「場所」を暗示しているが、場所的意味は「自己に於て」

に限られるのではなく、「自己が自己に於て自己を見る(または映す)」という定式の全体に關わっている。フィヒテの自己意識の場合のように「我が我自身を知る」のではなく、「自己が自己自身を見る」といわれ、しかも「自己自身において」見るとされるゆえんでもある。「我」は「自己」と同じものではない。「我」は「自己」において成立すると言うことができるが、「自己」は「我」に回収されることはない。西田のいう「自己」は、「働くものから見るものへ」という表題に示されているように、フィヒテの根源的主體性をさらに掘り下げたものであった。それは根源的活動というよりも、むしろ「見る」という仕方で「働き」を包む「場所」である。「純粋経験」の立場でいえば主客未分であり、主・客を分離させつつ、分離した主・客をさらに大きく包み(場所)、統一するもの(働き)である。西田によると、「働き」と「場所」は別のものではない。「自己が自己に於て自己を見る」ことが、場所が場所自身を限定することになっている。以前に「純粋経験の自發自展」として考えられていた事態が、今や「場所の自覺的限定」として考え直されているのである。それがいったどういうことであるのか、具体例をもとにして考えてみよう。

　今ここで庭先のチューリップを見ているとしよう。この時、「私」というものは、まだ意識されていない。「私」というものが意識されるようになるのは、チューリップを見ていることがあとで反省されることによってである。そのとき初めて、チューリップを見ている「私」が私自身に意識され、「私はチューリップを見ている」と言うこともできるのである。ただしこの時、チューリップを見ている「私」は、すでに「知られた私」になっている。それは對象化された「私」であり、「知る私」そのものではない。しかし、この「私」は、すでに對象化された「知られた私」であるとはいえ、「知られたもの」、すなわち私によって見られている「チューリップ」と、同列になったわけではない。「知られた私」と「知られたもの」(すなわちチューリップ)の關係が物と物との關係のように同列にないこと、いわゆる主觀と客觀の關係にあることは、他ならぬこの「私」が

知っている。この「私」とは、いったいどのような「私」であろうか。チューリップに對してチューリップを見ている「私」が同列になく、主觀として高次的であるとすると、この高次的であることを知っている「私」は、さらに高次的であることになるのか。そうだとすると、それが高次的であることを知っている「私」は、さらに高次的であることになる。これでは無限背進に陷るだけである。チューリップを見ていることが反省され、見ている「私」が意識されるようになるとき、意識されたこの「私」と見られた對象(チューリップ)とが同列にないことを「知っているもの」、それは決して對象化されることのない「私」であり、「私」とも言えない「私」なのである。

　しかし、「知る私」が決して「知られる私」にならないとすれば、こうした「知る私」を、いったいどのような仕方で考えればよいのであろうか。西田は、知ることを知ることができないとしても、知るということが考えられる以上、どのようにして考えられるかを明らかにしなければならないと言う。その際、彼が注目するのが、意識と對象の關係である。私がチューリップを見ているとき、私は、チューリップが私の外に存在していることを知っている。それだけではない。私は、私が外なるチューリップを見ていることも知っている。「知るもの」としての意識は、「知られるもの」を意識しているだけではなく、「知られたもの」を意識していることを、さらに意識しているのである。このように、意識は、「何か」(例えばチューリップ)を意識していることをさらに意識しているのであるから、「外」にあるものとして意識されているチューリップは、ある意味で意識の「內」にあることになる。意識は、意識されたチューリップとチューリップを意識している意識を、さらに包んでいるのである。意識は常に「何かの意識」として、「意識されたもの」と對象關係にあると言えるが、この意識と對象とをさらに包む意識そのものは、決して對象關係に入ってこないのである。

　意識されている「私」すなわち「知られた私」と、意識されている對象すなわち「知られたもの」とを包むものである高次の意識、つまり「私」とも言えない

この「私」が、西田のいう「眞に知るもの」である。この「眞に知るもの」が「知られた私」と「知られたもの」を包んでいることになる。この「包む」という意識の働きを別の仕方で表現すると、「知るもの」が「知られるもの」(チューリップ)を自らの内に映す、ということになる。このように、私の中に映されたものは、自己の内に映されたものとして、自己の内容であると言える。「知るもの」が自己の内に「何か外にあるもの」を映すことは、内にある自己自身の内容を「外にあるチューリップ」として限定することである。同じことを西田の仕方で定式化すると、「自己が自己の中に自己を映すことによって自己の内容を限定すること」(N4-9)となる。これが「知る」ということの根本形式である。

　ここであらかじめ注意しておきたいのは、「知るもの」の自己限定のあり方に二つの契機が含まれていることである。一つの契機は、「自己の中に自己を映すこと」であり、これを西田は、現象學の用語を借りて、「ノエシス的限定」と呼んでいる。もう一つの契機は、「自己の内容を限定すること」であり、「ノエマ的限定」である。フッサールの現象學の場合、ノエシスとノエマの關係は志向作用と志向對象の關係であるが、西田の場合、かなり異なっている。一つの大きな違いは、西田が「知る」ということを、作用として捉えるのではなく、「見る」とか「映す」ということから考えていることである。というのは、「知る」ということを「作用」とか「働き」として捉えると、主觀と客觀の對立を予想することになってしまうからである。西田が對象關係によっては捉えることができない「知るもの」をここで主題化しているのは、まさに主觀・客觀・關係を前提とする意識哲學の獨斷的立場を問い直すためなのである。

2. 判斷的知識と意識

　さて問題は、對象的關係としては捉えることのできない「眞に知るもの」と

「知られるもの」との關係を、いかにすればさらに積極的に規定することができるかということである。ここで西田は、概念的知識のありかたを反省し、包攝判斷を手がかりとしてさらに綿密に考えていく。包攝判斷とは、「S is P」を「SはPに含まれる」（S⊃P）となす判斷のことであるが、彼はこの包攝判斷の構造を、「＜述語面P＞は＜主語的なるものS＞を＜包む＞」と考えるのである。「述語面」という言い方がすでに「場所」を暗示していることは、直ちに氣づかれよう。先ほどのチューリップの例を再び取り上げてみる。私が一本のチューリップの花を見て、「この花はチューリップである」と判斷した時、私にいったい何が起こっているのであろうか。こうした判斷を私がなすことができるのは、チューリップが花であることを私がすでに知っているからである。「チューリップは花である」という知識は、チューリップという「特殊なもの」が花という「一般的なもの」に包攝されていることを意味している。その際、「花」という概念は、單にチューリップだけではなく、菊やひまわりなどの他の多くの特殊な花を包攝する可能性をもっていなければならない。このように、「一般概念」は、少なくとも潜在的には、その内に特殊化の原理を含んでいることになる。西田はこうした意味での「概念」を、ヘーゲルに従って、「具体的概念」と呼んでいる。客觀的知識が構成されるためには、すべての判斷的知識の根底に「具体的概念」がなければならない。「具体的概念」は、自らの内に特殊化の原理を含むものとして、自ら自身を限定することができる。「チューリップは花である」という判斷をなすのは、たしかに「私」であるが、私がこうした判斷を下しうるのは、「花」が具体的概念として自己限定の可能性をもっているからである。

　西田がここで行おうとしていること、それは、判斷における主語と述語の關係を、「知るもの」と「知られるもの」との關係に結びつけ、概念と意識とを離さずに考えていくことである。判斷の包攝的關係においては、一般と特殊は無限に重なり合っているが、西田はそうした重なり合いの場所を「意識」と

捉えるのである。そのことによって、アリストテレスの哲學とカントの超越論的哲學を結びつける新たな立場が開かれることになる。周知のように、アリストテレスは、判斷における主語と述語の關係をもとにして、いわゆる實体の存在論を展開した。またカントは、判斷における思考機能を反省し、超越論的統覺の總合統一の働きに基づいた超越論的論理學を構想した。こうしたアリストテレスとカントの立場を結びつけるものが、ヘーゲルから借用した「一般者の自己限定」としての「具体的概念」であった。西田は、ヘーゲルの具体的概念を自覺の立場から解釋し、判斷知識や意識機能についての彼らのラディカルな反省を踏まえて、判斷の論理的構造を自覺の構造に基づけようとしているのである。それによって新たな場所的自覺の立場が成立することになる。

　西田はまずアリストテレスの個体理解に注目する。アリストテレスは、判斷の主語と述語の關係において、「主語となって述語とならないもの」、すなわち「この花」というような個体を考えた。個体は、西田の言い方では、判斷における主語的方向をどこまでも推し進めていくことによって到達したものである。そうだとすると、同じ判斷において述語的方向をどこまでも推し進めていき、「述語となって主語とならないもの」を考えることができる。それが西田のいわゆる「超越的述語面」である。判斷における特殊と一般との關係において、主語的方向の極限に「個体」が考えられるとすれば、述語的方向の極限に考えられる超越的述語面は、この個体を「包むもの」である。しかし、それにしても「超越的述語面」とは、いったいどのようなものであろうか。またこの「超越的述語面」はいかにして個体を包むものとなるのであろうか。そもそも「包む」ということは、いったいどのような事態を言い表しているのか。

　再度、チューリップの例を取り上げてみよう。先に述べたように、チューリップの花を見て、「この花はチューリップだ」と判斷するとき、見ている「私」は、「知るもの」であった。「知るもの」としての私は、私自身の中に、「私に

よって見られているチューリップ」を映していた。「自己が自己の中に何かを映すこと」が「知る」ということであり、「映されたもの」は「知られたもの」であった。ところで、この「知られたもの」(チューリップ)は、「自己の中に」映されたものであるから、「自己の内容」であることになる。自己の中に「何か」を「自己の内容」として映すことは、それゆえ「自己」を映すことになる。このとき、「自己」と「自己の内容」は異なるのではないか、という反論がすぐに返ってくることが予想されるが、このように考えてはいけない。そのように考えるとき、我々はすでに主觀と客觀を分離させ、區別して考えている。チューリップをまさに見ている瞬間においては、私が私自身の中に「チューリップ」(ノエマ的對象)を映すことは、私の中に「チューリップを見ている私」(ノエシス的自己)を映していることと、表裏一体となっている。特に、見ている私がことさらに意識されることなく、見ることに專心し、自らにおいてチューリップを現前させているとき、チューリップの現前がそのまま「チューリップを見ている私」の自覺になっている。この自覺は「自己に於て」行われ、この「自己に於て」以外のどこにも「見ている自己」はない。こうした事態を西田は、「見るものなくして見る」とか「自己を無にして見る」と言い表している。この「自己に於て」見るものなくして見る「自己」こそ、西田が「超越的述語面」と呼ぶものであり、眞に「知るもの」としての意識面なのである。したがって「自覺」とは、「自己が」が「自己に於て」にいわば沒入することであり、この沒入した「自己に於て」という場所に自己を「映す」ことであると言えるだろう。それは、「自己に於て」という「超越的述語面」が自己自身を限定すること、すなわち「場所が場所自身を限定すること」に他ならない。

　以上のように、「自覺」とは、「見るもの」が「見るもの自身」(ノエシス的契機)と「見られるもの」(ノエマ的契機)を自らの內に包むことであり、「見るもの」と「見られるもの」の分離的結合を自らの中に映し出すことである。こうした自覺が深まり、「見るもの」が「無にして見るもの」となって「見られるもの」を自ら

の中に映すとき、「見るもの」自身は、いわば「映し出す」働きに没入し、いわば消滅するのである(つまり對象としては隠れる)。こうした事態が西田のいう「直覺」である。この直覺的意識において、物の現前が直に把捉されることになる。そして、この事態が後に反省され、主觀と客觀の區別の意識が立ち現れてくると、直覺的に把捉された物が對象化され、「見る私」が主語として表に出てくることになる。このようにして、物の現前が、「私はチューリップを見ている」というように、言語的に分節されるのである。

　ちなみに西田によると、「主語的なるものが我々の直覺的意識と接触する所」に、「個體」というものが考えられる。「主語的なるもの」とは、「自己が自己に於て自己を見る」という自覺の定式で言うと、「自己が」ということである。こうした自覺の意義が深まり、「自己が」が「自己に於て」に合一するようになると、自覺的自己が自己自身を限定する面(映す面)としての意識面(すなわち「自己に於て」)は、無にして見る自己の自覺面の意義をもつようになる。そうなるとこの意識面は、同時に、「ノエマに結合して見られる自己を内に含み、これを限定する意義」を帶びるようになる。こうした自覺的意識面が、西田のいう「直覺的意識」であり、對象的意識を超えた叡智的な「超越的自己」の「自覺的直覺」である。この直覺的意識においては、「見る自己」と「見られる自己」が一つになっているだけでなく、「見る自己」と「見られるもの」が一つになっている。ここで自己は對象を自己自身の限定の内容として直覺している。要するに、個體とは、「自己を無にして見るもの」における物の現前であり、個體を捉えるとは、「自己を無にして自己の中に自己を見ること」である。彼が、「超越的自己の自覺からノエシス的限定の内容を除いたものが個體となる」と述べていることも同じ事柄である。

　西田から見ると、アリストテレスの「主語となって述語とならない」個體は、まだ眞の「個體」ではない。アリストテレスのいう個體は、對象化された自己に卽して見られたものにすぎない。アリストテレスは、個的實体を判断におい

て規定することができない、つまり、特殊と一般の關係において特殊化をど
れほど進めようとも、個體に到達することはない、というアポリアに陥ったわけ
だが、その理由は、西田から見れば、「自覺」の問題を深く考えなかったこ
とに存することになる。

　ともあれ、「個體」の成立する直覺的意識とは、主客未分の純粹經驗が
成立する次元であり、これが今や判斷的意識との連關で、「超越的述語面」
として理解されているのである。「見る自己」は自ら自身をノエシス的契機とノ
エマ的契機に分節しつつ、その分節を自ら自身の中に映していくのだが、
こうした映す働きが判斷を形成することになる。「見る自己」と「見られた内容」
が判斷形式において主語と述語として分節されると、「見る自己」そのものは
隱れ、背後に退くが、判斷的一般者の自己限定の場所として、判斷内容
の明証性をいわば支えるのである。西田が個體の認識を成立させる超越的
述語面の自己限定を、「場所が場所自身を限定する」と言い換えるゆえんで
もある。「自己を無にして見る」という意味での「場所の自己限定」は、個體
認識の明証性の條件となっているのである。

3. 論理の根本形式としての自覺形式

　彼の思索の特徴は、「自己が自己に於て自己を見る」という自覺の形式を
「論理の根本形式」として考えていこうとするところにある。「論理的限定と自
覺的限定との内面的關係を明らかにし、自覺的限定の論理的意義を明ら
か」にすることが、西田の場所の思想の根本的意図であったと言ってよいだ
ろう。彼は意識の構造を、從來の意識哲學のように作用と對象の關係から
追求するのではなく、場所的に考えていこうとした。「自己が自己に於て自
己を見る」という自覺の過程は無限の過程であるから、自己を見、自己を映

す意識面は何重にも重なり合い、多數の層を形成することになるが、基本的には表象的意識面と自覺的意識面との對立から成り立っている。表象的意識面とは、自覺の定式を使って言うと、「自己が」が隱されて、「自己に於て」という意識面が「自己を」の面となったときの意識面のことである。自己自身の内容を映す意識面が自己限定の意味を失って、單なる「自己を」の面になるとき、この面は他の内容(外にある物や世界)を表象する面となるわけである。これに對して自覺的意識面とは、「自己に於て」が「自己を」と一つになり、「自己が」の面になったときの意識面のことであり、そこにおいては他の内容ではなく、自己自身の内容が直に映される。自覺的意識面は自己自身を映すものであり、自己自身を自覺するものであると言える。こうした自覺面と表象面の對立こそ、意識の根本性格を決定するものであると、西田は考えているのである。

　西田の意識論のもう一つ重要な特徴は、先に触れたように、自覺的意識面と直覺的意識面が同一の面を形成していることである。それは、主客未分の純粹経驗のような直覺的意識をそこから離れずに反省しうる根據ともなっている。ふつうは自覺的意識面と表象的意識面が對立し、直覺されたものが表象面にその影を映すことによって物が意識されるのだが、無にして見る自己が物を自己の中に映す場合、物を映す直覺面が直に自己を自覺する自覺面と重なるわけである。「自己が自己に於て自己を映す」という物を知り對象を意識する過程が、そのまま自己の中に映され包み込まれる。ノエシスの自己の直覺的限定が、ノエマ的限定と對立しつつ、それを包むという性格をもっていること、すなわち、自覺面が直覺面としての意味をもち、ノエシス的作用的自己を包みうることが、自己自身の知る働きはもちろんのこと、感情や意志の次元における様々な心の働きを哲學的に反省しうる條件となっているのである。

　西田は、以上のような意識の根本性格から出發することによって、知識の

問題のみならず、意志や感情などのすべての意識の問題を解いていく。その基本的視点が、「自己が自己に於て自己を見る」という自覺形式であった。意識の様々な問題が自覺の基本構造から場所の自己限定の問題として捉え直されるわけである。「場所の論理」とは、要するに、様々な直覺面を有する自覺的限定面の脈絡を見定め、その相互連關を組織化するものであり、自覺形式が編み出すノエシス的・ノエマ的限定の重層的連關を知・情・意の諸領域にわたって論理的に形式化するものであった。

結語

　西田の基本的發想は、一方ではジェームズやベルクソンのように直接に与えられるもの、もっとも具体的なものを大事にしつつ、他方ではカントやフィヒテ、ヘーゲルのように理性的反省の立場を重視し、自己意識の根源的統一から経驗の諸相を体系化しようとすることにある。それゆえ西田は、ベルクソンに對しては、彼が純粹持續やエラン・ヴィタールのように直接経驗から出發したことを非常に評価するものの、そうした経驗の論理形式を明らかにせずに實在を一種の形而上學にしてしまったことを非難する。またカントやフィヒテ、ヘーゲルに對しては、彼らが自覺の問題を哲學の基本問題とし、意識や認識の可能性を深く追求したことを評価するが、意識の本質を作用や過程としてのみ捉えたために、眞の自覺形式を摑みそこね、實在の根底に届かなかったことを批判するのである。西田は對象化された自覺の見方を徹底的にしりぞける。彼は、表層的な表象的意識を突破して、意識作用そのものを見るもの、「無にして見るもの」に肉薄し、そこで直視された具体的体驗や實在を論理的形式のもとで捉えようとした。その端緒になったのが、判斷的知識と自覺的意識との結びつきであった。彼は、判斷的一般

者の自己限定の構造を、「自己が自己に於て自己を見る」という自覺的意識の本質構造から解き明かし、そこからさらに意識の重層的構造を一般者の自己限定の様々な段階として取り出そうとしたのであった。

我々は、西田の考察を通して、一般者の自己限定が意識のあらゆる段階ですべて廣い意味での「行爲的自己」の自己限定であり、「無にして有を限定する」自覺的限定であることを、そして、内的生命の自覺に裏づけられた行爲的自己の自覺形式こそが論理形式の根底であり、哲學の諸問題に接近する鍵であることを教えられる。西田の「場所」の思想においては、思考や認識、意志や感情、行爲や自由、善惡や宗教的意識に至るまで、根源的生の体驗の重層的連關が問題になっている。そうした体驗連關に對応する道德や芸術、歴史などの種々の世界を解明する手がかりが、まさに無にして自己自身を見る行爲的自己の自覺であった。

第10章 昭和思想史におけるマルクス問題

―『ドイツ・イデオロギー』と三木清―

1. リャザノフ版『ドイツ・イデオロギー』刊行の意義

　一九一九年から一九四三年まで世界の共産党は、唯一の世界共産党(コミンテルン)として組織され、各國共産党はソ連邦共産党に從屬する一支部にすぎなかった。この時代、ソ連邦共産党の内部事情が、世界のマルクス主義者たちの運命を決定した。

　マルクスが哲學的諸著作・草稿を書いたのは、一八四〇年代に限られる。しかしモスクワのマルクス・エンゲルス研究所の所長リャザノフが編集した『マルクス・エンゲルス・アルヒーフ』の第一巻(二三〇～三〇六頁)において、『ドイツ・イデオロギー』第一巻第一章「フォイエルバッハ」が初めて刊行されたのは一九二六年であった(研究史上の慣例にならって以下リャザノフ版と呼ぶ)。リャザノフ版は、櫛田民藏、森戸辰男によって直ちに翻譯され、『我等』一九二六年五月、六月号に掲載された。

　一九二六年以前の段階において、マルクス主義哲學の古典的テクストとして流布していたのは、『反デューリング論』(一八七八年)、『フォイエルバッハ論』(一八八八年)など後期エンゲルスの諸著作であった。マルクスの死(一八八三年)後、マルクス主義の継承者となったドイツ社會民主党と第二インターナショナルの理論家たちにとってマルクス主義哲學とは、直接的には、後期エンゲルスの哲學であった。マルクスとエンゲルスの思想の同

一性を前提にして、マルクス主義哲學の典據としてエンゲルスの哲學的諸著作を引用する慣行は、レーニンをはじめとするソ連邦共産党および第三インターナショナルの理論家たちにも繼承された。

　マルクスとエンゲルスの哲學的諸著作・諸草稿がほぼ刊行されている現在、われわれは、初期マルクスの唯物論理解とエンゲルス晩年のそれとの間に原理的な違いがあったことを知ることができる[1][1]。マルクスの初期哲學諸草稿が刊行される以前には、マルクスの哲學一般への批判としての實踐的唯物論をエンゲルスの哲學(哲學的唯物論の最新形態としての)と區別して把握することには大きな資料的制約が伴っていた。

　三木清がマルクス主義に積極的に關わるようになったのは、三年五ヶ月におよぶハイデルベルク、マールブルク、パリ留學を終えて歸國した一九二五年一〇月以降の時期であった。この時期は福本和夫の『社會の構成並に変革の過程―唯物史觀の方法論的研究―』が刊行される時期(同年十一月)と重なり、日本においてマルクス主義に對する理論的關心が知識人や學生の間に一氣に高まった時期であった。一九二六年六月から三木は、西田幾多郎の推薦により河上肇のためにヘーゲル弁証法の研究を指導し、同時に唯物史觀の研究に着手した。丁度そのさなかリャザノフ版が刊行された。後期エンゲルスの哲學觀ともレーニンのそれとも異なるマルクス獨自の哲學觀(哲學一般の批判としての實踐的唯物論)の存在を証明する文獻が、これによってマルクス研究史上初めて研究者の手に委ねられたのである。三木は、リャザノフ版『ドイツ・イデオロギー』の意義に最初に着目した哲學者の一人であると同時に、そこに籠められた哲學的含意を最も正確に把握することができた哲學者であった。「人間學のマルクス的形態」には、リャザノフ版からの引用が五箇所擧げられている(三木　三、八頁、二七頁、三四頁、三八頁、四〇頁)。日本における獨創的なマルクス主義哲學研

---

1) この問題について平子(二〇〇九)において檢討した。

究は、リャザノフ版『ドイツ・イデオロギー』の刊行によって初めて可能となった[2]。本稿の主題は、リャザノフ版刊行の衝撃を三木がどのように受けとめ、どのように獨自のマルクス主義哲學に仕上げていったのか、その論理構造を未完成部分も含め檢討することである。

2. 三木のマルクス主義哲學構想

　三木にとって哲學とは、認識論を根本問題とするものではなく、認識をも包括する人間の生の全體存在のあり方を探求する生の存在論であり、この生の存在論それ自體が「人間の生の一つの存在樣式」であった。「生の一つの存在樣式」であるからには哲學は、哲學の外部に積極的に出て生の樣々な存在樣式と出會い、交渉し、批判にさらされることによって初めて、生の一つの不可欠な存在樣式としての意義を確証することができる。『パスカルにおける人間の研究』において示された三木のこうした哲學理解を筆者は「哲學の外に出る哲學」と特徵付けた。「哲學の外に出る哲學」とは、哲學的諸問題に對する結着を抽象的思考の活動である哲學の內部で行うのではなく、哲學の外部の日常的生活諸領域(それを對象とする経驗諸科學も含め)に求めて行く哲學のことである。それは哲學的議論を重視するが、思考の哲學的形態には拘泥しない哲學である。三木とマルクスとの間には「哲學の外に出る哲學」という思考が共有されていた。だからこそ三木は、リャザノフ版刊行後いち早くその意義に着目することができたのである[3]。

---

2) 三木は、岩波文庫版『ドイッチェ・イデオロギー』(一九三〇年)の譯者でもあった。三木は、「譯者例言」において『ドイッチェ・イデオロギー』を「唯物史觀に關する最も重要な文書」(マルクス・エンゲルス 一九三〇、四頁)であると述べている。
3) 三木のパスカル研究からマルクス研究への轉回に貫流する「哲學の外に出る哲學」の理論構成については、平子(二〇一〇)において詳論した。

　しかし『パスカルにおける人間の研究』においては哲學が積極的に交渉すべき外部として「身體の秩序」と「慈悲の秩序」が立てられるだけで、いまだ人間相互の歴史的社會的關係が視野に入っていなかった。三木が『ドイツ・イデオロギー』讀解によって新たに獲得したものは、思考も含め人間のあらゆる活動を他の存在(自然及び他の人々)との具體的かつ實踐的な歴史的社會的諸關係の中で把握するという視点であった。

　「人間はいつでも他の存在と交渉的關係にあり、この關係のゆえに、そしてこの關係に於いて、存在は彼にとって凡て有意味的であり、そして存在の擔うところの意味は、彼の交渉の仕方に應じて初めて具體的に規定されるのである。… 人間は他の存在と動的双關的關係に立っており、他の存在と人間とは動的双關的にその存在に於いて意味を實現する。」(「人間學のマルクス的形態」三木　三、七頁)

　三木は、右の文章に對する注としてリャザノフ版二四七頁から以下の文章を引用している。

　「(私の環境に對する私の關係―[交渉的關係Verhältnis][4]―が私の意識である。)關係の存在するところ、それは私にとって存在する。動物は何物に對しても關係せずそして一般に關係しない。動物にとっては他に對する彼の關係が關係として存在しない。」(同　八頁)

　あらゆる理論・思想・哲學は、人びとの社會的生活＝社會的存在のただ中から歴史的に生成する。歴史的存在から理論が分節化されて形成されることを三木は、「歴史に於いて存在は存在を抽象することによって理論を抽象する」と表現した。この時三木は、自らの據って立つ理論も含めあらゆる理論を、存在によって歴史的に抽象されて生成した「イデオロギー」として把握し、あらゆる「イデオロギー」が社會的存在から歴史的に抽象されて成立す

---

　4)　[交渉的關係Verhältnis]は、三木による補足である。それは人間に固有な關係のあり方を表現するために三木によって導入された概念であった。

る過程を探求する學を「理論の系譜學」と呼んだ。三木は、諸理論の「歴史的抽象」過程を探求する系譜學を具体的に遂行する方法概念として「基礎経驗」「アントロポロギー(人間學)」「イデオロギー」という概念系列を提起した。

　「基礎経驗」とは、理論が歴史的存在からまだ分節化されず、歴史的存在そのものに埋め込まれている状態であり、諸個人の経驗ではあるが、あらゆる認識の前提となる主觀・客觀の區別の導入以前における経驗、日常的慣習的實踐と區別されない経驗であり、その意味で一つの存在論的範疇である。「基礎経驗」は、とりわけ「無産者的基礎経驗」という概念によって、三木のマルクス主義哲學理解の中心概念を占めるものであるが、同時に、未展開のまま遺された概念でもあった。三木の發言を整理するとそこには二つの位相を區別することができる。仮に両者を便宜上、「無産者的基礎経驗一」「無産者的基礎経驗二」と區別すると、「無産者的基礎経驗一」は勞働の存在論的意義の解明に關わる「解釋學的概念」である。

　「無産者的基礎経驗の構造を根源的に規定するものは勞働である。…實踐はそれの存在に於いてそれの對象が實踐する者とは異なる存在であることを本質的に必然的に要求する。…勞働はあらゆる觀念論を不可能にする。… 勞働に於いて自然と構造的連關に立つ者として人間はまた彼自身感性的存在でなければならぬ。…感性とは存在の『存在の仕方』の概念である。… 意識とは却って全体的な人間的存在の具体的なる存在の仕方に外ならない。… マルクス主義の唯物論に謂う『物』とはかくして最初には人間の自己解釋の概念であり、… 一の解釋學的概念であって、純粹なる物質そのものを意味すべきではないのである。勞働こそ實に具体的なる唯物論を構成する根源である。」(「マルクス主義と唯物論」三木 三、四六～四九頁)

　マルクスの唯物論は、對象を加工しつつ、對象の主体からの自立性を確証する勞働、すなわち主体の能動性と對象の自立性が同時成立する感性的實踐に定位して成立する。この根源的経驗を三木は「無產者的基礎経

驗」と呼んでいる。これは「無産者的」という形容詞を付けられてはいるが、本質的には、生産的勞働を營みつつ生活する人間全体に共有される「基礎経驗」である。「基礎経驗」の存在論的規定を勞働の對象的活動としての性格に求めた三木の着眼点は優れている。

　しかし三木は「基礎経驗」を、これとは別の意味で、一つの時代経驗を表示する概念としても使用している。

　「フォイエルバッハのアントロポロギーは、ヘーゲルの哲學とは全く異なる仕方に於いてではあるけれども、同じロマンティクの基礎経驗であるかの如くに思われる。…進展の過程にあったプロレタリア的基礎経驗はフォイエルバッハの人間學と矛盾に陥り、ここにアントロポロギーの変革は必然的に行われたのであったが、この変革を把握したのは實にマルクスであったのである。マルクス學に於けるアントロポロギーは無産者的基礎経驗の上に立っている。」(「人間學のマルクス的形態」同、二八～二九頁)

　三木の「基礎経驗」理解としては、「ロマンティクの基礎経驗」と對比される「無産者的基礎経驗二」が有名である。しかし引用文中に登場する「ヘーゲルの哲學」、「フォイエルバッハの人間學」、「マルクス學」はすべてイデオロギーの次元での差異である。

　イデオロギー次元に於ける差異にそれぞれ特定の歴史的「基礎経驗」を對応させ、ましてやそれに「ロマンティク」、「無産者的」という規定句を与える發想は、三木の「基礎経驗」概念の安易な公式化と誤用に道を開く可能性があった。三木は上掲論文に續いて發表した「マルクス主義と唯物論」において「無産者的基礎経驗」について次のように記している。

　「私の意味する基礎経驗とは現實の構造の全体である。…私が無産者的基礎経驗というとき、私は特に無産者の体験する、或いは無産者のみの体験し得る意識を謂っているのではない。…ひとは基礎経驗の名に於いてなによりも存在的なるものを理解すべきであって、決して意識的なるものを理

解すべきではないのである。…基礎経驗の『基礎』とは、このものが種々なる意識形態の根柢となって、それを規定することを表すのである。…『無產者的』とはこのような［人間の存在の］交渉の仕方の謂ばばひとつの歷史的類型であり、…存在の歷史的範疇のひとつに算え得るであろう。」(「マルクス主義と唯物論」三木　三、四四〜四五頁)

　「基礎経驗」とは、人間相互の「交渉の仕方」でありこれが「種々なる意識形態」の根柢となってそれを規定することを表現する一つの「歷史的類型」ないし「［社會的］存在の歷史的範疇」であるという認識は、三木が『ドイツ・イデオロギー』の主題を正確に把握していたことを示している。しかしこの「基礎経驗」をどのように「イデオロギー」に有意義に媒介させることができるかという課題は未展開のままであった。三木自身、一九二九年二月に發表された論文「唯物論とその現實形態」において、「人間學のマルクス的形態」段階における把握の不十分さについて認めている。

　「ブルジョアもプロレタリアも、…一の同一の社會に住む人間である。しかるに何故この同じ社會に對して両者は階級的に異なった、相對立する意識を所有するに至るであろうか。この問いは、…存在に對する両者の交渉の仕方の差異乃至は對立からして…説明されることが出來るのではなかろうか。これ私が唯物史觀を特に無產者的基礎経驗から展開しようと企てた所以である。理論の構成過程における人間學の位置もまた正しく定められねばならぬ。拙著［「人間學のマルクス的形態」］におけるこの問題の取り扱いは余りに簡單であった。私は遠からず、階級意識論も含めて、觀念形態論に關する体系的な著述に着手すべく準備中である。」(「唯物論とその現實形態」三木　三、三六二〜三六三頁)

　たしかに三木は一九二九年から一九三〇年にかけて發表した論文をまとめて『觀念形態論』(一九三一年)を上梓している。しかしそれを繙くかぎり、「基礎経驗」を「イデオロギー」論に生產的に架橋する論理は見いだされな

い。ここには人間の歴史的被拘束性を承認しつつ、そこから社會的意識形態としての「イデオロギー」を、公式的にではなく具體的に展開することの難しさが見いだされる。

つぎに三木による「アントロポロギー」と「イデオロギー」の關係について考察してみたい。「アントロポロギー」とは、理論が歴史的存在から分節化されるその瞬間に着目して、それを歴史的に分節化＝抽象されつつあるその初發の直接的形態において把握する方法概念であり、三木はこれを「第一次のロゴス」と呼ぶ。「アントロポロギー」は、諸個人が各人の人生において出會った諸々の經驗をその當人に即して解釋(つまり「歴史的抽象」)したものであり、いわば固有名詞を付せられたロゴスである。

「アントロポロギーの媒介なしに社會的存在は如何なる場合と雖もみずからをイデオロギーのうちに表現することは不可能である。」(「自然科學の社會的規定性」三木 三、五〇四頁)

更に、この「アントロポロギー」としてのロゴスを制約していた固有名詞的各自性が捨象(匿名化)され、ある程度一般的に安當する言說の姿で記述されること、これが「第二のロゴス」としての「イデオロギー」である。「イデオロギー」は、ある特定の時代・場所の思想形態として存在からの「歴史的抽象」をなし終えた諸言說であり、それらは議論され、批判され、流通して行く。イデオロギーを媒體として初めて公共圈が形成される。

「經驗を救うというロゴスの課題は、それが客觀的なる公共性を得ることによって初めて滿足に解決される」(「人間學のマルクス的形態」三木　三、十一頁)。

三木にとって「イデオロギー」は「經驗を救うというロゴスの課題」を實現し、公共圈を成立させるものとして積極的な意味を持ち、具體的には、個別諸科學、哲學、常識という三形態を含んでいる。「イデオロギー」としてのロゴスはしばしば普遍安當的な眞理という形態を取って登場することによって、自

404   第2部 日本における西洋哲學受容の問題

らの存在の歴史的性格を隠蔽する。「基礎経驗」「アントロポロギー」「イデオ
ロギー」は、沒歴史的形態を纏って登場するあらゆる理論形態の歴史的性
格を解明し、諸理論をそれらが流通している時代・場所における人々の社會
的實踐の脈絡の中に位置づけるために導入された方法概念であった。

　「イデオロギーの批判は、單にそれの內的矛盾、それの論理的困難を指
摘するというが如き、形式的な、抽象的なる道を辿るべきでなくして、それ
の現實的地盤を明瞭にして、それと具体的存在との連關を決定することに
よってのみ行われることが可能である。」(「人間學のマルクス的形態」三木
三、二五頁)

　三木は『ドイツ・イデオロギー』から「『純粹な』自然科學でさえ實にその目
的並びにその材料を商業及び産業によって、人間の感性的活動によって、
初めて得るのである」(Rjazanov, S.243)という一文を引用しつつ、次のように
敷衍している。

　「そこには自然科學をも、これをひとつのイデオロギーとして、その社會的
歴史的性質に於いて眺め、人間の社會的歴史的活動の發展のうちにその
根據を尋ねようとする見方が現れている。…自然科學をも、哲學や芸術な
どのその他のイデオロギーと同じく、まさに史的唯物論の見地から把握する
のである。」(「唯物論とその現實形態」三木　三、三五四～三五五頁)

　三木はここから、自然科學を普遍妥当的眞理に到達するための科學の
理想的モデルとみなし、社會科學を自然科學の方法によって基礎付けるこ
とでそれに「科學性」を見いだそうとするいわゆる「科學主義」に對して次のよう
に批判している。

　「あらゆるイデオロギーは何等かの仕方に於いてこのものの生産者たちの
社會的規定をみずからのうちに反映する。…この根本命題を、芸術であ
れ、科學であれ、凡ての種類のイデオロギーの一切に於いて提示し、解
明することがわれわれの仕事である。…自然科學もまた、…必然的にイデ

オロギー一般に關する根本命題の制約を、何等かの仕方で、何等かの程度に於いて、受けているのでなければならない。」(「自然科學の社會的規定性」三木　三、四九二〜四九三頁)

　「この命題の本來の意味は歷史的なる社會の存在が自然についての解釋の仕方を規定するということにある。…我々は社會的なものの優位ということを、根源的には、存在が意識を規定するという意味に於いて主張しようと思う。」(同　五〇三頁)

　「我々は、近代に於いて屢々行われているところの、自然科學を絕對確實なる認識と見なし、その基礎の上に社會科學をおこうとする傾向に對して、十分に警戒せねばならぬ…。蓋し自然科學に於ける一般的な見方そのものは社會的存在の內から生まれ、從って歷史的社會的制約を、それ故にまた階級性をも担っていることがあるからである。それだからひとは寧ろ自然科學的諸原理をそれの誕生の地盤、卽ち社會的なる、歷史的なる生活にまで還元し、それの歷史的社會的制約を吟味するように最も多くの場合要求されているのである。…社會科學を自然科學によって基礎づけようとする要求そのものが歷史的社會的に規定されている。歷史的にはそれは主として近代のことに屬する。」(同　五〇六頁)

　自然科學が眞理命題として提出する諸言說それ自体が歷史的社會的制約を受けているという認識は、今日ではある程度常識となっているといえるが、マルクス主義さえも「科學的」であることに自らの存在意義を見いだしていた時代に、三木が自然科學の「歷史的社會的制約」を射程內に入れた「イデオロギー」論を構想したことの意義は大きい。

　以上、三木がリャザノフ版『ドイツ・イデオロギー』刊行の意義にいち早く注目し、そこから三木獨自のマルクス主義哲學構想をどのように打ち出していったのかを檢討してきた。この節の最後に、三木がマルクスの「フォイエルバッハに關するテーゼ　二5)」に關して獨創的な解釋を打ち出していること

を見てみたい。「テーゼ 二」は、次のように書かれている。

　「對象的眞理が人間的思惟に到來するか否かという問題は、何等理論の問題ではなく、却って一の實踐的な問題である。實踐に於いて人間は眞理を、卽ち自己の思惟の現實性と力、その此岸性を証明せねばならぬ。」(同四二七頁)

　上記「テーゼ」に登場する「對象的眞理 gegenständliche　Wahrheit」は、多くの場合、認識論に關わる眞理概念として理解されてきた。しかし三木は、ここで眞理の存在論的概念と認識論的概念とを區別し、前者の後者に對する根源性のうちにこそマルクスの實踐的唯物論の核心があることを主張する。

　「唯認識の性格としてのみ眞理を見るか、それとも眞理は第一次的には存在の性格であると考えるかということは、それ自體もはや認識論的には決定されない事柄である。…唯物論に於いては人間は自然の一部分であるという意味で有限であると見られる。これらの場合眞理は何よりも存在そのものにかかわり、…存在の眞を寫す限りに於いて人間の認識には第二次的に眞理が屬するとせられるのほかないであろう。…唯物論者にとっても眞理とは人間の物質的な有限性から人間を解放するものとして眞理であるのである。」(「認識論の構造」三木 三、四二〇～四二一頁)

　「眞理は第一次的には存在の側に屬する名であり、第二次的に存在の模寫としての認識の性格を現すと見られる」(同 四二六頁)。

---

5) (一九九八年)。『手帳』では「(一)フォイエルバッハに關して 1) ad Feuerbach」というタイトルが付けられている。「フォイエルバッハに關するテーゼ」は、エンゲルスが『ルードヴィヒ・フォイエルバッハとドイツ古典哲學の終結』(一八八八年)の付録として掲載した際に付けたタイトルである。掲載に當たってエンゲルスは二九箇所の字句修正を行った。リャザノフは『マルクス・エンゲルス・アルヒーフ』第一卷において「フォイエルバッハに關するテーゼ」のマルクスによるオリジナルを初めて公刊し、エンゲルスによる訂正を脚注に掲載した(S. 227～230)。さらにリャザノフはマルクスの自筆原稿の擴大ファクシミリを掲載している(S. 222～226)。

　三木によれば眞理とは、まず第一次的には「存在の側に屬する」概念である。その内容は、第一に、人間が自然の一部として有限な存在であり、その限り受苦的な存在であること、しかし第二に、このように有限的受苦的な存在であるからこそ、人間は(根源的な有限性の限界内で)さまざまな有限性(ここには人間を苦しめるあらゆる諸問題が考慮されてよい)からの解放を希求せざるをえない存在であることである。「對象的眞理が人間的思惟に到來するか否かという問題」が「一の實踐的な問題」である理由は、ここで問題とされている「對象的眞理」が、自然の一部である有限者としての人間の救濟ないし解放に關わる實踐的概念であるからである[6]。

　このような眞理の存在論的(實踐的)概念を前提にして初めて、狹義の認識論における客觀的眞理の問題も有意味に展開することができると三木は考えた。眞理の認識論的概念がそれの存在論的概念によって規定されるという原理的意味において三木は、唯物論における存在の模寫としての認識という命題を理解した。

　「認識が模寫であると云うのはその究極的な哲學的意義について云うのであって、認識の手續き或いは方法に於いて構成的であることを拒まない」(同四二八〜四二九頁)。

　三木において認識における對象とは、「主觀」に對する「客觀」に限定されず、對自然および相互間に「交渉」を營む人間の存在のありかた全體が含意される。

---

6)　「認識に關係する限りに於ける存在は、本來、『對象的存在』であると考えられている。…ここに謂う對象的存在の意味は存在論的に理解されなければならぬ。即ちそれは近代の哲學に於けるが如き主觀＝客觀という[認識論的]概念構成の仕方からは先ず獨立に理解されることが必要である」(「認識論の構造」三木　三、四三四〜四三五頁)

3. マルクス・レーニン主義者による三木批判の論理

　三木のマルクス主義哲學は、リャザノフ版『ドイツ・イデオロギー』における
マルクス(および若きエンゲルス)の哲學批判としての哲學に依據して構想さ
れた。それは、哲學が自らに課した課題を實現するためには哲學の外部に
出なければならないことを主張する哲學であり、その立場から唯物論も含め
哲學の內部で哲學的問題に決着を付けようとするあらゆる哲學的思考を批判
する哲學であった。哲學的問題の意義を認めつつも、それに對する解答を
哲學の外部に求めて行く哲學、もはや「哲學的形態」をとらない哲學であっ
た。現在も刊行中のドイツ語版マルクス・エンゲルス全集(Marx-Engels-
Gesamtausgabe)の第四部門にはマルクスおよびエンゲルスが書き残した膨
大な拔萃ノートが掲載されている。一八四六年以降マルクスが拔萃した文
獻は、經濟學、歷史學、政治學、自然科學、工學、農芸學などに關す
るものであり、そこには狭義の哲學的文獻は一册も見いだされない[7]。哲學
的問題(例えば人間の存在の意味、人生の悲慘とそこからの救濟や解放な
どの問題)に對する解答を哲學の外部で探求するという態度はマルクスの生
涯を貫いていた。一九四六年のエンゲルスとの共同勞作『ドイツ・イデオロ
ギー』は、このような「哲學の外に出る哲學」[8]を宣言する作品であった。
　しかし三木のマルクス主義哲學構想は、『反デューリング論』、『フォイエ
ルバッハ論』など後期エンゲルスの哲學的諸著作、および、それを「意識
＝物質の反映」図式に要約したレーニンの『唯物論と經驗批判論』を典據と
して形成されてきたコミンテルン影響下のマルクス主義哲學理解と全面的に

---

7) この問題については平子(二〇〇九)である程度展開した。
8) 平子(二〇一〇)において筆者は「哲學の外に出る哲學」という視角からマルクスと三木
の關係を考察した。

對立せざるをえない關係にあった。

　マルクス主義の内部で三木清批判の口火を切ったのは服部之總であった。服部によれば、哲學の歷史はあらゆる時と場所において、唯物論と觀念論との鬪爭に歸着する。從って、あらゆる形態の哲學思想を貫いている觀念論一般または唯物論一般の定義それ自體は、歷史を超越して妥當している。それでは「全唯物論の一般的基礎命題としての哲學的唯物論」とは何か。それはエンゲルスの次の主張に盡きる。

　「精神と自然と何れが本源的かという、この問題に對する答え方につれて、哲學者は二大陣營に分裂した。自然に對する精神の本源を主張し、從って結局において何等かの種類の宇宙創造說を認容した人々は、觀念論の陣營を構成した。…それに反して、自然を本源的なものと見た人々は、唯物論の種々の流派に屬している。」[エンゲルス『フォイエルバッハ論』からの引用]（「唯物弁証法と唯物史觀」一九二八年十一, 十二月）、服部 一九七三、 三〇頁）。

　服部によれば、唯物論と觀念論の對立こそ最も重要な對立点であり、これに對してマルクス以前の唯物論とマルクスの唯物論との區別は本質的な問題ではない。服部が「あらゆる歷史上の唯物論哲學に通ずる根本原理」（同書　五四頁）を說明するために引用した文獻は、すべてエンゲルスないしレーニンの著作であり、マルクスの著作からの引用は一つもない。

　三木にとっては、實踐こそマルクス主義の中核をなす存在論的概念であった。認識は、實踐から分節化されると共に、再び實踐へと送り返されて行く實踐の一契機であった。ところが服部にとっては、實踐とは、認識における眞偽を確定するための「認識論における基準」（自然科學における實驗に相當するもの）に過ぎない。

　三木にとってはマルクスの唯物論の根本原理は、認識論ではなく歷史的存在論であり、その核心は勞働概念を中軸に据えた實踐的唯物論に置かれ

た。服部の場合には、史的唯物論は歴史という特殊な分野においてのみ妥当する特殊理論に過ぎず、それはより上位の普遍妥当性を有する唯物論または唯物弁証法から派生したものにすぎない。

服部(佐伯)の批判に對して、三木は「唯物論とその現實形態」(『新興科學の旗の下に』第二卷第二号、一九二九年二月)において、以下のような反批判を展開した。

第一に、哲學も含めすべての理論は歴史的性格を持っており、唯物論哲學と雖もその例外ではない。しかも「哲學を一般に觀念論と唯物論との二大類型に分かつことは、一定の歴史的條件のもとに於いてのみ妥當する」(三木　三、三四九頁)ことであって、服部の主張するように哲學の歴史は時と所とを問わず唯物論と觀念論の闘爭の歴史に還元され、唯物論の立場は常に科學的眞理を代表しているという主張は間違っている。[9]

第二に、三木にとって重要なことは、マルクス主義の唯物論の「現實形態」を探求することであった(「唯物論の現實形態が問題なのである。」同、三六六頁)。従ってマルクス主義は、一九二〇年代末の特殊な歴史的狀況の中で、アクチュアルな理論として「形成、展開、發展」することができるための特殊な「理論的フロント」(三木　三、三三五頁)を見出さなければならない。現代マルクス主義哲學の理論構成において、マルクスその人の諸著作の正確な讀解がその出發点にならなければならないことは言うまでもないが、それは一九世紀のイデオロギー狀況に限定されているマルクス思想の祖述に留まってはならず、二〇世紀の哲學的課題と水準に適合したものでなければならない。

三木がマルクス主義と積極的に關わった時期は、一九二五年から一九三〇年前後にかけての時期であった。しかしこの五年余の時期は、三木

---

9)「觀念論と唯物論との眞僞がそれによって決定される基準となり得るような絶對的な學問としての認識論はどこにも存在しない」(「認識論の構造」三木　三、四一五頁)。

がリャザノフ版『ドイツ・イデオロギー』刊行の衝撃を眞正面から受けとめ、日本のマルクス主義にとっても、また三木自身にとってもきわめて豊かな思想的交流が行われた時期であった。三木が構想したマルクス主義の基礎概念の多くは未展開に留まったが、その中には今なお再評価する価値のある多くの論点が見いだされる。昭和の日本哲學史を全体的に展望する上で、とりわけ戰後の哲學思想を正しく評価する上で、三木とマルクス主義との關わりは避けて通ることのできぬ論点である。本稿がこの研究のためのささやかな問題提起となることを筆者は願う。

参照文献(配列はアルファベット順)

　三木淸からの引用は、『三木淸全集』全二〇巻、岩波書店、一九八四～八六年を用いた。本書からの引用は、例えば(三木　三、二〇頁)の様に巻數と頁數で表示した。

藤田正勝(二〇〇七)『西田幾多郎』岩波書店

福本和夫(一九七一)「社會の構成並に変革の過程—唯物史観の方法論的研究—」『福本和夫初期著作集』第一巻、こぶし書房

服部之總(一九七三)「唯物弁証法と唯物史観」『服部之總全集』第二巻、福村出版

服部之總(一九七三a)「観念論の粉飾形態—三木哲學の再批判—」『服部之總全集』第二巻、福村出版

服部之總(一九七三b)「唯物弁証法的世界観と自然—三木哲學における弁証法—」『服部之總全集』第二巻、福村出版

櫛田民藏・森戸辰男(譯)(一九二六)「マルクス、エンゲルス遺稿『獨逸的観念形態』の第一篇＝フォイエルバッハ論」、『我等』第八巻第五～六号、一九二六年五～六月

Marx, Karl (1998), *Exzerpte und Notizen Sommer 1844 bis Anfang 1847*. In: Karl Marx/ Friedrich Engels, *Gesamtausgabe IV/3*, Akademie Verlag, Berlin.

Marx, Karl/Engels, Friedrich (2004), Die Deutsche Ideologie. In: Karl Marx/ Friedrich Engels/ Joseph Weydemeier, *Die Deutsche Ideologie*. Bearbeitet von Inge Taubert et al., *Marx-Engels-Jahrbuch 2003*, Akademie Verlag, Berlin.

マルクス・エンゲルス(一九三〇)『ドイッチェ・イデオロギー』リヤザノフ編、三木淸譯、岩波書店

Rjazanov, David (hrsg.) (1926), Marx und Engels über Feuerbach (Erster Teil der „ Deutschen Ideologie"). In: *Marx-Engels-Archiv Zeitschrift des Marx-Engels-Instituts in Moskau. Band I*, Frankfurt am Main.

澁谷　正(二〇一〇)「戦前期日本の『ドイツ・イデオロギー』翻譯史」、マルクス・エンゲルス研究者の會、第二五回研究大會報告、鹿兒島大學 二〇一〇年三月二〇日

平子友長(二〇〇六)「戦前日本マルクス主義の到達点—三木淸と戸坂潤一」岩波講

座『「帝國」日本の學知』第8巻「空間形成と世界認識」(山室信一編)、岩波書店

平子友長(二〇〇九)「新MEGA第IV部門が切り開くマルクス研究の新局面」、二〇〇六年度～二〇〇八年度科學研究費補助金(基盤研究(B))研究成果報告書『デジタル化によるマルクス経濟學の總合索引システムの構築』(研究代表者 守 健二)

平子友長(二〇一〇)「哲學の外に出る哲學の可能性の探究—三木清を切り口として—」、『西洋哲學との比較という視座から見た日本哲學の特徴およびその可能性について』(二〇〇七年度～二〇〇九年度科學研究費補助金　基盤研究(B)　研究代表者　藤田正勝)研究成果報告書

平子友長(二〇一〇a)「マルクスのマウラー研究の射程—後期マルクスの始まり—」、『マルクス拔萃ノートの編集とその活用による『資本論』形成史研究の新段階の開拓』(二〇〇七年度～二〇〇九年度科學研究費補助金　基盤研究(B)研究代表者　平子友長)研究成果報告書

あとがき

　韓國に受容された西洋哲學は、朱子學と實學の思想的對立過程の中で生じる儒學的思惟の龜裂とも言えるだろう。しかし「思惟の龜裂」は單なる龜裂で終わることはなかった。西洋哲學は思惟の龜裂の「間」に根を下ろしながら儒教の根っこを丸ごと切り取ろうとしている。文化は文化的ヘゲモニーを掌握しようとするからである。サイドによると、文化はすべての政治的、理念的名分にてごっちゃになった劇場のような場所であって、大義名分を白晝に現して戦う戦場であると表現した。韓國の近代化100年は、西洋哲學が新しい土壌で試した知的思惟のヘゲモニー戦いの時間でもあった。

　だとすればそれが我々にもたらした「惠む」はあったのだろうか。今、それを整理する時代的召命が我々にはある。しかし今までそれを綜合的に檢討してみる場をなかなか作れなかった。2011年5月、江原大にて開催された＜韓日間の西洋哲學受容の問題＞國際シンポジウムはその面から大きな意味があった。西洋哲學と東洋哲學研究者らが一つの場に集って東アジア思想史の中に西洋哲學受容が投げかけた問いと、殘された課題を改めて考え、これからの100年を展望してみる場であった。私たちは西洋哲學研究者の一世代が當時の思想的環境、つまり儒教が總てを支配していた思想的環境を相對化させながら西洋哲學へと思想的に轉換をなす目的や意図、それからそうすべき契機は何だったのかを改めて問う時点に立っている。西洋哲學の受容は、朝鮮時代を導いてきた儒學的世界像の崩壊であ

るから。儒學的世界像の崩壞は、当時に西洋哲學的世界像の生成を意味
する。だとすれば「崩壞」と「生成」の「間」に存在する「間隙」をどう理解す
べきだろうかという問いが殘る。

　しかし今まで韓國哲學研究者と西洋哲學研究者は互いに學問的連帶を
形成してこなかった。このような距離を克服して韓國哲學と西洋哲學には互
いに思想的「道」を問う時期が迫ってきたと思う。儒學を中心において展開さ
れた韓國思想史で西洋哲學はどこに位置するのだろうか。韓國思想史で
「西洋」という外部的衝擊が投げた波紋はけっして少なくはないが、これに
目を向かわなかったのは、韓國思想史の責任でもあるう。

　2010年12月、京都大學で『善の研究』刊行100周年記念國際シンポジ
ウムが開催された。このシンポジウムの目的は、今までどのような研究がな
されてき、『善の研究』はどのような意味があるのか、どのような批判がなさ
れ、これからどのような研究が展開されるのだろうかなどの問いを議論する
場であった[1]。『善の研究』の著者西田幾多郎の哲學は後學によって京都
學派の誕生を生み出した。現在その中心は、京都大學日本哲學史研究
室である。日本哲學史研究室では、西田哲學の問題を含めて明治以後
の日本哲學の形成と發展、西洋哲學の受容と對決の中で生じた獨創的思
想の痕跡を探りながら日本の文化的、思想的創造の步むべき方向を探索
している(京都大學日本哲學史研究室HPより)。私もこの記念シンポジウム
に通譯という身分で參加したのだが、多きな知的衝擊をもらった。

　私が本書の刊行を首を長くして待つのもこのような理由がある。韓國で
現れていた知の饗宴の生々しい現場を見たがった知的渴望があったからで
ある。過ぎ去った「世紀」を生きた思想がこれからの「一世紀」を生きるため
の方向をどのように設定していくのか、その自生力を知りたい欲望もあった。

---

1) 藤田正勝『『善の研究』の百年』, 京都大學學術出版會, 2011년 참조

思想は活物だから。韓國という空間で自己変容と融合を繰り返している思想と文化の流れを目撃することは、だから幸せである。

2012年 3月 16日

李基原

찾아보기

저자 프로필

편집자

이광래(李光來)

강원대학교 철학과 및 중국 랴오닝(遼寧)대학 철학원 교수.

저서 『우리사상 100년』(현암사, 2002), 『한국의 서양사상 수용사』(열린책들, 2003), 『일본사상사연구』(경인문화사, 2005), 『東亞近代知形論』(遼寧大出版社, 2010), 『한국の西洋思想受容史』(御茶の水, 2010) 등.

후지타 마사카쓰(藤田正勝)

교토대학(京都大學) 문학연구과 교수.

저서 Philosophie und Religion beim jungen Hegel. Hegel-Studien, Beiheft 26(1985)
『西田幾多郎——生きることと哲學』(岩波書店, 2007)
『西田幾多郎の思索世界——純粋経驗から世界認識へ』(岩波書店, 2011)

집필자

·한국

이재영

고려대학교 철학과에서 학사, 석사, 박사학위를 받았다. 조선대학교 철학과 교수로서 서양근대철학회장, 범한철학회장, 조선대학교 인문과학대학 부학장, 인문학 연구원장을 지냈고 현재 인문과학대학 학장으로 있다.

저서: 『영국경험론 연구』
공저: 『현대철학과 사회』, 『서양근대철학』, 『서양근대철학의 열 가지 쟁점』, 『서양근대윤리학』, 『지식정보사회와 윤리』, 『논쟁과 철학』, 『개인의 본질』
역서: 『영국경험론』, 『새로운 시각 이론에 관한 시론』
논문: 「흄의 종교론」, 「토마스 리드의 지각 이론」외 다수

이유선

서울대학교 기초교육원 전임대우 강의교수. 고려대학교 철학과 및 동 대학원 졸. 철학박사. 버지니아 주립대학 Post-Doc.

저서: 『사회철학』, 『아이러니스트의 사적인 진리』, 『실용주의』, 『리처드 로티』외 다수.

역서:『철학의 재구성』,『철학자 가다머 현대의학을 말하다』,『정의에 관한 여섯가지 이론』,『퍼스의 기호학』(공역),『프래그머티즘의 길잡이』(공역) 외 다수
논문:「디지털매체와 실재의 문제」,「헤겔과 프래그머티즘」,「글쓰기와 철학적 담론」외 다수.

김성호

고려대학교 철학과와 같은 대학원을 졸업하고 철학박사 학위를 받았다. 현재 고려대학교와 강원대학교에서 강의 중이다.
주요 논문으로는 "칸트 윤리학에서 자연법칙의 의미", "칸트와 덕 윤리의 가능성" 등이 있으며 주요 역서로는『칸트의 도덕철학』(H. J. 페이튼),『서양 윤리학사』(R. L. 애링턴),『고대철학』(A. 케니) 등이 있다.

김정현

고려대 철학과와 대학원 철학과 졸업, 독일 뷔르츠부르크(Würzburg)대학교 철학박사. 현재 원광대 철학과 교수, 한국니체학회 회장. 세계표준판 니체전집(21권, 책세상) 편집위원 역임. 역저로 <니체의 몸철학>, <니체, 생명과 치유의 철학>, <선악의 저편·도덕의 계보>(니체), <기술시대의 의사>(야스퍼스) 외 다수

윤대선

고려대 철학과와 동대학원 졸업. 파리10대학 철학박사, 현재 고려대 철학과 강사

·일본

타이라코 도모나가(平子 友長)

히토츠바시대학(一橋大學) 사회학 연구과 교수.
전공: 사회사상사, 특히 마르크스, 미키기요시(三木 淸) 등. 독일어판 마르크스 엥겔스 전집의 편찬에 참여.
저서: "사회주의와 현대사회"(1991년), "유산으로서의 미키 기요시"(공저2008년)
Neue Akzente von Marx' Forschungen nach 1868 - Exzerpte aus den Werken von Georg Ludwig von Maurer. In: Carl-Erich Vollgraf, Richard Sperl und Rolf Hecker (Hrsg.), Beiträge zur Marx- Engels- Forschung Neue Folge 2010. Das Kapital und Vorarbeiten Entwürfe und Exzerpte. Argument Verlag, Hamburg 2010.

히라타 토시히로(平田 俊博)

야마가타대학(山形大學) 대학원 교육실천연구과 교수.
윤리학, 비교사상사, 일본학 전공.

저역서로는 『實踐哲學とその射程』(編著), 晃洋書房(1992). 『人生経驗と哲學』(編譯書), 以文社(1993). 『カントと生命倫理』(編著), 晃洋書房(1996). 『カント全集7』(「人倫の形而上學の基礎づけ」翻譯・解說), 岩波書店(2000). 『カントと日本文化』[日本カント硏究2](共著), 理想社(2001). 『柔らかなカント哲學(增補改訂版)』(單著), 晃洋書房(2002) 외 다수.

미네 히데키(嶺秀樹)

간사이 학원대학(關西學院大學) 문학부 교수.
주로 현대 독일 철학, 독일 관념론, 교토학파의 철학 등을 연구. 저서에 『ハイデッガーと形而上學』(1991), 『ハイデッガーと日本の哲學』(2002) 등.

다나카 큐분(田中久文)

일본여자대학(日本女子大學) 인간사회학부 교수. 윤리학, 일본근대철학 전공.
저서로는 『日本の「哲學」を讀み解く一「無」の時代を生きぬくために一』, 筑摩書房, (2000), 『丸山眞男を讀みなおす』, 講談社(2009). 편저로 『甦る和辻哲郎』ナカニシヤ出版(1999年), 『九鬼周造エッセンス』, こぶし書房(2001).

가토 야스시(加藤泰史)

난잔대학(南山大學) 교수.
주요 저서로 『カント全集 別卷 カント哲學入門』(共著, 岩波書店, 2006), 『西洋哲學史再構築試論』(共著, 昭和堂, 2007), 『グローバル・エシックス——寬容・連帶・市民社會』(共著, ミネルヴァ書房, 2009), 編著書：G. Schonrich und Y. Kato (Hg.), Kant in der Diskussion der Moderne. Frankfurt am Main [Suhrkamp Verlag], 1996(일역 『カント・現代の論爭に生きる・上下』 共編譯, 理想社, 1998, 2000).
역서에 『カント全集17 論理學・敎育學』(共譯, 岩波書店, 2001), アクセル・ホネット, 『正義の他者』(共譯, 法政大學出版局, 2005), ゲアハルト・シェーンリッヒ, 『カントと討議倫理學の問題』(監譯, 晃洋書房, 2010), クレプス, 『自然倫理學』(共譯, みすず書房, 2011).

번역자

전성곤

고려대학교 일본연구센터 HK연구교수. 일본학 전공.
공저로 『일본인류학과 동아시아』가 있고, 역서로는 『고류큐(古琉球)의 정치』 등.

홍윤표

숙명여자대학교 다문화통합연구소 연구원. 일본근현대문학·전후일본문화 전공. 『전후 일본의 사상공간』(번역서(공역), 어문학사, 2010), 「<황태자의 결혼>을 통해 본 대중 천황제」(동아시아일본학회 『일본문화연구』제39집, 2011.4) 등.

정유경

고려대학교 일본연구센터 HK연구교수. 정치사회학 전공. 논문에 「일본의 경관시민운동의 성격에 관한 일고찰- 세키씨의 숲의 사례를 통해 본 갈등적 측면-」, 역서로는『일본의 술』(2011)(공역), 『질투의 정치』(2012) 등.

이기원

강원대학교 인문과학연구소 학술연구교수. 일본사상문화교육학 전공.
저서에『徂徠學と朝鮮儒學』(2011), 역서에『일본의 교육사회사』(2011), 『일본인들은 어떻게 공부했을까』(2009) 등.

이승준

1967년생. 히토츠바시대학 사회학 박사. 사회사상사 전공.

박배영

일본여자대학 인간사회학부 준교수. 한국철학과 한일비교사상 전공.
저역서 및 논문으로『儒敎と近代國家-「人倫」の日本、「道德」の韓國』(講談社, 2006), 「韓國精神史における超越の一形態－朴鐘鴻哲學を中心に」(『思想史研究』第11号, 2010) 외 다수.

야규 마코토(柳生 真)

공공철학공동연구소(公共哲學共働研究所, 京都フォーラム) 특임 연구원.
주요 저역서에『최한기 기학 연구』(景仁文化社, 2008), 『근대라는 아포리아』(이학사, 2007), 『韓國の西洋思想受容史』(御茶の水書房, 2010) 외 다수.

김금향

건국대학교 강사. 오사카 부립대 관광산업전략연구소 객원 연구원. 논문으로는 「일본 컨벤션산업의 역사적 변천과 과제(일본어)」, 「국제관광으로서의 컨벤션(일본어)」, 「일본 컨벤션뷰로의 현황」 등.

서양철학의 수용과 변용

-동아시아의 서양철학 수용의 문제-

초판 인쇄 | 2012년 6월 10일
초판 발행 | 2012년 6월 15일

지 은 이 | 이광래·후지타 마사카쓰 편
발 행 인 | 한정희
발 행 처 | 경인문화사

주   소 | 서울특별시 마포구 마포동 324-3
전   화 | 02-718-4831 팩스 02-703-9711
홈페이지 | www.kyunginp.co.kr / 한국학서적.kr
이 메 일 | kyunginp@chol.com
출판등록 | 1973년 11월 8일 제 10-18호

ISBN 978-89-499-0851-9 93160
값 29,000원